NOVAS MEDIDAS DO COMPORTAMENTO ORGANIZACIONAL

A Artmed é a editora oficial da Associação Brasileira
de Psicologia Organizacional e do Trabalho

N936   Novas medidas do comportamento organizacional : ferramentas
        de diagnóstico e de gestão / Organizadora, Mirlene Maria Matias
        Siqueira. – Porto Alegre : Artmed, 2014.
        312 p. ; 23 cm.

        ISBN 978-85-8271-021-0

        1. Psicologia – Gestão. 2. Comportamento organizacional. I. Siqueira,
        Mirlene Maria Matias.
                                                            CDU 159.9:005.32

Catalogação na Publicação: Ana Paula M. Magnus – CRB 10/2052

NOVAS MEDIDAS DO COMPORTAMENTO ORGANIZACIONAL

FERRAMENTAS DE DIAGNÓSTICO E DE GESTÃO

MIRLENE MARIA MATIAS SIQUEIRA

ORGANIZADORA

2014

© Artmed Editora Ltda., 2014

Gerente editorial
Letícia Bispo de Lima

Colaboraram nesta edição:

Coordenadora editorial
Cláudia Bittencourt

Assistente editorial
André Luís de Souza Lima

Capa
Tatiana Sperhacke

Ilustração da capa
©iStockphoto.com/Nicholas Monu

Preparação de original
Ana Luisa Gampert Battaglin

Leitura final
Camila Wisnieski Heck

Projeto gráfco e editoração eletrônica
Armazém Digital® Editoração Eletrônica – Roberto Vieira

Reservados todos os direitos de publicação, em língua portuguesa, à ARTMED EDITORA LTDA., uma empresa do GRUPO A EDUCAÇÃO S.A.
Av. Jerônimo de Ornelas, 670 – Santana
90040-340 – Porto Alegre – RS
Fone: (51) 3027-7000 Fax: (51) 3027-7070

É proibida a duplicação ou reprodução deste volume, no todo ou em parte, sob quaisquer formas ou por quaisquer meios (eletrônico, mecânico, gravação, fotocópia, distribuição na Web e outros), sem permissão expressa da Editora.

SÃO PAULO
Av. Embaixador Macedo Soares, 10.735 – Pavilhão 5
Cond. Espace Center – Vila Anastácio
05095-035 – São Paulo – SP
Fone: (11) 3665-1100 Fax: (11) 3667-1333

SAC 0800 703-3444 – www.grupoa.com.br

IMPRESSO NO BRASIL
PRINTED IN BRAZIL
Impresso sob demanda na Meta Brasil a pedido do Grupo A Educação.

Autores

Mirlene Maria Matias Siqueira (Org.) – Psicóloga. Especialista em Pesquisa Social pela Universidade Federal de Uberlândia (UFU). Mestre e Doutora em Psicologia pela Universidade de Brasília (UnB). Professora titular da Universidade Metodista de São Paulo (UMESP). Pós-doutorado na Universidade de Coimbra, Portugal, com bolsa do Programa Erasmus Mundus. Bolsista de Produtividade de Pesquisa do CNPq.

Alessandra S. Oliveira Martins – Consultora e instrutora em Psicologia Organizacional e do Trabalho. Especialista em Recursos Humanos pela Universidade Potiguar (UnP), com MBA em Gestão Empresarial pela Fundação Getúlio Vargas (FGV). Mestre em Psicologia pela Universidade Federal do Rio Grande do Norte (UFRN). Docente da UnP.

Ana Cristina Passos Gomes – Psicóloga. Mestre em Psicologia Social e do Trabalho pela Universidade Federal da Bahia (UFBA). Doutoranda em Psicologia Social e do Trabalho pela UFBA.

Ana Junça Silva – Psicóloga. Mestre em Psicologia Social e das Organizações e doutoranda em Gestão e Desenvolvimento de Recursos Humanos, com especialização em Qualidade de Vida no Trabalho, no Instituto Universitário de Lisboa (ISCTE), Portugal. Docente no ISCTE.

Ana Maria Souto Ferraz – Psicóloga. Mestre em Psicologia Aplicada pela UFU.

Ana Zornoza Abad – Associate Professor of Work and Organizational Psychology.

Anderson Magalhães Lula – Administrador. Especialista em Gestão da Capacidade Humana nas Organizações pela Universidade de Pernambuco (UPE). Mestre em Administração de Empresas pela Universidade Federal de Pernambuco (UFPE). Coordenador de Relações Institucionais da Petrobras – Refinaria Abreu e Lima S.A.

Angelo Polizzi Filho – Administrador. Especialista em Docência no Ensino Superior e Mestre em Administração pela UMESP. Professor de Administração na Universidade Nove de Julho (Uninove/SP). Tutor no Ensino a Distância na Universidade de Santo Amaro (UNISA/SP).

António Caetano – Doutor em Psicologia Social e das Organizações pelo ISCTE, Portugal. Professor catedrático no ISCTE, em Lisboa, Portugal.

Antonio Virgílio Bittencourt Bastos – Psicólogo. Mestre em Educação e Doutor em Psicologia Organizacional e do Trabalho pela UnB. Professor titular no Instituto de Psicologia da UFBA. Pesquisador I-A do CNPq.

Áurea de Fátima Oliveira – Psicóloga. Especialista em Recursos Humanos. Mestre e Doutora em Psicologia pela UnB. Professora associada na UFU.

Carolina Villa Nova Aguiar – Psicóloga. Mestre em Psicologia pela UFBA.

Elaine Lima de Oliveira – Psicóloga. Especialista em Psicologia Organizacional e do Trabalho. Mestre em Administração de Recursos Humanos pela UMESP. Doutoranda em Administração pela Faculdade de Economia, Administração e Contabilidade da Universidade de São Paulo (FEA-USP). Reitora do Instituto Metodista Granbery.

Elaine Rabelo Neiva – Psicóloga. Mestre e Doutora em Psicologia pela UnB. Professora adjunta no Programa de Pós-graduação em Psicologia Social, do Trabalho e das Organizações na UnB.

Eleuní Antonio de Andrade Melo – Psicólogo. Especialista em Desenvolvimento de Recursos Humanos. Mestre em Psicologia Social e do Trabalho e Doutor em Psicologia pela UnB. Consultor organizacional, docente em programas de pós-graduação *lato sensu*.

Fábio Henrique Vieira de Cristo e Silva – Psicólogo. Especialista em Gestão de Pessoas. Mestre em Psicologia pela UFRN. Doutorando em Psicologia Social, do Trabalho e das Organizações na UnB. Professor em cursos de capacitação e especialização em Psicologia do Trânsito. Pesquisador do Laboratório de Psicologia Ambiental da UnB.

Gardênia da Silva Abbad – Psicóloga. Mestre e Doutora em Psicologia pela UnB. Docente do Programa de Pós-graduação em Psicologia Social, do Trabalho e das Organizações e do Programa de Pós-graduação em Administração da UnB. Coordena o Grupo Impacto e o Projeto de Pós-graduação "Fortalecimento do Ensino na Saúde no Contexto do SUS: Uma Proposta Interdisciplinar da Universidade de Brasília na Região Centro-Oeste" (Pró-ensino na Saúde). Bolsista de produtividade do CNPq – Nível 1C.

Gisela Demo – Pós-doutorado nas áreas de Human Resource Management e Marketing pela University of California, Los Angeles (UCLA), Estados Unidos. Doutora em Psicologia Organizacional pela UnB. Engenheira eletricista e Mestre em Engenharia de Produção pela Universidade Federal de Santa Catarina (UFSC). Professora adjunta e pesquisadora nas áreas de marketing e gestão de pessoas do Departamento de Administração e do Programa de Pós-graduação em Administração da UnB. Líder do Grupo de Pesquisas em Gestão de Pessoas e Clientes (GP2C) da UnB. Membro e avaliadora de trabalhos da Academy of Management (AOM), da Associação Nacional de Pós-graduação e Pesquisa em Administração (ANPAD) e da Sociedade Brasileira de Psicologia Organizacional e do Trabalho (SBPOT). Coordenadora da área de Comportamento Organizacional do SemeAd (Seminários em Administração da USP).

Helenides Mendonça – Psicóloga. Doutora em Psicologia Social e do Trabalho pela UnB. Professora titular na Pontifícia Universidade Católica de Goiás (PUC-Goiás). Bolsista de Produtividade do CNPq.

Iara Nunes – Administradora. Cursando MBA em Planejamento, Orçamento e Gestão Pública na FGV. Analista Judiciário no Tribunal Superior Eleitoral e pesquisadora do GP2C da UnB.

Ivone Félix de Sousa – Psicóloga. Mestre e doutoranda em Psicologia Social, com ênfase em Psicologia das Organizações e do Trabalho, na PUC-Goiás. Professora no Departamento de Psicologia e assessora técnica da Coordenação do Programa de Gerontologia Social da PUC-Goiás. Professora e orientadora nos cursos de Pós-graduação da PUC-Goiás, Instituto de Pós-graduação (IPOG), Grupo de Administração Profissional (GAP) e Instituto de Planejamento e Administração de Ensino e Eventos (IPECON).

José Carlos Zanelli – Psicólogo. Especialista em Psicologia Organizacional e do Trabalho pelo Instituto Sedes Sapientiae. Mestre em Psicologia Social das Organizações pela UMESP. Doutor em Educação pela Universidade de Campinas (Unicamp). Pós-doutorado pela USP e pela Pontifícia Universidade Católica de Campinas (PUC-Campinas). Professor associado na UFSC.

José de Oliveira Nascimento – Psicólogo. Mestre em Psicologia Aplicada pela UFU. Professor na área de Gestão de Pessoas da Graduação e da Pós-graduação na Faculdade Pitágoras de Uberlândia.

José M. Peiró – Professor de Psicologia das Organizações na Universidad de Valencia. Diretor do Instituto de Psicología de los RRHH, Desenvolvimento Organizacional e Qualidade de Vida Laboral (IDOCAL) e investigador do Instituto Valenciano de Investigaciones Económicas.

Katia Puente-Palacios – Psicóloga. Mestre e Doutora em Psicologia pela UnB. Professora adjunta no Departamento de Psicologia Social e do Trabalho da UnB.

Késia Rozzett – Administradora. Mestre em Administração pela UnB. Professora das disciplinas Marketing de Relacionamento, Administração de Marketing e Empreendedorismo nas Faculdades SENAC e INESC.

Leonor Pais – Psicóloga. Mestre e Doutora em Psicologia, com especialização em Psicologia do Trabalho e das Organizações. Professora na Faculdade de Psicologia e de Ciências da Educação da Universidade de Coimbra e docente convidada da Porto Business School (PBS), Portugal. Coordenadora do Mestrado Europeu em Psicologia do Trabalho, das Organizações e dos Recursos Humanos – Erasmus Mundus (WOP-P).

Livia de Oliveira Borges – Psicóloga. Mestre em Administração de Recursos Humanos pela UFRN. Doutora em Psicologia pela UnB, com estágio pós-doutoral na Universidad Complutense de Madrid, Espanha. Professora titular na Universidade Federal de Minas Gerais (UFMG). Bolsista de produtividade do CNPq.

Luciana Mourão – Comunicadora social e administradora. Especialista em Comunicação Organizacional pela USP. Mestre em Administração pela UFMG. Doutora em Psicologia pela UnB. Professora dos cursos de Mestrado e Doutorado em Psicologia na Universidade Salgado de Oliveira (Universo). Pesquisadora com bolsa produtividade do CNPq.

Luciano Venelli Costa – Engenheiro elétrico e administrador. Mestre em Administração pela UMESP. Doutor em Administração pela FEA-USP. Professor titular no Programa de Pós-graduação em Administração da UMESP.

Maria Cristina Ferreira – Psicóloga. Mestre e Doutora em Psicologia pela FGV. Professora titular e coordenadora do Programa de Pós-graduação em Psicologia da Universo.

Maria das Graças Torres da Paz – Psicóloga. Mestre em Psicologia pela UnB. Doutora em Psicologia pela USP. Pós- doutorado pela Universidade Complutense de Madrid, Espanha. Pesquisadora associada do Instituto de Psicologia da UnB. Consultora na área de Psicologia Organizacional e do Trabalho.

Maria do Carmo Fernandes Martins – Psicóloga. Mestre e Doutora em Psicologia pela UnB. Professora associada aposentada pela UFU. Professora titular no Programa de Pós-graduação em Psicologia da Saúde da UMESP.

Nuno A. C. Murcho – Enfermeiro. Especialista em Enfermagem de Saúde Mental e Psiquiátrica. Diplomado em Abordagem Familiar e Sistêmica pela SPTF, Portugal. Pós-graduado em Toxicodependências pela Universidade de Huelva, Espanha, e em Gestão de Recursos Humanos pelo Instituto Superior D. Afonso III, Portugal. Mestre e Doutor em Psicologia, com Especialização em Psicologia da Saúde, pela Universidade do Algarve, Portugal. Investigador voluntário do CUIP – Universidade do Algarve, Portugal.

Ricardo Mendonça – Professor. Mestre em Administração pelo Programa de Pós-graduação em Administração da UFPE. Doutor em Administração pela Escola de Administração da Universidade Federal do Rio Grande do Sul (EA/UFRGS). Pós-doutorado no Programa de Pós-graduação em Sociologia na FACIFH/UFMG. Professor adjunto III no Núcleo de Gestão da UFPE.

Saul Neves de Jesus – Doutor em Psicologia da Educação pela Universidade de Coimbra, Portugal. Professor catedrático na Universidade do Algarve, Portugal. Diretor do Programa de Doutoramento em Psicologia, Representante de Portugal na Stress and Anxiety International Research (STAR).

Simone Lopes de Melo – Psicóloga. Doutora em Psicologia pela UFRN. Técnica em assuntos educacionais e coordenadora da área de Acompanhamento e Avaliação da Diretoria de Desenvolvimento de Pessoas/Pró-reitoria de Gestão de Pessoas (PROGESP)/UFRN.

Sinésio Gomide Júnior – Psicólogo. Mestre e Doutor em Psicologia pela UnB. Professor associado na UFU. Pesquisador da área de Psicologia Organizacional e do Trabalho.

Tatiana Farias Moreira – Psicóloga. Especialista em Gestão de Pessoas pela UnB. Mestre em Psicologia Social, do Trabalho e das Organizações pela UnB. Chefe de equipe de projetos na Companhia de Planejamento do Distrito Federal – Codeplan/DF.

Thaís Zerbini – Psicóloga. Mestre e Doutora em Psicologia pela UnB. Professora doutora em Psicologia Organizacional e do Trabalho na Faculdade de Filosofia, Ciências e Letras de Ribeirão Preto/USP. Pesquisadora do Grupo de Trabalho de Psicologia Organizacional e do Trabalho na Associação Nacional de Pesquisa e Pós-graduação em Psicologia (ANPEPP).

Virginia Orengo – Professora titular de Psicologia no Instituto Universitario de Investigación en Psicología de los Recursos Humanos, del Desarrollo Organizacional y de la Calidad de Vida Laboral (IDOCAL), Valência, Espanha.

Warton da Silva Souza – Administrador. Especialista em Gestão e Auditoria na Administração Pública. Mestre em Administração pela UMESP. Professor na Universidade Federal do Tocantins (UFT).

Sumário

Lista de medidas 11
Apresentação 13

1. Absenteísmo no trabalho 15
   Nuno A. C. Murcho, Saul Neves de Jesus

2. Assédio moral nas organizações 25
   Maria do Carmo Fernandes Martins, Ana Maria Souto Ferraz

3. Bem-estar no trabalho 39
   Mirlene Maria Matias Siqueira, Virginia Orengo, José M. Peiró

4. Busca por concordância na tomada de decisões 52
   Tatiana Farias Moreira, Katia Puente-Palacios

5. Capital psicológico no trabalho 65
   *Mirlene Maria Matias Siqueira, Maria do Carmo Fernandes Martins,
   Warton da Silva Souza*

6. Cidadania organizacional 79
   *Antonio Virgílio Bittencourt Bastos, Mirlene Maria Matias Siqueira,
   Ana Cristina Passos Gomes*

7. Configuração do poder organizacional 104
   Maria das Graças Torres da Paz, Elaine Rabelo Neiva

8. Conflito trabalho-família 123
   Antonio Virgílio Bittencourt Bastos, Carolina Villa Nova Aguiar

9. Conflitos no ambiente organizacional 132
   Maria do Carmo Fernandes Martins, Ana Zornoza Abad, José M. Peiró

10. Engajamento no trabalho 147
Mirlene Maria Matias Siqueira, Maria do Carmo Fernandes Martins,
Virginia Orengo, Warton da Silva Souza

11. Espiritualidade no trabalho 157
Mirlene Maria Matias Siqueira, Maria do Carmo Fernandes Martins,
José Carlos Zanelli, Elaine Lima de Oliveira

12. Florescimento no trabalho 172
Helenides Mendonça, António Caetano, Maria Cristina Ferreira,
Ivone Félix de Sousa, Ana Junça Silva

13. Gerenciamento de impressões nas organizações 178
Anderson Magalhães Lula, Ricardo Mendonça

14. Gestão do conhecimento 193
Leonor Pais

15. Intenção de rotatividade 209
Mirlene Maria Matias Siqueira, Sinésio Gomide Júnior,
Áurea de Fátima Oliveira, Angelo Polizzi Filho

16. Liderança gerencial 217
Eleuní Antonio de Andrade Melo

17. Oportunidades de aprendizagem nas organizações 230
Luciana Mourão, Gardênia da Silva Abbad, Thaís Zerbini

18. Políticas e práticas de recursos humanos 240
Gisela Demo, Elaine Rabelo Neiva, Iara Nunes, Késia Rozzett

19. Potência de equipes de trabalho 256
Mirlene Maria Matias Siqueira, Maria do Carmo Fernandes Martins,
Luciano Venelli Costa, Ana Zornoza Abad

20. Socialização organizacional 264
Livia de Oliveira Borges, Fábio Henrique Vieira de Cristo e Silva,
Simone Lopes de Melo, Alessandra S. Oliveira Martins

21. Sucesso na carreira 280
Luciano Venelli Costa

22. Tomada de decisão organizacional 298
José de Oliveira Nascimento, Sinésio Gomide Júnior

Índice 307

Lista de medidas

Escala de Fatores de Absenteísmo Laboral (EFAL) 22
Escala de Percepção de Assédio Moral no Trabalho (EP-AMT) 35
Escala de Impacto Afetivo do Assédio Moral no Trabalho (EIA-AMT) 36
Inventário de Bem-estar no Trabalho (IBET-13) 49
Escala de Busca por Concordância (EBC) 62
Inventário de Capital Psicológico no Trabalho (ICPT-25) 75
Escala de Intenções Comportamentais de Cidadania
Organizacional (EICCOrg) 93
Escala de Comportamentos de Cidadania Organizacional (ECCO) 100
Escala de Configuração do Poder Organizacional (ECPO) 118
Escala de Conflito Trabalho-Família (ECTF) 130
Escala de Conflitos Intragrupais (ECI) 142
Escala de Conflitos entre Supervisor e Subordinado (ECSS) 143
Escala de Engajamento no Trabalho (EEGT) 154
Inventário de Espiritualidade no Trabalho (IET-29) 169
Escala de Florescimento no Trabalho (EFLOT) 176
Inventário de Gerenciamento de Impressões nas Organizações (IGIO-5) 188
Escala de Gestão do Conhecimento (EGC) 206
Escala de Intenção de Rotatividade (EIR) 214
Escala de Avaliação do Estilo Gerencial (EAEG) 227

Escala de Percepção de Oportunidades de Aprendizagem
nas Organizações (EPOA) 238

Escala de Políticas e Práticas de Recursos Humanos (EPRRH) 251

Escala de Potência de Equipes de Trabalho (EPET) 262

Inventário de Socialização Organizacional (ISO) 275

Escala de Percepção de Sucesso na Carreira (EPSC) 294

Escala de Percepção dos Estilos de Tomada de Decisão
Organizacional (EPETDO) 304

Apresentação

Desde o surgimento e a delimitação do campo do comportamento organizacional (CO), anunciados por pesquisadores ingleses nos anos sessenta do século XX, foram constantemente renovados os interesses de pesquisadores e gestores por essa área de conhecimento e de aplicação na prática de gestão de pessoas. Reconhecida nos meios acadêmicos como uma disciplina com capacidade de incitar o questionamento acerca de sua aplicabilidade na resolução de desafios presentes no contexto organizacional, o campo do CO tem sido, permanentemente, ampliado com a inclusão de novos temas e novas ferramentas para seu diagnóstico e gestão.

Cinco anos se passaram desde a publicação do livro *Medidas do comportamento organizacional*, em 2008, podendo-se constatar neste período a sua larga utilização por acadêmicos e profissionais de gestão de pessoas. Diante desse cenário, e visando oferecer uma atualização acerca de temas e medidas que foram sendo agregados ao CO nos últimos cinco anos, ou que não foram incluídas no livro anterior, organizou-se esta nova obra.

Diferentes temas do CO, alguns já tradicionais, como absenteísmo, intenção de rotatividade e liderança, não haviam sido abordados no livro de 2008, mas foram agora inseridos neste. Para além desses, foram surgindo medidas para aferição de um variado leque de aspectos importantes do CO que dizem respeito à política e à prática de gestão de pessoas, às oportunidades percebidas para aprendizagem no ambiente de trabalho, à gestão do conhecimento, ao processo de tomada de decisão e de busca por concordância dentro dele nas organizações. Alguns tópicos associados aos percalços na busca de um ambiente organizacional produtivo e saudável foram também incorporados ao livro e dizem respeito ao assédio moral no trabalho, às configurações de poder organizacional, aos conflitos existentes no contexto empresarial e àqueles entre a vida pessoal e a profissional. Outro grupo de temas e medidas coloca em destaque os comportamentos de cidadania organizacional, a potência das equipes de trabalho e a percepção de sucesso na carreira, bem como o gerenciamento de impressões nas organizações.

O leitor também encontrará em vários capítulos temas e medidas sustentados por premissas da Psicologia Positiva. Tais premissas adentraram o campo do CO quando, nos primórdios do século XXI, pesquisadores norte-americanos propuseram uma nova era para essa disciplina, denominando-a por Comportamento Organizacional Positivo (COP). Tomando por base os postulados da Psicologia Positiva, o COP foi concebido para ser um campo de estudos em que aspectos positivos dos trabalhadores, também referidos como estados ou forças psicológicos positivas, deveriam receber mais atenção dos estudiosos que, até então, haviam privilegiado os aspectos negativos do comportamento humano no ambiente organizacional. A tomada de decisão acerca da inclusão de um determinado tema no campo do COP deverá se pautar pela existência de formulação teórica a seu respeito e de medida para sua aferição. Essa nova perspectiva serviu para renovar o ânimo dos pesquisadores do CO, levando-os a atentarem para diversos aspectos psicossociais positivos dos trabalhadores. Alinhados a essa trilha de esforços, os estudiosos elaboraram concepções teóricas e medidas para diversos aspectos do CO, podendo-se destacar bem-estar no trabalho, capital psicológico, engajamento, espiritualidade e florescimento no trabalho, dentre outros. Todos esses temas estão contidos neste livro, em que o leitor encontrará a apresentação atualizada de cada um e suas respectivas medidas.

Observa-se um avanço significativo nos métodos adotados para construção/adaptação, validação e aferição da precisão das medidas aqui apresentadas. Foram aplicadas por todos os pesquisadores as técnicas de validação por meio da Análise Fatorial Exploratória e por muitos deles os métodos de Análise Fatorial Confirmatória. Em decorrência dessas análises, as medidas apresentadas são detentoras de indicadores de sua validade, bem como de índices de precisão que atendem aos padrões sugeridos por especialistas.

O conjunto de tópicos contido neste livro está organizado em 22 capítulos. Cada um foi elaborado com base na seguinte estrutura: uma breve e atualizada revisão da literatura; apresentação dos procedimentos e resultados obtidos durante o processo de construção/adaptação e validação da medida; instruções para aplicação, computação e interpretação dos resultados e, finalmente, a versão completa de cada uma das 24 medidas, já em formato definido por seus autores para aplicação.

Para levar a cabo a tarefa de escrever sobre 22 temas do CO e, ao mesmo tempo, apresentar medidas válidas e precisas a eles relacionadas, foi indispensável reunir um grupo de pesquisadores que se destacam nesse campo em diversas regiões do Brasil, bem como alguns de seus expoentes na Espanha e Portugal. Foram necessários dois anos de trabalho. A dispersão territorial dos autores no Brasil e a distância dos que residem na Europa foram detalhes se comparadas à alta complexidade das atividades de investigação realizadas por todos para colaborar na execução desta obra. Não houve desânimo nem afrouxamento da disposição para oferecer aos leitores um texto que lhes permitisse acompanhar e se colocar ao lado dos passos que estão sendo dados por pesquisadores no intuito de conceber, medir e gerenciar os aspectos do CO que emergem no fervor da busca por ambientes organizacionais de trabalho mais competitivos e, reconhecidamente, mais saudáveis.

Uma palavra de agradecimento a cada autor por sua participação, paciência e confiança. Aos leitores revelo minha esperança de que este livro seja capaz de lhes oferecer segurança quando desejarem pesquisar temas do CO ou empreender ações como profissionais de gestão de pessoas.

Mirlene Maria Matias Siqueira
Organizadora

1
Absenteísmo no trabalho

Nuno A. C. Murcho
Saul Neves de Jesus

O trabalho comporta um conjunto de valores que lhe são intrínsecos, sendo uma atividade indispensável para o desenvolvimento individual e coletivo das pessoas, assim como um dos principais meios para a aquisição de identidade, de *status* e uma das fontes de satisfação das necessidades humanas. Também pode ocasionar algumas doenças, nomeadamente quando contém fatores de risco para a saúde e quando o trabalhador não dispõe de instrumental suficiente para se proteger deles (Camelo; Angerami, 2008; Campos; David, 2011; Fernandes et al., 2011).

Assim, considera-se que o trabalho não é apenas uma fonte de bem-estar, mas também de mal-estar, e que o mal-estar ocupacional está associado aos efeitos adversos das condições profissionais, sendo entendido como um sinônimo, uma causa ou uma consequência do estresse profissional, ou de síndrome de *burnout*, e também como um conceito amplo que integra outros mais específicos, entre os quais a insatisfação, o esgotamento, a ansiedade, o estresse, a neurose e a depressão, o não investimento, a desresponsabilização, o desejo de abandonar a profissão e o absenteísmo laboral. O mal-estar ocupacional se manifesta de diversas formas, as quais podem ser agrupadas em sintomas físicos, cognitivos, emocionais e comportamentais (Campos; David, 2011; Fontana, 2010; Jesus, 2010; Murcho; Jesus; Pacheco, 2008).

No que concerne ao absenteísmo laboral, este é considerado um fenômeno transversal a todos os setores produtivos e grupos socioprofissionais, entre eles a área da saúde, constituindo um problema administrativo oneroso e complexo para as organizações. É resultante da competitividade expressa pelas exigências institucionais aliada à insegurança no mercado de trabalho e associada à ausência de condições de salubridade no ambiente de labor, podendo ser visto como importante indicador da avaliação da saúde dos trabalhadores e das condições nas quais o trabalho é realizado, bem como das políticas de recursos humanos da instituição e dos serviços de saúde ocupacional (Fernandes et al., 2011; Ferreira et al., 2012; Martinato et al., 2010; Umann et al., 2011).

Tal tipo de absenteísmo pode ser definido como a ausência profissional do emprego, ou seja, é o tempo de labor perdido quando os trabalhadores não comparecem ao trabalho e corresponde a ausências quando se esperava que eles estivessem presentes, seja por falta ou atraso. Pode ser dividido em absenteísmo voluntário (por razões particulares), por doença (devido a doenças ou procedimentos médicos, excluindo-se doenças ou acidentes profissionais), por acidentes ou doença profissional legal (para cumprimento de obrigações legais ou no exercício de direitos consagrados, como gestação e parto, licença nojo, doação de sangue, etc.) ou compulsório (por sanções disciplinares ou prisão, e neste caso, sem direito à remuneração ou com o salário reduzido) (Costa; Vieira; Sena, 2009; Fernandes et al., 2011; Martinato et al., 2010; Sancinetti et al., 2011).

Na área da enfermagem, o absenteísmo laboral ocasiona sobrecarga de trabalho por parte dos enfermeiros na ativa, exigindo-se deles um ritmo mais intenso na realização das tarefas necessárias e um volume maior do trabalho, bem como uma pressão maior, relacionada não apenas com a falta de pessoal mas também com a necessidade de manter a qualidade dos cuidados prestados aos pacientes, podendo desencadear em cascata o adoecimento desses profissionais.

Constituindo o pessoal de enfermagem o maior contigente da força de trabalho nas organizações de saúde, como, por exemplo, hospitais e centros de saúde, com responsabilidades de assistência e gestão nas 24 horas, com incidência nos custos globais dessas organizações, o absenteísmo laboral nesses profissionais acaba por ter repercussões negativas no funcionamento dos serviços de saúde e, concomitantemente, na qualidade da atenção fornecida aos seus utilizadores, podendo, ainda, expor os enfermeiros e as empresas (públicas ou privadas) nas quais trabalham a questões legais e éticas (Costa; Vieira; Sena, 2009; Cucolo; Perroca, 2008; Laus; Anselmi, 2008; Porto; Paula, 2010).

Apesar de seu caráter multifatorial, existem diversas causas que podem levar ao absenteísmo laboral nos enfermeiros, tais como (Costa; Vieira; Sena, 2009; Martinato et al., 2010; Umann et al., 2011):

- **As condições de trabalho,** como estilo de liderança e controle, ausência de estratégias de valorização dos trabalhadores, falta de recursos humanos, repetitividade das tarefas e ausência de integração desse pessoal.
- **O gênero.** Pelo fato de a enfermagem ser uma profissão com predominância feminina, essa profissional acumula simultaneamente diversos

papéis, como o de trabalhadora, dona de casa e mãe, o que contribui para um desgaste maior.
*   **A cultura organizacional**, como ausência de estratégias de valorização dos trabalhadores, baixo apoio social no trabalho, falta de controle sobre o trabalho.
*   **O ambiente psicossocial desfavorável**, como insatisfação com o trabalho e com a condição socioeconômica pessoal.

Alguns autores sistematizam os preditores do absenteísmo laboral em pessoal de enfermagem, de acordo com a frequência com que estão relacionados com as tarefas desses trabalhadores, os aspectos de liderança e de turno de trabalho, a organização da empresa e a ausência de medidas de controle de faltas e a duração dos períodos de ausência, os quais têm relação com idade, condições de trabalho, benefícios e acesso ao atendimento médico. Poucos dias de ausência têm ligação principalmente com a cultura organizacional, que permite (ou não sanciona devidamente) as faltas, ou com a insatisfação dos trabalhadores, ou seja, então relacionados mais com a estrutura e com o processo laboral do que com problemas de saúde, enquanto ausências prolongadas estão associadas a problemas de saúde ou familiares (Ferreira et al., 2012).

Desse modo, é possível sintetizar os fatores que levam ao absenteísmo laboral em individuais, organizacionais e do ambiente de trabalho. Desses três tipos de fatores, os individuais têm sido os menos estudados, embora não sejam os menos importantes, até mesmo pela vantagem competitiva que o elemento humano traz para as organizações. Tais fatores incluem as características sociodemográficas, os fatores de mal-estar (pessoal e profissional) relacionados com esse tipo de absenteísmo e os problemas de saúde ligados ao estresse (Murcho; Jesus, 2007).

Em relação aos problemas de saúde que afetam os enfermeiros destacam-se, entre outros, os transtornos da alimentação, do sono, a fadiga, o estresse, a diminuição do estado de alerta, a desorganização do núcleo familiar e neuroses, além de todo tipo de riscos (físicos, biológicos, ergonômicos, psicológicos e de acidentes de trabalho) característicos desses ambientes laborais, os quais costumam estar associados a condições inadequadas de trabalho vivenciadas por esses profissionais (Martinato et al., 2010).

Considerando todos os aspectos decorrentes do absenteísmo laboral, não apenas aqueles relacionados com as suas causas como também com os seus efeitos, tem-se que o aprofundamento do seu estudo é importante, principalmente no setor da saúde e, em particular, no grupo socioprofissional de enfermagem, até porque, como já mencionado, seu impacto pode afetar negativamente a qualidade dos cuidados prestados.

Nesse sentido, elabora-se este capítulo com a finalidade de apresentar uma súmula do trabalho desenvolvido pelos seus autores (Murcho; Jesus, 2006, 2008) com o objetivo de construir e validar uma escala designada como Escala de Fatores de Absenteísmo Laboral (EFAL) para avaliar os fatores de mal-estar relacionados com o absenteísmo laboral.

Nas seções seguintes, serão apresentadas uma descrição dos processos relativos a sua construção e validação, a orientação para sua aplicação, a determinação dos escores e sua interpretação, bem como as instruções para seu preenchimento e a respectiva escala de respostas.

Deve-se mencionar, ainda, que no futuro será importante a realização de estudos que permitam analisar os resultados desse instrumento com outros grupos profissionais, bem como em outros países, em particular no Brasil.

CONSTRUÇÃO E VALIDAÇÃO DA ESCALA DE ABSENTEÍSMO LABORAL (EFAL)[*]

A EFAL foi construída e validada com o propósito de avaliar a percepção dos trabalhadores sobre os fatores de mal-estar relacionados com o absenteísmo laboral.

O itens da escala foram elaborados com base na literatura consultada a respeito desse assunto, na consulta a peritos e a informantes privilegiados e, ainda, por meio de aplicação de um questionário com uma questão aberta sobre os fatores que costumam levar as pessoas a faltar ao trabalho, utilizando uma amostra de 31 enfermeiros, de ambos os gêneros, todos exercendo funções no Hospital de Faro, EPE (Portugal).

Em relação à aplicação desse questionário, da análise de conteúdo efetuada, foram obtidas 17 categorias:

- insatisfação com a organização dos serviços;
- acompanhamento dos filhos;
- falta de reconhecimento profissional pelos outros (outros profissionais, clientes/doentes, etc.);
- estresse e ansiedade;
- cansaço;
- necessidade de tempo para formação contínua/pós-graduada;
- problemas com os colegas;
- sobrecarga de trabalho;

---

[*] Murcho e Jesus, 2006; 2008.

- acidentes de serviço/doenças profissionais;
- necessidade de resolver assuntos burocráticos pessoais/familiares inadiáveis (finanças, bancos, escola, etc.);
- problemas com os superiores hierárquicos;
- trabalho por turnos;
- não gostar das funções desempenhadas;
- realização de atividades de lazer que não podem ser realizadas durante as férias ou folgas;
- mau ambiente de trabalho;
- desmotivação;
- doença, acidentes e outros problemas de saúde pessoais ou familiares (incluindo maternidade, paternidade ou morte).

A essas categorias acrescentaram-se mais cinco itens, decorrentes do resultado da consulta aos peritos e aos informantes privilegiados, e também levando em conta a revisão da literatura utilizada. São eles:

- sentir-se injustiçado no serviço/instituição onde trabalha;
- baixa remuneração;
- instabilidade laboral;
- sentir que estagnou na carreira;
- deficientes condições físicas de trabalho.

Com isso, a escala ficou com 22 itens.

Para a validação desse instrumento, a escala foi aplicada a uma amostra constituída por 194 enfermeiros, de ambos os gêneros, que trabalhavam em hospitais e centros de saúde públicos da região do Algarve, em Portugal, os quais deram suas respostas de acordo com uma escala de 6 pontos, variando entre 1 (pouco) e 6 (muito). A matriz mostrou-se adequada à fatorabilidade (Teste de Kaiser-Meyer-Olkin [KMO] = 0,91).

Após análise fatorial da EFAL, verificou-se que essa escala é composta por quatro fatores (F_1 a F_4) que explicam 66,3% da variância total, aos quais se fizeram corresponder quatro subescalas:

- EFAL 1 – fatores interpessoais e do ambiente de trabalho (referente a F_1), com seis itens.
- EFAL 2 – fatores psicossomáticos e de condições de trabalho (referente a F_2), com cinco itens.
- EFAL 3 – fatores administrativo-laborais (referente a F_3), com quatro itens.
- EFAL 4 – fatores de gestão do tempo e da carreira (referente a F_4), também com quatro itens.

Em relação à estrutura fatorial do instrumento (obtida após análise dos componentes principais com rotação ortogonal *Varimax*), verificou-se que as cargas fatoriais máxima e mínima são as seguintes:

- para o fator 1 (EFAL 1), 0,80 no item 11 ("problemas com os superiores hierárquicos") e 0,60 no item 14 ("instabilidade laboral");
- para o fator 2 (EFAL 2), 0,89 no item 5 ("cansaço") e 0,55 no item 12 ("trabalho por turnos");
- para o fator 3 (EFAL 3), 0,85 no item 2 ("falta de reconhecimento profissional pelos outros [outros profissionais, clientes/doentes, etc.]") e 0,63 no item 6 ("baixa remuneração"); e
- para o fator 4 (EFAL 4), 0,83 no item 15 ("realização de atividades de lazer que não podem ser realizadas durante as férias ou folgas") e 0,63 no item 10 ("necessidade de resolver assuntos burocráticos pessoais/familiares inadiáveis [finanças, bancos, escola, etc.]").

Tendo em vista que, na perspectiva psicométrica, os instrumentos de avaliação psicológica considerados adequados para avaliar a variável que pretendem medir são aqueles que apresentam uma consistência interna (α) de $\alpha > 0{,}70$, então os valores obtidos tanto para a consistência interna da EFAL (escala total), que é de $\alpha = 0{,}93$, quanto para as respectivas subescalas (EFAL 1 a 4), que variam de 0,78 a 0,89, conforme pode ser verificado no Quadro 1.1, mostram que esse instrumento apresenta uma excelente medida de fiabilidade interna, no que concerne à escala total ($\alpha > 0{,}90$), e boas medidas de fiabilidade interna das subescalas, exceto para a EFAL 4, a qual é razoável ($0{,}80 \geq \alpha \leq 0{,}90$) (Hill; Hill, 2008), sendo adequado para medir a variável estudada (os fatores de mal-estar relacionados com o absenteísmo laboral).

Para um resumo desses aspectos, o Quadro 1.1 apresenta as dimensões da medida, suas definições, os números de itens de cada fator retido após as análises e os índices de precisão (consistência interna) dos fatores da medida em questão.

No fim do capítulo, é apresentada a EFAL completa, com instruções, escala de respostas e os 19 itens que a compõem.

Aplicação, apuração dos resultados e interpretação da EFAL

A EFAL destina-se à aplicação individual. É preciso que os respondentes compreendam as instruções e a forma de assinalar as respostas. É necessário também assegurar que o ambiente da aplicação seja confortável e tranquilo, lembrando que não existe um tempo limite para sua aplicação.

Uma vez que essa escala é constituída por quatro fatores, o cálculo dos escores médios deve ser feito para cada um deles (EFAL 1 – fatores interpes-

QUADRO 1.1
Denominações, definições, itens integrantes e índices de precisão dos fatores que integram a EFAL

Fator (subescala) da EFAL	Definição	Itens retidos após análise fatorial	Índice de precisão (α)
EFAL 1 – Fatores interpessoais e do ambiente de trabalho	São os FMERALs que derivam da relação com outras pessoas e do próprio ambiente de trabalho.	8, 11, 13, 14, 17 e 18	0,89
EFAL 2 – Fatores psicossomáticos e de condições de trabalho	São os FMERALs que estão associados a aspectos psicoemocionais e físicos e com as condições ocupacionais.	3, 5, 9, 12 e 19	0,84
EFAL 3 – Fatores administrativo-laborais	São os FMERALs que estão associados ao próprio trabalho e à relação que o trabalhador estabelece com ele e com a organização onde trabalha.	1, 2, 4 e 6	0,86
EFAL 4 – Fatores de gestão do tempo e da carreira	São os FMERALs que estão associados à gestão do tempo e à evolução profissional na carreira.	7, 10, 15 e 16	0,78

EFAL – Escala de Fatores de Absenteísmo Laboral; α – consistência interna; FMERAL – fator de mal-estar relacionado com o absenteísmo laboral.

soais e do ambiente de trabalho; EFAL 2 – fatores psicossomáticos e de condições de trabalho; EFAL 3 – fatores administrativo-laborais; e EFAL 4 – fatores de gestão do tempo e da carreira), sendo que todos os itens desse instrumento têm conotação negativa.

Assim, o cálculo do escore médio da EFAL, em cada um dos seus quatro fatores, deve ser obtido pela soma dos valores assinalados pelo respondente em cada um dos itens que integram cada fator, dividindo-se tal valor pelo número de itens do fator (ver Quadro 1.1). Quando houver interesse pelo cálculo do escore geral da EFAL, deverão ser somados os valores atribuídos a todos os itens da medida, dividindo-se este total por 19.

Desse modo, para a EFAL 1 (itens nº 8, 11, 13, 14, 17 e 18), a soma será dividida por seis; para a EFAL 2 (itens nº 3, 5, 9, 12 e 19), por cinco; e, para

ESCALA DE FATORES DE ABSENTEÍSMO LABORAL – EFAL

O absenteísmo laboral é um fenômeno que pode ser definido como ausências não previstas ao trabalho, sendo provocado por variados fatores. Nesse sentido, procuramos saber quais são as causas mais frequentes, a partir da escala apresentada a seguir.

É requerida a indicação dos fatores que costumam levar à falta ou à possibilidade de faltar ao trabalho, assinalando com um "X" no número da escala (pontuada entre 1 = "pouco" e 6 = "muito") de acordo com o grau de importância atribuído.

Os fatores que com frequência ocasionam a falta ou a possibilidade de falta ao trabalho são:

	Pouco					Muito
1. Insatisfação com a organização dos serviços	1	2	3	4	5	6
2. Falta de reconhecimento profissional pelos outros (outros profissionais, clientes/doentes, etc.)	1	2	3	4	5	6
3. Estresse e ansiedade	1	2	3	4	5	6
4. Sentir-se injustiçado no serviço/instituição onde trabalha	1	2	3	4	5	6
5. Cansaço	1	2	3	4	5	6
6. Baixa remuneração	1	2	3	4	5	6
7. Necessidade de tempo para formação contínua/pós-graduada	1	2	3	4	5	6
8. Problemas com os colegas	1	2	3	4	5	6
9. Sobrecarga de trabalho	1	2	3	4	5	6
10. Necessidade de resolver assuntos burocráticos pessoais/familiares inadiáveis (finanças, bancos, escola, etc.)	1	2	3	4	5	6
11. Problemas com os superiores hierárquicos	1	2	3	4	5	6
12. Trabalho por turnos	1	2	3	4	5	6
13. Não gostar das funções desempenhadas	1	2	3	4	5	6
14. Instabilidade laboral	1	2	3	4	5	6
15. Realização de atividades de lazer que não podem ser realizadas durante as férias ou folgas	1	2	3	4	5	6
16. Sentir que estagnou na carreira	1	2	3	4	5	6
17. Mau ambiente de trabalho	1	2	3	4	5	6
18. Desmotivação	1	2	3	4	5	6
19. Deficientes condições físicas de trabalho	1	2	3	4	5	6

a EFAL 3 (itens nº 1, 2, 4 e 6) e a EFAL 4 (itens nº 7, 10, 15 e 16), por quatro, devendo o resultado situar-se entre 1 e 6, inclusive para a EFAL total.

Na interpretação dos resultados obtidos pela aplicação desse instrumento, considerou-se que, quanto maior for o valor do escore fatorial médio, maior será a percepção da importância que o respondente dará ao fator de mal-estar relacionado com o absenteísmo laboral para faltar ou vir a faltar ao trabalho. Após análise dos resultados da aplicação da EFAL, em termos gerais, foi considerado que, quanto maior for o valor do seu escore médio, maior será a percepção da relevância dada ao fator de mal-estar relacionado com o absenteísmo laboral.

Assim, as médias fatoriais, ou da escala na sua totalidade, situadas entre 1 e 2 ($1 \geq$ escore ≤ 2) tendem a indicar que é dada pouca importância a tais fatores; a partir de 2 e inferiores ou iguais a 4 (2 >escore ≤ 4), que é dada média relevância; e superiores a 4 até 6 (4 > escore ≤ 6), que esses fatores são muito importantes.

Para que sejam garantidas as propriedades psicométricas da EFAL, seus aplicadores devem respeitar as características desse instrumento, ou seja, o número de fatores, os itens, a escala de respostas e as instruções que foram submetidas ao processo de validação.

REFERÊNCIAS

CAMELO, S. H. H..; ANGERAMI, E. L. S. Riscos psicossociais no trabalho que podem levar ao estresse: uma revisão da literatura. *Ciência, Cuidado e Saúde*, Maringá, v. 7, n. 2, p. 232-240, abr./jun. 2008.

CAMPOS, J. F.; DAVID, H. S. L. Avaliação do contexto de trabalho em terapia intensiva sob o olhar da psicodinâmica do trabalho. *Revista da Escola de Enfermagem da USP*, São Paulo, v. 45, n. 2, p. 363-368, abr. 2011.

COSTA, F. M.; VIEIRA, M. A.; SENA, R. R. Absenteísmo relacionado à doenças entre membros da equipe de enfermagem de um hospital escola. *Revista Brasileira de Enfermagem*, Brasília, v. 62, n. 1, p. 38-44, jan./fev. 2009.

CUCOLO, D. F.; PERROCA, M. G. Ausências na equipe de enfermagem em unidades de clínica médico-cirúrgica de um hospital filantrópico. *Acta Paulista de Enfermagem*, São Paulo, v. 21, n. 3, p. 454-459, 2008.

FERNANDES, R. L. et al. Absenteísmo em hospital filantrópico de médio porte. *Semina*: Ciências Biológicas e da Saúde, Londrina, v. 32, n. 1, p. 3-14, jan./jun. 2011.

FERREIRA, C. R. et al. Abordagem multifatorial do absenteísmo por doença em trabalhadores de enfermagem. *Revista de Saúde Pública*, São Paulo, v. 46, n. 2, p. 259-268, abr. 2012.

FONTANA, R. T. Humanização no processo de trabalho em enfermagem: uma reflexão. *Revista Rene*, Fortaleza, v. 11, n. 1, p. 200-207, jan./mar. 2010.

HILL, M. M.; HILL, A. *Investigação por questionário*. 2. ed. Lisboa: Silabo, 2008.

JESUS, S. N. Teacher stress management by training motivation and skills: a resume. In: BUCHWALD, P.; MOORE, K. (Ed.). *Stress and anxiety*: applications to education and health. Berlin: Logos, 2010. p. 55-60.

LAUS, A. M.; ANSELMI, M. L. Ausência dos trabalhadores de enfermagem em um Hospital Escola. *Revista da Escola de Enfermagem da USP*, São Paulo, v. 42, n. 4, p. 681-689, dez. 2008.

MARTINATO, M. C. N. B. et al. Absenteísmo na enfermagem: uma revisão integrativa. *Revista Gaúcha de Enfermagem*, Porto Alegre, v. 31, n. 1, p. 160-166, mar. 2010.

MURCHO, N. A. C.; JESUS, S. N. Absentismo laboral e burnout nos enfermeiros. In: SIQUEIRA, M. M. M.; JESUS, S. N.; OLIVEIRA, V. B. (Org.). *Psicologia da saúde*: teoria e pesquisa. São Bernardo do Campo: Metodista, 2007. p. 321-336.

MURCHO, N. A. C.; JESUS, S. N. Escala de factores de absentismo laboral (EFAL): um estudo prévio. In: CONGRESSO NACIONAL DE PSICOLOGIA DA SAÚDE, 6., 2006, Faro. *Actas...* Faro: Instituto Superior de Psicologia Aplicada, 2006. p. 805-810.

MURCHO, N. A. C.; JESUS, S. N. Escala de factores de absentismo laboral (EFAL): construção do instrumento. In: CONGRESSO NACIONAL DE PSICOLOGIA DA SAÚDE, 7., 2008, Porto. *Actas...* Porto: Instituto Superior de Psicologia Aplicada, 2008. p. 479-482.

MURCHO, N. A. C.; JESUS, S. N.; PACHECO, J. E. P. Inventário de sintomas de mal-estar relacionados com o trabalho (ISMERT): um estudo prévio. *Revista de investigação em Enfermagem*, Coimbra, v. 17, p. 27-33, fev. 2008.

PORTO, D. R.; PAULA, N. V. K. Estratégias de recursos humanos relacionados ao absenteísmo em profissionais de enfermagem. *Revista Saúde e Pesquisa*, Maringá, v. 3, n. 3, p. 365-370, set./dez. 2010.

SANCINETTI, T. R. et al. Taxa de absenteísmo da equipe de enfermagem como indicador de gestão de pessoas. *Revista da Escola de Enfermagem da USP*, São Paulo, v. 45, n. 4, p. 1007-1012, ago. 2011.

UMANN, J. et al. Absenteísmo na equipe de enfermagem no contexto hospitalar. *Ciência, Cuidado e Saúde*, Maringá, v. 10, n. 1, p. 184-190, jan./mar. 2011.

2
Assédio moral nas organizações

Maria do Carmo Fernandes Martins
Ana Maria Souto Ferraz

O assédio moral no ambiente de trabalho é um fenômeno cada vez mais frequente. Talvez esse aumento exponencial ocorra devido à conscientização ocasionada pelos processos judiciais movidos pelos assediados e pelo número cada vez maior de estudos que investigam seus prejuízos para o trabalhador e para a organização. O assédio decorre de relações de poder desiguais nas quais o assediador ultrapassa o domínio e o confunde, de propósito ou não, com humilhação. Neste capítulo, o fenômeno será definido e discutido brevemente. Ademais, serão comentadas suas formas de avaliação ou detecção, apresentadas as escalas internacionais construídas para tal finalidade e abordados os prejuízos decorrentes dele, tanto para o trabalhador quanto para a organização. Por fim, serão mostradas a Escala de Percepção de Assédio Moral no Trabalho (EP-AMT) e a de Impacto Afetivo do Assédio Moral no Trabalho (EIA-AMT).

O assédio moral é um fenômeno que envolve violência psicológica extrema exercida de maneira sistemática e recorrente por uma pessoa, ou grupo de pessoas, sobre outra no ambiente de trabalho (Leymann, 1990). A literatura da área atribui esse fenômeno à precariedade do trabalho, que favorece a competição entre trabalhadores ao mesmo tempo que as organizações defendem a cooperação e o trabalho em equipe, o que acaba criando, segundo Heloani (2004), um grande paradoxo. Esses valores antagônicos de competição e cooperação seriam os responsáveis pelo aparecimento de situações violentas no âmbito laboral, como o assédio moral. Pode-se afirmar que este é consequência do embate entre forças decorrentes dos novos, e ainda indefinidos, papéis no ambiente organizacional, os quais demandam um novo perfil profissional (Hirigoyen, 2002) do trabalhador que ainda está se adaptando ao novo cenário.

Embora não seja um fenômeno atual, o assédio moral no trabalho só foi estudado de forma sistemática no início dos anos de 1980. Leymann (1996) relata que, em 1976, Brodsky referiu-se ao "trabalhador assediado" e abordou o assunto como uma situação particular de estresse. Leymann (1996) relata que ele e um colaborador começaram a tratar o tema como objeto de pesquisa. Conforme Hirigoyen (2002), foi de Leymann (1990) a atribuição do nome *mobbing* ao fenômeno. Tal termo é originário da etologia, derivado de *mob*, que significa "bando ou plebe" e traduz a concepção de algo irritante ou importuno.

Leymann (1990) definiu assédio moral no trabalho como fenômeno sistemático e recorrente, caracterizado por extrema violência psicológica, exercido por uma pessoa, ou grupo de pessoas, sobre outra no local de trabalho. Além desses critérios de definição (violência, recorrência e sistematização), o autor defende que a agressão deve:

1. ter um tempo mínimo de duração de seis meses e
2. acontecer com frequência média de duas vezes na semana.

Para ele, o objetivo do assédio é desestabilizar ou destruir as redes de comunicação da vítima, arrasar sua reputação, atrapalhar a execução de seu trabalho e conseguir que o assediado abandone o emprego. Assim, parte de sua caracterização é a utilização longa, sistemática e frequente da hostilidade.

Discordando de Leymann (1990), Hirigoyen (2002) defende que a violência da agressão independe de sua frequência, ressaltando que determinadas manifestações humilhantes podem desestruturar alguém em menos de seis meses. Essas discordâncias entre os dois autores revelam a falta de consenso a respeito do conceito.

Para Barreto (2003), assédio moral no trabalho é a exposição repetitiva e prolongada dos trabalhadores a situações de humilhação, vexame e constrangimento durante a jornada de trabalho. Tais eventos acontecem com mais frequência em relações hierárquicas autoritárias e negativas, nas quais inexiste ética e respeito. Aquino e Lamertz (2004) o definem como comportamento interpessoal agressivo intencionalmente dirigido ao empregado no ambiente de trabalho.

Existem duas formas de ocorrência do assédio moral no trabalho: a horizontal, na qual um colega agride outro de mesmo nível hierárquico ou ocupacional; e a vertical, que pode acontecer quando o subordinado agride o superior ou quando este agride o subordinado (Hirigoyen, 2002). Ansart (2006) denomina essas subdivisões da forma vertical do assédio como "assédio ascendente" e "assédio descendente".

Ao estudar assédio moral no trabalho, é importante destacar que a violência do fenômeno quase nunca é física. Estudiosos do assunto, como Barreto (2003), Einarsen (2000), Freitas (2007), Heloani, Freitas e Barreto (2008), Guimarães e Rimoli (2006), Hoel, Sparks e Coopper (2001) e Leymann (1996), destacam a importância dos danos produzidos pela violência psicológica, não física, que caracterizam o assédio moral no trabalho.

Outros pesquisadores (Ashforth, 1997; Douglas; Martinko, 2001; Einarsen et al., 2003; Zapf, 1999) têm explorado os antecedentes do assédio moral no trabalho visando entender e reduzir potencialmente seus impactos sobre os indivíduos e as organizações. Os resultados de seus estudos apontam que o fenômeno é multifacetado e multicausal, incluindo a relação de fatores organizacionais e grupais, não sendo justificado apenas por aspectos individuais.

A revisão da literatura realizada por Poilpot-Rocaboy (2006) revela que mudanças organizacionais, reorganização do trabalho, cultura, clima organizacional desfavorável, tenso, de medo e de competição, além de liderança inadequada, são variáveis que explicam a ocorrência de assédio moral no trabalho. Bowman (2008) revela, ainda, que esse fenômeno decorre de gerenciamento inadequado dos recursos humanos e, portanto, de políticas impróprias de gestão de pessoas.

As consequências mais frequentes do assédio moral para os trabalhadores podem ser agrupadas em três categorias:

1. deterioração da saúde física e mental,
2. prejuízos econômicos devidos à perda do salário e às despesas com saúde, e
3. prejuízos no relacionamento com a família, os amigos, nas atividades de lazer, nas tarefas domésticas e na vida sexual.

Defoe (2012), pesquisando diferenças de gênero e assédio moral no ambiente de trabalho, identificou que o assédio prejudica igualmente homens e mulheres, pois quanto mais ele é percebido, menores são os níveis de bem-estar subjetivo e físico, de satisfação e de comprometimento organizacional e maior é a intenção de abandonar a organização.

As organizações também são muito prejudicadas pelo assédio, uma vez que ele envolve altas perdas econômicas, as quais representam 9,2% do Produto Interno Bruto (PIB). Tais perdas incluem valores relacionados a faltas ao trabalho, licenças médicas, perda no volume de negócios, queda de produtividade e de desempenho, possíveis greves envolvendo os assediados e grupos de trabalho e despesas com demandas judiciais. Os resultados do assédio moral no ambiente de trabalho sugerem que combater essa forma de agressão é uma necessidade para manter a organização equilibrada (Poilpot-Rocaboy, 2006)

Como foi revelado, essas condições negativas ocasionadas pelo assédio desestabilizam o agredido e interferem de forma negativa na sua relação com o trabalho e com a organização, gerando prejuízos para ambas as partes. Os danos psíquicos e psicossomáticos decorrentes do trabalho têm sido preocupação da Organização Internacional do Trabalho (OIT) e da Organização Mundial da Saúde (OMS) e mobilizado áreas como Psicologia, Medicina, Filosofia, História e Direito. A compreensão do fenômeno tem provocado contendas, e sua avaliação não tem sido tarefa fácil, dado que a violência envolvida é expressa mais frequentemente por palavras (ou pela ausência delas), gestos e olhares do que por atos físicos, o que confunde os envolvidos e até mesmo a vítima.

A avaliação do fenômeno ainda é um desafio, decorrente sobretudo da falta de consenso a respeito de seu conceito. Alguns autores têm-se dedicado a construir instrumentos para avaliá-lo. Destes, podem ser citados quatro dos mais utilizados na literatura internacional para medição do assédio moral no trabalho:

- Leymann Inventory of Psychological Terror – LIPT, de Leymann (1990);
- Negative Acts Questionnary – NAQ, elaborado em 1997 por Einarsen e Raknes;
- Cuestionario Individual sobre Psicoterror, Negación, Estigmatización y Rechazo en Organizaciones Sociales – CISNEROS, de Fidalgo e Piñuel (2004); e
- Cuestionario de Hostigamiento Psicológico en el Trabajo – CHPT, de Fornés, Martínez-Abascal e García de la Banda (2008).

Fornés, Martínez-Abascal e Carcía de la Banda (2008) construíram o CHPT para avaliar o assédio moral no trabalho e testaram sua estrutura empírica por meio de análise fatorial exploratória. O instrumento era composto por cinco fatores que reuniam 35 itens:

- humilhação e rejeição pessoal (Alfa de Cronbach = 0,92)
- desprestígio profissional (Alfa de Cronbach = 0,89)
- rejeição profissional e violação da intimidade (Alfa de Cronbach = 0,84)
- isolamento profissional (Alfa de Cronbach = 0,83)
- degradação profissional (Alfa de Cronbach = 0,8)

Um bom instrumento de medição deve partir de um conceito abrangente do fenômeno, pois é necessário que as várias dimensões consideradas até então na literatura especializada estejam nele representadas. Por isso, a adaptação e a validação das escalas de assédio moral no trabalho tiveram como base o CHPT, de Fornés, Martínez-Abascal e Carcía de la Banda (2008).

O CHPT abrange de modo suficientemente amplo o conceito de assédio moral. Os itens são respondidos em uma escala de frequência de 5 pontos, que varia de 1 (menos de uma vez ao mês) a 5 (uma ou mais vezes ao dia). O objetivo é detectar a periodicidade de situações de assédio moral no trabalho. Há, no fim do instrumento, três questões fechadas, respondidas em escala dicotômica (sim ou não), nas quais o respondente identifica:

1. a frequência mínima de seis meses para alguma das circunstâncias descritas;
2. se testemunhou alguma situação descrita; e
3. se, diante do contexto observado, sentiu-se psicologicamente assediado no trabalho.

A seguir, serão apresentados e descritos os estudos de adaptação e verificação dos indícios de validade fatorial, bem como os valores de confiabilidade constatados no estudo de Martins e Ferraz (2011).

ADAPTAÇÃO DAS ESCALAS DE ASSÉDIO MORAL NO TRABALHO

Os 35 itens do CHPT (Fornés; Martínez-Abascal; García de la Banda, 2008) foram traduzidos para a língua portuguesa, mas, em respeito aos princípios da construção de escala (Pasquali, 1999), aqueles que continham ideias duplas foram decompostos, excluindo-se os que apresentavam conteúdos iguais ou que não se ajustavam à realidade brasileira. Posteriormente, os itens foram adequados quanto aos termos utilizados para que se referissem ao universo linguístico da população de trabalhadores e às relações de trabalho que acontecem entre superiores e subordinados. Foram descartadas as três últimas questões fechadas, pois era pretendido que a escala se sustentasse no conceito de assédio moral no trabalho como fenômeno violento e humilhante que não depende da frequência de ocorrência, conforme postula Hirigoyen (2002).

Após a tradução e adaptação, o conjunto de itens foi submetido à avaliação de cinco juízes; a estes foi requerido que analisassem o conteúdo de cada item e o associasse a um dos cinco fatores devidamente descritos. Todos os itens foram classificados conforme a alocação original de itens por fator do estudo de Fornés, Martínez-Abascal e García de la Banda (2008), tendo sido mantidos. Portanto, o índice de acordo entre os juízes foi de 100%.

A compreensão dos itens, a clareza e a adequação da redação foram testadas em alguns representantes do menor nível de escolaridade (ensino fundamental) da amostra com a qual se pretendia trabalhar. Tal procedimento verificou que os itens eram compreendidos com facilidade pela população-alvo. A versão final do CHPT é composta por 36 itens.

Como os estudos localizados na revisão bibliográfica apontavam a existência de dois aspectos envolvidos na definição do assédio moral no trabalho, ou seja, a percepção da frequência de ocorrência do assédio e o impacto[*] afetivo que as diversas situações descritas causam nos trabalhadores, diferentemente da escala original de Fornés, Martínez-Abascal e García de la Banda (2008), optou-se por preparar dois instrumentos compostos pelos mesmos itens, porém respondidos em escalas de respostas diferentes, uma destinada a avaliar a percepção da frequência de ocorrência do assédio e outra que visava avaliar a humilhação sentida diante das situações percebidas. Assim, a escala CHPT originou duas novas: uma designada a medir a percepção da frequência de ocorrência do assédio e outra para avaliar o sentimento sobre o ocorrido.

VALIDAÇÃO DA ESCALA DE PERCEPÇÃO DE ASSÉDIO MORAL NO TRABALHO (EP-AMT)

A EP-AMT foi aplicada a 208 trabalhadores, ocupantes de cargos vinculados a um superior hierárquico. As instruções da EP-AMT remetiam à frequência da ocorrência de cada situação, e as respostas eram marcadas em uma escala de 7 pontos (1 – nunca ou quase nunca; 2 – menos de uma vez ao mês; 3 – ao menos uma vez ao mês; 4 – mais de uma vez ao mês; 5 – ao menos uma vez por semana; 6 – várias vezes por semana e 7 – uma ou mais vezes ao dia).

As respostas foram codificadas em uma planilha do programa Statistic Package of Social Sciences (Versão 15.0). Foram realizadas análises descritivas preliminares, como os testes de Kaiser-Meyer-Olkin (KMO) e de Bartlett, e obtido o determinante da matriz; esses indicadores apontaram que a matriz de dados era adequada para fatoração. Os resultados dos testes preliminares apontaram a adequação da matriz para fatoração (KMO = 0,89, considerado admirável por Hair Jr. e colaboradores [2005]; Teste de Esfericidade de Bartlett – χ^2 = 4587,401; $p < 0,001$; e determinante da matriz de correlações = 6,38E-011).

O número de componentes foi estimado por meio da análise dos componentes principais (PC) que revelou uma composição inicial de oito componentes. O critério para a retenção dos componentes era de valor próprio igual ou maior que 1; para os itens, cargas fatoriais iguais a ou maiores do que 0,3. Esses componentes explicavam 68% da variância total. Contudo, o *scree plot* demonstrou a existência de, no máximo, seis componentes.

Posteriormente, os dados foram submetidos ao método de extração Principal Axis Factoring (PAF) com rotação oblíqua. A matriz de correlação entre

---

[*] Influência ou poder dos acontecimentos sobre a vida do indivíduo.

os fatores revelou dois agrupamentos de fatores: o fator 1 isolava-se dos outros, enquanto os demais mantinham entre si índices de correlação significantes. Isso sustentou a rotação *Oblimin*, mas apontou certa independência entre os dois agrupamentos.

Indicações teóricas e evidências da estrutura fatorial do CHPT (Fornés; Martínez-Abascal; García de la Banda, 2008) em cinco fatores sustentaram a solicitação da extração de cinco fatores. Os resultados revelaram que os itens de um dos fatores referiam-se a aspectos pessoais, enquanto os outros se aproximavam de aspectos profissionais, o que havia sido evidenciado pelas correlações significantes entre eles demonstradas na primeira extração. Tais resultados evidenciam a presença de fatores de ordem superior (Pasquali, 2006). Em decorrência dessa identificação, solicitou-se a extração de dois fatores, porém, nessa fase, foram incluídos apenas os 24 itens componentes dos fatores que apresentavam valores próprios maiores ou iguais a 1. Ambos explicaram 48% da variância total (Quadro 2.1).

Os dois fatores reuniram um conjunto de 24 itens. Em função dos conteúdos individuais em cada fator, eles foram denominados "assédio moral profissional" e "assédio moral pessoal". As cargas fatoriais dos itens variavam entre 0,42 e 0,82.

QUADRO 2.1
Denominações, definições, itens integrantes e índices de precisão dos fatores da EP-AMT

Denominação	Definição	Itens	Índice de precisão	Variância explicada
Assédio moral profissional	Atos de violência no trabalho dirigidos pelo chefe aos subordinados que visam agredir o trabalhador em aspectos profissionais.	1, 2, 5, 6, 9, 10, 13, 15, 16, 17, 18, 19, 22 e 23	0,91	40%
Assédio moral pessoal	Atos de violência dirigidos pelo chefe aos subordinados que visam agredir o trabalhador em aspectos pessoais.	3, 4, 7, 8, 11, 12, 14, 20, 21 e 24	0,85	8%
Alfa geral da escala: 0,93				

EP-AMT – Escala de Percepção de Assédio Moral no Trabalho.
Fonte: as autoras

Aplicação, apuração dos resultados e interpretação da EP-AMT

A aplicação da EP-AMT pode ser feita de forma individual ou coletiva. Deve-se cuidar para que os respondentes tenham entendido as instruções e o modo de assinalar suas respostas. É necessário assegurar também que o ambiente de aplicação seja tranquilo e confortável; destaca-se que o tempo para responder é livre.

Como a EP-AMT é composta por dois fatores (bifatorial), seus resultados devem ser apurados por fator. Assim, será obtido um resultado (ou média fatorial) para cada um dos fatores, ou seja, o diagnóstico da percepção de assédio moral no trabalho será feito com base em dois fatores. Isso é feito somando-se os valores marcados pelos respondentes em cada item de cada fator e dividindo-se o resultado total pelo número de itens. Desse modo, por exemplo, para o fator 1, assédio moral profissional, somam-se os valores das respostas aos itens 1, 2, 5, 6, 9, 10, 13, 15, 16, 17, 18, 19, 22 e 23 e divide-se o resultado por 14. Para o fator 2, assédio moral pessoal, somam-se os valores das respostas aos itens 3, 4, 7, 8, 11, 12, 14, 20, 21 e 24 e divide-se o resultado por 10.

Depois, somam-se as médias do respondente em cada fator e divide-se pelo número de respondentes para obter a média fatorial do grupo. O resultado deve ser sempre um número entre 1 e 7, que é a amplitude da escala de respostas da EP-AMT. Para interpretar as médias da percepção de assédio moral no trabalho, deve-se considerar que quanto maior for o valor da média fatorial, mais frequentemente o assédio é percebido pelo grupo.

Além disso, valores maiores que 4 indicam que o assédio no trabalho é percebido com muita frequência, e menores que 3,9 indicam que é percebido poucas vezes. Assim, quanto maior a média, mais o assédio é frequente, e, quanto menor, menos periódico ele é. É importante ressaltar que, mesmo quando pouco percebido, ele existe.

VALIDAÇÃO DA ESCALA DE IMPACTO AFETIVO DO ASSÉDIO MORAL NO TRABALHO (EIA-AMT)

O impacto afetivo ficou definido como choque,* abalo ou comoção de grande intensidade emocional provocado por atos de violência no trabalho dirigidos pelo chefe aos subordinados.

A EIA-AMT foi aplicada aos mesmos 208 trabalhadores que responderam à EP-AMT. Nas instruções da EIA-AMT, solicitava-se aos respondentes que relatassem o impacto afetivo que cada situação descrita nos itens provocava neles e

---

* Acontecimento súbito que desequilibra o funcionamento emocional e intelectual habitual da pessoa (Menezes et al., 2007).

que marcassem suas respostas em uma escala de 4 pontos (1 – nada humilhado; 2 – pouco humilhado; 3 – humilhado; e 4 – muito humilhado).

As respostas foram codificadas em uma planilha do programa Statistic Package of Social Sciences (Versão 15.0). Foram realizadas análises descritivas preliminares para verificação da adequação da matriz de dados à análise fatorial por meio dos Testes de KMO, de Bartlett e do cálculo do determinante da matriz; todos apontaram que a matriz era adequada para fatoração. Os resultados revelaram ótimos índices: KMO = 0,83; Teste de esfericidade de Bartlett: χ^2 = 4231,831; p < 0,001; determinante da matriz de correlações = 2,17E-010. Foi, ainda, solicitado o *scree plot* para um exame visual do número de fatores.

Na sequência, os dados foram submetidos a análises dos componentes principais, estimando-se nove componentes com valores próprios iguais a ou maiores que 1. O critério para a retenção dos itens também foi de carga fatorial mínima de 0,30. Os nove fatores explicaram 68% da variância total, mas o *scree plot* apontou a existência de, no máximo, cinco componentes.

Posteriormente, os fatores foram extraídos por meio da PAF com rotação oblíqua (*Oblimin*). A matriz de correlação entre eles revelou dois agrupamentos: o fator 5 isolava-se dos outros porque tinha apenas uma correlação significante com os demais. Dois outros fatores (8 e 9) não se sustentaram porque eram compostos por itens complexos (dividiam cargas em mais de um fator). A análise dos conteúdos dos itens que formavam os fatores restantes revelou agrupamento semelhante ao identificado na EP-AMT. Isso apontou a adequação de se manter a rotação oblíqua, mas indicou discriminação entre os dois agrupamentos, embora ambos fossem correlacionados entre si (r = 0,64, p < 0,01).

Um processo semelhante ao da EP-AMT ocorreu com a análise de dados da EIA-AMT, na qual cinco fatores teóricos foram mantidos. A partir das evidências reveladas pela matriz de correlações entre os fatores pode-se notar que dois agrupamentos se tornaram evidentes, o que indicava a existência de uma estrutura superior, de segunda ordem. Solicitou-se, então, a extração de dois fatores, buscando identificar a existência dos fatores profissional e pessoal, revelados na EP-AMT. Nessa extração, foram incluídos os 19 itens componentes dos nove fatores retidos na anterior. Os dois fatores reuniram os 19 itens. Os resultados confirmaram a junção dos itens em dois fatores de ordem superior.

Entretanto, além de já existir indício de alta correlação entre ambos os fatores, notou-se extrema semelhança entre os conteúdos dos itens que os compunham. Tais resultados fizeram que se solicitasse a extração de um único fator. Desta vez, eles indicaram uma escala composta por 13 itens, responsável pela explicação de 46% da variância total. A fidedignidade dos fatores foi estimada pelo cálculo do Alfa de Cronbach, que revelou índice de consistência interna de 0,85. As cargas fatoriais dos itens variaram entre 0,30 e 0,69.

Aplicação, apuração dos resultados e interpretação da EIA-AMT

A EIA-AMT pode ser aplicada individual ou coletivamente. O indivíduo que a aplicar deve se assegurar de que os respondentes compreenderam as instruções e a maneira de marcar suas respostas. Além disso, é preciso garantir um ambiente de aplicação tranquilo e confortável, sendo o tempo de aplicação livre.

Como a EIA-AMT é uma escala composta por um só fator (unifatorial), seus resultados devem ser obtidos da seguinte maneira: somam-se os valores marcados pelos respondentes em cada item e divide-se o resultado pelo número de itens (13). Depois, somam-se as médias de cada respondente em cada fator e divide-se pelo número de respondentes para obter o resultado do grupo. O resultado da média fatorial deve ser sempre um número entre 1 e 4, que é a amplitude da escala de respostas da EIA-AMT. Para interpretar as médias de impacto, deve-se considerar que, quanto maior for o valor da média fatorial, maior será o impacto para os trabalhadores.

Valores acima de 3 indicam que o impacto é grande, e inferiores a 1,9 que é menor. Assim, quanto maior a média, maior o impacto, e quanto menor o valor médio, menor o impacto. Deve-se ressaltar que somente o valor 1 revela ausência de impacto; os demais já revelam que algum impacto afetivo é sentido pelos trabalhadores.

Nos casos em que se pretende detectar a existência de assédio, deve-se utilizar a EP-AMT; contudo, quando a intenção é verificar se o assédio provoca impactos afetivos nos trabalhadores, recomenda-se utilizar a EIA-AMT. O diagnóstico realizado por ambas as escalas pode colaborar para a promoção de uma gestão mais humanizada e eficiente da empresa, reduzindo custos pessoais e organizacionais. Recomenda-se aplicar a EP-AMT anonimamente, para que os empregados tenham liberdade de responder de modo sincero. A identificação poderia causar temores de represália. No entanto, no caso de verificação do impacto afetivo, respostas identificadas podem ser úteis, dependendo do objetivo do profissional aplicador.

Ambas as escalas resultaram de trabalhos internacionais e de uma pesquisa brasileira de adaptação e validação realizada por Martins e Ferraz (2011) a qual demonstrou a validade e a fidedignidade de cada resultado obtido. As características psicométricas que asseguram a boa qualidade da escala só permanecem se ela for aplicada sem nenhuma alteração de qualquer de suas partes.

ESCALA DE PERCEPÇÃO DE ASSÉDIO MORAL NO TRABALHO – EP-AMT

APRESENTAÇÃO

Na relação de frases escritas adiante, há descrições de várias situações que podem ocorrer no trabalho. Considerando a sua experiência profissional, pedimos que, para cada caso descrito, você marque a FREQUÊNCIA com que ele acontecia durante seus últimos quatro anos de trabalho ou em seu atual emprego, usando, para isso, a ESCALA DE FREQUÊNCIA apresentada. Marque sua resposta com o número correspondente à frequência.

Você não informará seu nome, portanto, nós não poderemos identificar suas respostas. Além disso, elas serão mantidas em sigilo e transformadas em pontuações. Pedimos que **RESPONDA A TODAS AS QUESTÕES** e que seja **muito sincero(a)**.

1	2	3	4	5	6	7
Nunca ou quase nunca	Menos de 1 vez ao mês	Ao menos 1 vez ao mês	Mais de 1 vez ao mês	Ao menos 1 vez por semana	Várias vezes por semana	Uma ou mais vezes ao dia

Itens	Resposta
1. Você foi criticado pelo chefe.	
2. Seu chefe evitou falar com você, mandando recados pelos outros.	
3. Seu chefe evitou ou impediu que você se comunicasse normalmente com o grupo.	
4. Seu chefe o ameaçou sem motivos.	
5. Seu chefe deixou de lhe atribuir tarefas.	
6. Seu chefe duvidou de sua responsabilidade ou capacidade profissional.	
7. Seu chefe disse que você está louco ou desequilibrado psicologicamente.	
8. Seu chefe falou coisas sobre você que prejudicaram sua imagem.	
9. Seu chefe o discriminou com relação aos seus colegas de trabalho.	
10. Seu chefe não respeitou seu conhecimento ou experiência de trabalho.	
11. Seu chefe o acusou de não se adaptar ao grupo de trabalho.	
12. Seu chefe o acusou de cometer erros que antes não cometia.	
13. Seu chefe não o deixou falar nas reuniões ou o interrompeu quando estava falando.	
14. Seu chefe utilizou palavrões ou expressões humilhantes para xingá-lo.	
15. Seu chefe não respondeu as suas perguntas verbais ou escritas.	
16. Seu chefe recusou suas propostas antes mesmo de ouvi-las.	
17. Seu chefe não atribuiu a você tarefas importantes ou que poderiam destacá-lo.	
18. Seu chefe o considerou culpado por erros que os outros cometeram.	
19. Seu chefe mexeu em seus pertences.	
20. Seu chefe evitou sentar-se ao seu lado.	

21. Seu chefe imitou seus gestos, palavras ou comportamentos em tons humilhantes ou de deboche.	
22. Seu chefe olhou para você com desprezo.	
23. Seu chefe o ignorou em questões ou decisões que dizem respeito a sua área de trabalho.	
24. A empresa não deu atenção a suas queixas de assédio.	

ESCALA DE IMPACTO AFETIVO DO ASSÉDIO MORAL NO TRABALHO – EIA-AMT

APRESENTAÇÃO

Agora, solicitamos que você responda a outras questões seguindo a nova numeração e descrição da escala apresentada adiante. Você irá perceber que algumas frases são iguais às que foram respondidas anteriormente. Pedimos que as responda mesmo assim, pois agora a resposta dada refere-se a como você **se sentiu** diante do ocorrido, ou seja, ao SENTIMENTO ou ao IMPACTO AFETIVO que cada situação provocou em você.

No caso de você não ter vivenciado a situação descrita, por favor, não deixe a resposta em branco; marque a opção 1 – Nada humilhado.

1	2	3	4
Nada humilhado	Pouco humilhado	Humilhado	Muito humilhado

Itens	Resposta
1. Seu chefe evitou falar com você, mandando recados pelos outros.	
2. Seu chefe passou-lhe tarefas abaixo do seu nível de conhecimento.	
3. Seu chefe deixou de atribuir tarefas a você.	
4. Seu chefe duvidou de sua responsabilidade ou capacidade profissional.	
5. Seu chefe o acusou de não se adaptar ao grupo de trabalho.	
6. Seu chefe o acusou de cometer erros que antes não cometia.	
7. Seu chefe fez comentários maliciosos sobre você ou sobre sua forma de vida.	
8. Seu chefe não respondeu às suas perguntas verbais ou escritas.	
9. Seu chefe o considerou culpado por erros que outros cometeram.	
10. Seu chefe mexeu em seus pertences.	
11. Seu chefe imitou seus gestos, palavras ou comportamentos em tons humilhantes ou de deboche.	
12. Seu chefe passou informações erradas a você.	
13. A empresa não deu atenção a suas queixas de assédio.	

REFERÊNCIAS

ANSART, P. Os assédios políticos. In: SEIXAS, J.; BRESCIANI, M. S. (Org.). *Assédio moral*: desafios políticos, considerações sociais, incertezas jurídicas. Uberlândia: EDUFU, 2006. p. 125-137.

AQUINO, K.; LAMERTZ, K. A relational model of workplace victimization: social roles and patterns of victimization in dyadic relationships. *Journal of Applied Psychology*, v. 89, n. 6, p. 1023-1034, 2004.

ASHFORTH, B. Petty tyranny in organizations: a preliminary examination of antecedents and consequences. *Canadian Journal of Administrative Sciences*, v. 14, n. 2, p. 126-140, 1997.

BARRETO, M. M. S. *Violência, saúde e trabalho*: uma jornada de humilhações. São Paulo: EDUC, 2003.

BOWMAN, P. *Psychological harassment and bullying in the workplace*. [S.l.: s.n.], 2008. Disponível em: <http://www.bpwsaskatoon.ca/PDF's/WHBE/April_22nd_Presentation_Psychological_Harassment_and_Bullying_in_the_Workplace.pdf>. Acesso em: 13 dez. 2012.

DEFOE, D. *Workplace sexual harassment and negative effects for all employees*: harms beyond targets. [S.l.]: Psychology, 2012. Disponível em: <http://www.psycholawlogy.com/2012/08/10/workplace-sexual-harassment-and-negative-effects-for-all-employees-harms-beyond-targets/>. Acesso em: 13 dez. 2012.

DOUGLAS, S.; MARTINKO, M. Exploring the role of individual differences in the prediction of workplace aggression. *Journal of Applied Psychology*, v. 86, n. 4, p. 547-559, 2001.

EINARSEN, S. et al. The concept of bullying at work: the European tradition. In: EINARSEN, S. et al. (Org.). *Bullying and emotional abuse in the workplace*: international perspectives in research and practice. London: Taylor & Francis, 2003. p. 1-30.

EINARSEN, S. Harassment and bullying at work: a review of the Scandinavian approach. *Aggression and Violent Behavior*, v. 5, n. 4, p. 379-401, 2000.

EINARSEN, S.; RAKNES, B. I. Harassment in the workplace and the victimization of men. *Violence and Victims*, v. 12, n. 3, p. 247-263, 1997.

FIDALGO, A. M.; PIÑUEL, I. La escala Cisneros como herramienta de valoración del mobbing. *Psicothema*, v. 16, n. 4, p.615-624, 2004.

FORNÉS, J.; MARTÍNEZ-ABASCAL, M. A.; GARCÍA DE LA BANDA, M. Análisis factorial del cuestionario de hostigamiento psicológico en el trabajo en profesionales de enfermaría. *International Journal of Clinical and Health Psychology*, v. 8, n. 1, p. 267-283, 2008.

FREITAS, M. E. Quem paga a conta do assédio moral no trabalho? *ERA-eletrônica*, v. 6, n. 1, jan./jun. 2007. Disponível em: <http://rae.fgv.br/sites/rae.fgv.br/files/artigos/10.1590_S1676-56482007000100006.pdf>. Acesso em: 07 jun. 2013.

GUIMARÃES, L. A. M.; RIMOLI, A. O. Mobbing (assédio psicológico) no trabalho: uma síndrome psicossocial multidimensional. *Psicologia*: Teoria e Pesquisa, v. 22, n. 2, p. 183-192, maio/ago. 2006.

HAIR JR., J. F. et al. *Análise multivariada de dados*. 5. ed. Porto Alegre: Bookman, 2005.

HELOANI, J. R.; FREITAS, M. E.; BARRETO, M. *Assédio moral no trabalho*. São Paulo: Cengage, 2008.

HELOANI, R. Assédio moral: um ensaio sobre a expropriação da dignidade no trabalho. *RAE-eletrônica*, v. 3, n. 1, jan./jun. 2004. Disponível em: <http://www.bndes.gov.br/SiteBNDES/export/sites/default/bndes_pt/Galerias/Arquivos/empresa/etica/assedio_moral.pdf>. Acesso em: 07 jun. 2013.

HIRIGOYEN, M. F. *Assédio moral*: a violência perversa no cotidiano. Rio de Janeiro: Bertrand Brasil, 2002.

HOEL, H.; SPARKS, K.; COOPER, C. L. *The cost of violence/stress at work and the benefits of a violence/stress-free working environment*. Geneva: International Labour Organization, 2001. Disponível em: <http://www.ilo.org/wcmsp5/groups/public/@ed_protect/@protrav/@safework/documents/publication/wcms_118190.pdf>. Acesso em: 07 jun. 2013.

LEYMANN, H. Mobbing and psychological terror at workplaces. *Violence and Victims*, v. 5, n. 2, p. 119-126, 1990.

LEYMANN, H. The content and development of mobbing at work. *European Journal of Work and Organizational Psychology*, v. 5, n. 2, p. 165-184, 1996.

MARTINS, M. C. F.; FERRAZ, A. M. S. Propriedades psicométricas das escalas de assédio moral no trabalho – percepção e impacto. *Psico-USF*, v. 16, n. 2, p. 163-173, maio/ago. 2011.

MENEZES, C. N. B. et al. Câncer infantil: organização familiar e doença. *Revista Mal Estar e Subjetividade*, Fortaleza, v. 7, n. 1, mar. 2007. Disponível em: <http://pepsic.bvsalud.org/scielo.php?script=sci_arttext&pid=S1518-61482007000100011&lng=pt&nrm=iso>. Acesso em: 14 dez. 2012.

PASQUALI, L. (Org.). *Análise fatorial para psicólogos*. Brasília: LABPAM, 2006.

PASQUALI, L. *Instrumentos psicológicos*: manual prático de elaboração. Brasília: LABPAM/IBAPP, 1999.

POILPOT-ROCABOY, G. Bullying in the workplace: a proposed model for understanding the psychological harassment process. *Research and Practice in Human Resource Management*, v. 14, n. 2, dez. 2006. Disponível em: <http://www.freepatentsonline.com/article/Research-Practice-in-Human-Resource/168632028.html>. Acesso em: 13 dez. 2012.

ZAPF, D. Organizational, work group related and personal causes of mobbing/bullying at work. *International Journal of Manpower*, v. 20, n. 1-2, p. 70-85, 1999.

3

Bem-estar no trabalho

Mirlene Maria Matias Siqueira
Virginia Orengo
José M. Peiró

Tomando por base os postulados da Psicologia Positiva enunciados em 2000 por Seligman e Csikszentmihalyi, Siqueira e Padovam (2008) conceberam um modelo teórico para bem-estar no trabalho (BET). Sob o ângulo de construção teórica e metodológica, trata-se de um modelo constitutivo, visto que nele estão presentes os elementos essenciais e indispensáveis para que representem, segundo a visão das duas autoras, um novo conceito na literatura do comportamento organizacional, o qual pode ser diferenciado de outros contidos nesse mesmo campo de teorização e pesquisa devido às suas características peculiares. Assim, está sendo reconhecida uma mudança significativa nos modelos de prevenção de risco para os modelos de bem-estar (*wellness model*), como os que enfatizam o desenvolvimento pessoal (Peiró; Tetrick, 2011).

Sob o ponto de vista psicológico, o BET compreende um estado mental positivo formado pela articulação de três vínculos, também positivos, denominados *satisfação no trabalho, envolvimento com o trabalho* e *comprometimento organizacional afetivo*. Assinala-se a concepção de BET como um estado mental positivo pela possibilidade de o trabalhador vivenciar períodos em que emergem dentro dele, de forma interligada, sentimentos positivos promovidos por aspectos presentes no ambiente de trabalho (satisfação), sensações de harmonia entre suas habilidades profissionais e as exigências impostas pelas atividades que realiza (envolvimento com o trabalho) e sentimentos também positivos dirigidos à organização que o emprega (comprometimento organizacional afetivo), conforme mostra a Figura 3.1.*

Os três componentes do modelo constitutivo são conceitos clássicos do campo do comportamento organizacional:

a) satisfação no trabalho – com uma larga tradição em Psicologia do Trabalho que remonta aos anos de 1930 do século passado (Hoppock, 1935) e que recebeu de Locke (1976) uma sistematização importante;
b) envolvimento com o trabalho – concebido em 1965 por Lodahl e Kejner;
c) comprometimento organizacional afetivo – estabelecido em 1979, por Mowday, Steers e Porter.

Como se pode reconhecer, os três componentes do modelo teórico constitutivo de BET foram escolhidos por Siqueira e Padovam (2008) porque cada um contempla aspectos psicológicos de natureza cognitiva (mental), nos quais estão inseridos crenças e sentimentos estritamente positivos e que emergem no contexto organizacional de trabalho, como descrito adiante.

FIGURA 3.1 Modelo teórico constitutivo de bem-estar no trabalho (BET).
Fonte: Siqueira (2009, p.250).

---

* Atualmente, há acordo por reconhecer bem-estar como um conceito amplo, multifacetado e com certa estabilidade ao longo do tempo. O estudo de BET constituirá uma área fértil de investigação nos próximos anos. Para uma revisão mais detalhada sobre o tema em seus aspectos conceituais, de avaliação e intervenção por meio de gestão em organizações, o leitor poderá revisar os trabalhos de Foreard e colaboradores (2011) e Grant, Christianson e Price (2007).

Satisfação no trabalho traz para o modelo mental positivo de BET um conjunto de três grandes categorias de fontes de satisfação. Elas se estruturam quando o trabalhador formata cognições sobre sentimentos originados de:

- relações com as pessoas no local de trabalho (chefia e colegas);
- retribuições organizacionais (salário e promoções) ofertadas por organizações; e
- atividades que realiza (tarefas).

Essas três fontes, por sua vez, passam a modelar o estado mental positivo de BET quando o empregado se sente satisfeito com os relacionamentos entre ele e as pessoas com as quais mais convive no ambiente de trabalho (chefia e colegas), com as retribuições oferecidas pela organização empregadora, por meio de políticas de gestão de pessoas (salários e oportunidades de promoção), e com as atividades ou tarefas que condizem ao cargo ocupado (Siqueira, 2009).* Portanto, o conceito de satisfação no trabalho recebeu uma concepção multidimensional, que envolve avaliações positivas do empregado sobre cinco componentes específicos do ambiente de trabalho: chefia, colegas de trabalho, salários, promoções e tarefas, conforme modelo constitutivo do conceito de satisfação no trabalho defendido por Siqueira (1995, 2008).

Estudos nacionais, em que satisfação no trabalho foi avaliada como um componente de BET, revelaram que os escores mais elevados entre diferentes amostras de trabalhadores dos setores de educação (universidades e escolas públicas), industrial, financeiro e de prestação de serviços referiam-se a satisfação com as pessoas (chefia e colegas) e com a tarefa, seguidos por satisfação mais baixa com salário e promoções, ambos relativos a políticas de retribuição organizacional (Siqueira, 2009).

Envolvimento com o trabalho, expressão cunhada por Lodhal e Kejner (1965), recebeu das duas autoras (Siqueira; Padovam, 2008) do modelo mental positivo de BET uma nova roupagem, inspirada no "estado de fluxo" concebido por Csikszentmihalyi (1999). Para ele, qualquer atividade pode levar o indivíduo a um estado de fluxo se ela (a atividade) atender a três condições:

a) existir uma meta a ser alcançada por meio das atividades;
b) os desafios impostos pelas atividades serem vencidos pelas habilidades do indivíduo;
c) haver *feedback* oferecido pelas próprias atividades realizadas.

---

* Para uma compreensão mais abrangente sobre satisfação no trabalho, sugere-se consultar também García-Montalvo, Peiró e Soro Bonmati (2006).

Pode-se reconhecer que o estado de fluxo emerge em um circuito fechado. Trata-se, portanto, de uma interação altamente particular e restrita à subjetividade pessoal, que ocorre entre o indivíduo e as atividades em execução. Dele tomam parte o indivíduo que realiza as atividades, os recursos (pessoais, sociais, materiais e outros) de que dispõe para exercê-las, sua percepção de realização com êxito dessas atividades e o reconhecimento pessoal de que foi atingida uma meta, ou metas, ao término de toda a tarefa ou em parte de sua execução. O estado de fluxo parece estar presente em um complexo modelo mental em que se articulam pensamentos a respeito de metas a serem atingidas, o autorreconhecimento de dispor das habilidades individuais requeridas para superar os desafios impostos pela atividade e, por fim, visão pessoal de tê-la realizado com sucesso. Para expressar tal estado de fluxo, o indivíduo deve reconhecer que enquanto trabalha obtém satisfação para sua vida pessoal, que o tempo que passa no trabalho pode ser visto como horas agradáveis de seu dia a dia, como também descobrir que ligados ao labor estão aspectos importantes para sua vida e que ele, de modo geral, visualiza seu trabalho como uma atividade que completa sua vida.

Os estudos nacionais que avaliaram BET em diversas amostras de trabalhadores utilizaram a Escala de Envolvimento com o Trabalho (EET), construída e validada por Siqueira (1995, 2008). Essa característica altamente subjetiva de envolvimento parece ser uma das prováveis explicações para os baixos valores de explicação providos por estudos que tentaram identificar seus antecedentes entre variáveis que representam políticas de gestão de pessoas, tais como percepção de justiça no trabalho e de suporte organizacional. Essas evidências podem ser sinais de que os prováveis antecedentes de envolvimento com o trabalho estejam entre variáveis de natureza pessoal ou entre aquelas que possam constituir o processo de trabalho no qual o indivíduo se vê submergido enquanto realiza suas atividades.

O terceiro componente do conceito de BET é *comprometimento organizacional afetivo*, originalmente definido por Mowday, Steers e Porter (1979) como uma identificação do indivíduo com a organização e um forte desejo de nela permanecer trabalhando. Para integrar o modelo mental positivo de BET, Siqueira e Padovam (2008) optaram pela definição de comprometimento organizacional afetivo como um vínculo com a organização que emerge de sentimentos positivos, como entusiasmo, orgulho, contentamento, confiança, apego e dedicação à empresa empregadora, entre outros (Siqueira, 1995).

Enquanto os dois primeiros vínculos citados como integrantes de BET contêm vínculos positivos com o ambiente de trabalho (satisfação) ou com a natureza do trabalho realizado (envolvimento), o terceiro componente é uma ligação afetiva com o empregador (organização). Com essa concepção, comprometimento afetivo traz para o conceito de BET uma visão de que as relações estabelecidas pelo indivíduo com a organização que o emprega estão assentadas em uma interação que lhe permite nutrir sentimentos positivos por ela.

O conjunto de sentimentos positivos dirigidos à organização está contido na Escala de Comprometimento Organizacional Afetivo (ECOA), construída e validada por Siqueira (1995, 2008), a qual contém, em sua forma completa, 18 sentimentos, e, em sua forma reduzida, apenas cinco itens, mas com índices de precisão (Alfa de Cronbach) altamente satisfatórios, com respectivos valores de 0,95 e 0,93.

Conforme assinala Siqueira (2009), as hipóteses que sustentam o modelo de BET alinham-se aos pressupostos de Fredrickson (1998, 2000, 2001) a respeito do papel exercido por emoções positivas na promoção da saúde e do bem-estar. Sob essa ótica, pode-se considerar que, quando o indivíduo se sente bem no trabalho, revelando altos índices de satisfação, de envolvimento e de comprometimento afetivo, ele estaria predisposto a:

> [...] ter seus mecanismos internos ativados para organizar seus pensamentos e aplicá-los na escolha de um curso de ações adequado ao trabalho; a usar recursos pessoais de natureza física, psicológica e social para enfrentar de forma saudável os desafios apresentados pelo ambiente de trabalho; tenderia a manter mais aguçados os estados psicológicos positivos e a não apresentar problemas como depressão, ansiedade e estresse; estaria mais predisposto a manter, fortalecer e atualizar suas potencialidades com as quais executa seu trabalho e produz os resultados desejados pela organização. (Siqueira, 2009, p. 251).

Diversos pesquisadores internacionais e nacionais (Deci et al., 2001; Dessen; Paz, 2010; Panaccio; Vandenberghe, 2009; Paschoal; Tamayo, 2008; Peiró, 2012; Wright, 2010) já se dedicaram a elaborar proposições para o bem-estar vivenciado no ambiente organizacional de trabalho. Seguindo essa senda de esforços, neste capítulo será apresentado, de forma inédita, o Inventário de Bem-estar no Trabalho-13 (IBET-13), tomando como ponto de partida o modelo constitutivo de BET (Siqueira; Padovam, 2008) e as três medidas de suas dimensões construídas/validadas por Siqueira (1995, 2008), iniciando com a descrição do processo de construção e validação da referida medida.

CONSTRUÇÃO E VALIDAÇÃO DO INVENTÁRIO DE BEM-ESTAR NO TRABALHO (IBET-13)

O IBET-13 foi idealizado para aferir um construto psicológico denominado "bem-estar no trabalho", o qual corresponde, como já apontado neste capítulo, a um estado mental positivo formado pela articulação de vínculos, também positivos, denominados "satisfação no trabalho", "envolvimento com o trabalho" e "comprometimento organizacional afetivo".

O processo de construção do IBET-13 teve início ao serem escolhidos, entre os itens que compunham as medidas utilizadas nos estudos nacionais para aferir as três dimensões do modelo constitutivo de BET, aqueles que seriam melhores representantes, respectivamente, de satisfação no trabalho, envolvimento com o trabalho e comprometimento organizacional afetivo. Por que construir uma nova medida se já existem três validadas e precisas no Brasil para aferir as dimensões do modelo constitutivo de BET? A resposta a essa questão é exatamente a justificativa de produção deste capítulo.

Estudiosos do comportamento organizacional têm se esforçado para oferecer a esse campo de conhecimento a concepção de construtos mais complexos e assentados em outros microconceitos que têm tradição na literatura e que, se reunidos, poderiam representar um outro construto de segunda ordem com capacidade de melhor participação na construção do conhecimento na área. Como exemplo, pode-se citar o conceito de capital psicológico cunhado por Luthans, Luthans e Luthans (2004), o qual tem como suas quatro dimensões constitutivas os conceitos de autoeficácia, resiliência, otimismo e esperança. Embora cada um tenha vasta literatura no campo psicológico, reunidos, eles passaram a representar um novo construto, definido pelos autores como "capital psicológico". Posteriormente, Luthans, Youssef e Avolio (2007) preferiram construir e validar uma medida de capital psicológico, e não utilizar as medidas já existentes para aferir os quatro microsconstrutos. Seguindo essa mesma trilha de trabalho, idealizou-se a construção de uma medida para BET que pudesse aferir os seus três elementos constituintes, mas que estivessem embutidos em um só instrumento de medida, capaz de avaliar um complexo conceito denominado "BET". Na sequência, serão apresentados os passos dados na busca dessa construção.

Entre os 15 itens da versão reduzida da Escala de Satisfação no Trabalho (EST), construída e validada por Siqueira (2008), os quais representam cinco dimensões do construto satisfação no trabalho, segundo a mesma autora, (satisfação com chefia, três itens; satisfação com colegas, três itens; satisfação com as tarefas, três itens; satisfação com as promoções, três itens; e satisfação com o salário, três itens) foram retidos de cada fator o item com maior valor de correlação item-total. A identificação dos cinco itens da EST foi realizada por meio de análises de precisão de cada fator com o subprograma Reliability do Statistical Package for the Social Sciences (SPSS), Versão 19.0, em um banco de dados construído com base em vários estudos conduzidos e/ou orientados pela primeira autora deste capítulo desde 2004, quando se iniciaram os estudos sobre esse modelo no Brasil. Esses cinco itens da EST foram somados aos cinco da EET e a outros cinco itens da versão reduzida da ECOA, ambas as medidas validadas por Siqueira, em 2008, para integrarem a versão-piloto do IBET, composta por 15 itens, conforme mostra o Quadro 3.1.

Após a escolha, os cinco itens que foram extraídos da EST tiveram sua formulação refeita. Essa alteração foi necessária para incutir dentro do próprio item a ideia de satisfação, visto que ele passaria a ser respondido, dentro do IBET, por meio de uma escala de 5 pontos tipo Likert (1 – discordo muito; 2 – discordo; 3 – nem concordo, nem discordo; 4 – concordo; 5 – concordo muito) junto aos outros 10 itens provenientes da EET e da COA.

Para obter os dados necessários ao processo de validação do IBET, seus 15 itens foram aplicados a um conjunto de 534 trabalhadores que estavam há dois anos ou mais nas respectivas empresas empregadoras. As respostas dos participantes foram transcritas para o SPSS 19.0 para realização das análises.

Foram efetuadas análises fatoriais exploratórias, sendo incluídas entre elas, análises descritivas preliminares, como os Testes de Kaiser-Meyer-Olkin (KMO) e de Bartlett, e solicitada a extração de fatores com autovalores maiores ou iguais a 1,0 pelo método Principal Axis Factoring (PAF). Também foi requerido o desenho do *scree plot*, gráfico elaborado pelo SPSS 19.0 com base nos autovalores dos fatores extraídos. A rotação aplicada foi *Direct Oblimin*, com delta igual a zero, e o critério para manter o item no fator foi carga fatorial igual ou maior que 0,40 (positiva ou negativa).

QUADRO 3.1
Escalas que serviram de fonte para elaboração dos itens do IBET

Nome da escala/Versão	Autoria	Número de itens escolhidos para compor o IBET
Escala de Satisfação no Trabalho (EST), versão reduzida	Siqueira (2008)	Cinco itens com maior valor de correlação item-total em cada um dos fatores
Escala de Envolvimento com o Trabalho (EET), versão completa	Siqueira (2008)	Todos os cinco itens da versão completa
Escala de Comprometimento Organizacional Afetivo (ECOA), versão reduzida	Siqueira (2008)	Todos os cinco itens da versão reduzida

IBET – Inventário de Bem-estar no Trabalho.

As análises preliminares informaram um KMO de 0,937, e o Teste de Esfericidade de Bartlett produziu um Qui-quadrado igual a 5.190,068 (gl=105; p < 0,01), resultados que apontavam a adequação dos dados para serem submetidos a análises fatoriais. Apareceram dois fatores: o primeiro, com autovalor de 7,616 e poder de explicação da variância dos dados de 50,77%, enquanto o segundo teve um autovalor de 1,524 e explicou 10,16%. Com tais resultados, obteve-se com dois fatores explicação da ordem de 60,93% da variância total dos 15 itens. O desenho do *scree plot* apontou a existência de dois fatores mais sobressalentes em uma linha inclinada, e os demais se distribuíam em uma linha quase reta, os quais se constituíam em fatores cujos autovalores eram semelhantes entre si e menores do que 1,0, devendo ser ignorados na composição da medida em construção. Diante de tais evidências, providas pelas análises fatoriais exploratórias, ficou confirmada a existência de duas dimensões contidas nos itens do IBET.

Observando-se a matriz-padrão (*pattern matrix*), na qual 13 itens com carga fatorial igual ou superior a 0,40 estavam organizados, foi possível reconhecer na estruturação fatorial do IBET duas dimensões, assim denominadas:

1. *compromisso* e *satisfação* – com cinco itens de comprometimento organizacional afetivo e quatro de satisfação no trabalho (fator 1, nove itens, α = 0,92) e carga fatorial variando de 0,50 a 0,95;
2. *envolvimento com o trabalho* – representado pelos quatro itens (fator 2, quatro itens, α = 0,87), com cargas fatoriais entre 0,64 e 0,89.

QUADRO 3.2
Dimensões, definições, itens e índices de precisão das duas dimensões/indicadores do IBET-13

Dimensão	Definição	Itens	Índice de precisão
Compromisso e satisfação	O fator contém vínculos positivos para com a organização (compromisso afetivo) e também satisfação com chefia, salário, promoções e tarefa.	9	0,92
Envolvimento com o trabalho	O fator é composto por crenças de que o trabalho realizado proporciona horas agradáveis e de que nele estão contidos aspectos importantes para a vida.	4	0,87

IBET - Inventário de Bem-estar no Trabalho.

O IBET-13 completo produziu um índice de precisão de 0,93 (Quadro 3.2). Os índices Alfa de Cronbach obtidos são satisfatórios, conforme assinala Nunnally Jr. (1970), visto que ultrapassaram o valor crítico de 0,70.

Os itens do IBET-13 foram submetidos à modelagem por equações estruturais com vistas a, como recomenda Bentler (1990), testar o ajuste do modelo de dois fatores. As análises foram executadas utilizando o programa Analysis of Moment Structures (AMOS), versão 16.0, por meio do qual é possível realizar análises fatoriais confirmatórias e modelagem por equações estruturais (Byrne, 2001). Foram calculados os seguintes índices: χ^2 (Qui-quadrado), Goodness-of-Fit Index (GFI), Comparative Fit Index (CFI), Normed Fit Index (NFI) e o Root Mean Square Error of Approximation (RMSEA), cujos valores esperados (critérios indicativos de ajuste perfeito do modelo) e os obtidos pelas análises encontram-se no Quadro 3.3. Os resultados mostram que o modelo de dois fatores do IBET-13 produziu valores esperados em todos os cinco índices de ajustamento calculados, conforme definem Marsh e Hocevar (1985) para χ^2, Jöreskog e Sörbom (1984) para GFI, Bentler (1990) para CFI, Bollen (1989) para NFI e Browne & Cudeck (1993) para RMSEA.

Os itens do IBET-13 compõem uma medida com indicadores psicométricos favoráveis ao seu uso no âmbito da pesquisa científica, bem como na prática profissional. Tal afirmação é suportada pelas cargas fatoriais de seus itens, as quais ficaram acima de 0,50 e atingiram o valor máximo de 0,95, revelando sua pureza porque detiveram carga fatorial importante superior ao critério estabelecido (igual ou maior que 0,40) em apenas um dos dois fatores

QUADRO 3.3
Cinco índices calculados para teste de ajustamento do modelo de dois fatores do IBET-13

Índice de ajustamento	Valor indicativo de ajustamento perfeito do modelo	Valor obtido
χ^2 – Qui-quadrado	$2 \leq (\chi^2/gl) \leq 5$	(277,706/64) = 4,339
GFI – Goodness-of-Fit Index	< 1	0,926
CFI – Comparative Fit Index	<1	0,955
NFI – Normed Fit Index	<1	0,943
RMSEA – Root Mean Square Error of Approximation	≤ 0,08	0,08

IBET-13 – Inventário de Bem-estar no Trabalho.

rotados. Já os índices de precisão das duas dimensões, bem como da medida completa foram todos satisfatórios (acima de 0,70). Um exemplo do IBET-13 encontra-se no fim deste capítulo.

Aplicação, apuração dos resultados e interpretação do IBET-13

A aplicação do IBET-13 pode ser feita presencialmente (individual ou em grupo) ou por meio eletrônico. É importante que o respondente se sinta tranquilo e seguro de que suas respostas não lhe causarão nenhum prejuízo ou desconforto no contexto de trabalho. O tempo para preenchimento é livre.

Para obter os resultados produzidos pelo IBET-13, basta somar os valores assinalados pelo respondente em cada item e dividir esse valor pelo número de itens do fator. Assim, devem ser somados os valores assinalados para os nove itens do fator 1, dividindo-se o valor obtido por 9. Quanto ao fator 2, somam-se os valores atribuídos aos seus quatro itens e divide-se esse valor por 4. Ao fim dessas operações matemáticas, existirão dois escores médios.

A interpretação de cada um dos dois escores médios produzidos pela aplicação do IBET-13 deve ser feita levando-se em consideração que um valor entre 4 e 5 indica alto escore; entre 3 e 3,9, um escore médio; e um valor entre 1 e 2,9, um escore baixo no fator. A mesma interpretação deverá ser aplicada aos escores obtidos quando se desejar calcular o escore geral do IBET-13. Quanto à interpretação do conteúdo psicológico representado pelos valores numéricos dos escores médios, sugere-se que sejam observados os itens que compõem o fator em análise. Reforça-se a necessidade de interpretar o conteúdo psicológico aferido pela medida de acordo com os itens da própria medida, e não com outro conteúdo.

É recomendada a utilização do IBET-13 como possível substituto para aferir o estado de bem-estar no trabalho no lugar de se aplicarem medidas específicas que medem seus componentes constitutivos (satisfação no trabalho, envolvimento com o trabalho e comprometimento organizacional afetivo). O uso do IBET-13 como alternativa para mensurar BET justifica-se por seu potencial psicométrico descrito neste capítulo, como também, caso haja necessidade de aplicar um instrumento que produza um escore geral de BET. A aplicação do IBET-13 permite reduzir o número de itens para medir o estado mental positivo de BET junto a outros conceitos do comportamento organizacional, visto que quando se aplica simultaneamente um grande número de questões existe a possibilidade de causar cansaço ou desânimo no respondente e, em consequência, comprometer os resultados obtidos.

Deve-se alertar para que o IBET-13 seja utilizado conforme instruções, formato dos itens e escalas de respostas contidos no fim deste capítulo. Alterações em um ou mais desses elementos tornam inválidos os resultados obtidos.

INVENTÁRIO DE BEM-ESTAR NO TRABALHO – IBET-13

As frases a seguir são sobre o seu trabalho atual e a empresa onde trabalha. **INDIQUE, COM SINCERIDADE, O QUANTO VOCÊ CONCORDA OU DISCORDA DE CADA UMA DELAS.** Dê suas respostas anotando, nos parênteses que antecedem cada frase, aquele número (de 1 a 5), que melhor representa sua resposta.

1 Discordo totalmente	2 Discordo	3 Nem concordo, nem discordo	4 Concordo	5 Concordo totalmente

( ) Estou contente com a empresa onde trabalho.
( ) Estou entusiasmado com a empresa onde trabalho.
( ) As horas que passo trabalhando são as melhores horas do meu dia.
( ) Estou interessado na empresa onde trabalho.
( ) Estou satisfeito com o meu salário comparado com os meus esforços no trabalho.
( ) Estou animado com a empresa onde trabalho.
( ) As maiores satisfações de minha vida vêm do meu trabalho.
( ) Estou satisfeito com o grau de interesse que minhas tarefas despertam em mim.
( ) As coisas mais importantes que acontecem em minha vida envolvem meu trabalho.
( ) Estou satisfeito com o entendimento entre mim e meu chefe.
( ) Estou orgulhoso da empresa onde trabalho.
( ) Eu como, vivo e respiro o meu trabalho.
( ) Estou satisfeito com as oportunidades de ser promovido nesta empresa.

REFERÊNCIAS

BENTLER, P. M. Comparative fit indexes in structural models. *Psychological Bulletin*, v. 107, n. 2, p. 238-246, 1990.

BOLLEN, K. A. A new incremental fit index for general structural equation models. *Sociological Methods and Research*, v. 17, p. 303-316, 1989.

BROWNE, M. W.; CUDECK, R. Alternative ways of assessing model fit. In: BOLLEN, K. A.; LONG, J. S. (Ed.). *Testing structural equation models*. Newbury Park: Sage, 1993. p. 136-162.

BYRNE, B. M. *Structural equation modeling with AMOS*: basic concepts, application, and programming. Mahwah: Lawrence Erlbaum, 2001.

CSIKSZENTMIHALYI, M. *A descoberta do fluxo*: a psicologia do envolvimento com a vida cotidiana. Rio de Janeiro: Rocco, 1999.

DECI, E. L. et al. Need satisfaction, motivation, and well-being in the work organizations of a former eastern bloc country: a cross-cultural study of self-determination. *Personality and Social Psychology Bulletin*, v. 27, p. 930-942, 2001.

DESSEN, M. C.; PAZ, M. G. T. Bem-estar pessoal nas organizações: o impacto de configurações de poder e características de personalidade. *Psicologia*: Teoria e Pesquisa, v. 26, n. 3, p. 549-556, 2010.

FOREARD, M. J. C. et al. Doing the right thing: measuring wellbeing for public policy. *International Journal of Wellbeing*, v. 1, n. 1, p. 79-106, 2011.

FREDRICKSON, B. L. Extracting meaning from past affective experiences: the importance of peaks, ends, and specific emotions. *Cognitions and Emotion*, v. 14, p. 577-606, 2000.

FREDRICKSON, B. L. The role of positive emotions in positive psychology: the broaden--and-build theory of positive emotions. *American Psychologist*, v. 56, p. 218-226, 2001.

FREDRICKSON, B. L. What good are positive emotions? *Review of General Psychology*, v. 2, p. 300-319, 1998.

GARCÍA-MONTALVO, J.; PEIRÓ, J. M.; SORO BONMATÍ, A. (Dir.). *Los jóvenes y el mercado de trabajo en la España urbana:* resultados del observatorio de inserción laboral 2005. Valencia: Instituto Valenciano de Investigaciones Económicas, 2006.

GRANT, A. M.; CHRISTIANSON, M. K.; PRICE, R. H. Happiness, health, or relationships? Managerial practices and employee well-being tradeoffs. *Academy of Management Perspectives*, v. 21, n. 3, p. 51-63, 2007.

HOPPOCK, R. *Job satisfaction*. New York: Harper & brothers, 1935.

JÖRESKOG, K. G.; SÖRBOM, D. *LISREL-VI*: user's guide. 3rd ed. Mooresville: Scientific Software, 1984.

LOCKE, E. A. The nature and causes of job satisfaction. In: DUNNETTE, M. P. (Org.). *Handbook of I/O Psychology*. Chicago: Rand-McNally, 1976. p. 1294-1349.

LODAHL, T. M.; KEJNER, M. The definition and measurement of job involvement. *Journal of Applied Psychology*, v. 49, p. 23-33, 1965.

LUTHANS, F.; LUTHANS, K. W.; LUTHANS, B. C. Positive psychological capital: beyond human and social capital. *Business Horizons*, v. 41, n. 1, p. 45-50, 2004.

LUTHANS, F.; YOUSSEF, C.; AVOLIO, B. *Psychological capital*: developing the human competitive edge. New York: Oxford University Press, 2007.

MARSH, H. W.; HOCEVAR, D. Application of confirmatory factor analysis to the study of self-concept: first-and higher-order factor models and their invariance across groups. *Psychological Bulletin*, v. 97, p. 562-582, 1985.

MOWDAY, R. T.; STEERS, R. M.; PORTER, L. W. The measurement of organizational commitment. *Journal of Vocational Behavior*, v. 14, p. 224-247, 1979.

NUNNALLY JR., J. C. *Introduction to psychological measurement*. New York: McGraw--Hill, 1970.

PANACCIO, A.; VANDENBERGHE, C. Perceived organizational support, organizational commitment and psychological wellbeing: a longitudinal study. *Journal of Vocational Behavior*, v. 75, p. 224-236, 2009.

PASCHOAL, T.; TAMAYO, A. Construção e validação da escala de bem-estar no trabalho. *Avaliação Psicológica*, v. 7, n. 1, p. 11- 22, 2008.

PEIRÓ, J. M. Bienestar sostenible en el trabajo: palancas y estrategias para su promoción. In: CONGRESO INTERNACIONAL DE PREVENCIÓN DE RIESGOS LABORALES, 10., 2012, Bilbao. *Anais...* Bilbao: [s.n.], 2012.

PEIRÓ, J. M.; TETRICK, L. Occupational health psychology. In: MARTIN, F. M. et al. (Ed.). *IAAP handbook of applied psychology*. Chichester: Wiley-Blackwell, 2011.

SELIGMAN, M. E. P.; CSIKSZENTMIHALYI, M. Positive psychology: an introduction. *American Psychologist*, v. 55, p. 5-14, 2000.

SIQUEIRA, M. M. M. (Org.). *Medidas do comportamento organizacional*: ferramentas de diagnóstico e de gestão. Porto Alegre: Artmed, 2008.

SIQUEIRA, M. M. M. *Antecedentes de comportamentos de cidadania organizacional: análise de um modelo pós-cognitivo*. 1995. Tese (Doutorado em Psicologia) – Universidade de Brasília, Brasília, 1995.

SIQUEIRA, M. M. M. Bem-estar no trabalho. In: CRUZ, J. P.; JESUS, S. N.; NUNES, C. (Coord.). *Bem estar e qualidade de vida*: contributos da psicologia da saúde. Faro: Textiverso, 2009. p. 249-264.

SIQUEIRA, M. M. M.; PADOVAM, V. A. R. Bases teóricas de bem-estar subjetivo, bem-estar psicológico e bem-estar no trabalho. *Psicologia*: Teoria e Pesquisa, v. 24, n. 2, p. 201-209, 2008.

WRIGHT, T. A. More than meets the eye: the role of employee well-being in organizational research. In: LINLEY, P. A.; HARRINGTON, S.; GARCEA, N. (Ed.). *Oxford handbook of positive Psychology and work*. New York: Oxford University Press, 2010.

4

Busca por concordância na tomada de decisões

Tatiana Farias Moreira
Katia Puente-Palacios

O interesse pelo estudo de equipes de trabalho vem ganhando crescente atenção nas pesquisas sobre comportamento organizacional. Entretanto, esse é um tópico que abrange diversos aspectos, relativos tanto aos antecedentes da efetividade do desempenho das equipes quanto aos processos envolvidos e aos resultados obtidos. Em relação aos processos, Mathieu e colaboradores (2008) afirmam que se referem a uma ampla gama de fenômenos relativos às transformações ocorridas a partir da formação da equipe, razão pela qual defendem ser pertinente entendê-los como moderadores das relações entre elementos de entrada e os resultados, concordando, assim, com a proposta apresentada por Ilgen e colaboradores (2005), que diz respeito à adoção do termo "moderador" para se referir aos processos da equipe.

Ao falar de moderadores, Ilgen e colaboradores (2005) destacam aspectos dinâmicos que resultam ou emergem (por isso a denominação "estados emergentes") de transformações protagonizadas pelos membros e daquelas ocorridas nos relacionamentos mantidos entre eles. De maneira adicional, apontam que esses aspectos podem ser das mais diversas naturezas, portanto, não é pertinente denominá-los apenas "processos". Mathieu e colaboradores (2008), todavia, mencionam que um dos tipos de estados emergentes que mais tem recebido atenção nos últimos anos é o referente às cognições. O atributo diferencial da sua ocorrência em equipes é ao fato de serem coletivas; isto é, ao falar de cognições de equipes, implicitamente está sendo defendido que não constituem atributo de um ou outro membro, mas da equipe como um todo.

Usar essa compreensão como ponto de partida deste capítulo é fundamental, pois nosso objeto de estudo é a cognição coletiva, ou seja, um atributo compartilhado que não caracteriza um membro da equipe ou outro, mas a equipe como um todo. Porém, nasce ou se origina no nível individual, uma vez que são as pessoas os únicos atores que podem deter cognições (não a equipe e nem a organização). A partir das relações de interação mantidas entre elas, entretanto, pode surgir um atributo compartilhado que se torna então uma propriedade da equipe. Assim, o objetivo deste capítulo é apresentar as bases teóricas da busca por consenso em equipes de trabalho, em situações de tomada de decisão, sendo esta uma cognição compartilhada situada em um cenário específico. A partir da compreensão dos atributos teóricos do fenômeno, será descrita a ferramenta ou medida que possibilita sua investigação empírica.

Percorrendo os estudos da área organizacional com foco específico nas cognições compartilhadas, pode ser constatado que tal campo constitui uma temática que se tem desenvolvido com mais rapidez nos últimos 20 anos. Embora existam muitas definições para o construto, a utilizada frequentemente é aquela considerada mais ampla e geral, segundo a qual as cognições compartilhadas consistem em percepções, crenças, valores ou conhecimentos similares sustentados por membros de uma equipe.

Estudiosos dessa temática entendem a cognição como um evento eminentemente social (Levine; Resnick; Higgins, 1993), pois o fato de o indivíduo pertencer a um grupo faz ele criar percepções ou crenças a respeito daquilo que pensa que será aceito pelos demais. Logo, a cognição não é um processo referente apenas ao indivíduo, uma vez que envolve direta ou indiretamente outras pessoas, o que significa dizer que toda cognição tem um forte componente social.

Especificamente quanto a cognições compartilhadas, Lim e Klein (2006) defendem sua centralidade no desempenho das equipes, visto que possibilitam a coordenação e cooperação no trabalho. Destacam, também, que a interpretação similar dos estímulos ambientais pode favorecer a efetividade; entretanto, advertem para o fato de que nem todas as consequências do compartilhamento de cognições são positivas. Sua ocorrência pode estar associada a rigidez de pensamento na equipe, o que seria traduzido na dificuldade de aceitação de pontos de vista diferentes daqueles defendidos pelo grupo ou no surgimento de visão irreal sobre a equipe.

Acompanhando a evolução das pesquisas na área, observa-se que sobre temas como o consenso em equipes, também um exemplo de cognição compartilhada, embora o maior avanço tenha sido testemunhado na última década, Kellermanns e colaboradores (2005) situam sua origem por volta dos anos de 1960. Esses autores mencionam que até o fim da década de 1980 o estudo do consenso em equipes era direcionado às equipes do topo da empresa e entendido como a concordância sobre metas e práticas estratégicas, estabelecida pelos gestores dos escalões mais elevados da organização. Contudo, após esse período, foram observadas divergências no sentido atribuído à expressão "consenso estratégico" nos diversos estudos publicados sobre o tema, e hoje se amplia o estudo considerando a inserção de níveis médios da organização, inclusive o operacional, dado que os executores das decisões estratégicas são os trabalhadores localizados nesse patamar da organização.

A ocorrência de consenso no cenário das equipes é de grande importância, uma vez que este é preditor de atributos como mais compreensão e cooperação entre os membros e redução do tempo de tomada de decisão, assim como de melhora de desempenho (Dess; Priem, 1995; Kellermanns et al., 2005). É entendido, portanto, é entendido como um facilitador da efetividade.

Embora pareça ser um construto de fácil compreensão, em relação ao significado subjacente à expressão "consenso estratégico" podem ser encontradas diversas interpretações. Por exemplo, Dooley, Fryxell e Judge (2000) (2000) o entendem-no como concordância de todas as partes, em uma tomada de decisão grupal, de que a melhor decisão possível foi tomada, sendo tal definição focada exclusivamente no processo de tomada de decisão. Por sua vez, Mohammed e Ringseis (2001) consideram o consenso estratégico como o compartilhamento de pressupostos a respeito de questões estratégicas. Em outras palavras, para esses autores, o consenso estratégico seria a similaridade entre membros do grupo a respeito de como questões-chave são definidas.

O consenso estratégico é definido, ainda, como a compreensão compartilhada entre gestores a respeito de prioridades estratégicas, tais como métodos e objetivos (González-Benito et al., 2012; Kellermans et al., 2005). Tal definição é semelhante àquela trazida por Homburg, Krohmer e Workman (1999), a qual descreve o construto como o nível de concordância entre gestores seniores sobre a ênfase dada a um tipo específico de estratégia. Boyer e McDermott (1999) defendem que, além desses conteúdos, o consenso estratégico diz respeito também às relações entre as prioridades competitivas e as políticas operacionais.

Embora apresentem diferenças entre si, todas as concepções mencionadas especificam que se trata de um conceito referente ao grau de concordância ou compartilhamento entre todos os membros ou a sua maioria. Boa parte dos conceitos atrela o consenso estratégico às percepções da equipe sobre questões estratégicas.

Em relação à natureza teórica do construto consenso estratégico, cabe destacar que os estudiosos do assunto entendem-no de duas formas:

1. o consenso como processo, ou seja, estudando como ocorre a construção da concordância, e
2. o consenso na implementação da estratégia ou percepção sobre determinado assunto em um dado momento (Bowman; Ambrosini, 1997; Dooley; Fryxell; Judge, 2000; Kellermanns et al., 2005; Mohammed; Ringseis, 2001).

O foco deste capítulo é o consenso como processo, que vem sendo pesquisado de maneira recorrente em diversos estudos sobre tomada de decisão, focando tanto nos seus antecedentes quanto nos seus consequentes e buscando explicar de que forma ele é alcançado e os benefícios que dele podem derivar.

Em relação aos seus possíveis consequentes, apesar de a crença popular defender que o consenso é desejável em situações de trabalho, na medida em que pode favorecer a coordenação e a cooperação entre os membros de um grupo e, consequentemente, o desempenho, alguns autores postulam que, em determinadas situações, a divergência cognitiva pode ser mais favorável e benéfica no processo de tomada de decisão (Mohammed; Ringseis, 2001). Dess e Priem (1995), por exemplo, reconhecem que expressar abertamente a discordância é forma mais efetiva de se chegar a um consenso em vez de adotar o comportamento de busca forçada de consenso propriamente dito.

Apontando resultados de pesquisas empíricas, vale relatar que Dess e Priem (1995) verificaram que estratégias de tomada de decisão que encorajam o conflito cognitivo são positivas para o consenso, desde que os participantes percebam que diferentes pontos de vista e questões relevantes foram discutidos. Mohammed e Ringseis (2001), por sua vez, constataram que os questionamentos sobre as preferências dos demais membros do grupo, a aceitação de diferentes pontos de vista como legítimos e a incorporação da perspectiva dos outros apresentaram uma relação positiva com um nível mais alto de consenso cognitivo.

A partir de uma perspectiva teórica, Dess e Priem (1995) defendem que o consenso pode ser positivo quando resulta do compartilhamento aberto de informação e da expressão de opiniões e percepções referentes ao ambiente competitivo de uma organização, às suas metas e estratégias. Esse compartilhamento pode ajudar a resolver diferenças e levar tanto a uma compreensão comum quanto a um forte comprometimento com a estratégia. Em contrapartida, pode ser negativo quando ocasiona o *groupthink*, ou pensamento grupal.

De acordo com Cosier e Schwenk (1990), o pensamento grupal diz respeito à busca por concordância em detrimento da melhor decisão. Para esses autores, a concordância e as opiniões semelhantes são "ingredientes para decisões pobres". Nesse sentido, acreditam que a discordância possa levar a melhores decisões, principalmente em grandes empresas atuando em mercados dinâmicos.

O incentivo aos diferentes pontos de vista e ao pensamento crítico, portanto, seria positivo para a tomada de decisão nesse contexto. Tal premissa está de acordo com os achados de Homburg, Krohmer e Workman (1999), que verificaram que o consenso está associado a alto desempenho em organizações em ambientes estáveis, enquanto a diversidade de perspectivas é mais favorável ao desempenho em ambientes dinâmicos.

Outros estudos verificaram que, em equipes nas quais a troca de opiniões e o conflito cognitivo (relacionado à tarefa) são incentivados, o consenso é mais forte e gera maior satisfação e comprometimento entre os membros do grupo para com a decisão (Dooley; Fryxell; Judge, 2000; Mohammed; Ringseis, 2001). Esses resultados demonstram, portanto, que a busca por concordância no processo de tomada de decisão pode ser prejudicial, uma vez que pode levar os membros da equipe a omitir suas opiniões, enquanto o conflito é benéfico por promover mais reflexão e discussão. Segundo Breen e colaboradores (2005), o incentivo ao debate dos diferentes pontos de vista aumenta a percepção, entre os membros, de que a organização promove abertura à comunicação.

Em contrapartida, Sundstrom, Busby e Berrow (1997) verificaram que a resolução de problemas por meio do consenso produz melhores decisões, melhor desempenho e mais satisfação e comprometimento. Assim, esses achados mostram que ainda existem incongruências nos resultados decorrentes do consenso. Analisando as pesquisas feitas no Brasil sobre o tema, observa-se a quase total ausência de estudos empíricos. Uma exceção é o trabalho realizado por Moreira (2011), que, investigando a concordância entre membros de equipes escolares, na tomada de decisão, constatou ausência de impacto dessa variável sobre o desempenho escolar.

A falta de convergência no papel atribuído ao consenso em resultados de estudos empíricos é discutida por Kellermanns e colaboradores (2005), que pontuam a necessidade de mais pesquisas sobre o tema visando o desenvolvimento de teorizações que, ao terem o suporte de pesquisas empíricas, possam oferecer respostas às interrogações que até agora têm caracterizado esse campo do conhecimento. Embora os estudos a respeito do processo de consenso pareçam apontar, na sua maioria, para a direção de que a busca por concordância, de modo geral, é prejudicial, ainda existe discordância quanto à necessidade de se alcançar um alto grau de consenso, bem como em relação ao seu impacto sobre o desempenho das equipes e das organizações.

De acordo com alguns autores, existe um nível ótimo de consenso, que depende do tipo de organização e do contexto no qual está inserido (Dooley; Fyxell; Judge, 2000; Mohammed; Ringseis, 2001). Segundo Mohammed e Ringseis (2001), tal nível depende do ambiente, do grau de interdependência entre os membros, da natureza da tarefa e do momento em que o grupo se encontra no processo de tomada de decisão. Assim, níveis muito altos ou muito baixos podem ser prejudiciais ao desempenho.

Portanto, mais estudos são necessários para identificar se, no processo de tomada de decisão, a busca por concordância é ou não positiva para a qualidade da decisão, para a satisfação dos membros e, consequentemente, para o desempenho das equipes e também da organização. A criação e a validação de uma escala sobre o tema possibilitam maior sistematização dos estudos sobre o assunto, permitindo, ainda, a comparação dos resultados encontrados e a generalização destes.

ESCALA DE BUSCA POR CONCORDÂNCIA (EBC)

Em escala foi originalmente desenvolvida e validada em língua inglesa por Knight e colaboradores (1999), em um estudo que buscava investigar como a diversidade demográfica e os processos grupais influenciam o consenso estratégico. Nesse estudo, a procura por concordância era um dos processos grupais, sendo definida como o grau em que os membros das equipes se esforçavam para alcançar o consenso a respeito de questões estratégicas.

Para mensurar a busca por concordância, os autores criaram uma medida composta por seis itens respondidos em escala do tipo Likert de 5 pontos, em que 1 representava "definitivamente não verdadeiro", e 5, "definitivamente verdadeiro". A testagem empírica da escala evidenciou consistência interna satisfatória, mediante um Alfa de Cronbach de 0,79 obtido em uma amostra de 76 empresas de alta tecnologia nos Estados Unidos e na Irlanda. Uma vez que o interesse da pesquisa era considerar cada unidade como equipe ou organização, os autores não mencionaram o quantitativo de respondentes. Além disso, o estudo também não cita as cargas fatoriais ou outras propriedades psicométricas da escala. Os seis itens da escala original são apresentados a seguir, em tradução livre:

1. As decisões da equipe de alta gestão não são finais até que todos os membros concordem que a decisão é aceitável para eles.
2. As contribuições de todos são incorporadas nas decisões mais importantes da empresa.
3. A equipe de alta gestão acredita que, em geral, vale a pena tomar mais tempo para alcançar o consenso em uma decisão estratégica.
4. Quando as decisões finais são atingidas, é comum que pelo menos um dos membros da equipe de alta gestão esteja insatisfeito com a decisão (codificação inversa).
5. Todos os membros da equipe de alta gestão estão comprometidos a alcançar as metas da empresa.
6. Quando toma decisões, a equipe de alta gestão se esforça para chegar a uma resolução.

Considerando o potencial observado na medida descrita, tomou-se a decisão de realizar um estudo de adaptação visando ajustar o conteúdo dos itens, de acordo com a proposta teórica subjacente, ao contexto local do Brasil. Esse processo é relatado na seção seguinte, assim como os resultados encontrados.

Adaptação e validação da EBC na tomada de decisões

O trabalho de adaptação da escala teve seu início mediante a implementação de ajustes na redação dos itens originais, de forma que estes representassem sentenças mais próximas da maneira habitual de fazer indagações dessa natureza, em língua portuguesa. Além disso, considerou-se o fato de a medida não focar apenas em equipes de alta gestão, mas servir também, em princípio, para diagnóstico de busca por concordância entre gestores e funcionários de nível intermediário na pirâmide hierárquica organizacional. Tal escolha demandou a necessidade de adaptação de alguns termos presentes nos itens originais.

Outro ajuste visto como necessário diz respeito ao fato de que, no estudo ora relatado, considerou-se a busca por concordância como uma variável de natureza cognitiva, e não afetiva. Desse modo, não contemplaria o construto comprometimento indagado no quinto item da escala original. Para sustentar essa decisão, parte-se do princípio de que a proposição de uma medida deve mostrar os limites conceituais em que o construto subjacente se situa; portanto, ao incluir indagações relativas a comprometimento, a medida estaria adentrando em campos conceituais paralelos e, dessa forma, diagnosticando tanto a existência de busca por concordância quanto de comprometimento por parte dos membros da organização. Em função disso, o item 5 foi excluído, e a versão brasileira utilizada como instrumento na pesquisa contou com cinco itens dos seis originalmente propostos por Knight e colaboradores (1999).

Participaram do estudo de investigação das evidências de validade da escala 8.924 respondentes oriundos de 534 escolas. Cada local foi tratado como unidade de análise na qual se indagava a busca por concordância dos membros da equipe pedagógica. Desse total de respondentes, 91,1% eram professores, e os demais, coordenadores pedagógicos; assim, a escolaridade dos participantes era alta: 68,1% tinham curso superior, e 27,3%, especialização.

Para efetivação do estudo pretendido, foi investigada, em primeira instância, a solução fatorial mais satisfatória, visando identificar a melhor forma de agregação e organização dos itens da escala. Para tanto, utilizou-se o método de extração Principal Axis Factoring (PAF). Os resultados encontrados mostraram a pertinência de extrair um único fator, mantendo, dessa forma, similaridade com a solução que caracteriza a escala original. Assim, os cinco itens foram organizados em uma solução unifatorial. Em seguida, foi investigada a confiabilidade interna da escala; ela foi realizada mediante o cálculo do Alfa de Cronbach e do valor médio da correlação item-total. Durante a realização dessas análises, observou-se que o único item de sentido negativo, ou seja, avaliado em escala invertida, obteve uma carga fatorial e uma correlação item-total baixas (quando as decisões finais são tomadas, é comum que pelo menos um membro do grupo esteja insatisfeito com a decisão). Além disso, sua exclusão acarretou aumento do Alfa de Cronbach; desse modo, optou-se pela sua retirada da escala final, que ficou composta por quatro itens.

As cargas fatoriais oscilaram entre 0,77 (na tomada de decisão, os membros da equipe pedagógica se esforçam para chegar a um consenso) e 0,89 (as contribuições de todos os membros são incorporadas nas decisões mais importantes da equipe pedagógica). O Alfa de Cronbach foi de 0,90, indicando alta confiabilidade, e a variância explicada pelos quatro itens foi de 70,57%.

Os dados obtidos na análise empírica das propriedades psicométricas da medida evidenciam que a escala é pertinente para aplicação em contexto escolar, obtendo indicadores satisfatórios. Cabe destacar a elevada contribuição de todos os itens para a mensuração do construto subjacente. Isso significa dizer que os aspectos indagados pelo conjunto de perguntas que compõem o instrumento são de fato pertinentes, relacionados e complementares, focando de maneira adequada a busca por concordância da equipe (pedagógica) nos processos de tomada de decisão. O item que melhor representa o construto é o segundo, mas os outros fazem contribuições igualmente relevantes, haja vista o elevado valor da carga fatorial que apresentam. A respeito disso, cabe lembrar que Tabachnik e Fidell (2001) defendem uma carga mínima de 0,30. Portanto, todos os itens mostram contribuições muito superiores ao valor estabelecido como limite mínimo desejado.

Uma vez que o estudo foi realizado em equipes pedagógicas e que o ambiente escolar constitui um tipo muito específico de instituição, é pertinente sugerir a realização de pesquisas similares em instituições diferentes e com outro tipo de equipe, visando verificar as evidências de validade da medida nesses contextos.

Aplicação, apuração dos resultados e interpretação da EBC

Tendo em vista a natureza das indagações realizadas, o instrumento pode ser aplicado em grupo ou individualmente. Contudo, isso não significa que seja recomendada a discussão coletiva em busca da resposta a um questionário único por equipe, propiciando, nesse caso, a identificação da resposta que melhor representa a equipe do ponto de vista coletivo.

A esse respeito cabe destacar que, conforme Puente-Palacios e Portmann (2009) manifestam, o risco associado ao levantamento de dados de um grupo, via discussão, pode resultar em respostas enviesadas pela ocorrência de fenômenos como persuasão social, consenso forçado por conta do poder diferenciado dos membros do grupo, desejabilidade social, além do fato de a própria discussão poder alterar as crenças ou afirmações dos membros em relação a práticas adotadas pela sua equipe de trabalho. Assim, sugere-se o levantamento de informações individuais, seja pela aplicação individual ou coletiva do instrumento.

A aplicação da escala para cada membro do grupo também permite indagar empiricamente a respeito da existência de consenso intragrupo em relação às respostas dadas por eles. Assim, se contarmos apenas com respostas individuais de cada membro da equipe, poderemos verificar a magnitude da concordância dessas respostas. Uma análise desse tipo é inviável caso um único questionário seja respondido coletivamente pela equipe.

Para identificar a magnitude da convergência, a qual irá evidenciar a existência de compartilhamento das cognições entre as respostas dos diferentes membros de uma equipe, é imprescindível a testagem empírica dessa similaridade. Para tanto, diversas métricas podem ser utilizadas, tendo como premissa o fato de revelarem a intensidade do consenso intragrupo ou a similaridade das respostas dos membros. Essa demanda resulta da necessidade presente em estudos cuja unidade de análise é a equipe de trabalho, mas na qual as informações foram levantadas individualmente. Nesses casos, torna-se necessário identificar se, de fato, os membros do grupo respondem de forma similar entre si e se o que é considerado, após análises, resposta consensual é, com efeito, atributo que diferencia as equipes.

Uma das opções para identificar o consenso intragrupo é o cálculo do Índice de Desvios Médios (AD) (Yammarino; Dansereau, 2010), que, assim como o desvio padrão, é um indicador de discordância (detalhes operacionais sobre o cálculo podem ser vistos nos estudos de Moreira (2011) e Severino (2010)). Para chegar a esse índice, calcula-se, para cada item, o desvio absoluto em relação à média (AD_M) ou à mediana (AD_{Md}). No presente estudo utilizou-se o AD_{Md}, uma vez que a média é mais sensível à variabilidade das respostas do que a mediana. Obtido o indicador para cada item, calcula-se a média dos AD_{Md} dos itens para se conseguir o índice da escala por equipe.

A respeito desse indicador, Burke e Dunlap (2002) determinam que o critério para constatar a existência de consenso é a obtenção de uma discrepância máxima entre os membros da equipe igual a c/6, em que c corresponde à amplitude da escala, e 6 é uma constante. Assim, para a EBC, à qual este relato faz referência, tal índice deve ser de, no máximo, 0,83. Valores superiores a esse número sinalizam divergência nas respostas dadas pelos membros; portanto, nesse caso, seria improcedente falar a respeito de concordância intragrupo.

Nos estudos em que a unidade de análise são as equipes de trabalho, sugere-se a exclusão de grupos com índices de discordância superiores ao limite tolerado pela escala utilizada. Por sua vez, nas equipes em que se observa consenso, ou seja, quando o índice for até 0,83, é legítimo utilizar a média aritmética das respostas individuais como escore coletivo que representa a visão compartilhada pelo grupo sobre sua busca por concordância.

Uma vez cumprida essa tarefa, é necessário verificar a existência suficiente de diferenças de magnitude entre os grupos. Para tanto, sugere-se a realização de uma Análise de Variância (ANOVA). Esse tipo de prova estatística irá atestar em qual medida os grupos se diferenciam entre si em relação à magnitude com que cada um apresenta comportamentos ou atitudes de busca por concordância para os processos de tomada de decisão.

Essas demandas metodológicas se justificam pelo fato de a medida focar em um atributo coletivo, mas ser originária de dados coletados no nível individual; isto é, o construto de interesse é o consenso estratégico em situação de tomada de decisão. A lógica subjacente que outorga importância a esse fenômeno é a existência de evidências empíricas inconsistentes que ora associam a existência de consenso a maior fluxo de comunicação e à facilidade de coordenação, ora a associam à pobreza das decisões ou à falta de originalidade nas soluções encontradas para os problemas enfrentados.

A escala de mensuração descrita neste capítulo, contudo, levanta informações dos membros das equipes, não da equipe como um todo, isso porque são eles os atores que, ao atuarem como fontes de informação, podem descrever os mecanismos adotados para a tomada de decisão pela equipe a que pertencem. Entretanto, o fenômeno consenso estratégico só apresenta sentido teórico na qualidade de atributo coletivo, logo, o sujeito não apresenta consenso estratégico, e sim a equipe. Por tal razão, uma vez recolhidos os dados por meio da aplicação do instrumento, é imprescindível avaliar a existência (ou não) de similaridade nas percepções dos membros das mesmas equipes. Esse procedimento pode ser realizado utilizando várias métricas, conforme descrito neste capítulo, e a constatação empírica de similaridade de percepções de indivíduos de uma mesma equipe e de diferenças entre equipes corrobora o compartilhamento da cognição, ou seja, a existência do construto de nível coletivo, relatado.

A importância da observância das demandas metodológicas está no fato de ela permitir o acesso a um construto coletivo, a partir de respostas dadas por membros das equipes. Uma vez constatada a existência de uma cognição compartilhada na equipe, a qual é diferente da cognição tida por outras, é possível avançar no estudo das consequências positivas ou negativas que sua ocorrência pode trazer para a efetividade das equipes. Assim, a EBC constitui-se ferramenta útil para gestores interessados em compreender em que medida as equipes sob seu comando apresentam compreensões similares a respeito dos processos subjacentes a decisões nas quais estão envolvidos.

ESCALA DE BUSCA POR CONCORDÂNCIA – EBC

Prezado participante,
    O questionário apresentado é composto por quatro itens. Para respondê-los, utilize a escala a seguir, na qual 1 significa discordo totalmente, e 5, concordo totalmente, de modo a indicar em que medida as sentenças refletem o que você acredita.

1 Discordo totalmente	2	3	4	5 Concordo totalmente

Item	Resposta
1. As decisões da equipe não são definitivas até que todos os membros concordem que elas são aceitáveis.	
2. As contribuições de todos os membros são incorporadas nas decisões mais importantes da equipe.	
3. Os membros da equipe acreditam que investir mais tempo para chegar a um consenso em uma decisão importante costuma compensar.	
4. Na tomada de decisão, os membros da equipe se esforçam para chegar a um consenso.	

REFERÊNCIAS

BOWMAN, C.; AMBROSINI, V. Perceptions of strategic priorities, consensus, and firm performance. *Journal of Management Studies*, v. 34 n. 2, p. 241-258, 1997.

BOYER, K. K.; MCDERMOTT, C. Strategic consensus in operations strategy. *Journal of Operations Management*, v. 17, n. 3, p. 289-305, 1999.

BREEN, V. et al. Consensus problem-solving increases perceived communication openness in organizations. *Employee Responsibilities and Rights Journal*, v. 17, n. 4, p. 215-229, 2005.

BURKE, M. J.; DUNLAP, W. P. Estimating interrater agreement with the average deviation index: a user's guide. *Organizational Research Methods*, v. 5, n. 2, p. 159-172, 2002.

COSIER, R. A.; SCHWENK, C. R. Agreement and thinking alike: Ingredients for poor decisions. *Academy of Management Executive*, v. 4, n. 1, p. 69-74, 1990.

DESS, G. G.; PRIEM, R. L. Consensus-performance research: theoretical and empirical extensions. *Journal of Management Studies*, v. 32, n. 4, p. 401-417, 1995.

DOOLEY, R.; FRYXELL, G.; JUDGE, W. Belaboring the not-so-obvious: consensus, commitment, and strategy implementation speed and success. *Journal of Management*, v. 26, n. 6, p. 1237-1258, 2000.

GONZÁLEZ-BENITO, J. et al. Coming to consensus on strategic consensus: a mediated moderation model of consensus and performance. *Journal of Management*, v. 38, p. 278-313, jan. 2012. Disponível em: <http://jom.sagepub.com/cgi/doi/10.1177/0149206310386489, 2000>. Acesso em: 07 jun. 2013.

HOMBURG, C. H.; KROHMER, H.; WORKMAN, J. P. Strategic consensus and performance: the role of strategy type and market-related dynamism. *Strategic Management Journal*, v. 20, p. 339-357, 1999.

ILGEN, D. R. et al. Teams in organizations: from I-P-O models to IMOI models. *Annual Review of Psychology*, v. 56, p. 517-544, 2005.

KELLERMANNS, F. W. et al. The lack of consensus about strategic consensus: advancing theory and research. *Journal of Management*, v. 31, n. 5, p. 719-737, 2005.

KNIGHT, D. et al. Top management team diversity, group process, and strategic consensus. *Strategic Management Journal*, v. 20, n. 5, p. 445-465, 1999.

LEVINE, J. M.; RESNICK, L. B.; HIGGINS, E. T. Social foundations of cognition. *Annual Review of Psychology*, v. 44, p. 585-612, 1993.

LIM, B. C.; KLEIN, K. J. Team mental models and team performance: a field study of the effects of team mental model similarity and accuracy. *Journal of Organizational Behavior*, v. 27, p. 403-418, 2006.

MATHIEU, J. E. et al. Team effectiveness 1997-2007: a review of recent advancements and a glimpse into the future. *Journal of Management*, v. 34, n. 3, p. 410-476, 2008.

MOHAMMED, S.; RINGSEIS, E. Cognitive diversity and consensus in group decision making: the role of inputs, processes, and outcomes. *Organizational Behavior and Human Decision Processes*, v. 85, n. 2, p. 310-335, 2001.

MOREIRA, T. F. *O papel do consenso estratégico em equipes pedagógicas*. 2011. Dissertação (Mestrado) – Universidade de Brasília, Brasília, 2011.

PUENTE-PALACIOS, K. E.; PORTMANN, A. C. Equipes de trabalho: fundamentos teóricos e metodológicos da mensuração de seus atributos. *Avaliação Psicológica*, v. 3, n. 8, p. 369-379, 2009.

SEVERINO, A. F. *Força do clima*: o papel do consenso intragrupo. 2010. Dissertação (Mestrado) – Universidade de Brasília, Brasília, 2010.

SUNDSTROM, E.; BUSBY, P. L.; BOBROW, W. S. Group process and performance: interpersonal behaviors and decision quality in group problem solving by consensus. *Group Dynamics*: Theory, Research, and Practice, v. 1, n. 3, p. 241-253, 1997.

TABACHNICK, B. G.; FIDELL, L. S. *Using multivariate statistics*. 4th ed. Needham Heights: Allyn & Bacon, 2001.

YAMMARINO, F.; DANSEREAU, F. Multi-level issues in organizational culture and climate research. In: ASHKANASY, N. M.; WILDEROM, C. P.; PETERSON, M. F. *Handbook of organizational culture and climate*. 2nd ed. Thousand Oaks: Sage, 2010. p. 50-76.

5
Capital psicológico no trabalho

Mirlene Maria Matias Siqueira
Maria do Carmo Fernandes Martins
Warton da Silva Souza

Estudiosos de fenômenos organizacionais demonstravam, em um passado recente, grande interesse por aspectos negativos, produzindo uma vasta literatura sobre adoecimento no contexto laboral provocado por más condições e precarização do trabalho, bem como voltando a atenção para os comportamentos individuais e grupais desviantes dos objetivos organizacionais. O empenho dos pesquisadores pelo estudo e pela compreensão dos fenômenos negativos deriva, em parte, da essência da Psicologia Tradicional, na qual se observava destaque para o tratamento e a prevenção de psicopatologias que emergem no ambiente organizacional de trabalho. Baumeister e colaboradores (2001) alertam para a tendência de se associar um quadro positivo com os efeitos da minimização de variáveis negativas no contexto organizacional.

No início do século XXI surge a Psicologia Positiva, uma nova perspectiva para atuação profissional e na área da pesquisa, aparecendo como tentativa de romper o viés negativo sobre o desenvolvimento humano por meio do estudo dos aspectos positivos presentes em indivíduos, grupos e nos diferentes contextos da sociedade, como o de trabalho em organizações (Seligman; Csikszentmihalyi, 2000). Dessa maneira, visa-se ampliar e proteger as forças, as virtudes e as condições de vida saudável em vez de se buscar apenas corrigir as fraquezas ou prevenir e curar as doenças.

Na área do comportamento organizacional estão sendo pesquisadas características que permitem uma relação mais harmoniosa entre trabalhadores e organizações (Csikzsentmihalyi, 1999; Keyes; Hysom; Lupo, 2000; Siqueira; Padovam, 2004). No entanto, é nos trabalhos de Luthans (2002a, 2002b) que o valor da Psicologia Positiva nas organizações tornou-se mais bem evidenciado. Tendo como base a fundamentação de Seligman e Csikzsentmihalyi

(2000), Luthans (2002a) afirma a necessidade de uma adaptação no âmbito do comportamento organizacional, propondo um novo campo denominado "Comportamento Organizacional Positivo" (COP). Ele o define como "[...] o estudo e aplicação das capacidades e forças psicológicas positivamente orientadas, que podem ser medidas, desenvolvidas e de maneira eficaz geridas para incrementar o desempenho no trabalho." (Luthans, 2002a, p. 59).

Em seus domínios, o COP incorporou, além de uma tônica de investigação científica, uma direção para a prática de gestão de pessoas, especialmente visando o desenvolvimento dos recursos humanos e das capacidades psicológicas positivas dos empregados com possíveis aplicações diretas à gestão do desempenho em organizações (Luthans; Youssef; Avolio, 2007). Para operacionalizar sob o ponto de vista conceitual o campo de COP, os autores apontaram seis características positivas de indivíduos trabalhadores: autoeficácia, esperança, otimismo, resiliência, bem-estar subjetivo e inteligência emocional.

Posteriormente, inspirados no conceito de COP, Luthans, Luthans e Luthans (2004) cunharam o de Capital Psicológico (*psycap*), representado por quatro dimensões retiradas das seis que compunham o conceito de COP: autoeficácia, esperança, otimismo e resiliência. Eles ressaltam, ainda, que cada uma dessas capacidades psicológicas é mensurável, pode ser desenvolvida e tem impacto positivo sobre o desempenho do indivíduo em organizações. No Quadro 5.1, apresentado a seguir, estão as definições das quatro capacidades psicológicas que compõem o Capital Psicológico (CAP).

Quando se trata das capacidades psicológicas que compõem o CAP, ressalta-se que a distinção entre elas nem sempre é nítida; esperança, por exemplo, pode ser facilmente confundida com otimismo (Page; Donohue, 2004). Por isso, é importante explorar as definições utilizadas no modelo e, assim, explicar melhor seu valor específico, pois Osigweh (1989) argumenta que ter definições claras de conceitos é essencial para a melhor elaboração de pesquisas e teorias organizacionais. A seguir, são apresentadas essas definições adotadas pela teoria, bem como, uma revisão com o intuito de destacar as diferenças entre elas.

A *autoeficácia* é definida no CAP como a crença que o indivíduo detém em relação a sua capacidade de mobilizar a motivação, os recursos cognitivos e o curso de ação necessários para realizar com êxito uma tarefa específica em um dado contexto (Luthans; Youssef, 2004). Tal definição baseia-se em trabalhos anteriores (Stajkovic; Luthans, 1998), porém mais especialmente no de Bandura (1997, p. 3), que definiu a autoeficácia percebida como "[...] crenças nas capacidades do indivíduo para organizar e executar o curso de ação necessário para produzir algo [...]". Tais crenças podem ser entendidas como as mais importantes do comportamento do indivíduo, pois determinam o quanto ele se envolve e persevera em seus esforços diante de obstáculos

QUADRO 5.1
Definição conceitual das quatro capacidades psicológicas positivas

Capacidade psicológica	Definição conceitual	Autores
Autoeficácia	"[...] são convicções acerca de habilidades para mobilizar recursos cognitivos ou cursos de ação necessários para executar com sucesso uma tarefa específica em um dado contexto."	(Stajkovic; Luthans, 1998, p. 66)
Otimismo	"[...] são pessoas que esperam ocorrer coisas boas com elas; pessimistas são pessoas que esperam ocorrer coisas ruins com elas."	(Carver; Scheier, 2002, p. 231)
Esperança	"[...] estado motivacional positivo baseado em um senso de sucesso (*agency*) e em um plano para atingir metas (*pathways*)."	(Snyder; Irving; Anderson, 1991, p. 287)
Resiliência	Habilidade psicológica positiva que faz alguém acometido por uma adversidade reagir e consiguir sobressair-se e vencer tais situações.	(Luthans, 2002a)

Fonte: os autores.

e desafios (Maddux, 2002). Segundo Page e Donohue (2004), pode-se argumentar, em termos mais simples, que a autoeficácia oferece benefícios ao indivíduo, os quais não são particulares do processo cognitivo, mas sim, de uma determinada abertura para desafiar, sendo também uma disposição de despender esforços na busca de um resultado satisfatório. Cabe ressaltar que esse conceito é mensurável, pode ser desenvolvido e tem impacto sobre o desempenho (Luthans; Luthans; Luthans, 2004).

O *otimismo* é definido no CAP como a crença que o indivíduo detém de que os acontecimentos positivos são atribuídos a causas individuais, permanentes e universais (Luthans; Youssef, 2004). Essa definição se baseia na apresentada por Seligman (2002), que descreveu o conceito de otimismo classificando-o de acordo com duas dimensões: permanência e penetrabilidade. A primeira tem relação com a forma com que o indivíduo enfrenta eventos na sua vida (o otimista percebe os eventos negativos como temporários, e os positivos, como permanentes). A segunda se relaciona com o impacto que os eventos causam na vida do indivíduo (o otimista percebe os eventos negativos como específicos, e os positivos, como esperados). Dessa forma, otimistas procuram minimizar tais eventos desfavoráveis, como sentimento de culpa e afins, sendo mais propensos a aceitar o retorno positivo dos favoráveis. Cabe ressaltar que esse conceito é mensurável, pode ser desenvolvido (Seligman, 2002) e tem impacto sobre o desempenho (Martin-Krumm et al., 2003).

A *esperança* é definida no CAP como a crença que o indivíduo detém de que dispõe de força de vontade e caminhos para alcançar seus objetivos (Luthans; Youssef, 2004). Essa definição tem como base o trabalho de Snyder, Irving e Anderson (1991), o qual define a esperança como um estado motivacional do indivíduo, resultante da interação de dois elementos, a agência (metadirigida ou determinação) e os caminhos (planejamento para atingir tais objetivos). Em outras palavras, é o desejo de alcançar objetivos e a capacidade de conceber estratégias para obtê-los. Ela adota uma abordagem emocional-cognitiva, pois a força de vontade é um sentimento, e o planejamento ou a estratégia para atingir as metas é um processo cognitivo. Assim, esperança pode ser descrita como uma junção de processos afetivos e cognitivos. É importante ressaltar que esse conceito é mensurável, pode ser desenvolvido (Lopez; Snyder; Teramoto; Pedrotti, 2003) e tem impacto sobre o desempenho (Snyder; Rand; Sigmon, 2002).

A *resiliência* é definida no CAP como a crença que o indivíduo detém de que é capaz de se recuperar de situações conflituosas e adversas, mantendo o equilíbrio e a responsabilidade (Luthans; Youssef, 2004). Trata-se de um termo relativamente novo no campo das ciências humanas que vem sendo discutido nos últimos 30 anos pela Psicologia, tendo iniciado pelos estudos de Rutter (Poletto; Koller, 2006). Masten (2001) reconhece a resiliência como um fenômeno comum e presente no desenvolvimento de qualquer ser humano. Na área organizacional, pode-se apontar o trabalho de Coutu (2002), que acredita que dentro de uma visão organizacional não há como caracterizar a resiliência de outra maneira senão como a habilidade associada à capacidade do indivíduo de se recuperar das dificuldades. Ainda segundo ele, a resiliência também auxilia na obtenção dos objetivos organizacionais. Destaca-se que esse conceito é mensurável, tem impacto sobre o desempenho (Schwarzer; Knoll, 2003) e pode ser desenvolvido (Luthans; Youssef, 2004).

Na metanálise desenvolvida por Avey e colaboradores (2011), realizada com 51 amostras independentes e perfazendo o total de 12.567 trabalhadores, CAP foi relacionado com atitudes, comportamentos e desempenho. Os resultados indicaram relações positivas e significativas entre ele e satisfação no trabalho, comprometimento organizacional, bem-estar psicológico, comportamento de cidadania organizacional e várias medidas de desempenho (autoavaliação, avaliação do supervisor e faturamento obtido pela empresa empregadora). Foi evidenciada uma relação significativa e negativa entre CAP e comportamentos indesejáveis (cinismo organizacional, intenções de rotatividade) e quadros psicológicos negativos (estresse e ansiedade), e comportamentos contraprodutivos dos indivíduos. Por fim, esses autores ratificam que tais resultados fornecem uma recomendação efetiva baseada em evidência para o uso do CAP em programas de desenvolvimento de recursos humanos e desempenho.

Este capítulo apresenta o Inventário de Capital Psicológico no Trabalho (ICPT). Trata-se de uma medida genuinamente nacional, construída e validada por pesquisadores brasileiros, autores deste capítulo, a qual inclui em seu modelo quatro dimensões, configurando-se como uma medida multidimensional, conforme detalhes informados na sequência.

CONSTRUÇÃO E VALIDAÇÃO DO INVENTÁRIO DE CAPITAL PSICOLÓGICO NO TRABALHO (ICPT-25)

O conceito de CAP medido pelo ICPT é definido pelos autores deste capítulo como um estado mental positivo no qual se articulam quatro categorias de crenças que auxiliam o indivíduo, em seu ambiente de trabalho, a ver possibilidades de êxito (*eficácia*), a acreditar em fatos positivos ocorrendo futuramente (*otimismo*), a ter convicção de que dispõe de recursos (*agency*) e os meios (*pathways*) para ser bem-sucedido (*esperança*) e de que sairá fortalecido ao enfrentar adversidades (*resiliência*).

Para operacionalizar as dimensões do conceito de CAP na versão-piloto do ICPT, a ser posteriormente submetido ao processo de validação e às análises de precisão, foram elaboradas 25 frases (itens), conforme mostra o Quadro 5.2. Como pode ser observado, cada dimensão de CAP toma como núcleo psicológico comum a noção de "crenças mantidas pelo trabalhador", revelando de forma clara a compreensão de se tratar de um conceito psicológico que se articula no campo das cognições. Deve-se ressaltar que a dimensão esperança no trabalho se organiza a partir de duas subdimensões: *agency* e *pathways*, as quais foram definidas de forma separada e representadas por itens específicos.

Participaram do processo de validação do ICPT-25 601 trabalhadores. Com as respostas dos participantes dadas em um escala de 5 pontos (1 – discordo totalmente; 2 – discordo; 3 – nem concordo, nem discordo; 4 – concordo; 5 – concordo totalmente), foi construído um banco de dados eletrônico tratado por meio do Statistical Package for the Social Sciences (SPSS), Versão 19.0.

Para validação fatorial do ICPT-25, foram realizadas análises fatoriais exploratórias com inclusão de análises descritivas preliminares, como os Tes-

QUADRO 5.2
Nomes e definições das dimensões que compõem o conceito de CAP da versão-piloto do ICPT, número e exemplos de itens

Dimensão	Definição	Número de itens por dimensão	Exemplo de item
Eficácia no trabalho	Crença mantida pelo trabalhador nas próprias capacidades de mobilizar recursos cognitivos e ações necessárias para realizar com êxito seu trabalho.	6	Sou capaz de resolver problemas no meu trabalho.
Otimismo no trabalho	Crença mantida pelo trabalhador acerca de fatos positivos que ocorrerão com ele no futuro em seu trabalho.	4	Acredito que tudo dará certo comigo no meu trabalho.
Esperança no trabalho	*Agency* – Crença mantida pelo trabalhador dos recursos de que dispõe para ser bem-sucedido no trabalho.	4	Espero ter conhecimento suficiente para crescer no trabalho.
	Pathways – Crença mantida pelo trabalhador acerca dos meios que usará para ser bem-sucedido no trabalho.	4	Posso encontrar muitas maneiras de realizar meus sonhos no trabalho.
Resiliência no trabalho	Crença mantida pelo trabalhador de que sairá fortalecido após enfrentar adversidades no trabalho.	7	Fico mais forte após enfrentar intrigas no trabalho.

ICPT – Inventário de Capital Psicológico no Trabalho.
Fonte: os autores.

tes de Kaiser-Meyer-Olkin (KMO) e de Bartlett, solicitando-se quatro fatores pelo método de extração denominado Principal Axis Factoring (PAF) e o *scree plot*, gráfico elaborado pelo SPSS com base nos autovalores extraídos. A rotação aplicada foi *Direct Oblimin* com delta igual a zero, e o critério para manter o item no fator foi carga fatorial igual ou maior que 0,40 (positiva ou negativa).

As análises preliminares informaram um KMO de 0,934, e o Teste de Esfericidade de Bartlett produziu um Qui-quadrado igual a 8.598,617 (gl = 300; p < 0,01), mostrando que a matriz de dados poderia ser submetida a análises fatoriais. Os quatro fatores extraídos explicaram 61,99% da variância total. O *scree plot* revelou a existência de quatro fatores mais evidentes em uma linha inclinada, e os demais se distribuíam em uma quase reta, os quais se constituíam em fatores cujos autovalores eram semelhantes entre si e menores que 1,0, devendo ser ignorados na composição da medida em construção. Tal resultado fortaleceu a estrutura conceitual de quatro dimensões contida na versão-piloto do ICPT-25.

A rotação dos fatores produziu uma matriz-padrão (*pattern matrix*) na qual os itens que detinham carga fatorial igual ou superior a 0,40 estavam organizados em quatro dimensões, assim identificadas:

1. esperança (fator 1, seis itens, $\alpha = 0,86$)
2. resiliência (fator 2, seis itens, $\alpha = 0,87$)
3. otimismo (fator 3, cinco itens, $\alpha = 0,87$)
4. eficácia (fator 8, seis itens, $\alpha = 0,87$)

QUADRO 5.3
Dimensões, definições, itens e índices de precisão das quatro dimensões do ICPT em sua forma completa, com 25 itens

Dimensão	Definição	Itens	Índice de precisão
Esperança no trabalho	*Agency* – Crença mantida pelo trabalhador acerca dos recursos de que dispõe para ser bem-sucedido no trabalho.	2, 3, 8, 13, 14 e 19 (seis itens)	0,86
	Pathways – Crença mantida pelo trabalhador acerca dos meios que usará para ser bem-sucedido no trabalho.		
Resiliência no trabalho	Crença mantida pelo trabalhador de que sairá fortalecido após enfrentar adversidades no trabalho.	4, 7, 12, 15, 22 e 25 (seis itens)	0,87
Otimismo no trabalho	Crença mantida pelo trabalhador acerca de fatos positivos que ocorrerão com ele no futuro em seu trabalho.	6, 11, 17, 18 e 24 (cinco itens)	0,87
Eficácia no trabalho	Crença mantida pelo trabalhador nas próprias capacidades de mobilizar recursos cognitivos e ações necessárias para realizar com êxito seu trabalho.	1, 5, 9, 10, 16, 20, 21 e 23 (oito itens)	0,87

ICPT – Inventário de Capital Psicológico no Trabalho.
Fonte: os autores.

O ICPT-25 completo produziu um índice de precisão de 0,93 (Quadro 5.3). Os índices de precisão (Alfa de Cronbach) variaram de 0,86 a 0,87, valores reconhecidos por especialistas (Nunnally Jr., 1970) como satisfatórios, visto que ultrapassaram o valor crítico de 0,70.

Uma inspeção mais rigorosa na estrutura contida nos itens do ICPT-25 foi feita por meio do pacote estatístico Analysis of Moment Structures (AMOS), Versão 16.0. Como recomenda Bentler (1990), para o teste de ajuste do modelo de quatro fatores proposto para o ICPT-25, recorreu-se à Análise Fatorial Confirmatória (AFC) e calcularam-se os seguintes índices: χ^2 (Qui-quadrado), Goodness-of-Fit Index (GFI), Comparative Fit Index (CFI), Normed Fit Index (NFI) e Root Mean Square Error of Approximation (RMSEA), cujos valores esperados (critérios indicativos de ajuste perfeito do modelo) e obtidos pelas análises encontram-se no Quadro 5.4. Os resultados mostram que o modelo de quatro fatores produziu índices de ajustamento muito próximos dos valores esperados em cinco índices avaliados, conforme definem Marsh e Hocevar (1985) para χ^2, Jöreskog e Sörbom (1984) para GFI, Bentler (1990) para CFI, Bollen (1989) para NFI e Browne e Cudeck (1993) para RMSEA.

Os itens do ICPT-25 compõem uma medida com indicadores psicométricos favoráveis ao seu uso no âmbito da pesquisa científica, bem como na prática profissional. Tal afirmação é suportada pelas cargas fatoriais de seus itens, as quais ficaram todas acima de 0,42 e atingiram o valor máximo de 0,91, revelando a pureza deles porque tiveram carga fatorial importante (valor igual

QUADRO 5.4
Cinco índices calculados para teste de ajustamento do modelo de quatro fatores do ICPT-25

Índice de ajustamento	Valor indicativo de ajustamento perfeito do modelo	Valor obtido
χ^2 – Qui-quadrado	$2 \leq \chi^2/gl \leq 5$	1.506,553/gl = 269 = 5,501
GFI – Goodness-of-Fit Index	< 1	0,83
CFI – Comparative Fitex Index	< 1	0,86
NFI – Normed Fit Index	< 1	0,84
RMSEA – Root Mean Square Error of Approximation	$\leq 0,08$	0,08

ICPT-25 – Inventário de Capital Psicológico no Trabalho.
Fonte: os autores.

ou maior que 0,40) em apenas um dos quatro fatores rotados. Já os índices de precisão das quatro dimensões, bem como da medida completa, foram todos satisfatórios (acima de 0,70). Futuros estudos poderiam comparar os valores dos índices de ajustamento do modelo aqui relatados aos dados recolhidos de outras amostras. Um exemplar do ICPT-25 encontra-se no fim deste capítulo.

VERSÃO REDUZIDA DO INVENTÁRIO DE CAPITAL PSICOLÓGICO NO TRABALHO (ICPT-12)

Visando oferecer uma versão reduzida do ICPT-25, e sendo mantida sua estrutura de quatro dimensões, foram calculados índices de precisão (Alfa de Cronbach) sobre os três itens de cada dimensão que detinham as maiores cargas fatoriais (Quadro 5.5). Os resultados revelaram valores satisfatórios para cada dimensão, cujos índices de precisão variaram de 0,79 (esperança no trabalho) a 0,87 (resiliência no trabalho). Os itens do ICPT-12 produziram também um valor satisfatório de precisão da ordem de 0,86.

QUADRO 5.5
Dimensões, definições, itens e índices de precisão do ICPT em sua forma reduzida, com 12 itens

Dimensão	Definição	Itens	Índice de precisão
Esperança no trabalho	*Agency* – Crença mantida pelo trabalhador acerca dos recursos de que dispõe para ser bem-sucedido no trabalho.	2, 3 e 13	0,79
	Pathways – Crença mantida pelo trabalhador acerca dos meios que usará para ser bem-sucedido no trabalho.		
Resiliência no trabalho	Crença mantida pelo trabalhador de que sairá fortalecido após enfrentar adversidades no trabalho.	12, 22 e 25	0,87
Otimismo no trabalho	Crença mantida pelo trabalhador acerca de fatos positivos que ocorrerão com ele no futuro em seu trabalho.	11, 17 e 24	0,87
Eficácia no trabalho	Crença mantida pelo trabalhador nas próprias capacidades de mobilizar recursos cognitivos e ações necessárias para realizar com êxito seu trabalho.	9, 16 e 20	0,87

ICPT – Inventário de Capital Psicológico no Trabalho.
Fonte: os autores.

O índice de correlação (*r* de Pearson) entre a versão completa do ICPT, com 25 itens, e a reduzida, com 12, foi de 0,97, o qual pode ser considerado uma correlação quase perfeita, visto que Pallant (2007) reconhece valores de *r* entre 0,50 e 1,0 como fortes associações. Portanto, a versão reduzida parece cobrir parte considerável do campo conceitual que sustenta a completa, fato que a torna passível de ser usada sem correr riscos de perda na qualidade de mensuração do CAP de trabalhadores. Os 12 itens da versão reduzida estão assinalados (®) entre os 25 que compõem a versão completa, apresentada na parte final deste capítulo.

Aplicação, apuração dos resultados e interpretação do ICPT-25

A aplicação do ICPT-25 pode ser realizada individual ou coletivamente. Recomenda-se um lugar tranquilo e confortável, onde o respondente possa completar a medida sem pressa, não se sinta coagido ou ameaçado por responder, e que esteja bem esclarecido acerca das instruções de como proceder para assinalar suas respostas. O tempo de aplicação é livre.

A apuração dos resultados obtidos pelo ICPT-25 ou pelo ICPT-12 deve produzir quatro escores médios, que serão obtidos somando-se os valores assinalados pelos respondentes em cada um dos itens que integra a dimensão e, a seguir, dividindo-se esse valor pelo número de itens da dimensão. Alerta-se para o fato de que, em sua forma completa, o ICPT-25 tem números distintos de itens em algumas dimensões (Quadro 5.3), o que torna necessário considerá-los para o cálculo de cada escore. Já o ICPT-12 contém o mesmo número de itens em cada dimensão (três itens), devendo-se dividir a soma por três para cada uma delas. Em ambos os casos, os cálculos devem produzir escores médios entre 1 e 5 (valores mínimo e máximo das escalas de respostas).

A interpretação dos resultados, tanto os obtidos do ICPT-25 quanto do ICPT-12, deve considerar que, quanto maior for o valor do escore médio, mais fortalecidas são as crenças do trabalhador no que se refere a sua esperança, resiliência, otimismo e eficácia no ambiente de trabalho. Recomenda-se que, para interpretar os escores médios do ponto de vista conceitual, os leitores recorram ao conteúdo presente nas frases (itens) de cada dimensão. Tal recomendação visa assegurar que a compreensão dos resultados não se desarticule do conteúdo contido nos itens sobre o qual o trabalhador efetivamente respondeu. Quanto aos valores numéricos obtidos de escores médios, orienta-se classificar como alto um escore entre 4 e 5; médio um escore entre 3 e 3,9 e baixos os valores entre 1 e 2,9.

É importante salientar que o ICPT, tanto em sua forma completa quanto reduzida, é produto de estudos empíricos nos quais foram aplicados os mé-

NOVAS MEDIDAS DO COMPORTAMENTO ORGANIZACIONAL   **75**

todos mais atuais e os critérios mais difundidos para construção de medidas. Assim, para garantir um resultado não equivocado ao se aplicar a medida, é necessário manter a forma de suas instruções, sua escala de respostas e conteúdo dos seus itens conforme apresentados neste capítulo.

INVENTÁRIO DE CAPITAL PSICOLÓGICO NO TRABALHO – ICPT-25

INDIQUE NAS FRASES A SEGUIR O QUANTO VOCÊ CONCORDA OU DISCORDA DELAS. Dê suas respostas anotando, nos parênteses que antecedem cada frase, aquele número (de 1 a 5) que melhor representa sua resposta.

1 Discordo totalmente	2 Discordo	3 Nem concordo, nem discordo	4 Concordo	5 Concordo totalmente

1. ( ) Sou capaz de resolver problemas no meu trabalho.
2. ( ) Eu espero ter conhecimento suficiente para crescer no trabalho.®
3. ( ) Eu posso encontrar muitas maneiras de realizar meus sonhos no trabalho.®
4. ( ) Fico mais forte após enfrentar demissão no trabalho.
5. ( ) Sou capaz de cumprir as obrigações do meu trabalho.
6. ( ) Eu acredito que tudo dará certo comigo no meu trabalho.
7. ( ) Fico mais forte após enfrentar mudanças no trabalho.
8. ( ) Eu espero ter energia suficiente para ser bem-sucedido no trabalho.
9. ( ) Sou capaz de dominar a tecnologia do meu trabalho.®
10. ( ) Fico mais forte após enfrentar desafios no trabalho.
11. ( ) Eu acredito que dias melhores virão no meu trabalho.®
12. ( ) Fico mais forte após enfrentar perdas no trabalho.®
13. ( ) Eu espero ter experiência suficiente para me sair bem no trabalho.®
14. ( ) Eu posso achar formas para mostrar ao meu chefe que faço bem feito o meu trabalho.
15. ( ) Fico mais forte após enfrentar dificuldades no trabalho.
16. ( ) Sou capaz de dominar os procedimentos novos que surgem no meu trabalho.®
17. ( ) Eu acredito que coisas boas acontecerão comigo no meu trabalho.®
18. ( ) Eu espero ter planos para meu futuro no trabalho.
19. ( ) Eu posso descobrir caminhos para atingir meus objetivos no trabalho.

20. ( ) Sou capaz de realizar tarefas complexas no meu trabalho.®

21. ( ) Eu posso pensar em muitas maneiras de resolver um problema no trabalho.

22. ( ) Fico mais forte após enfrentar intrigas no trabalho.®

23. ( ) Sou capaz de ser criativo no meu trabalho.

24. ( ) Eu acredito que o amanhã será melhor no meu trabalho.®

25. ( ) Fico mais forte após enfrentar inveja no trabalho.®

® Itens que compõem a versão do ICPT-12.

REFERÊNCIAS

AVEY, J. B. et al. Meta-analysis of the impact of positive psychological capital on employees attitudes, behaviors, and performance. *Human Resource Development Quarterly*, v. 22, n. 2, 2011.

BANDURA, A. *Self-efficacy*: the exercise of control. New York: Freeman, 1997.

BAUMEISTER, R. F. et al. Bad is stronger than good. *Review of General Psychology*, v. 5, n. 1, p. 323-370, 2001.

BENTLER, P. M. Comparative fit indexes in structural models. *Psychological Bulletin*, v. 107, p. 238-246, 1990.

BOLLEN, K. A. A new incremental fit index for general structural equation models. *Sociological Methods and Research*, v. 17, p. 303-316, 1989.

BROWNE, M. W.; CUDECK, R. Alternative ways of assessing model fit. In: BOLLEN, K. A.; LONG, J. S. (Ed.). *Testing structural equation models*. Newbury Park: Sage, 1993. p. 136-162.

CARVER, C. S.; SCHEIER, M. F. Optimism. In: LOPEZ, S. J.; SNYDER, C. R. (Org.). *Handbook of positive psychology*. New York: Oxford University, 2002.

COUTU, D. L. How resilience works. *Harvard Business Review*, v. 80, n. 5, p. 46-55, 2002.

CSIKSZENTMIHALYI, M. *A descoberta do fluxo*: a psicologia do envolvimento com a vida cotidiana. Rio de Janeiro: Rocco, 1999.

JÖRESKOG, K. G.; SÖRBOM, D. *LISREL-VI*: user's guide. 3rd ed. Mooresville: Scientific Software, 1984.

KEYES, C. L. M.; HYSOM, S. J.; LUPO, K. L. The positive organization: leadership legitimacy, employee well-being, and the bottom line. *The Psychologist Manager Journal*, v. 4, n. 2, p. 143-153, 2000.

LOPEZ, S. J.; SNYDER, C. R.; TERAMOTO-PEDROTTI, J. Hope: many definitions, many measures. In: LOPEZ, S. J.; SNYDER, C. R. (Org.). *Positive psychological assessment*: a handbook of models and measures. Washington: American Psychological Association, 2003.

LUTHANS, F. Positive organizational behavior: developing and managing psychological strengths. *Academy of Management Executive*, v. 16, n. 1, p. 57-75, 2002b.

LUTHANS, F. The need for and meaning of positive organizational behavior. *Journal of Organizational Behavior*, v. 23, n. 1, p. 695-706, 2002a.

LUTHANS, F.; LUTHANS, K. W.; LUTHANS, B. C. Positive psychological capital: beyond human and social capital. *Business Horizons*, v. 41, n. 1, p. 45-50, 2004.

LUTHANS, F.; YOUSSEF, C. M. Human, social, and now positive psychological capital management: investing in people for competitive advantage. *Organizational Dynamics*, v. 33, n. 2, 2004.

LUTHANS, F.; YOUSSEF, C.; AVOLIO, B. *Psychological capital*: developing the human competitive edge. New York: Oxford University, 2007.

MADDUX, J. E. Self-efficacy: the power of believing you can. In: LOPEZ, S. J.; SNYDER, C. R. (Org.). *Handbook of positive psychology*. New York: Oxford University, 2002.

MARSH, H. W.; HOCEVAR, D. Application of confirmatory factor analysis to the study of self-concept: first-and higher-order factor models and their invariance across groups. *Psychological Bulletin*, v. 97, p. 562-582, 1985.

MARTIN-KRUMM, C. P. et al. Explanatory style and resilience after sports failure. *Personality and Individual Differences*, v. 35, n. 7, p. 1685-1695, 2003.

MASTEN, A. S. Ordinary magic: resilience processes in development. *American Psychologist*, v. 56, n. 3, p. 227-238, 2001.

NUNNALLY JR., J. C. *Introduction to psychological measurement*. New York: McGraw-Hill, 1970.

OSIGWEH, C. A. B. Concept fallibility in organizational science. *The Academy of Management Review*, v. 14, n. 4, p. 579-594, 1989.

PAGE, L. F.; DONOHUE, R. Positive psychological capital: a preliminary exploration of the construct. *Business and Economics*, working paper 51/04, Oct. 2004.

PALLANT, J. *SPSS survival manual*: a step-by-step guide to data analysis using SPSS version 15. 3rd ed. Berkshire: McGraw-Hill, 2007.

POLETTO, R. C.; KOLLER, S. H. Resiliência: uma perspectiva conceitual e histórica. In: DELL'AGLIO, D. D.; KOLLER, S. H.; YUNES, M. A. M. (Org.). *Resiliência e psicologia positiva*: interfaces do risco à proteção. São Paulo: Casa do Psicólogo, 2006.

SCHWARZER, R.; KNOLL, N. Positive coping: mastering demands and searching for meaning. In: LOPEZ, S. J.; SNYDER, C. R. (Org.). *Positive psychological assessment*: a handbook of models and measures. Washington: American Psychological Association, 2003.

SELIGMAN, M. E. P. Positive psychology, positive prevention, and positive therapy. In: SNYDER, C. R.; LOPEZ, S. J. (Ed.). *The handbook of positive psychology*. New York: Oxford, 2002. p. 3-12.

SELIGMAN, M. E. P.; CSIKSZENTMIHALYI, M. Positive psychology: an introduction. *American Psychologist*, v. 55, n. 1, p. 5-14, 2000.

SIQUEIRA, M. M. M.; PADOVAM, V. A. R. Influências de percepção de suporte no trabalho e de satisfação com o suporte social sobre bem-estar subjetivo de trabalhadores. In: CONGRESSO NACIONAL DE PSICOLOGIA DA SAÚDE, 5., 2004, Lisboa. Ata... Lisboa: [s.n.], 2004. p. 659-663.

SNYDER, C. R.; IRVING, L. M.; ANDERSON, J. R. Hope and health. In: SNYDER, C. R.; FORSYTH. D. R. (Org.). *Handbook of social and clinical psychology:* the health perspective. Elmsford: Pergamonm, 1991. p. 285-305.

SNYDER, C. R.; RAND, K. L.; SIGMON, D. R. Hope theory: a member of the positive psychological family. In: LOPEZ, S. J.; SNYDER, C. R. (Org.). *Handbook of positive psychology*. New York: Oxford University, 2002.

STAJKOVIC, A. D.; LUTHANS, F. Self-efficacy and work-related performance: a meta--analysis. *Psychological Bulletin*, v. 124, n. 2, p. 240-261, 1998.

6
Cidadania organizacional

Antonio Virgílio Bittencourt Bastos
Mirlene Maria Matias Siqueira
Ana Cristina Passos Gomes

A partir da década de 1980, cresce o interesse no contexto do campo do comportamento organizacional em conhecer as razões pelas quais alguns trabalhadores realizam atividades além daquelas descritas pelos seus cargos, enquanto outros se limitam a realizar somente as prescritas nos contratos formais de trabalho. Tais características são denominadas "comportamentos de cidadania organizacional (CCOs)", ou apenas "cidadania organizacional".

A cidadania organizacional pode ser definida como a manifestação de comportamentos benéficos voluntários que transcendem as obrigações formais e possíveis garantias de recompensas contratuais (Organ, 1990). Haja vista essa descrição mais geral, não há um consenso entre pesquisadores sobre as definições constitutivas e operacionais de cidadania organizacional, o que gera grandes questionamentos acerca de sua conceitualização e dimensionalidade. Ao considerar os estudos empíricos que versam sobre a mensuração dos CCOs, alguns problemas podem ser destacados:

1. a polissemia do construto cidadania organizacional e a falta de consenso sobre quantas e quais dimensões representam mais adequadamente tal fenômeno;
2. a inexistência de uma medida de cidadania organizacional que busque realizar uma síntese teórica que leve em consideração em sua construção a complexidade da dimensionalidade do construto; e
3. a incongruência entre um construto que se define como comportamentos emitidos por trabalhadores, mas que, até o momento, em sua maioria, é avaliado por meio de medidas de base atitudinais.

No Brasil, apenas a escala de Siqueira (1995) foi construída e validada com base em comportamentos de cidadania organizacional.

Tendo em vista contribuir para equacionar alguns dos problemas que cercam a pesquisa sobre cidadania organizacional, este capítulo apresenta os resultados da construção e validação da Escala de Intenções Comportamentais de Cidadania Organizacional (EICCOrg). A nova escala diferencia-se de todas as disponíveis na literatura por mensurar intenções comportamentais, que são preditoras mais fortes do comportamento do que as atitudes (Ajzen, 1988). Adicionalmente, sua construção buscou delimitar com mais clareza e precisão o conjunto de dimensões que devem definir o construto de cidadania organizacional, oferecendo uma perspectiva conceitual e de mensuração que possa reduzir a fragmentação e a dispersão que marcam a pesquisa sobre esse construto.

Uma das questões mais controversas encontradas refere-se à dimensionalidade do construto, ou seja, falta um acordo mínimo quanto à forma como ele se estrutura teórica e empiricamente. As dimensões (conhecidas também como "fatores" ou "componentes") constituintes dos comportamentos de cidadania organizacional têm sido caracterizadas de diferentes formas, incluindo desde estudos com uma única dimensão (Bateman; Organ, 1983; Hoffman et al., 2007; LePine; Erez; Johnson, 2002) até os que atribuem cinco dimensões, como é o caso do estudo de Podsakoff e colaboradores (1990), que inclui altruísmo, consciensiosidade, esportividade, cortesia e virtude cívica.

A análise das dimensões constituintes do conjunto de medidas validadas de cidadania organizacional identificado na literatura revela a existência de mais de 30 fatores distintos, cuja combinação é diversificada nas diferentes medidas. A avaliação dos conteúdos que definem esses fatores, bem como mais de 280 descritores associados aos itens dessas escalas, permitiu observar que a diversidade de conteúdos e definições dessas dimensões estruturava em torno de quatro macrodimensões. A primeira, *comportamentos de ajuda*, inclui gestos voluntários de ajuda a um colega quando este tem problemas relacionados ao trabalho; a demonstração da capacidade do trabalhador de lidar com conflitos interpessoais, facilitando a relação entre indivíduos, a fim de manter um ambiente de trabalho harmonioso; o encorajamento; o reforço à realização e o desenvolvimento profissional dos colegas de trabalho; e a exibição de gestos de prevenção e planejamento, com o intuito de evitar problemas. Podsakoff e colaboradores (2000) e Organ, Podsakoff e Mackenzie (2006) descrevem que os comportamentos de ajuda se sobrepõem conceitualmente a outras dimensões de cidadania organizacional, como cortesia (Podsakoff et al., 1990), altruísmo (Farh; Earley; Lins, 1997; Organ, 1988; Podsakoff et al., 1990; Smith; Organ; Near, 1983), pacifismo (Podsakoff; Mackenzie, 1994), *cheerleading* ou encorajamento (Podsakoff; Mackenzie,

1994), *cheerleading* ou encorajador (Podsakoff; Mackenzie, 1994).As dimensões ajuda interpessoal (Moorman; Blakely, 1995), harmonia interpessoal (Rego, 1999, 2002a, 2002b) e facilitação interpessoal (Van Scotter; Motowidlo, 1986) também são fatores identificados na literatura, os quais apresentam classes de comportamentos que se associam aos da dimensão comportamentos de ajuda.

A segunda macrodimensão, que se aproxima conceitualmente de dimensões como participação organizacional (Van Dyne; Graham; Dienesch, 1994), sugestões criativas ao sistema (Porto; Tamayo, 2003; Siqueira, 1995), voz (Van Dyne; LePine, 1998), espírito de iniciativa (Rego, 1999, 2002a, 2002b) e virtude cívica (Graham, 1989, 1991; Organ, 1988, 1990; Podsakoff et al., 1990; Podsakoff; MacKenzie, 1994), é a *iniciativa individual*, que consiste em comportamentos de comunicação com outros no ambiente de trabalho, buscando melhorar o desempenho grupal e individual; engajamento político nos processos da organização, incluindo a expressão de opiniões e novas ideias, além de encorajar os outros a fazer o mesmo; e atos voluntários de criatividade e inovação, que podem ser pequenas modificações ou intervenções mais substanciais.

Empenho extra, sintetizada como a terceira macrodimensão, corresponde a dedicação e empenho dos trabalhadores em prol da organização, incluindo horas extras; trabalhar mais que o necessário; participar de eventos que não são obrigatórios, mas que são considerados importantes; procurar estudar assuntos que possam contribuir para a melhoria do seu próprio desempenho; e ler e manter-se informado sobre assuntos da organização. Sobreposições conceituais existentes na literatura sobre CCOs são encontradas entre a macrodimensão empenho extra e as dimensões comportamento extrapapel (Pearce; Gregersen, 1991), participação funcional (Van Dyne; Graham; Dienesch, 1994), dedicação ao trabalho (Van Scotter; Motowidlo, 1996), indústria pessoal (Moorman; Blakely, 1995) e conscienciosidade (Organ, 1988, 1990; Podsakoff el al., 1990).

A última macrodimensão é a de *defesa organizacional*, que compreende comportamentos de promover voluntariamente a imagem da organização fora do ambiente de trabalho, defendê-la contra ameaças externas e contribuir para sua boa reputação. Essa dimensão revela alguma proximidade conceitual das dimensões de proteção ao sistema/recursos da organização (Borman; Motowidlo, 1993; Farh; Earley; Lin, 1997; George; Brief, 1992; Porto; Tamayo, 2003; Rego, 1999, 2002a, 2002b; Siqueira, 1995) e incentivador leal (Moorman; Blakely, 1995), encontradas na literatura de cidadania organizacional.

As quatro dimensões identificadas como os grandes eixos que definem o construto de cidadania organizacional podem constituir um modelo teórico mais parcimonioso e adequado para delimitar o conceito de cidadania organizacional, contribuindo para reduzir a fragmentação, a confusão conceitual e a falta de limites claros entre o construto e inúmeros outros do campo do comportamento micro-organizacional. O modelo teórico que embasa a proposta de instrumento, tendo sua validade empírica atestada, pode permitir a sistematização dos resultados já disponíveis na literatura e fornecer a base para a construção de modelos explicativos mais consensuais sobre o fenômeno.

Além disso, é importante destacar que os conjuntos de instrumentos identificados na literatura para mensurar cidadania organizacional têm uma característica em comum. Em sua maioria, são escalas com base de avaliação atitudinal em que a medida da cidadania organizacional ocorre mais distante dos comportamentos do que as medidas de intenções comportamentais.

Considerando-se que a estrutura dimensional para as quatro macrodimensões citadas ainda não foi testada empiricamente, a área carece do desenvolvimento de uma nova medida, que reúna os descritores dessas macrodimensões. Da mesma forma, a pesquisa sobre o construto pode avançar com o desenvolvimento de uma medida que vá além de atitude e avalie intenções comportamentais, elo mais próximo do comportamento propriamente dito, como proposto por Ajzen e Fishbein (1977). Esses autores elaboraram a Teoria da Ação Racional (TAR), que articula atitudes e comportamentos ao componente *intenções comportamentais*, o qual serve como um preditor para as ações futuras. Com base em tal lacuna é que foi construída e validada a EICCOrg.

A segunda medida contida neste capítulo, Escala de Comportamentos de Cidadania Organizacional (ECCO), foi elaborada por Siqueira, em 1995, com o objetivo de cobrir conceitualmente cinco dimensões propostas por Katz e Kahn (1978) para ações inovadoras e espontâneas dos trabalhadores, constituindo-se na primeira medida de CCOs construída no Brasil. A autora já havia observado termos fronteiriços à cidadania organizacional, tais como comportamento extrapapel (Pearce; Gregersen, 1991) e comportamentos organizacionais pró-sociais (Brief; Motowidlo, 1986).

Posteriormente, uma revisão de pesquisas sobre CCOs realizada por Podsakoff e colaboradores (2000) revelou que não houve interesse pelo tema logo de início, mas, depois, apareceram outros conceitos semelhantes, fragmentando a concepção de comportamentos de cidadania organizacional como sugerida por Organ (1988). Segundo esses autores, tal revisão permitiu identificar 30 formas diferentes de definir ações de cidadania em organizações. Embora reconheçam que há superposição conceitual entre os construtos encontrados na literatura, apresentaram sete temas comuns, ou dimensões, nos quais os construtos convergem: comportamentos de ajuda, esportividade, lealdade organizacional, conformidade organizacional, iniciativa individual, virtudes cívicas e autodesenvolvimento. Esses pesquisadores reconheceram que o crescimento do interesse pelo tema trouxe um efeito pouco desejável para o campo. Explicam que outros estudiosos têm tentado muito mais explicar a validade substancial do construto em detrimento de sua validade conceitual, noções sugeridas por Schwab (1980). Para eles, há mais interesse dos pesquisadores em entender os fatores que antecedem atos de cidadania organizacional (validade substancial) do que em desenvolver medidas válidas e precisas do construto (validade conceitual). Reafirmando observações de Schwab (1980) e Van Dyne, Graham e Dienesch (1994), Podsakoff e colaboradores (2000) advertiram os estudiosos para que cuidassem melhor de suas definições e medidas, visando fortalecer seu campo de estudos e produzir literatura mais consistente.

Pode-se reconhecer que, no Brasil, CCOs foram concebidos por Siqueira (1995; 2003) com os cuidados sugeridos pelos pesquisadores da área. A autora em questão definiu comportamentos de cidadania organizacional como um conjunto de ações, apontadas por Katz e Kahn (1978, p. 381) como integrantes do comportamento inovador e espontâneo:

> (a) atividades de cooperação com os demais membros do sistema; (b) ações protetoras do sistema ou subsistema; (c) sugestões criativas para melhoria organizacional; (d) autotreinamento para maior responsabilidade organizacional; (e) criação de clima favorável para a organização no ambiente externo.

O conjunto de ações acima descrito constitui formas diferenciadas de o empregado manifestar, por meio de suas ações, uma troca social com a organização. A conduta adotada por Siqueira (1995, 2003), ao formalizar um modelo teórico para gestos de cidadania no contexto organizacional, seguiu uma linha diferente daquelas até então adotadas por outros estudiosos dessa categoria de ações. A primeira preocupação foi a de conceber a natureza teórica do critério comportamental, tomando como referencial as teorias de troca social. Dentro dessa abordagem, comportamentos de cidadania são entendidos como atos de troca social oferecidos voluntariamente pelos trabalhadores às organizações. Eles constituiriam gestos de colaboração espontânea que, isentos de prescrições legais ou contratuais, permitiriam, em uma relação social com a organização, entabular uma permuta de atos extrapapéis funcionais por possíveis ou futuras retribuições (sociais, materiais ou econômicas) da organização. Com essa concepção, descarta-se a possibilidade de que gestos de cidadania organizacional sejam atos altruísticos, mas reafirma-se a noção de que eles se constituam em atos eminentemente sociais dos empregados, que beneficiam o sistema empregador, podendo, no futuro, ser retribuídos, ou não, pela organização.

Diferentemente da primeira medida a ser apresentada neste capítulo, que se compõe de itens referentes a intenções comportamentais, a segunda corresponde a ações espontâneas dos trabalhadores que, quando emitidas, trazem benefícios para a organização e contribuem para sua efetividade

(Bateman; Organ, 1983; Siqueira, 1995). A apresentação de duas medidas distintas neste capítulo – uma para avaliar intenções ou planos dos trabalhadores para emitir, no futuro, comportamentos de cidadania organizacional (EICCOrg), e outra para medir a frequência com que comportamentos de cidadania organizacional são ofertados pelos trabalhadores à organização empregadora, permitirá ao leitor optar por avaliar intenções ou emissão de atos de cidadania organizacional.

CONSTRUÇÃO E VALIDAÇÃO DA ESCALA DE INTENÇÕES COMPORTAMENTAIS DE CIDADANIA ORGANIZACIONAL (EICCOrg)

Para a construção da EICCOrg, foram utilizados mais de 280 descritores mapeados no conjunto de instrumentos validados encontrados na literatura, sendo desenvolvidos, inicialmente, 59 itens. Estes foram submetidos à análise de seis juízes (especialistas na área organizacional), aos quais foi requisitado examinar se os itens se referiam ao construto avaliado e identificar o fator ao qual cada um pertence. Solicitou-se, ainda, que os juízes apontassem comentários e sugestões para aperfeiçoamento dos itens.

A análise dos juízes resultou na exclusão de 17 itens (três retirados pela falta de consenso quanto ao construto medido, e 14 por não terem concordância com o fator a que pertenciam). Os restantes foram submetidos à análise semântica, que é a aplicação da versão inicial do instrumento a alguns sujeitos para os quais o instrumento foi desenvolvido, com o intuito de saber se os itens estavam sendo bem compreendidos pelo público-alvo (Pasquali, 2003). Os resultados da análise semântica foram combinados com uma revisão crítica aprofundada sobre o conjunto de itens, no sentido de melhorar a qualidade técnica geral da medida. Assim, a versão operacional da EICCOrg foi desenvolvida com 42 itens, distribuídos nas quatro macrodimensões apresentadas, resultando em 15 itens para avaliar a macrodimensão comportamentos de ajuda, 9 para iniciativa individual, 15 para empenho extra e 3 para defesa organizacional.

A construção da EICCOrg foi respaldada nos pressupostos teóricos da TAR (Ajzen; Fishbein, 1977), a qual articula atitudes e comportamentos no componente intenções comportamentais. Dessa maneira, ao criar situações passíveis de ocorrência no cotidiano das organizações, em que os atores organizacionais devem se posicionar diante de diferentes opções ou decisões, busca-se conhecer suas intenções de agir de forma mais ou menos cidadã para com a organização. Para tanto, cada item da EICCOrg foi construído de modo a expor o sujeito a uma situação-dilema, na qual ele deve se posicionar em relação a dois comportamentos mutuamente opostos, separados por uma escala de diferencial semântico (Osgood; Suci; Tannenbaum, 1957), com sete intervalos de resposta.

Para o conhecimento das propriedades psicométricas da EICCOrg, foram selecionados, por amostragem por acessibilidade, 862 trabalhadores. Destes, 95 foram excluídos do banco de dados final por apresentarem um valor de soma superior a 12 na Escala de Validade, totalizando 767 participantes.

Para o estudo da validade de construto, foram empregadas diferentes técnicas psicométricas da Teoria Clássica dos Testes (TCT) e da Teoria de Resposta ao Item (TRI). Sabendo que a boa qualidade das análises estatísticas, tais como a análise fatorial, está sob a dependência do grau de heterogeneidade da amostra, em geral, adota-se como critério indicativo de boa variabilidade do item o intervalode 15 a 85% (Yela, 1956 apud Sisto; Santos; Noronha, 2006). Isso significa que, se um item apresenta um valor inferior a 15% de variabilidade em uma dada categoria de resposta, deve-se pensar se de fato são necessários todos os níveis de intensidade previamente compostos em termos de uma escala graduada para a avaliação do fenômeno desejado.

Ao ser observada uma baixa variabilidade geral das categorias e a consequente polarização das respostas nos extremos da escala, optou-se pela dicotomização da medida, sendo todas as técnicas estatísticas utilizadas para dados categóricos, medidos no nível nominal.

Com isso, a medida passou a ser interpretada a partir de duas categorias:

1. "apresenta CCO", quando o indivíduo marca na escala graduada as alternativas 5, 6 ou 7; e
2. "não apresenta CCO", quando o respondente assinala as alternativas 1, 2 ou 3.

Marcações no ponto neutro da escala, ou seja, na categoria de resposta valor 4, foram consideradas respostas *missing*.

Para o estudo da validade de construto dos itens dicotômicos da EICCOrg, foram utilizadas as seguintes técnicas: análise de componentes principais, a partir do cálculo das correlações tetracóricas; análise fatorial com informação completa (Full Information Factor Analysis – FIFA); análise de itens, considerando o modelo logístico de três parâmetros (discriminação, dificuldade e acerto ao acaso); e o modelo Rasch para a análise de resíduos da escala, com o intuito de verificar padrões de resposta não esperados para os itens.

Na análise do modelo Rasch, os parâmetros avaliados são o *infit mean square* e o *outfit mean square*. O primeiro atenua a importância dos resíduos extremos, isto é, reflete a falta de ajuste entre as respostas de sujeitos com elevada cidadania em itens nos quais se esperaria que respondessem de forma cidadã, mas não o fizeram (erro inesperado), e a demonstração de respostas de elevada cidadania por parte de sujeitos com baixa cidadania (acerto inesperado). O *infit* busca verificar discrepâncias próximas do nível do traço latente do indivíduo, ou seja, do real nível de cidadania do trabalhador, e tem menos sensibilidade a resíduos em situações extremas. Já o *outfit mean square*, que não faz essa atenuação, mostra-se mais sensível a resíduos extremos (casos *outliers*), em que o desajuste do item ou sua discrepância ocorre distante do nível do traço latente do sujeito. Com isso, ou o sujeito não adere a itens muito fáceis para seu nível no traço, ou acerta itens muito distantes do seu nível.

Para amostras maiores (n > 1.000) os índices *infit* e *outfit* devem ficar entre 0,80 (que caracteriza a presença inaceitável de respostas na direção inesperada, ou seja, erros e acertos inesperados) e 1,20 (que caracteriza o item como muito mais discriminativo que a previsão feita pelo modelo Rasch (Bond; Fox, 2007)). Tanto no caso do *infit* quanto no do *outfit* buscam-se itens que apresentem índices próximos de 1,00 e que não estejam muito acima de 1,20 (Wright; Stone, 2004). Como a amostra do estudo de validação da EICCorg reúne menos de mil participantes, foram adotados os limites 0,70-1,30 para o *infit* e o *outfit*. A análise de resíduos pelo modelo Rasch foi realizada no *Winsteps*.

Uma vez garantida a validade de construto pela TCT e pela TRI, procedeu-se ao exame da fidedignidade da EICCOrg, a partir de dois métodos: estudo da Função de Informação do Teste (TIF) e cálculo do coeficiente Kuder-Richardson (KR).

O modelo fatorial mais bem ajustado foi o unidimensional, tendo por base as seguintes evidências:

1. Um elevado *eigenvalue* para o primeiro fator em comparação com o segundo. O *eigenvalue* para o fator 1 foi de 20,165, enquanto para o segundo fator foi de 1,619, seguido de 1,263 e 1,202 para os fatores 3 e 4, respectivamente.
2. Testando-se o pressuposto de unidimensionalidade da medida a partir da rotação oblíqua (*Promax*) da matriz de intercorrelações tetracóricas, verificou-se uma forte correlação entre o primeiro fator e um hipotético fator de segunda ordem ($r = 0,70$; $p < 0,01$), mostrando que, ainda que houvesse um segundo fator, ele estaria tão correlacionado com o primeiro que demonstraria sobreposição conceitual entre as dimensões.
3. O índice de ajuste (Goodness-of-Fit Index – GFI) para o modelo foi de 0,9875, bem acima de 0,90, indicado por Weston e Gore (2006) como um bom nível de ajuste para o modelo. Para o modelo unidimensional, pela TCT, houve um único item com carga fatorial inferior a 0,40.

O estudo da dimensionalidade da EICCOrg com o uso da FIFA (TRI) apresentou resultados próximos à análise fatorial por correlações tetracóricas, confirmando-se igualmente a estrutura unidimensional da medida. No entanto, sete itens apresentaram carga fatorial abaixo de 0,40, sendo três itens do fator empenho, três do ajuda e um do defesa. A porcentagem da variância explicada para um fator foi de 36,94%, seguido de 5,24% para o segundo e 4,33% e 2,23% para o terceiro e o quarto fator, respectivamente.

Considerando a calibração dos itens a partir do modelo logístico de três parâmetros, de modo geral, quatro itens apresentaram estimativas fora dos limites esperados. Pela análise de resíduos via TRI, a média do *infit* foi de 1,00 (DP = 0,21), e do *outfit*, de 0,90 (DP = 0,35), indicando que a maior parte dos itens foi respondida dentro do padrão esperado, que, nesse caso, é de 1,00. Considerando os valores do *infit* por item, observou-se que a amplitude encontrava-se entre 0,71 e 1,92, tendo a presença de quatro itens acima de 1,30 (*overfit*), não havendo itens abaixo de 0,70 (*underfit*). Já para os valores do *outfit*, os itens encontravam-se no intervalo 0,46-2,30, tendo a presença de cinco itens com *overfit* e 12 com *underfit*.

Para o exame da fidedignidade da medida, o valor médio da TIF para 42 itens foi de 11,04, valor superior a 10,0 (Hambleton, 2004), alcançando informação máxima a 14,95. Com a exclusão dos sete itens, a informação média melhorou para 12,20 e atinge o valor máximo a 18,25. O KR calculado foi de 0,927 para 42 itens e de 0,924 para 35 itens, permanecendo praticamente estável e demonstrando, para ambos os modelos, forte consistência interna.

Em face do conjunto de estudos de validação realizados, a versão final da EICCOrg ficou composta por uma escala unidimensional com 35 itens, que apresentam as melhores propriedades psicométricas para medir as intenções de cidadania organizacional.

Aplicação, apuração dos resultados e interpretação da EICCOrg

Por se tratar de um instrumento psicométrico impresso e que assume características autoadministradas, a EICOOrg pode ser aplicada de forma individual ou coletiva, não exigindo tempo-limite de resposta. Recomenda-se que a medida seja aplicada dentro do ambiente organizacional, visando aumentar a segurança das informações prestadas pelos respondentes.

Devido ao fato de os estudos de validação da EICCOrg apontarem para a dicotomização da escala, a partir de sua estrutura unidimensional, a composição dos escores ocorreu mediante a utilização do método de pontos somados. Entretanto, antes da soma dos pontos, é necessário que os itens invertidos sejam recodificados, ou seja, a resposta 1 vira 7, a 2 vira 6, e assim por diante. Os itens invertidos são 1, 4, 5, 6, 8, 10, 12, 14, 15, 18, 19, 22, 23, 26, 27, 29, 30, 32, 33 e 34.

Uma vez dicotomizada a escala, um indivíduo que assinala 1, 2, 3 ou 4 recebe a pontuação zero, enquanto aquele que assinala 5, 6 ou 7 recebe o escore 1, sendo que o valor desses pontos somados possibilita a interpretação do percentil. Indivíduos com soma abaixo de 16 pontos apresentam baixa intenção comportamental de ser um cidadão organizacional; entre 16 e 27 pontos, uma moderada intenção; entre 27 e 32 pontos, uma moderadamente alta intenção; e acima de 32 pontos, uma elevada intenção de agir como um cidadão organizacional.

CONSTRUÇÃO E VALIDAÇÃO DA ESCALA DE COMPORTAMENTOS DE CIDADANIA ORGANIZACIONAL (ECCO)

A primeira versão da ECCO foi construída e validada por Siqueira, em 1995, como parte dos estudos que conduziu para compor sua tese de doutorado, defendida na Universidade de Brasília, intitulada *Antecedentes de comportamentos de cidadania organizacional: análise de um modelo pós-cognitivo*. Durante sua fase de construção, 37 itens comportamentais representaram as cinco dimensões que correspondem, em uma perspectiva teórica, às cinco classes do comportamento inovador e espontâneo apontadas por Katz e Kahn (1978) como atos extrapapel – cooperação com os demais membros do sistema; ações protetoras do sistema ou subsistema; sugestões criativas; autotreinamento; e criação de clima favorável para a organização no ambiente externo – indispensáveis à consecução da efetividade organizacional. Apenas 18 itens foram retidos, e 19 eliminados, enquanto três dos cinco componentes extraídos não apresentaram índices de precisão mínima, valor igual ou superior a 0,70, como preconiza Nunnally Jr. (1978).

Passados 17 anos desde sua construção original, quando os resultados citados apareceram, foram realizados, em 2011, novos estudos, visando melhorar a precisão de suas cinco dimensões e aplicar métodos atuais que estão sendo usados no processo de construção e validação de medidas do comportamento organizacional (Lievens; Anseel, 2004; Koekemoer; Moster; Rothmann Jr, 2010; Pilati; Abbad, 2005). Com esse objetivo, a ECCO foi redesenhada conceitualmente, ou seja, foram elaborados novos itens para ampliar o conjunto retido em 1995. Como resultado, esperava-se obter fatores mais concisos, mais precisos e, especialmente, submeter o modelo de cinco dimensões de CCOs a Análises Fatoriais Exploratórias mais sofisticadas e a Análises de Ajuste de Modelos por meio de modelagem por equações estruturais. Na sequência, os relatos esclarecem os passos seguidos e os resultados obtidos na senda desse objetivo.

Dando início à recomposição conceitual da ECCO, um conjunto de 30 itens foi elaborado tendo como ponto de partida as cinco categorias de ações e os 18 itens que haviam permanecido na versão antiga. O Quadro 6.1 contém as cinco dimensões de ações de cidadania organizacional inspiradas nas cinco classes do comportamento inovador e espontâneo sugeridas por Katz e Kahn (1978) e suas definições conceituais em novo formato, número de itens

QUADRO 6.1
Nomes e definições das dimensões que compõem o conceito de comportamentos de cidadania organizacional na nova versão-piloto da ECCO, número e exemplos de itens

Dimensão	Definição	Número de itens	Exemplo de item
Divulgação da imagem organizacional	Ações no ambiente externo que divulgam as qualidades da organização.	6	Quando estou com meus familiares costumo elogiar esta empresa.
Sugestões criativas	Ações que contêm propostas inovadoras para a organização.	6	Apresento ao meu chefe ideias novas sobre meu trabalho.
Proteção aos bens da organização	Ações de cuidar dos bens organizacionais disponíveis para execução do trabalho.	6	Uso com cuidado os equipamentos desta empresa.
Preparo profissional	Ações de busca por informações capazes de resultar em melhor preparo para o desempenho do trabalho naquela organização.	6	Procuro informações que me ajudem a melhorar meu trabalho nesta empresa.
Cooperação com os colegas	Ações de oferta de ajuda e de apoio aos colegas de trabalho na organização.	6	Ofereço ajuda a um colega que está com dificuldades no trabalho.

ECCO – Escala de Comportamentos de Cidadania Organizacional.
Fonte: Os autores.

elaborados para representar cada dimensão na nova versão e um exemplo de item.

Participaram dos estudos experimentais para validação da ECCO 711 trabalhadores de diversas regiões do Brasil, que atuavam em empresas públicas ou privadas há, no mínimo, dois anos completos. Eles responderam a um questionário eletrônico por meio da plataforma *Surveymonkey* contendo os 30 itens da ECCO e questões sobre dados sociodemográficos. Suas respostas foram dadas em uma escala de 5 pontos (1 – nunca faço; 2 – poucas vezes faço; 3 – às vezes faço; 4 – muitas vezes faço; 5 – sempre faço), para apurar a frequência da emissão dos 30 comportamentos contidos na nova versão da ECCO por parte desses trabalhadores. Um banco de dados eletrônico com as respostas dos participantes foi construído no Statistical Package for the Social Sciences (SPSS), Versão 19.0, executando-se Análises Fatoriais Exploratórias, conforme descrito na sequência.

Durante o processo de validação da ECCO foram realizadas análises descritivas preliminares, como os Testes de Kaiser-Meyer-Olkin (KMO) e de Bartlett, solicitando-se cinco fatores pelo método de extração denominado Principal Axis Factoring (PAF) e o *scree plot*, gráfico elaborado pelo SPSS com base nos autovalores dos fatores extraídos. A rotação aplicada foi *Direct Oblimin* com delta igual a zero, e o critério estipulado para manter o item no fator foi carga fatorial igual ou superior a 0,40 (positiva ou negativa).

As análises preliminares informaram um KMO de 0,913, e o Teste de Esfericidade de Bartlett produziu um Qui-quadrado igual a 13.675,395 (gl = 435; $p < 0,01$), confirmando que a matriz de dados atendia aos parâmetros para ser submetida a análises fatoriais. Os cinco fatores extraídos explicaram 54,17% da variância total, com autovalor variando de 8,380 (fator 1) a 1,399 (fator 5). O *scree plot* revelou cinco fatores em uma linha inclinada, e os demais se distribuíam em uma linha quase reta, os quais se constituíam em fatores cujos autovalores eram semelhantes entre si e inferiores a 1,0, devendo, portanto, ser ignorados na composição da medida em construção.

A rotação dos fatores produziu uma matriz-padrão (*pattern matrix*) revelando itens com carga fatorial igual ou superior a 0,40 organizados em cinco dimensões, assim identificadas:

- sugestões criativas (fator 1, cinco itens, $\alpha = 0,90$)
- dimensão sem definição (fator 2, quatro itens, $\alpha = 0,66$)
- divulgação da imagem organizacional (fator 3, cinco itens, $\alpha = 0,90$)
- cooperação com colegas (fator 4, quatro itens, $\alpha = 0,77$)
- proteção aos bens do sistema (fator 5, cinco itens, $\alpha = 0,64$)

Com base nesses resultados, a ECCO revelou agregar três conjuntos de itens (fatores 1, 3 e 4) com valores de precisão (Alfa de Cronbach) satisfatórios, assim reconhecidos quando têm valores iguais ou superiores a 0,70 (Nunnally Jr., 1970). Os outros dois fatores (2 e 5) devem ser desconsiderados porque não atenderam ao referido critério de precisão. O Quadro 6.2 apresenta os três fatores retidos por meio das análises PAF e os cálculos dos índices (Alfa de Cronbach). Os 14 itens da versão final da ECCO produziram um índice de precisão da ordem de 0,90, considerado satisfatório.

Na sequência, foram executadas análises de modelagem por equações estruturais por meio do pacote estatístico Analysis of Moment Structures (AMOS), o qual permite executar análises das estruturas de médias e de covariâncias (Byrne, 2001). Entraram nessas análises os 14 itens dos três fatores retidos após a PAF, os quais permitiram investigar a adequação do modelo, calculando-se os seguintes índices: χ^2 (Qui-quadrado), Goodness-of-Fit Index (GFI), Comparative Fit Index (CFI), Normed Fit Index (NFI) e Root Mean Square Error of Approximation (RMSEA), cujos valores esperados (critérios) e encontrados pelas análises estão no Quadro 6.3. Os resultados mostram que os valores obtidos satisfizeram os critérios para todos os cinco índices calculados, conforme definem Marsh e Hocevar (1985) para χ^2, Jöreskog e Sörbom (1984) para GFI, Bentler (1990) para CFI, Bollen (1989) para NFI e Browne e Cudeck (1993) para RMSEA.

Após os resultados obtidos, pode-se apresentar a ECCO como uma medida multidimensional constituída por três fatores (dimensões) precisos e concisos. São fatores concisos porque os itens que tiveram carga fatorial impor-

QUADRO 6.2

Dimensões, definições, itens e índices de precisão das três dimensões da ECCO mantidas após análises fatoriais pelo método de extração PAF

Dimensão	Definição	Itens	Índice de precisão
Sugestões criativas	Ações que contêm propostas inovadoras para a organização.	3, 4, 7, 8 e 10 Cinco itens	0,90
Divulgação da imagem organizacional	Ações no ambiente externo que divulgam as qualidades da organização.	1, 6, 11, 12 e 14 Cinco itens	0,90
Cooperação com os colegas	Ações de oferta de ajuda e de apoio aos colegas de trabalho na organização.	2, 5, 9 e 13 Quatro itens	0,77

ECCO – Escala de Comportamentos de Cidadania Organizacional; PAF – Principal Axis Factoring.
Fonte: Os autores.

QUADRO 6.3
Cinco índices calculados para o teste de ajustamento do modelo de três fatores da ECCO

Índice de ajustamento	Valor indicativo de ajustamento perfeito do modelo	Valor obtido
χ^2 – Qui-quadrado	$2 \leq \chi^2/gl \leq 5$	716,028/164 = 4,366
GFI – Goodness-of-Fit Index	< 1	0,937
CFI – Comparative Fit Index	< 1	0,948
NFI – Normed Fit Index	< 1	0,934
RMSEA – Root Mean Square Error of Approximation	≤ 0,08	0,06

ECCO – Escala de Comportamentos de Cidadania Organizacional.
Fonte: Os autores.

tante (maior ou igual a 0,40) ficaram saturados em apenas um dos três fatores. São precisos por conterem itens que se agrupam para formar núcleos conceituais altamente correlacionados entre si e que produzem elevadas correlações com a média do fator, resultando em um Alfa de Cronbach que varia de 0,77 a 0,90, valores acima do critério mínimo exigido ($\alpha \geq 0,70$) por Nunnally Jr. (1970). Seus fatores aferem com qualidade semântica e precisão as ações inovadoras e espontâneas de trabalhadores em organizações, reunidas em três categorias: atos dirigidos para divulgar no ambiente externo uma imagem positiva da organização; atos visando apresentar novas ideias para melhor funcionamento do setor e da organização; atos voltados para apoiar colegas que necessitam de ajuda para realizar suas tarefas.

Aplicação, apuração dos resultados e interpretação da ECCO

É possível aplicar a ECCO de modo individual ou coletivo, assegurando-se que os respondentes preencham o questionário em lugar tranquilo, confortável e que se sintam livres para dar suas respostas. É possível a aplicação da medida por meio eletrônico. Recomenda-se oferecer esclarecimentos sobre como proceder para respondê-la corretamente. O tempo de aplicação é livre.

A apuração dos resultados obtidos por meio da ECCO deve produzir três escores médios. Os cálculos de cada escore são obtidos somando-se os valores assinalados pelos respondentes em cada um dos itens que integram a dimensão e, a seguir, dividindo-se esse valor pelo número de itens da dimensão. Alerta-se para o fato de que a ECCO apresenta números diferentes de itens em suas dimensões (Quadro 6.2), o que torna necessário considerá-los para o cálculo de cada escore. Os cálculos devem produzir escores médios entre 1 e 5 (valores mínimo e máximo das escalas de respostas).

A interpretação dos resultados deve considerar que, quanto maior for o valor do escore médio, mais frequentes serão as ações de cidadania organizacional do trabalhador no que se refere a oferecer espontaneamente à organização sugestões criativas, divulgação da imagem organizacional e colaboração com os colegas de trabalho. Recomenda-se que, para interpretar os escores médios do ponto de vista conceitual, recorra-se ao conteúdo presente nas frases (itens) de cada dimensão. Tal recomendação visa assegurar que a compreensão dos resultados não se desarticule do conteúdo dos itens sobre o qual o trabalhador efetivamente respondeu. Quanto aos valores numéricos obtidos de escores médios, recomenda-se classificar como alto um escore entre 4 e 5; médio entre 3 e 3,9; e baixo entre 1 e 2,9.

Alerta-se para o fato de que a ECCO é produto de estudos empíricos nos quais foram aplicados os métodos mais atuais e os critérios mais difundidos para construção de medidas. Para assegurar um resultado não equivocado ao se aplicar a medida, é necessário manter suas instruções, sua escala de respostas e o conteúdo dos seus itens conforme apresentados ao fim deste capítulo, bem como orientar-se pelas instruções aqui contidas para aplicação e apuração dos resultados.

ESCALA DE INTENÇÕES COMPORTAMENTAIS DE CIDADANIA ORGANIZACIONAL – EICCOrg

A seguir, são apresentadas situações que podem vir a ocorrer no ambiente de trabalho. Mesmo que você nunca tenha lidado com tal situação no dia a dia, deve imaginar qual a resposta que mais se aproximaria da decisão que tomaria em cada situação. Lembre-se de que não existe uma resposta certa ou errada. A melhor resposta é aquela que expressa o modo de pensar e agir de acordo com cada situação.

Marque **com um X um dos quadrados**, entre as duas opções, que mais se aproxima da forma como você agiria na situação apresentada. Um exemplo do modelo de item utilizado encontra-se a seguir:

QUADRO 1: MODELO DE ITEM DA EICCOrg.

Em comparação com organizações similares, os processos de trabalho sob a responsabilidade do seu setor são mais lentos e seguem somente os procedimentos de rotina. Você possui uma ideia inovadora e que poderia reduzir o tempo de trabalho e torná-lo mais diversificado. O que você faria?

| Eu apresentaria minha ideia para a organização. | | Eu *não* apresentaria minha ideia para a organização. |

Você pode marcar qualquer um dos sete quadrados entre as opções A e B, sendo que os três primeiros estariam mais próximos à concordância com a opção A, e os três últimos, à concordância com a opção B. Quando tiver dúvidas ou não souber que opção escolher, deve assinalar o quadrado central.

1. Em comparação com organizações similares, os processos de trabalho sob a responsabilidade do seu setor são mais lentos e seguem somente os procedimentos de rotina. Você possui uma ideia inovadora e que poderia reduzir o tempo de trabalho e torná-lo mais diversificado. O que você faria?

| Eu apresentaria minha ideia para a organização. | | Eu *não* apresentaria minha ideia para a organização. |

2. Sua organização lhe solicita a realização de uma tarefa que, até então, você nunca tinha feito. Ao perceber que esta atividade tem um nível de complexidade alto, o que você faria?

| Não buscaria completar a tarefa. | | Buscaria completar a tarefa. |

3. A organização na qual você trabalha adota um modelo de gestão participativa para que seus funcionários possam se envolver no processo de elaboração de novos projetos a partir do próximo ano. Diante da possibilidade de participação, o que você faria?

| Eu *não* me ofereceria para participar desses novos projetos. | | Eu me ofereceria para participar desses novos projetos. |

4. Seu grupo de trabalho possui algumas atividades que ainda não foram concluídas, e você tem disponibilidade de assumir mais tarefas no momento. O que você faria?

| Eu ajudaria a equipe a finalizar suas atividades. | | Eu *não* ajudaria a equipe a finalizar suas atividades. |

5. Um novo colega de trabalho está apresentando dificuldades de realizar tarefas que você sabe fazer. Mesmo que ele não tenha lhe pedido ajuda, o que você faria?

| Buscaria orientá-lo. | | Não buscaria orientá-lo. |

NOVAS MEDIDAS DO COMPORTAMENTO ORGANIZACIONAL

6. Imagine que você tem dúvidas sobre como realizar uma tarefa que nenhum outro colega da organização tenha domínio. Diante disso, o que você faria?

| Buscaria estudar assuntos que possam contribuir para a realização da tarefa. | | Tentaria realizar a tarefa da forma como eu acredito que seja a correta. |

7. Imagine que sua organização está realizando um evento que, embora não seja obrigatória sua participação, contribuirá com o desenvolvimento das suas competências. O que você faria?

| Não participaria do evento. | | Participaria do evento. |

8. Você fica sabendo que uma instituição de ensino está oferecendo cursos voltados para sua área de atuação. Sabendo que não é política da sua organização custear cursos externos, o que você faria?

| Se eu pudesse, eu pagaria pelo curso. | | Se eu pudesse, eu *não* pagaria pelo curso. |

9. O sistema de avaliação de desempenho da sua organização detectou que a produtividade da sua equipe de trabalho não foi satisfatória, embora o seu desempenho tenha sido o esperado. Buscando a melhoria do desempenho geral da equipe, a organização solicita que você aumente conjuntamente o seu nível de produtividade. Diante da solicitação, o que você faria?

| Eu *não* buscaria elevar o meu nível de produtividade. | | Eu buscaria elevar o meu nível de produtividade. |

10. Imagine que sua organização implantou um sistema de críticas e sugestões acessível a todos os funcionários. Que posição você assumiria?

| Caso tivesse críticas e sugestões, eu as apresentaria à organização. | | Mesmo tendo críticas e sugestões, eu as guardaria para mim mesmo. |

11. Você é requisitado para assumir uma tarefa desafiadora que lhe consumirá muito tempo e lhe dará muito trabalho. Tendo a possibilidade de passar essa atividade para outro colega, o que você faria?

| Não aceitaria a atividade e encaminharia para outro colega. | | Eu aceitaria a atividade e tentaria fazer o trabalho. |

12. Imagine que sua organização está passando por problemas financeiros e foi levada a restringir a utilização de materiais e recursos (impressora, xerox, telefone, etc.), o que está prejudicando o andamento das atividades do seu setor. Considerando que você possui uma sugestão para economizar recursos, mas que você *não* tem certeza se daria certo, o que você faria?

Eu daria a sugestão.　　　　　　　　　　　　　　　　　　Eu *não* daria a sugestão.

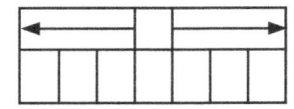

13. Sua organização deseja que você assuma um novo cargo, o qual exige a realização de atividades que lhe são pouco familiares e diferentes das tarefas que você sabe fazer. Sabendo que você pode desenvolver competências para ocupar o cargo, o que você faria?

Eu *não* assumiria o cargo oferecido pela empresa.　　　　　　　　　　　　　　　　　　Eu assumiria o cargo oferecido pela empresa.

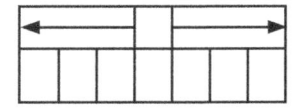

14. Você precisa tomar uma decisão importante que irá influenciar a realização das atividades de sua equipe. Antes de tomar essa decisão, o que você faria?

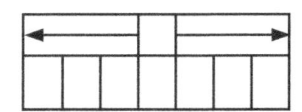

Conversaria com meus colegas.　　　　　　　　　　　　　　　　　　Não conversaria com meus colegas.

15. Seu colega de trabalho está precisando realizar uma tarefa difícil e em pouco tempo. Mesmo que você esteja ocupado com uma tarefa que também precisa ser realizada, qual postura você assumiria?

Eu me ofereceria para ajudá-lo com a tarefa.　　　　　　　　　　　　　　　　　　Eu *não* me ofereceria para ajudá-lo com a tarefa.

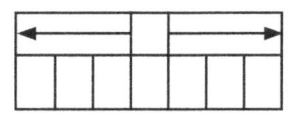

16. Imagine que a organização em que você trabalha convoque uma reunião de voluntários uma vez por semana, no horário após o expediente, sem pagamento de horas extras, a fim de discutir questões de interesse da própria organização. O que você faria?

Mesmo que pudesse, eu *não* participaria dessas reuniões.　　　　　　　　　　　　　　　　　　Eu compareceria a essas reuniões, caso eu tivesse tal horário disponível.

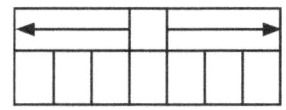

NOVAS MEDIDAS DO COMPORTAMENTO ORGANIZACIONAL **97**

17. Dificuldades financeiras levam a sua organização a restringir benefícios e vantagens que vinha oferecendo ao trabalhador. Que posição você assumiria?

Eu *não* manteria o mesmo nível de dedicação com o meu trabalho.

Eu manteria o mesmo nível de dedicação com o meu trabalho.

18. A organização está enfrentando um problema cujo encaminhamento está confiado a outro setor de trabalho que não o seu. Você possui alguma ideia de como resolvê-lo. O que você faria?

Eu me ofereceria para ajudar.

Eu *não* me ofereceria para ajudar.

19. Sua organização mantém publicações semanais atualizadas sobre o que vem ocorrendo na empresa. Caso você tenha acesso a essas publicações, o que você faria?

Leria as publicações periodicamente.

Não leria as publicações.

20. Em uma reunião de trabalho você percebe que alguns colegas não estão se posicionando diante dos assuntos discutidos. O que você faria?

Não incentivaria os colegas para que eles se posicionassem.

Incentivaria os colegas para que eles se posicionassem.

21. Você descobre que uma empresa do mesmo ramo que a sua vem empregando uma tecnologia mais moderna para execução de algumas atividades. O que você faria?

Não buscaria mais informações sobre essa tecnologia.

Buscaria mais informações sobre essa tecnologia.

22. Considerando que você sente necessidade de aperfeiçoar suas competências para melhorar o seu trabalho e você possui a oportunidade de fazer isso fora do horário de serviço, o que você faria?

Buscaria novas atividades fora do horário de serviço.

Eu *não* buscaria outras atividades fora do meu horário de serviço.

23. A sua organização lança uma campanha para conservação dos espaços públicos da empresa. A participação nessa campanha lhe tomaria um tempo de trabalho adicional. Diante da possibilidade de recusa, o que você faria?

Participaria da campanha de conservação da empresa. ←□□□□□□□→ Não participaria da campanha de conservação da empresa.

24. Ao achar que um colega seu cometeu um erro ao realizar uma atividade e que, se este erro realmente existir, pode ocasionar problemas para ele, mesmo sem ter certeza da existência do erro, o que você faria?

Não avisaria ao meu colega. ←□□□□□□□→ Avisaria ao meu colega.

25. Em um contexto fora de sua organização, algumas pessoas que não trabalham nela tecem comentários criticando-a injustamente. Qual a posição que você assumiria?

Eu não defenderia a organização das críticas. ←□□□□□□□→ Eu defenderia a organização das críticas.

26. Você foi convidado pela organização para participar de uma importante reunião que definirá o futuro da empresa. Considerando um dos temas discutidos, você possui uma opinião que diverge dos demais participantes. Diante dessa situação, o que você faria?

Eu daria minha opinião. ←□□□□□□□→ Eu não daria minha opinião.

27. Você tem suas atividades diárias para desempenhar, e seus colegas de trabalho solicitaram sua ajuda para orientá-los nas atividades deles. O que você faria?

Ajustaria meu horário de trabalho para ajudá-los. ←□□□□□□□→ Não ajustaria meu horário de trabalho para ajudá-los.

28. Um dos clientes da organização na qual você trabalha dirige críticas ao atendimento prestado por sua empresa. Sabendo que o atendimento foi prestado com a devida qualidade, qual posição você assumiria?

Eu não defenderia a organização das críticas. ←□□□□□□□→ Eu defenderia a organização das críticas.

NOVAS MEDIDAS DO COMPORTAMENTO ORGANIZACIONAL 99

29. Sua organização foi indicada para concorrer a um prêmio anual como uma das melhores empresas para se trabalhar. Por isso, é necessário que seus funcionários apresentem para a comissão de avaliação os produtos e serviços prestados pela organização. Diante de tal necessidade, qual posição você assumiria?

| Apresentaria os produtos e serviços da organização. | ←——————→ | Eu *não* apresentaria os produtos e serviços da organização. |

30. Sua equipe lhe solicita a realização de uma atividade que você acredita que irá lhe sobrecarregar. Diante de tal solicitação, o que você faria?

| Buscaria atender à solicitação. | ←——————→ | Não atenderia à solicitação. |

31. Um colega de trabalho está com problemas de saúde, e durante esse período as atividades dele não estão sendo realizadas. Tendo disponibilidade, o que você faria nessa situação?

| *Não* realizaria as atividades do colega. | ←——————→ | Eu realizaria as atividades do colega. |

32. Suponha que sua organização solicitou-lhe que se engaje em atividades para melhorar a forma como a organização é vista pela sociedade. Qual decisão você tomaria?

| Eu tomaria alguma iniciativa no sentido de promover tal melhoria. | ←——————→ | Eu *não* tomaria qualquer iniciativa no sentido de promover tal melhoria. |

33. Imagine que um colega de trabalho realizou uma tarefa de forma bem-sucedida. O que você faria?

| Eu o elogiaria. | ←——————→ | Eu *não* o elogiaria. |

34. Imagine que um colega de trabalho perdeu um parente próximo e chegou ao trabalho bastante triste. O que você faria?

| Iria encorajá-lo diante dessa situação. | ←——————→ | Não iria encorajá-lo. |

35. Você tem um colega de trabalho que sempre realiza as atividades de forma lenta e pouco produtiva. Sabendo da existência de um treinamento fora da organização que poderia melhorar o desempenho dele, o que você faria?

Não opinaria a respeito.　←――――――→　Sugeriria ao colega que participasse do treinamento.

ESCALA DE COMPORTAMENTOS DE CIDADANIA ORGANIZACIONAL – ECCO

A seguir são listados vários tipos de comportamentos que as pessoas podem ter dentro ou fora da empresa onde trabalham. **INDIQUE, COM SINCERIDADE, A FREQUÊNCIA COM QUE VOCÊ PRATICA ESSES COMPORTAMENTOS ATUALMENTE.** Dê suas respostas anotando, nos parênteses que antecedem cada frase, aquele número (de 1 a 5) que melhor representa sua resposta.

1	2	3	4	5
Nunca faço	Poucas vezes faço	Às vezes faço	Muitas vezes faço	Sempre faço

1. ( ) Quando alguém de fora fala mal desta empresa, eu procuro defendê-la.
2. ( ) Ofereço apoio a um colega que está com problemas pessoais.
3. ( ) Apresento ao meu chefe soluções para os problemas que encontro no meu trabalho.
4. ( ) Apresento ideias criativas para inovar o meu setor de trabalho.
5. ( ) Ofereço orientação a um colega menos experiente no trabalho.
6. ( ) Quando falo sobre esta empresa, passo a melhor das impressões para as pessoas que não a conhecem.
7. ( ) Apresento sugestões ao meu chefe para resolver problemas no setor onde trabalho.
8. ( ) Apresento ao meu chefe ideias novas sobre meu trabalho.
9. ( ) Dou orientação a um colega que se sente confuso no trabalho.
10. ( ) Apresento novidades para melhorar o funcionamento do setor onde trabalho.
11. ( ) Descrevo para meus amigos e parentes as qualidades desta empresa.
12. ( ) Quando estou com meus familiares, costumo elogiar esta empresa.
13. ( ) Ofereço ajuda a um colega que está com dificuldades no trabalho.
14. ( ) Dou informações boas sobre esta empresa para as pessoas que me perguntam sobre ela.

Fator 1 (sugestões criativas) – cinco itens: 3, 4, 7, 8 e 10; **fator 2** (defesa da imagem organizacional) – cinco itens: 1, 6, 11, 12 e 14; **fator 3** (cooperação com os colegas de trabalho) – quatro itens: 2, 5, 9 e 13.

REFERÊNCIAS

AJZEN, I. *Attitudes, personality, and behavior*. Chicago: Dorsey Press, 1988.

AJZEN, I.; FISHBEIN, M. *Belief, attitude, intention and behavior*: an introduction to theory and research. Massachusetts: Addison-Wesley, 1977.

BATEMAN, T. S.; ORGAN, D. W. Job satisfaction and the good soldier: the relationship between affect and employee citizenship. *Academy of Management Journal*, v. 26, 1983.

BENTLER, P. M. Comparative fit indexes in structural models. *Psychological Bulletin*, v. 107, p. 238-246, 1990.

BOLLEN, K. A. A new incremental fit index for general structural equation models. *Sociological Methods and Research*, v. 17, p. 303-316, 1989.

BOND, T. G.; FOX, C. M. *Applying the Rasch model*: fundamental measurement in the human sciences. Mahwah: Erlbaum, 2007.

BORMAN, W. C.; MOTOWIDLO, S. J. Expanding the criterion domain to include elements of contextual performance. In: SCHMITT, E. et al. (Ed.). *Personnel selection in organizations*. San Francisco: Jossey-Bass, 1993. p. 71-98.

BRIEF, A. P.; MOTOWIDLO, S. J. Prosocial organizational behavior. *Academy of Management Review*, v. 10, n. 4, p. 710-725, 1986.

BROWNE, M. W.; CUDECK, R. Alternative ways of assessing model fit. In: BOLLEN, K. A.; LONG, J. S. (Ed.). *Testing structural equation models*. Newbury Park: Sage, 1993. p. 136-162.

BYRNE, B. M. *Structural equation modeling with AMOS*: basic concepts, applications, and programming. Mahwah: Lawrence Erlbaum, 2001.

FARH, J. L.; EARLEY, P. C.; LIN, S.C. Impetus for action: a cultural analysis of justice and organizational citizenship behavior in Chinese society. *Administrative Science Quarterly*, v. 42, n. 3, p. 421-444, 1997.

GEORGE, J. M.; BRIEF, A. P. Feeling good doing good; a conceptual analysis of the mood at work-organizational spontaneity relationship. *Psychology Bulletin*, v. 112, n. 2, p. 310-329, 1992.

GRAHAM, J. W. An essay on organizational citizenship behavior. *Employee Responsibilities and Rights Journal*, v. 4, p. 249 -270, 1991.

GRAHAM, J. W. *Organizational citizenship informed by political theory*. Chicago: [s.n.], 1989. Paper presented at the meeting of the Academy of Management.

HAMBLETON, R. K. Theory, methods and practices in testing for the 21st century. *Psicothema*, v. 16, p. 696-701, 2004.

HOFFMAN, B. J. et al. Expanding the criterion domain? A quantitative review of the OCB literature. *Journal of Applied Psychology*, v. 92, n. 2, p. 555-566, 2007.

JÖRESKOG, K. G.; SÖRBOM, D. *LISREL-VI*: user's guide. 3rd ed. Mooresville: Scientific Software, 1984.

KATZ, D.; KAHN, R. L. *Psicologia social das organizações*. São Paulo: Atlas, 1978.

KOEKEMOER, E.; MOSTERT, K.; ROTHMANN JR., I. Interference between work and nonwork roles: the development of a new South African Instrument. *Journal of Industrial Psychology*, v. 36, n. 1, 2010.

LEPINE, J. A.; EREZ, A.; JOHNSON, D. E. The nature and dimensionality of organizational citizenship behavior: a critical review and meta-analysis. *Journal of Applied Psychology*, v. 87, n. 1, p. 52-65, 2002.

LIEVENS, F.; ANSEEL, F. Confirmatory factor analysis and invariance of an organizational citizenship behaviour measure across samples in a Dutch-speaking context. *Journal of Occupational and Organizational Psychology*, v. 77, p. 299-306, 2004.

MARSH, H. W.; HOCEVAR, D. Application of confirmatory factor analysis to the study of self-concept: first-and higher-order factor models and their invariance across groups. *Psychological Bulletin*, v. 97, p. 562-582, 1985.

MOORMAN, R. H.; BLAKELY, G. L. Individualism-collectivism as an individual difference predictor of organizational citizenship behavior. *Journal of Organizational Behavior*, v. 16, n. 2, p. 127-142, 1995.

NUNNALLY JR., H. C. *Introduction to psychological measurement*. New York: McGraw-Hill, 1970.

ORGAN, D. W. *Organizational citizenship behavior*: the good soldier syndrome. Lexington: Lexington Books, 1988.

ORGAN, D. W. The motivational basis of organizational citizenship behavior. In: STAW, B. M.; CUMMINGS, L. L. (Ed.). *Research in organizational behavior*. Greenwich: JAI Press, 1990. v. 12, p. 43-72.

ORGAN, D. W.; PODSAKOFF, P. M.; MACKENZIE, S. B. *Organizational citizenship behavior*: its nature, antecedents, and consequences. Thousand: Sage, 2006.

OSGOOD, C. E.; SUCI, G.; TANNENBAUM, P. *The measurement of meaning*. Urbana: University of Illinois Press, 1957.

PASQUALI, L. *Psicometria*: teoria dos testes na psicologia e na educação. Petrópolis: Vozes, 2003.

PEARCE, J. L.; GREGERSEN, H. B. Task interdependence and extrarrole behavior: a test of the mediating effects of felt responsibility. *Journal of Applied Psychology*, v. 76, p. 838-844, 1991.

PILATI, R.; ABBAD, G. Análise fatorial confirmatória da escala de impacto de treinamento no trabalho. *Psicologia*: Teoria e Pesquisa, v. 21, p. 43-51, 2005.

PODSAKOFF, P. M. et al. Organizational citizenship behaviors: a critical review of the theoretical and empirical literature and suggestions for future research. *Journal of Management*, v. 26, n. 3, p. 513-563, 2000.

PODSAKOFF, P. M. et al. Transformational leader behaviors and their effects on follower's trust in leader, satisfaction, and organizational citizenship behaviors. *Leadership Quarterly*, v. 1, n. 2, p. 107-142, 1990.

PODSAKOFF, P. M.; MACKENZIE, S. B. Organizational citizenship behaviors and sales unit effectiveness. *Journal of Marketing Research*, v. 31, p. 351-363, 1994.

PORTO, J.; TAMAYO, J. B. Desenvolvimento e validação da Escala de Civismo nas organizações. *Estudos de Psicologia*, v. 8, n. 3, p. 393-402, 2003.

REGO, A. Climas de justiça nas organizações: sua relação com os comportamentos de cidadania. *Caderno de Pesquisas em Administração*, v. 9, n. 1, p. 35-60, jan./mar. 2002b.

REGO, A. Climas éticos e comportamentos de cidadania organizacional. *Revista de Administração de Empresas*, v. 42, p. 50-63, 2002a.

REGO, A. Comportamentos de cidadania organizacional: operacionalização de um constructo. *Psicologia*, v. 13, n. 1-2, p. 127-148, 1999.

SCHWAB, D. P. Construct validity in organizational behavior. *Research in Organizational Behavior*, v. 2, p. 3-43, 1980.

SIQUEIRA, M. M. M. *Antecedentes de comportamentos de cidadania organizacional*: análise de um modelo pós-cognitivo. 1995. Tese (Doutorado em Psicologia) – Universidade de Brasília, Brasília, 1995.

SIQUEIRA, M. M. M. Proposição e análise de um modelo para comportamentos de cidadania organizacional. *Revista de Administração Contemporânea*, v. 7, n. esp., p. 165-185, 2003.

SISTO, F. F.; SANTOS, A. A.; NORONHA, A. P. Uso do Rasch para delimitação de critérios hierárquicos para o Teste de Bender. In: NORONHA, A. P. P.; SANTOS, A. A.; SISTO, F. F. (Org.). *Facetas do fazer em avaliação psicológica*. São Paulo: Vetor, 2006. p. 57-80.

SMITH, C. A.; ORGAN, D. W.; NEAR, J. P. Organizational citizenship behavior: its nature and antecedents. *Journal of Applied Psychology*, v. 68, n. 4, p. 653-663, 1983.

VAN DYNE, L.; GRAHAM, J. W.; DIENESCH, R. M. Organizational citizenship behavior: construct redefinition, measurement and validation. *Academy of Management Journal*, v. 37, p. 765-802, 1994.

VAN DYNE, L.; LEPINE, J. A. Helping and voice extra-role behaviors: evidence of construct and predictive validity. *Academy of Management Journal*, v. 41, n. 1, p. 108-119, 1998.

VAN SCOTTER, J. R.; MOTOWIDLO, S. J. Evidence for two factors of contextual performance: job satisfaction and interpersonal facilitation. *Journal of Applied Psychology*, v. 81, n. 5, p. 525-531, 1986.

WESTON, R.; GORE, P. A. A brief guide to structural equation modeling. *The Counseling Psychologist*, v. 34, p. 719, 2006.

WRIGHT, B. D.; STONE, M. H. *Making measures*. Chicago: The Phaneron Press, 2004.

7

Configuração do poder organizacional

Maria das Graças Torres da Paz
Elaine Rabelo Neiva

Em um mundo de transformações contínuas e rápidas como o que vivemos, as organizações precisam assegurar que ações coerentes mantenham a estabilidade necessária ao alcance dos seus objetivos e do cumprimento de sua missão e ser capazes de garantir que a dinâmica organizacional possibilite a obtenção dos resultados pretendidos, mas sem comprometer sua coerência interna. O poder organizacional é um meio de alcance de tais resultados.

Estudos sobre o poder nas organizações vêm ganhando espaço no campo do comportamento organizacional. Pettigrew e McNulty (1995), por exemplo, realizaram um estudo-piloto sobre poder e influência com membros de conselhos organizacionais do Reino Unido. Já Paz (1997) relacionou avaliação de desempenho a configurações do poder organizacionais, e Pettigrew e McNulty (1995) estudaram conduta e comportamento de diretores organizacionais a respeito dos tipos de poder e sua utilização em salas de reuniões. Knights e McCabe (1999) fizeram um estudo de caso relacionando gestão de qualidade total e relações do poder organizacional. Paz (1997) pesquisou sobre justiça distributiva e poder organizacional; Macedo (2002) estabeleceu relações entre poder e processo decisório; Reuver (2006) investigou a influência do poder organizacional nas situações de conflito no trabalho; Bar-Haim (2007) relacionou comprometimento e poder organizacional; Neiva e Paz (2007) investigaram a percepção de mudança organizacional relacionando-a a valores e configurações do poder organizacional; McNulty e colaboradores (2009) conduziram um estudo sobre poder com foco no governo e nos conselhos do mais alto nível das empresas pesquisadas; Kaushal (2010) avaliou o poder organizacional e sua relação com a cultura e a gestão de conflito; Hodson (2010) investigou o poder nas equipes organizacionais; Dessen e

Paz (2010) estudaram o impacto das configurações do poder organizacional e das características individuais no bem-estar pessoal de trabalhadores de organizações públicas e privadas; e Heijes (2011) abordou o papel do poder nos contextos organizacional e cultural em uma perspectiva transcultural. Além destes, entre inúmeros outros estudos foram realizados.

A grande quantidade de publicações sobre o tema retrata a importância do fenômeno no cotidiano das organizações e a necessidade de melhor compreendê-lo. A construção e a validação da Escala de Configuração do Poder Organizacional (ECPO) também contribuem para o entendimento da dinâmica do poder nas organizações, podendo ser utilizada por pesquisadores, consultores e gestores que objetivam tomar decisões mais seguras, baseadas no conhecimento da realidade organizacional. A Teoria do Poder Organizacional proposta por Mintzberg (1983) é a base teórica utilizada para a construção da ECPO, uma vez que concebe as estruturas organizacionais em estado de equilíbrio dinâmico, possibilitando a compreensão das organizações com movimento e fluidez. A abordagem desse autor, ao considerar as organizações como sistemas abertos em interação com seu meio, tendo influenciadores dentro e fora delas, faz apreender que elas apresentam comportamentos caracteristicamente políticos, o que leva a vê-las, quaisquer que sejam, como instituições políticas que funcionam com base em trocas de influência entre membros, organização e seu entorno.

A base teórica da ECPO será apresentada adiante de forma bastante sintética. Conforme salientado por Paz, Martins e Neiva (2004), sua síntese não consegue transmitir toda a riqueza e complexidade da obra de Mintzberg, mas será apresentada aqui para o conhecimento do leitor, ao qual se sugere a leitura completa do livro Power In and Around Organizations, ou sua tradução em espanhol, El Poder en la Organización.

SÍNTESE DA TEORIA DO PODER ORGANIZACIONAL

Para caracterizar as configurações do poder nas organizações, Mintzberg (1983,1992) apresenta alguns construtos principais que dão sustentação às suas proposições teóricas, os quais são descritos a seguir.

Sistemas de influência

Esses sistemas são conjuntos de elementos interconectados de forma estruturada para influenciar os resultados organizacionais, sendo utilizados pelos influenciadores que estão dentro da organização, fazendo parte do seu cotidiano. São quatro os sistemas de influência propostos.

- O **sistema de autoridade**, constituído pelos subsistemas de controle de pessoal e de controle burocrático. Objetiva integrar os empregados às metas formais da organização, fazendo-a funcionar como uma máquina, padronizando os comportamentos individuais dos influenciadores/jogadores.
- O **sistema ideológico** é baseado em tradições e símbolos. Considera a história única e inconfundível da organização e tem como objetivo uma identificação pouco diferenciada dos seus membros, incentivando a lealdade e a coesão, sem a necessidade de controles formais.
- O **sistema de especialistas** restringe o poder aos influenciadores que, dominam o conhecimento e que se diferenciam na cadeia administrativa por comandarem funções críticas e tarefas altamente especializadas.
- O **sistema político** que transforma todos em jogadores que tentam subverter os interesses organizacionais a favor dos interesses individuais e grupais.

Os jogadores/influenciadores agem devido a falhas na estrutura organizacional, na operacionalização de objetivos e na satisfação de necessidades pessoais. Esses componentes internos, e também os externos, constituem as coalizões, outro construto proposto por Mintzberg em sua teoria.

Coalizões

São alianças entre pessoas que agem para alcançar determinados objetivos, podendo ser externas e internas. A *coalizão externa* (CE) é composta por influenciadores de diferentes grupos: proprietários, associados (fornecedores, parceiros, clientes, entre outros), associações, públicos (líderes de opinião, governo, etc.) e o Conselho Diretor, que constitui a coalizão formal. Essas coalizões externas exercem o poder de três formas:

- **dominadora**, com poucos influenciadores, que agem em conjunto e exercem o poder de forma direta e focalizada;
- **passiva**, com influenciadores potenciais, que costumam não exercer o poder, submetendo-se à coalizão interna da organização;
- **dividida**, com mais influenciadores com demandas conflitantes. Nesse caso, a CE dividida também provoca, algumas vezes, divisão da coalizão interna.

A *coalizão interna* (CI) é constituída pelos membros organizacionais de diferentes níveis hierárquicos. São influenciadores que objetivam aumentar sua força na CI e, para isso, empregam os quatro sistemas de influência anteriormente apresentados, os quais impactam o fluxo de poder.

Com a utilização dos quatro sistemas de influência, ou de poder, a CI pode ser organizada de quatro modos diferentes:

- **personalizada e burocrática**, com predomínio do sistema de autoridade;
- **ideológica**, predominando o sistema ideológico;
- **profissional**, com prevalência do sistema de especialistas; e
- **politizada**, enfatizando o sistema político.

Os influenciadores internos fazem o movimento de passagem do poder dentro da CI, sempre atentos ao sistema de metas da organização. Este é um outro construto da proposta teórica de Mintzberg, considerado na composição das configurações de poder da organização.

Sistema de metas

Esse sistema é o conjunto de metas interconectadas que direcionam os caminhos que a organização deve trilhar para o alcance de seus resultados. Para Mintzberg (1983), elas são assim denominadas:

- **básicas** – sobrevivência, eficiência, controle e crescimento;
- **ideológicas** – bem focalizadas na missão organizacional ou em seus aspectos;
- **formais** – fortalecidas quando um influenciador dominante as impõe por meio de sistema de autoridade, possibilitando forte consistência no comportamento organizacional;
- **pessoais compartilhadas** – decorrentes da organização dos membros que têm interesses comuns, transformadas em metas organizacionais pelo consenso tácito.

O sistema de metas básicas, junto com as ideológicas, formais e pessoais compartilhadas, tem como principal característica primar pela consistência entre intencionalidade e comportamento, de forma a assegurar a operacionalização. Os sistemas de metas e de influência são responsáveis pela homeostase organizacional, buscam estabilidade e determinam limites e critérios para efetivação de mudanças. O político é mais desagregador e mais livre que o de metas e os demais sistemas de influência e, embora possa ameaçar a própria sobrevivência da organização se for muito intenso e duradouro, também pode conduzir a mudanças importantes e inovadoras (Paz; Martins; Neiva, 2004).

Os influenciadores organizacionais, além de utilizarem os sistemas de influência e de metas, também usam as bases de poder, outro construto salientado na teoria do poder organizacional, para efetivar mudanças e alcançar resultados.

Bases de poder

São as fontes das quais o poder organizacional se origina. São elas: o controle de recursos, a competência técnica, o domínio de um corpo de conhecimentos críticos para a organização, as prerrogativas legais e o acesso aos poderosos. Para que se constitua uma base de poder, algumas condições devem ser atendidas, tais como: disponibilidade de alguém com acesso à base e ao controle; deve ser limitada a determinadas pessoas; outros indivíduos e grupos devem depender de sua disponibilidade; devem ser insubstituíveis e essenciais para o funcionamento da organização (Flauzino et al., 2001).

As inter-relações entre as CEs e CIs e os sistemas de poder e de metas utilizados pelos influenciadores, que, por sua vez, controlam as bases de poder, são organizadas em uma tipologia de configurações de poder que mostra como este flui dentro e ao redor das organizações. Essa tipologia, proposta por Mintzberg, é apresentada a seguir.

Configurações do poder organizacional

Trata-se da forma como o poder se estrutura na organização para influenciar os resultados e sua dinâmica. O poder organizacional pode ser configurado em seis tipos: autocracia, instrumento, missionária, meritocracia, sistema autônomo (originalmente denominado pelo autor de "sistema fechado") e arena política.

Na *autocracia*, o poder é concentrado na cúpula da organização, às vezes apenas em um influenciador, o mais alto chefe da organização, líder poderoso, que define e maximiza as metas que devem ser perseguidas, devendo os demais membros submeter-se a elas. Nesse tipo de configuração, a gestão é centralizadora, dá atenção e tratamento individualizados, favorece a competição e pode assegurar a dinamicidade.

No tipo *instrumento*, a organização serve de instrumento para o alcance dos objetivos claramente estabelecidos pelo influenciador ou por um grupo de influenciadores que estão fora dela. O modelo de gestão é prescritivo, sendo estabelecida uma linha divisória entre os que concebem, planejam e analisam a organização e os demais, que se transformam em executores. Nesse caso, o forte controle feito pelos influenciadores externos é via burocracia, de forma que a CI é burocrática. A organização funciona com uma hierarquia rígida.

Na configuração *missionária*, o influenciador mais poderoso é a ideologia, que mantém os influenciadores externos passivos. A dinâmica da organização é centrada em uma missão que domina toda a atividade organizacional. A instituição patrocina uma forte identificação dos seus membros com as metas e os objetivos ideológicos, sendo solidificada pela socialização e doutrinação, que asseguram lealdade, preservação e aperfeiçoamento da missão.

Na organização em que o poder se organiza como *meritocracia*, os especialistas têm na realização profissional a motivação de vida; são o coração do sistema e detêm o poder com base nas habilidades e no domínio de conhecimento. Eles são os mais fortes influenciadores internos e favorecem um sistema de autoridade fraco, tendo as chefias um poder apenas figurativo. A gestão estimula a experimentação, aprendizagens e a inovação, de forma que a organização convive bem com mudanças, desde que estas não afetem os interesses pessoais dos especialistas.

No tipo *sistema autônomo*, os influenciadores são os próprios membros da organização, principalmente seus administradores, que, para exercerem o controle interno, adotam padrões burocráticos e trabalham com um sistema de metas operacionalizado sem imposição externa. É uma configuração que mantém a CE passiva, que valoriza a autonomia e a competência, reforça a eficiência e aceita mudanças. Tem um modelo de gestão voltado para a integração que é bastante comprometido com o crescimento da organização.

A *arena política* é a configuração típica da organização em crise. Nela, a atividade política é significativamente aumentada, uma vez que há redução das forças de integração. Os sistemas de autoridade e ideológicos são fracos, e o conflito predomina porque todos os influenciadores perseguem seus objetivos individuais.

As configurações passam por estágios de desenvolvimento no decorrer do tempo. Elas nascem autocracias, podem se transformar em missionárias ou instrumentos, amadurecem como meritocracias ou sistemas autônomos e vivem uma arena política quando estão em crise, que, se não for superada, pode provocar sua morte. O desenvolvimento das organizações, no entanto, às vezes não é tão linear. Elas podem pular estágios ou mesmo regredir no seu processo de desenvolvimento. Tais mudanças ocorrem com dinamicidade e exigem dos influenciadores, aqueles que tentam controlar as ações organizacionais, capacidade e vontade para jogar politicamente. O jogo é a essência do movimento de poder nas organizações.

Jogos políticos ou de poder

São mecanismos concretos, a partir dos quais as pessoas estruturam e regulam suas relações de poder, ao mesmo tempo que tentam garantir sua liberdade de ação. Por meio deles, conciliam-se liberdade e restrição nas organizações.

São utilizados para:

- resistir à autoridade quando são usados os jogos de rebeldia ou resistência;
- conter a resistência à autoridade, quando o jogo é o de contrarresistência;
- construir bases de poder, sendo usados jogos de patrocínio (com superiores), construção de alianças (com pares), construção de império (com subordinados), orçamento (com recursos), perícia (com conhecimentos e habilidades), dominação (com autoridade);
- derrotar rivais, cujos jogos são os de linha *versus staff* e campos rivais;
- efetivar mudanças organizacionais quando são contemplados os jogos candidatos estratégicos, denúncia e jovens turcos ou terroristas.

Estes últimos são jogos pesados, que podem propiciar mudanças organizacionais de grande porte. A maneira como eles acontecem também caracteriza a configuração de poder.

Toda essa dinamicidade organizacional salientada por Mintzberg (1983, 1992) é assegurada pelos jogadores, que, organizados em coalizões ou individualmente, tentam controlar as ações organizacionais via sistemas de influência, bases de poder e sistema de metas. A compreensão dessa dinâmica exige que sejam identificados os influenciadores presentes, assim como as necessidades que consideram que devem ser satisfeitas pela organização, além de atentar para a capacidade de jogar de cada influenciador na busca do atendimento às suas necessidades e as de seu grupo. Um bom jogador deve investir energia, ter vontade de influenciar e mostrar habilidade política ao usar as bases de poder e os sistemas de influência e de metas para o convencimento das pessoas no alcance dos resultados pretendidos. O poder é concebido como força mobilizadora (Paz, 1997), e Mintzberg (1992) o define como a capacidade de afetar o comportamento organizacional, partindo do pressuposto de que este é um jogo de poder.

CONSTRUÇÃO E VALIDAÇÃO DA ESCALA DE CONFIGURAÇÃO DO PODER ORGANIZACIONAL (ECPO)

Conforme apresentado no referencial teórico deste capítulo, configuração de poder é concebida como a forma como o poder se estrutura na organização para afetar resultados e a dinâmica organizacional. Para construção e validação da ECPO, foram adotadas definições para cada uma das configurações de poder, apresentadas adiante.

- **Configuração autocrática:** O poder é centrado na cúpula da organização, que dá o tom da dinâmica organizacional e maximiza as metas que devem ser perseguidas.
- **Configuração instrumento:** O poder é dos influenciadores dominantes que estão fora da organização, para os quais a organização serve de instrumento para o alcance dos seus objetivos.
- **Configuração missionária:** O poder é da ideologia que direciona as ações organizacionais e favorece uma forte identificação dos seus membros com as metas e os objetivos ideológicos de servir aos que precisam.
- **Configuração meritocrática:** O poder é dos especialistas, que são o coração do sistema organizacional.
- **Configuração sistema autônomo:** O poder é da própria organização, cujos membros fazem seu controle com um sistema de metas claramente operacionalizado e sem metas impostas de fora da organização.
- **Configuração arena política:** O poder é difuso e disperso pelos diferentes grupos que estão dentro e fora da organização, havendo aumento considerável da atividade política, com diminuição das forças de integração.

A partir dessas definições, foram elaboradas questões pertinentes a cada configuração de poder que nortearam entrevistas realizadas com membros de diferentes organizações para identificar se havia representações compartilhadas sobre as características de cada configuração. A análise de conteúdo das entrevistas feitas com os participantes possibilitou a construção de categorias de respostas que corresponderam às configurações propostas teoricamente.

Com base na teoria e nas entrevistas, 68 itens foram construídos na versão original da escala. Eles foram submetidos à análise de cinco juízes, que testaram a pertinência item-dimensão. Foram mantidos nas dimensões os que obtiveram um mínimo de 80% de concordância entre os juízes, sendo submetidos também à análise de trabalhadores de empresas públicas e privadas, visando a compreensão do seu conteúdo, o que resultou em pequenas modificações na redação de alguns deles. O Quadro 7.1 mostra a versão-piloto da ECPO.

A ECPO é um instrumento de medida a ser respondido por meio de uma escala de 5 pontos: 0 – nunca aplicável nessa organização; 1 – pouco aplicável; 2 – razoavelmente aplicável; 3 – muito aplicável; 4 – totalmente aplicável. Foi preenchido por 589 empregados de organizações privadas e públicas.

Para análise estatística dos dados obtidos com a aplicação da ECPO, utilizou-se o pacote estatístico Statistical Package for the Social Sciences (SPSS), Versão 18.0, e, como referência bibliográfica, Tabachinick e Fidell (2001). As análises preliminares de limpeza do banco foram realizadas. O Teste de Kaiser-Meyer-Olkin (KMO) revelou um bom índice de fatorabilidade da matriz

QUADRO 7.1
Nomes e definições das dimensões configuração do poder organizacional na versão-piloto da ECPO, número e exemplos de itens

Dimensão	Definição	Número de itens por dimensão	Exemplo de item
Autocracia	O poder é centrado na cúpula da organização que dá o tom da dinâmica organizacional e maximiza as metas que devem ser perseguidas.	10	Aqui, a autoridade é centrada no mais alto chefe da organização.
Instrumento	O poder é dos influenciadores dominantes que estão fora da organização, para os quais a organização serve de instrumento para o alcance dos seus objetivos.	11	Aqui, os diretores são indicados por pessoas que não trabalham na organização.
Missionária	O poder é da ideologia que direciona as ações organizacionais e favorece uma forte identificação dos seus membros com as metas e objetivos ideológicos de servir aos que precisam.	12	Esta organização tem intenção de melhorar algo na sociedade.
Meritocracia	O poder é dos especialistas, que são o coração do sistema organizacional.	11	Nesta organização, os administradores se submetem aos funcionários especializados.
Sistema autônomo	O poder é da própria organização, cujos membros fazem seu controle com um sistema de metas claramente operacionalizado e sem metas impostas de fora da organização.	12	Só os membros desta organização exercem influência sobre ela.
Arena política	O poder é difuso e disperso pelos diferentes grupos que estão dentro e fora da organização, havendo aumento considerável da atividade política, com diminuição das forças de integração.	12	Na maioria das vezes, esta organização parece estar se desintegrando.

ECPO – Escala de Configuração do Poder Organizacional.

(0,96), e a análise de correlação entre os fatores confirmou certa interdependência entre eles, razão pela qual, ao usar o método Principal Axis Factoring (PAF) como técnica de Análise Fatorial Exploratória, optou-se pela rotação *Oblimin*. O *scree plot* indicou a possibilidade de, no máximo, oito fatores, mas a melhor solução resultante da Análise Fatorial foi com os seis fatores propostos teoricamente. Todos os *eigenvalues* foram superiores a 1,2; cargas fatoriais entre 0,30 e 0,72, comunalidades dos itens entre 0,30 e 0,56, e índices de precisão (Alfa de Cronbach) variando de 0,73 a 0,86. No Quadro 7.2, os seis fatores são apresentados.

Com base nos resultados empíricos, observou-se que os fatores decorrentes da Análise Fatorial Exploratória confirmaram a estrutura teórica proposta por Mintzberg (1983) correspondente às seis configurações de poder.

A confirmação fatorial empírica da estrutura teórica proposta demonstra a consistência dos itens por fator e a força do modelo teórico. Vale ressaltar que todas essas configurações de poder podem coexistir em uma mesma organização, embora uma delas deva predominar, podendo, ainda, ocorrer hibridismo.

Validação cruzada da estrutura fatorial da ECPO

Após a utilização da ECPO em diferentes organizações, e tendo um banco de dados com um número maior de casos, decidiu-se realizar a validação cruzada da estrutura fatorial para verificar a estabilidade dessa estrutura em diferentes grupos. Uma das técnicas mais utilizadas é a validação cruzada, pois

QUADRO 7.2
Denominações, 50 itens componentes, índices de precisão e número de itens dos fatores da primeira versão da ECPO

Fator	Itens	Número de itens	Alfa de Cronbach
Autocracia	2, 12, 19, 29, 37, 42	6	0,73
Instrumento	2, 7, 16, 21, 23, 28, 34, 44, 48, 50	10	0,80
Missionária	1, 9, 22, 31, 35, 40, 45	7	0,86
Sistema autônomo	8, 14, 18, 26, 32, 38, 43, 47, 49	9	0,75
Meritocracia	3, 11, 17, 25, 33, 36, 41, 46	8	0,72
Arena política	5, 6, 10, 13, 15, 20, 24, 27, 30, 39	10	0,84

ECPO – Escala de Configuração do Poder Organizacional.
• As definições das configurações encontram-se no Quadro 7.1.

permite examinar se a estrutura identificada se repete quando investigada em outras amostras. A validação cruzada consiste em utilizar amostras de tamanho tal que permitam a separação aleatória dos sujeitos em dois ou mais grupos. Em um deles seria realizada a derivação da estrutura fatorial, e, no outro, a validação cruzada da solução fatorial identificada. A designação aleatória dos grupos é fundamental para que a estrutura fatorial não seja diferenciada (Floyd; Widaman, 1995).

Para proceder à análise da validação cruzada, o banco de dados com 1.655 casos oriundos de organizações públicas e privadas foi submetido a análises preliminares de limpeza para identificar casos faltosos, problemas de curtose e assimetrias. Após a confirmação da adequação do banco às análises pretendidas, ele foi dividido em três grupos, cujas amostras aleatórias ficaram construídas por 501, 565 e 535 casos. As três subamostras foram analisadas de maneira independente e comparadas com os dados da amostra total.

Pasquali (2012) prescreve a necessidade de verificar a fatorabilidade da matriz de correlações por meio da avaliação de vários índices que foram considerados na análise:

- inspeção da matriz de correlações
- verificação do determinante da matriz
- cálculo do índice de adequação da amostra de KMO

Os resultados indicaram um KMO superior a 0,90; a média das correlações foi acima de 0,50; mais de 50% das correlações estiveram acima de 0,40; e o determinante da matriz foi muito próximo de zero. Portanto, todas as exigências estabelecidas por Pasquali (2012) foram atendidas, de forma que depois de verificada a fatorabilidade da matriz de correlações, foram estabelecidos critérios para extração dos fatores.

Foram mantidos no instrumento os itens com cargas fatoriais a partir de 0,30, os que apresentaram diferenças a partir de 0,10 entre os valores absolutos das cargas fatoriais principais, e similaridade entre o conteúdo do item e o domínio teórico do construto. Uma vez definido o número de fatores a extrair, a retirada foi realizada pela PAF, e a rotação escolhida foi a rotação oblíqua (*Promax*). As cargas fatoriais dos itens nas três subamostras e na amostra total foram muito próximas, apresentando certa estabilidade entre os itens em todas as amostras. Os nove itens que ficaram sem cargas fatoriais válidas em qualquer das subamostras e na amostra total foram retirados do instrumento. Os resultados obtidos estão no Quadro 7.3.

Nessa estrutura fatorial, alguns itens caíram das configurações instrumento, missionária, meritocracia e arena política, e apenas o item 48 do instrumento original migrou da configuração instrumento para a meritocracia.

QUADRO 7.3
Denominação dos fatores, 41 itens componentes, índices de precisão e número de itens por fator da ECPO decorrentes da validação cruzada

Fator	Itens	Número de itens	Alfa de Cronbach
Autocracia	4, 12, 19, 29, 37, 42	6	0,71
Instrumento	2, 7, 16, 21, 23, 28, 30	7	0,78
Missionária	1, 9, 31, 35, 45	5	0,82
Sistema autônomo	8, 14, 18, 26, 32, 38, 43, 47, 49	9	0,72
Meritocracia	11, 17, 25, 33, 36, 41, 48, 50	7	0,71
Arena política	6, 13, 15, 20, 24, 27, 39	7	0,80

ECPO – Escala de Configuração do Poder Organizacional.
• As definições das configurações encontram-se no Quadro 7.1.

A escala resultante da validação cruzada ficou reduzida a 41 itens e manteve bons índices de precisão dos seus fatores, podendo ser usada com segurança para analisar as organizações na perspectiva do poder.

Análise Fatorial Confirmatória da estrutura da ECPO

Considerando novamente os 50 itens iniciais para confirmar a estrutura fatorial da escala, também foi realizada uma Análise Fatorial Confirmatória com as seguintes indicações de modelos para testagem:

Modelo 1 – Seis fatores não correlacionados indicando as seis configurações de poder.

Modelo 2 – Seis fatores correlacionados indicando as seis configurações de poder.

O Modelo 1, que não previa correlações entre os fatores, apresentou índices de ajuste em torno de 0,92. A partir dessa constatação, foi testado o Modelo 2, de seis fatores correlacionados, sendo retirados dois itens, que apresentavam cargas fatoriais mais baixas, para facilitar o cálculo dos parâmetros do modelo. A exclusão dos dois itens favoreceu a solução mais parcimoniosa e com mais índices de ajuste. Kline (2010) prescreve que modelos com ajuste satisfatório apresentam índices de Comparative Fit Index (CFI), Normed Fit Index (NFI) e Goodness-of-Fit (GFI) acima de 0,95. O teste do segundo modelo apresentou bons índices de ajuste, como: GFI – 0,964; NFI – 0,951; CFI – 0,964; Root Mean Square Error of Approximation (RMSEA) – 0,066, com intervalo de confiança entre 0,064 e 0,069. Tais intervalos no RMSEA podem variar de 0,05 a 0,08, de acordo com Kline (2010). Os índices de ajuste do modelo confirmam a estrutura do instrumento, que foi finalizado com a fatorial apresentada no Quadro 7.4.

Essa terceira estrutura fatorial decorrente da Análise Confirmatória revela-se bem mais reduzida, sendo composta por 29 itens. Os mesmos fatores se mantiveram no instrumento com bons índices de precisão, de forma que essa terceira versão também pode ser utilizada com segurança em análises organizacionais que subsidiem intervenções nas organizações, além de naquelas que insiram configurações de poder na testagem de modelos teóricos de pesquisa.

Aplicação, apuração dos resultados e interpretação da ECPO nas três versões

A aplicação da ECPO em qualquer das três versões – a primeira, com 50 itens, resultantes da Análise Fatorial Exploratória; a segunda, com 41 itens, resultantes da validação cruzada; e a terceira, com 29 itens, resultantes da Análise Confirmatória da Estrutura Fatorial da ECPO – pode ser feita de forma individual ou coletiva, mas sempre respondida individualmente, e tem tempo livre de resposta. As instruções para aplicação são iguais nas três versões, e é importante assegurar que elas foram compreendidas pelos respondentes.

QUADRO 7.4
Denominação do fator, 29 itens componentes, índice de precisão e número de itens por fator da ECPO decorrentes da Análise Fatorial Confirmatória

Fator	Itens	Número de itens	Alfa de Cronbach
Autocracia	4, 19, 29, 42	4	0,70
Instrumento	7, 16, 21, 28	4	0,75
Missionária	1, 9, 31, 35, 45	5	0,80
Sistema autônomo	14, 32, 38, 43, 47	5	0,70
Meritocracia	11, 17, 33, 36, 41	5	0,70
Arena política	6, 13, 15, 24, 27, 20	6	0,80

ECPO – Escala de Configurações do Poder Organizacional.
• As definições das configurações se encontram no Quadro 7.1.

Embora a versão com 29 itens se constitua, estatisticamente, a mais consistente entre as três versões apresentadas, não há inviabilidade na utilização da escala nas versões com 42 e 50 itens. Os interesses do pesquisador e os objetivos do estudo é que devem subsidiar a escolha. Se o objetivo é identificar as configurações de poder e ainda obter um maior número de informações sobre a dinâmica de cada uma delas na organização, a versão com 50 itens, por exemplo, pode ser utilizada, ou a de 42 que apresenta maior número de conteúdos característicos de cada configuração de poder. Floyd e Widaman (1995) ressaltam a variabilidade da estrutura fatorial em diversas amostras, o que remete ao fato de que várias delas com características diferenciadas precisam ser utilizadas para que uma estrutura seja considerada mais conclusiva. Mesmo com Análises Fatoriais Confirmatórias, Kline (2010) recomenda a verificação da consistência do modelo em várias amostras, para se ter indícios mais consistentes de validade de um instrumento.

Para identificar qual configuração de poder é mais característica de uma organização, deve-se, inicialmente, calcular a média do fator. Para tal, devem-se somar os escores obtidos em cada item do fator e, em seguida, dividir seu escore geral pelo número dos seus itens componentes. Uma vez calculada a média individual dos fatores, estes podem ser ordenados da maior para a menor média. As mais altas caracterizam as configurações predominantes. Por ser uma escala de 5 pontos com variação de 0 a 4, seu ponto médio é 2, de forma que, a partir dele, pode-se considerar a configuração como característica da organização. Também é necessário fazer o teste de diferença entre as médias das configurações, para verificar se há uma configuração predominante (quando há diferença significativa entre as médias) ou se há hibridismo (quando não há diferença significativa entre as médias), o que é previsto teoricamente.

O coeficiente de variação – CV (divisão do desvio padrão pela média) é outro indicador que deve complementar a identificação da configuração de poder, uma vez que ele é uma medida relativa de dispersão, útil para comparação do grau de concentração em torno da média. O grau de variabilidade em relação à média é apresentado em termos de proporção (%), e tal proporção dos desvios relativa à média sinaliza para o nível de compartilhamento de percepções sobre as configurações. Quanto mais próximo de zero for o CV, maior a homogeneidade de percepções. Se as percepções sobre as configurações de poder na organização sofrem muita variação de respostas nos diversos pontos da escala, há indicação de que não deve ser considerada uma característica da organização, mesmo obtendo uma média acima do ponto médio da escala. O percentual máximo apontado na literatura para indicar compartilhamento de percepções é de 25 a 30% de variação em relação à média.

É importante, ainda, considerar que há várias possibilidades de composição das configurações de poder em uma mesma organização. É possível, por exemplo, que todas as configurações tenham uma média acima de 2, indicando que todas coexistem em uma mesma empresa, embora uma delas se sobressaia com uma média mais alta e significativamente diferente das demais. Ou, ainda, em uma outra organização, apenas uma configuração de poder tenha sua média situada no ponto médio da escala, e as demais se posicionem abaixo. Essas variações, entre outras, devem ser interpretadas à luz da teoria do poder organizacional, da história da organização e da caracterização do contexto organizacional e externo no momento da coleta dos dados. Nesse sentido, a leitura de documentos importantes da organização e a realização de entrevistas para esclarecimento dos resultados obtidos podem ser técnicas de análise complementares e necessárias para uma identificação segura das configurações do poder organizacional.

ESCALA DE CONFIGURAÇÃO DO PODER ORGANIZACIONAL – ECPO

Neste questionário você vai encontrar uma série de características de organizações que foram levantadas em várias empresas e instituições. A sua tarefa consiste em avaliar o quanto estas características são aplicáveis à organização em que você está trabalhando no momento.

Observe bem que não se trata de avaliar o comportamento das pessoas que trabalham com você. O que se pretende é que você dê sua opinião sobre as características da sua organização **como um todo**.

Por favor, responda todos os itens deste questionário. Sinta-se inteiramente à vontade para dar as suas opiniões. Não há respostas certas nem erradas, o que importa é a sua opinião **sincera**.

Ao responder, leia as características descritas nos itens e, para dar sua opinião sobre cada uma delas, assinale apenas um dos códigos seguintes:

0 Não se aplica	1 Pouco aplicável	2 Mais ou menos aplicável	3 Muito aplicável	4 Totalmente aplicável

1. O compromisso de servir a quem precisa direciona todas as atividades desta organização.	0	1	2	3	4
2. Os influenciadores externos desta organização resolvem conflitos aqui dentro.	0	1	2	3	4
3. Nesta organização, a administração é fraca devido ao grande poder de influência dos especialistas.	0	1	2	3	4
4. Aqui, a autoridade é centrada no mais alto chefe da organização.	0	1	2	3	4
5. Os funcionários desta organização só permanecem aqui por falta de outras opções.	0	1	2	3	4
6. Esta organização serve para atender aos objetivos privados de grupos diferentes que se revezam no poder.	0	1	2	3	4

7. Aqui, a chefia superior faz pactos com pessoas de fora que exercem influência na organização.	0	1	2	3	4
8. Esta organização proporciona benefícios que deixam satisfeitos os seus empregados.	0	1	2	3	4
9. A missão de servir aos que precisam é atraente para os membros desta organização.	0	1	2	3	4
10. As pressões sofridas por esta organização são tanto de membros internos quanto externos.	0	1	2	3	4
11. Os objetivos formais desta organização são facilmente mudados para objetivos individuais dos especialistas.	0	1	2	3	4
12. As metas que a organização deve atingir são impostas pela direção.	0	1	2	3	4
13. Esta organização parece estar se movendo para "lugar nenhum".	0	1	2	3	4
14. Uma das principais metas desta organização é a manutenção de sua autonomia.	0	1	2	3	4
15. Aqui, as alianças entre grupos são bastante instáveis.	0	1	2	3	4
16. Os objetivos operacionais desta organização são estabelecidos por pessoas de fora.	0	1	2	3	4
17. Nesta organização, os administradores se submetem aos funcionários especializados.	0	1	2	3	4
18. Esta organização se preocupa em recompensar bem os seus funcionários.	0	1	2	3	4
19. Os diretores desta organização exercem uma liderança autoritária.	0	1	2	3	4
20. Na maioria das vezes, esta organização parece estar se desintegrando.	0	1	2	3	4
21. Aqui, os diretores são indicados por pessoas que não trabalham na organização.	0	1	2	3	4
22. Esta organização conta com o trabalho de voluntários.	0	1	2	3	4
23. Esta organização é dominada por políticos.	0	1	2	3	4
24. As metas desta organização são fluidas, distorcidas ou temporárias.	0	1	2	3	4
25. Aqui, a ideologia organizacional é fraca porque a ideologia profissional é forte.	0	1	2	3	4
26. As regras e normas desta organização são claramente definidas.	0	1	2	3	4
27. Há constantemente quebra na ordem do poder existente nesta organização.	0	1	2	3	4

28. Aqui, os funcionários se comportam conforme os interesses do influenciador externo.	0	1	2	3	4
29. O mais alto chefe controla pessoalmente a dinâmica desta organização.	0	1	2	3	4
30. Tanto os membros desta organização como pessoas que estão fora dela podem influenciar o processo de tomada de decisão.	0	1	2	3	4
31. A missão de servir bem à comunidade tem apoio de todos os membros desta organização.	0	1	2	3	4
32. Os membros desta organização têm interesses em expandir a empresa.	0	1	2	3	4
33. Os funcionários especializados desta organização são o coração do sistema.	0	1	2	3	4
34. O sistema disciplinar desta organização é rígido.	0	1	2	3	4
35. Esta organização tem intenção de melhorar algo na sociedade.	0	1	2	3	4
36. Os especialistas desta organização não aceitam ser controlados por gerentes não especializados.	0	1	2	3	4
37. Os diretores desta organização evitam a participação de outros membros no processo de tomada de decisão.	0	1	2	3	4
38. Muitas decisões nesta organização são tomadas em conjunto com as diversas áreas.	0	1	2	3	4
39. Há conflitos entre os membros desta organização e pessoas do ambiente externo que querem interferir nela.	0	1	2	3	4
40. Há cooperação entre os membros desta organização.	0	1	2	3	4
41. Esta organização é dominada por funcionários especializados.	0	1	2	3	4
42. Os trabalhos mais importantes que devem ser realizados são definidos pela diretoria desta organização.	0	1	2	3	4
43. As metas desta organização são claras para todos os seus membros.	0	1	2	3	4
44. A escolha da diretoria desta organização é feita por indicação política.	0	1	2	3	4
45. O compromisso de servir bem à comunidade é a principal meta desta organização.	0	1	2	3	4
46. Os objetivos pessoais dos membros desta organização são prioritários aos objetivos organizacionais.	0	1	2	3	4
47. Só os membros desta organização exercem influência sobre ela.	0	1	2	3	4

48. A política partidária faz parte da vida desta organização.	0	1	2	3	4
49. Os trabalhos que esta organização deve realizar tanto podem ser definidos pela diretoria como por gerentes e funcionários especializados.	0	1	2	3	4
50. Certos órgãos do governo exercem influência nesta organização.	0	1	2	3	4

REFERÊNCIAS

BAR-HAIM, A. Rethinking organizational commitment in relation to perceived organizational power and perceived employment alternatives. *International Journal of Cross Cultural Management*, v. 7, n. 2, p. 203-217, 2007.

DESSEN, M. C.; PAZ, M. G. T. Bem-estar pessoal nas organizações: o impacto de configurações de poder e características de personalidade. *Psicologia*: Teoria e Pesquisa, v. 26, n. 3, p. 549-556, 2010.

FLAUZINO, D. P. et al. Poder organizacional: um instrumento para a identificação de suas bases. *Estudos*, Goiânia, v. 28, n. 4, p. 591-623, jul./ago. 2001.

FLOYD, F. J.; WIDAMAN K. F. Factor analysis in the development and refinement of clinical assessment instruments. *Psychological Assessment*, v. 7, p. 286-299, 1995.

HEIJES, C. Cross-cultural perception and power dynamics across changing organizational and national contexts: curaçao and the Netherlands. *Human Relations*, v. 64, n. 5, p. 653-674, 2011.

HODSON, R. Work group effort and rewards: the roles of organizational and social power as context. *Organization Studies*, v. 31, n. 7, p. 895-916, 2010.

KAUSHAL, R. *Understanding workplace interactions*: an assessment of organizational power and its relation to social culture and conflict management. 2010. Tese (Doutorado) – Departamento de Psicologia, University of Windsor, Ontario, 2010.

KLINE, R. B. *Principles and practice of structural equation modeling*. 3rd ed. New York: Guilford, 2010.

KNIGHTS, D.; MCCABE, D. Are there no limits to authority? TQM and organizational power. *Organization Studies*, v. 20, n. 2, p. 197-224, 1999.

MACEDO, K. B. Cultura, poder e decisão na organização familiar brasileira. *RAE-eletrônica*, v. 1, n. 1, 2002.

MCNULTY, T. et al. The role, power and influence of company chairs. *Journal of Management and Governance*, v. 15, n. 1, p. 91-121, 2009.

MINTZBERG, H. *El poder en la organización*. Barcelona: Ariel, 1992.

MINTZBERG, H. *Power in and around organizations*. New York: Englewood Cliffs; Prentice Hall, 1983.

NEIVA, E. R.; PAZ, M. G. T. Percepção de mudança organizacional: um estudo de uma organização pública brasileira. *Revista de Administração Contemporânea*, v. 11, n. 1, p. 31-52, 2007.

PASQUALI, L. *Análise fatorial para pesquisadores*. Brasília: LabPAM, 2012.

PAZ, M. G. T. Avaliação de desempenho e estruturas de poder. In: TAMAIO, A.; BORGES-ANDRADE, J. E.; CODO, W. (Org.). *Trabalho, organizações e cultura*. São Paulo: Cooperativa de Autores Associados, 1997.

PAZ, M. G. T.; MARTINS, M. C. F.; NEIVA, E. R. O poder nas organizações. In: ZANELLI, J. C.; BORGES-ANDRADE, J. E.; BASTOS A. V. B. (Org.). *Psicologia, organizações e trabalho no Brasil*. Porto Alegre: Artmed, 2004. p. 380-406.

PETTIGREW, A.; MCNULTY, T. Power and influence in and around the boardroom. *Human Relations*, v. 48, n. 8, p. 845-873, 1995.

PETTIGREW, A.; MCNULTY, T. Sources and uses of power in the boardroom. *European Journal of Work and Organizational Psychology*, v. 7, n. 2, p. 197-214, 1998.

REUVER, R. The influence of organizational power on conflict dynamics. *Personnel Review*, v. 35, n. 5, p. 589-603, 2006.

TABACHINICK,B. G.; FIDELL, L. S. Using Multivariate Statistics. 4th ed. San Francisco: Allyn & Bacon, 2001.

LEITURAS COMPLEMENTARES

NEIVA, E. R.; PAZ, M. G. T. Percepção da influência no contexto de poder organizacional. *Revista Psicologia*: Organizações e Trabalho, v. 5, n. 1, p. 103-128, 2005.

PAZ, M. G. T. Configurações de poder e estresse nas organizações. In: TAMAYO, A. (Org.). *Estresse e cultura organizacional*. São Paulo: Casa do Psicólogo, 2008. p. 229-279.

8
Conflito trabalho-família

Antonio Virgílio Bittencourt Bastos
Carolina Villa Nova Aguiar

Durante algum tempo, foi comum considerar o trabalho e a família como dois domínios independentes da vida. Tal postura, no entanto, foi modificada por meio de extensos estudos que demonstraram que esses dois mundos estabelecem uma relação bastante estreita e dinâmica, permitindo que questões relacionadas ao trabalho afetem a família e vice-versa (Clark, 2000; Eby; Mahler; Butts, 2010; Edwards; Rothbard, 2000; Namasivayam; Zhao, 2007). Ao longo da trajetória de desenvolvimento do tema, diversos modelos sobre as interfaces estabelecidas entre família e trabalho foram propostos e investigados. Entre os que alcançaram maior destaque na literatura estão os modelos da segmentação, compensação, congruência, extravasamento (*spillover*) e drenagem de recursos (Eby; Mahler; Butts, 2010; Edwards; Rothbard, 2000; Fraser, 2005; Frone, 2003; Souza, 2007).

Embora cada um dos modelos apresente particularidades no que diz respeito às suas concepções acerca das relações entre o trabalho e a família, todos consideram o potencial de eventos ocorridos em um domínio (trabalho, família) afetarem respostas do indivíduo a demandas de outro domínio da vida (família, trabalho). Até mesmo o modelo da segmentação, que originalmente se caracterizou pela defesa da separação absoluta das esferas da vida, sofreu alterações para se adaptar à incontestável permeabilidade que une os dois domínios (Edwards; Rothbard, 2000).

Uma vez identificada a existência de interdependência entre trabalho e família, o desafio volta-se para a busca de equilíbrio entre eles. Sabe-se, no entanto, que não se trata de tarefa simples, uma vez que as demandas das duas esferas nem sempre são facilmente conciliáveis. De modo geral, pode-se considerar a existência de dois resultados possíveis dessa interação: de um lado, o envolvimento em um domínio pode ser capaz de influenciar positivamente o desempenho em um segundo domínio; de outro, o engajamento em um papel pode ser responsável por prejuízos no desempenho de outro papel em uma esfera da vida distinta. No primeiro caso, diz-se que ocorre a facilitação trabalho-família, enquanto no último considera-se que acontece o conflito trabalho-família (Frone, 2003).

Embora a relevância do estudo da facilitação entre o trabalho e a família seja reconhecida, a visão dominante da interface entre esses dois domínios ainda é negativa (Carlson; Grzywacz, 2008). O conflito trabalho-família foi definido por Greenhaus e Beutell (1985) como uma forma de conflito entre papéis, no qual as pressões advindas do trabalho e da família são, de alguma forma, mutuamente incompatíveis. Apesar de essa definição geral ser amplamente aceita e difundida, ela não deixa clara a complexidade que cerca o construto. Uma primeira característica que confere maior sofisticação ao modelo teórico do conflito trabalho-família se refere à bidirecionalidade do fenômeno, ou seja, é preciso considerar que, da mesma forma que o trabalho pode interferir na vida familiar, a família também pode ser percebida como fonte de interferência para um bom desempenho no ambiente ocupacional (Netemeyer; Boles; McMurrian, 1996).

Além da bidirecionalidade, outra característica do conflito trabalho-família está relacionada à existência de três diferentes naturezas ou fontes que podem estar na sua origem: tempo, tensão e comportamento. Cada uma das fontes de conflito será brevemente descrita a seguir.

a) **Conflito baseado no tempo:** múltiplos papéis podem competir pelo tempo do indivíduo, sendo que o período gasto em atividades de um papel geralmente não pode ser dedicado a atividades de outro papel. Esse conflito pode assumir duas formas:

1. As pressões de tempo associadas à participação em um domínio podem tornar fisicamente impossível o cumprimento das expectativas advindas do outro domínio.
2. As pressões também podem gerar preocupação com um dos domínios que permanece presente, mesmo quando o indivíduo está fisicamente tentando atender as demandas do outro domínio. De acordo com McMillan, Morris e Atchley (2011), esse é o tipo de conflito mais comum. Ainda de acordo com os autores, a interferência do trabalho na família baseada no tempo é, em geral, atribuída à quantidade de horas que o indivíduo dedica ao trabalho, sendo que essas horas incluem não apenas o tempo fisicamente permanecido no emprego mas também aquele gasto em reuniões, encontros e viagens de trabalho. Já a interferência da família no trabalho baseada no tempo envolve a quantidade de tempo gasto

com a família ou lidando com problemas com membros da família quando deveria estar dedicado ao trabalho.

b) **Conflito baseado na tensão (*strain*)**: há considerável evidência de que estressores ocupacionais podem produzir sintomas de tensão, como estresse, ansiedade, fadiga, depressão, apatia e irritabilidade. Assim, é possível que a tensão gerada por um domínio dificulte o desempenho do papel relacionado a outro domínio. Qualquer característica do papel da família ou do trabalho que produza tensão é capaz de contribuir para o desenvolvimento do conflito. É fundamental, aqui, registrar que o excessivo envolvimento de tempo exigido por um domínio pode produzir sintomas de tensão, o que sugere uma aproximação entre os conflitos baseados no tempo e na tensão. McMillan, Morris e Atchley (2011) identificam que a interferência do trabalho na família baseada na tensão está positivamente relacionada à ambiguidade das tarefas e negativamente relacionada ao suporte e à facilitação por parte do superior. Está ligada, ainda, a eventos estressantes no trabalho e à síndrome de *burnout*, que gera fadiga ou depressão. Já a interferência da família no trabalho baseada na tensão ocorre predominantemente quando a carreira do indivíduo e as expectativas da família não estão congruentes.

c) **Conflito baseado no comportamento**: padrões comportamentais específicos de um papel podem ser incompatíveis com as expectativas comportamentais para o desempenho de outro papel. Um exemplo é o estereótipo associado ao homem de negócios, que enfatiza a estabilidade emocional, a agressividade e a objetividade. Os membros da família, em contrapartida, podem esperar que esse mesmo indivíduo se comporte de forma calorosa, emocional e vulnerável. Considera-se, portanto, que o conflito baseado no comportamento se desenvolve quando o indivíduo não tem a habilidade de ajustar seu comportamento para se adequar às expectativas de cada papel.

Embora as duas direções e as três fontes do conflito trabalho-família tenham sido reconhecidas desde o estudo inicial de Greenhaus e Beutell (1985), grande parte das medidas elaboradas para mensurar o fenômeno não acompanhou esse desenvolvimento conceitual, falhando em capturar as duas direções, em contemplar as três naturezas do conflito e/ou em alcançar boa qualidade psicométrica (Herst, 2003).

Netemeyer, Boles e McMurrian (1996) se destacaram no cenário internacional ao proporem e validarem um instrumento para mensuração do conflito por meio de duas subescalas – Interferência do Trabalho na Família e Interferência da Família no Trabalho. Nesse trabalho de validação, os autores apresentaram evidências do bom ajuste do modelo e dos bons níveis de consistência interna alcançados pela medida em três amostras independentes de trabalhadores norte-americanos. A qualidade e a relevância da contribuição dessa medida para a mensuração do fenômeno foram muito reconhecidas, fazendo dela um dos instrumentos mais adotados em estudos empíricos posteriores (Eby et al., 2010; Eby; Mahler; Butts, 2002).

ADAPTAÇÃO E VALIDAÇÃO DA ESCALA DE CONFLITO TRABALHO-FAMÍLIA (ECTF)

A medida proposta originalmente por Netemeyer, Boles e McMurrian (1996) para mensuração do conflito trabalho-família parte da perspectiva teórica desenvolvida por Greenhaus e Beutell (1985). Para a construção da escala, esses autores partiram da premissa teórica de que as duas direções do conflito são formas distintas, porém relacionadas, de conflito entre papéis, dando origem a duas grandes dimensões. A primeira – interferência do trabalho na família – é definida como um tipo de conflito entre papéis no qual as demandas de trabalho, além do tempo dedicado a ele e da tensão gerada por ele, interferem no desempenho das responsabilidades familiares. Na direção oposta, a segunda dimensão – interferência da família no trabalho – é entendida como um tipo de conflito entre papéis no qual as demandas da família, além do tempo dedicado a ela e da tensão gerada por ela, interferem no desempenho das responsabilidades ocupacionais. A versão final da medida contou com 10 itens, sendo cinco representantes da dimensão interferência do trabalho na família e cinco da dimensão interferência da família no trabalho.

O estudo de tradução e validação da medida para o contexto brasileiro contou com a participação de 994 trabalhadores brasileiros. Houve uma discreta predominância de mulheres (59,1%) e de solteiros (51,5%). A partir da idade dos participantes, é possível afirmar que se trata de uma amostra jovem, com 77,3% tendo até 35 anos. No que diz respeito à localização geográfica, tem-se que a maioria dos participantes se encontra no Nordeste (51,2%) ou Sudeste (47,8%) do País. A coleta de dados foi realizada a partir de três procedimentos distintos: autoaplicação do instrumento em versão impressa (58,8%); autoaplicação em versão eletrônica (*on-line*) (10,5%), e aplicação em forma de entrevista (30,7%). As duas primeiras estratégias foram utilizadas para trabalhadores com maiores níveis de escolaridade. Para aqueles com menor escolaridade, foi adotada a aplicação em forma de entrevista. Tal estratégia de coleta contou, ainda, com alguns recursos adicionais que visam facilitar a compreensão das questões, como escalas coloridas e figuras ilustrativas.

A tradução da escala adotou o procedimento de *back-translation*, ou seja, foi feita a tradução dos itens para o português, seguida da tentativa de retorno à redação original por um profissional da área com fluência em língua inglesa. Para aqueles itens que não foram traduzidos novamente para o inglês com aproximação considerada satisfatória, foram conduzidos sucessivos ajustes até o cumprimento desse critério. Após a tradução, foram feitas adaptações que visaram tornar os itens mais compreensíveis para o participante, como, por exemplo, a redação na voz ativa.

Para a extração dos fatores, utilizou-se o critério da raiz latente (*eigenvalues*), que, em congruência com o modelo teórico estabelecido *a priori*, indicou a existência de dois fatores significantes, sendo o primeiro responsável por 49,79% da variância explicada, e o segundo, por 17,68%. O agrupamento dos itens foi feito por meio de Análise Fatorial Exploratória (método Principal Axis Factoring [PAF], rotação oblíqua *Direct Oblimin*). Tal procedimento revelou estabilidade do comportamento dos itens em relação à escala originalmente proposta por Netemeyer, Boles e McMurrian (1996). O primeiro fator englobou os cinco itens de interferência do trabalho na família, tendo cargas fatoriais entre 0,653 e 0,876, enquanto o segundo fator reuniu os cinco itens propostos para mensurar a dimensão interferência da família no trabalho, obtendo cargas fatoriais entre 0,663 e 0,763. Nota-se, portanto, que todos os itens carregaram em seus respectivos fatores níveis bastante satisfatórios. Além disso, é válido destacar que não houve nenhum caso de ambiguidade da carga fatorial, o que constitui importante evidência da qualidade psicométrica da medida.

Em seguida, foram avaliados os índices de consistência interna (Alfa de Cronbach) alcançados pelas dimensões. O primeiro fator – interferência do trabalho na família – obteve $\alpha = 0,90$, e o segundo – interferência da família no trabalho – alcançou $\alpha = 0,85$. Em nenhuma das dimensões a retirada de qualquer item teria como consequência a melhora do índice de consistência interna da escala, o que pode ser considerado evidência adicional da qualidade da medida.

Com base nos resultados da Análise Fatorial Exploratória, empregou-se a modelagem de equações estruturais como técnica de Análise Fatorial Confirmatória. Foram seguidas as recomendações da literatura sobre o tema para interpretação dos resultados (Byrne, 2001; Hair Jr. et al., 2005). Observou-se a razão do Qui-quadrado com os graus de liberdade, e foram calculados os índices de aderência do modelo: Comparative Fit Index (CFI), Goodness-of-Fit Index (GFI), Adjusted Goodness-of-Fit Index (AGFI) e Parcimony Goodness--of-Fit Index (PGFI). Estes, quanto mais próximos de 1,0, representam melhor qualidade de ajuste do modelo. É importante registrar que o PGFI tende a ser consideravelmente menor do que os demais. Por fim, calculou-se o Root Mean Square Error of Approximation (RMSEA), sendo os valores abaixo de 0,08 considerados aceitáveis.

Os primeiros passos consistiram na especificação e no teste do modelo hipotético, utilizando como referências o arcabouço teórico e os achados da Análise Fatorial Exploratória. A verificação dos principais índices de aderência do modelo hipotético revela que a maior parte deles alcançou as metas estabelecidas (GFI = 0,942; AGFI = 0,906; CFI = 0,950; PGFI = 0,582; RMSEA = 0,089). No entanto, a observação dos índices de modificação sugeridos indica que a inserção de novo parâmetro entre os erros de dois itens de interferência do trabalho na família ("Por causa das demandas do meu trabalho, não consigo fazer as coisas que quero fazer em casa" e "Devido à quantidade de tempo que dedico ao trabalho, tenho dificuldade em cumprir minhas responsabilidades familiares") seria capaz de aumentar a qualidade do ajuste do modelo. De fato, houve aprimoramento dos indicadores de aderência, em especial do RMSEA (GFI = 0,959; AGFI = 0,931; CFI = 0,967; PGFI = 0,575; RMSEA = 0,074). Cabe registrar que a discreta queda do PGFI era esperada, uma vez que a inserção de parâmetros leva, inevitavelmente, a uma redução da parcimônia do modelo.

Após os procedimentos de validação da medida adaptada de conflito trabalho-família, a versão final do instrumento manteve os 10 itens presentes na versão original e apresentou propriedades psicométricas bastante satisfatórias. O Quadro 8.1 contém uma síntese das características da medida.

Aplicação, apuração dos resultados e interpretação da ECTF

A utilização da ECTF, tanto para fins de pesquisa quanto de diagnóstico, deve ser precedida de todos os esclarecimentos necessários em relação ao uso dos seus resultados, garantindo sigilo absoluto aos respondentes quanto aos resultados individuais. Essa conduta também minimiza os efeitos potenciais do fenômeno da desejabilidade social durante a resposta de cada item. Qualquer indivíduo que tenha o potencial de vivenciar conflitos entre sua vida familiar e ocupacional está apto a responder à escala.

Sua aplicação pode ser feita de forma individual ou coletiva, sem que ocorra a identificação dos respondentes. Para indivíduos de baixa escolaridade, recomenda-se que a aplicação seja no formato de entrevista ou de coletiva orquestrada. Para qualquer situação de aplicação, é necessário assegurar que o ambiente seja tranquilo e confortável. Por se tratar de escala com reduzido número de itens, a expectativa é que o instrumento possa ser respondido em poucos minutos. Contudo, o participante deve se sentir livre para utilizar o tempo que julgar necessário.

Quanto à apuração dos resultados, por se tratar de escala bifatorial, os itens correspondentes a cada direção do conflito devem ser analisados separadamente. Para a apreensão do grau de percepção de interferência do trabalho na família, é preciso somar os valores obtidos nos itens 1, 2, 3, 4 e 5 e dividir o resultado por cinco. Já para a obtenção do escore do grau de percepção de interferência da família no trabalho, devem-se somar os itens 6, 7, 8,

QUADRO 8.1
Denominações, especificações, itens integrantes e índices de precisão dos fatores que compõem a ECTF

Dimensão	Definição	Itens	Alfa de Cronbach
Interferência do trabalho na família	Tipo de conflito entre papéis no qual as demandas de trabalho, além do tempo dedicado a ele e da tensão gerada por ele, interferem no desempenho das responsabilidades familiares.	1 a 5	0,90
Interferência da família no trabalho	Tipo de conflito entre papéis no qual as demandas da família, além do tempo dedicado a ela e da tensão gerada por ela, interferem no desempenho das responsabilidades ocupacionais.	6 a 10	0,85

ECTF – Escala de Conflito Trabalho-Família.
Fonte: os autores.

9 e 10 e dividir o resultado por cinco. O resultado desses cálculos deve ficar sempre entre 1 e 6.

Na fase de interpretação dos resultados, deve-se considerar que, quanto maior o valor médio obtido, maior será a percepção do indivíduo de que o trabalho interfere na sua vida familiar (para o fator 1), ou vice-versa (para o fator 2).

Para a dimensão interferência do trabalho na família, escores situados entre 1 e 2,5 devem ser compreendidos como indicativos de nenhuma ou baixa percepção de que as demandas do trabalho dificultam o cumprimento das demandas familiares; médias situadas entre 2,6 e 4,5 revelam que há uma percepção de moderada interferência do trabalho na família; por fim, valores médios acima de 4,6 são indicativos de uma percepção de elevada interferência, ou seja, as atividades e responsabilidades do trabalho são vistas como uma fonte importante de prejuízos para o desempenho de atividades relacionadas à família.

Para a interferência da família no trabalho, deve-se empregar a mesma lógica de interpretação. Dessa forma, valores entre 1 e 2,5 indicam percepção de nenhuma ou baixa interferência da família no trabalho; escores médios situados entre 2,6 e 4,5 representam a existência de moderado grau de interferência da família no trabalho; já médias acima de 4,6 sugerem que as demandas familiares são vistas como importante empecilho para o cumprimento satisfatório das responsabilidades de trabalho.

Para assegurar a estabilidade das propriedades da escala aqui descritas, recomenda-se a manutenção do formato das instruções e da disposição e do conteúdo dos itens, conforme apresentado a seguir.

ESCALA DE CONFLITO TRABALHO-FAMÍLIA – ECTF

Como você avalia a relação entre a sua vida no trabalho e na família? Avalie, de acordo com a escala abaixo, cada um dos itens, que descrevem formas de como o seu trabalho interfere na sua vida familiar e vice-versa. Na coluna ao lado de cada item assinale seu nível de concordância com a ideia apresentada.

Discordo			Concordo		
1 Discordo totalmente	2 Discordo muito	3 Discordo pouco	4 Concordo pouco	5 Concordo muito	6 Concordo totalmente

1. As demandas do meu trabalho interferem na minha vida familiar.
2. Devido à quantidade de tempo que dedico ao trabalho, tenho dificuldade em cumprir minhas responsabilidades familiares.
3. Por causa das demandas do meu trabalho, não consigo fazer as coisas que quero fazer em casa.
4. As pressões do meu trabalho restringem a liberdade de planejar as minhas atividades familiares.
5. Os meus deveres no trabalho me levam a mudar meus planos para as atividades familiares.
6. As demandas da minha família interferem nas minhas atividades de trabalho.
7. Eu preciso adiar atividades de trabalho por causa de demandas que surgem quando estou em casa.
8. Por causa das demandas da minha família, não consigo fazer as coisas que preciso no trabalho.
9. Minha vida doméstica interfere nas minhas responsabilidades no trabalho (como chegar no horário, cumprir as tarefas e a jornada de trabalho).
10. As pressões geradas pela minha família interferem no meu desempenho no trabalho.

REFERÊNCIAS

BYRNE, B. M. *Structural equation modeling with AMOS*: basics concepts, applications, and programming. Mahwah: Lawrence Erlbaum, 2001.

CARLSON, D. S.; GRZYWACZ, J. G. Reflections and future directions on measurement in work-family research. In: KORABIK, K.; LERO, D. S.; WHITEHEAD, D. L. (Ed.). *Handbook of work-family integration:* research, theory and best practices. Amsterdam: Elsevier, 2008.

CLARK, S. C. Work/family border theory: a new theory of work/family balance. *Human Relations*, v. 53, n. 6, p. 747-770, 2000.

EBY, L. T.; MAHER, C. P.; BUTTS, M. M. The intersection of work and family life: the role of affect. *Annual Review of Psychology,* v. 61, p. 599-622, 2010.

EDWARDS, J. R.; ROTHBARD, N. P. Mechanisms linking work and family: clarifying the relationship between work and family constructs. *The Academy of Management Review*, v. 25, n. 1, p. 178-199, 2000.

FIELDS, D. L. Work-family conflict. In: TAKING the measure of work: a guide to validated scales for organizational research and diagnosis. Newbury Park: Sage, 2002.

FRASER, M. T. D. *Vivências cotidianas do conflito trabalho-família*: um estudo em profundidade com casais. 2005. Dissertação (Mestrado em Psicologia) – Universidade Federal da Bahia, Salvador, 2005.

FRONE, M. R. Work-family balance. In: QUICK, J. C.; TETRICK, L. E. (Org.). *Handbook of occupational health psychology*. Washignton: American Psychological Association, 2003.

GREENHAUS, J. H.; BEUTELL, N. J. Sources of conflict between work and family roles. *Academy Management Review*, v. 10, p. 76-88, 1985.

HAIR JR., J. F. et al. *Análise multivariada de dados*. 5. ed. Porto Alegre: Bookman, 2005.

HERST, D. E. L. *Cross-cultural measurement invariance of work/family scales across english-speaking samples*. 2003. Tese (Doutorado) – University of South Florida, Florida, 2003.

MCMILLAN, H. S.; MORRIS, M. L.; ATCHLEY, E. K. Constructs of the work/life interface: a synthesis of the literature and introduction of the concept of work/life harmony. *Human Resource Development Review*, v. 10, n. 1, p. 6-25, 2011.

NAMASIVAYAM, K.; ZHAO, X. An investigation of the moderating effects of organizational commitment on the relationships between work-family conflict an job satisfaction amog hospitality employees in India. *Tourism Management*, v. 28, p. 1212-1223, 2007.

NETEMEYER, R. G.; BOLES, J. S.; MCMURRIAN, R. Development and validation of work-family conflict and family-work conflict scales. *Journal of Applied Psychology*, v. 81, n. 4, p. 400-410, 1996.

SOUZA, E. S. *Um estudo sobre a repercussão do conflito trabalho – família e família – trabalho na satisfação no trabalho e na família e sua consequência na satisfação do hóspede*: o caso da rede hoteleira de Porto de Galinhas. 2007. Dissertação (Mestrado em Administração) – Faculdade de Boa Viagem, Recife, 2007.

9

Conflitos no ambiente organizacional

Maria do Carmo Fernandes Martins
Ana Zornoza Abad
José M. Peiró

Conflitos no trabalho constituem tema que ocupa boa parte das preocupações dos gestores e de estudiosos dos fenômenos que acontecem nas organizações em função das consequências que podem trazer para trabalhadores e para os resultados organizacionais. Além disso, onde quer que haja convivência, existem conflitos, e isso, evidentemente, também ocorre nas organizações. Conflitos, se muito longos e mal geridos, envolvem cada vez mais tensão, podendo custar a saúde dos trabalhadores e dificultar decisões cruciais para as organizações. Este capítulo trata da evolução histórica de seu conceito, de sua classificação, de algumas de suas consequências para as organizações e para o trabalho e de sua avaliação.

As primeiras definições de conflito interpessoal remontam a Guetzkow e Gyr (1954), que o classificaram como afetivo e substantivo. Para esses autores, o afetivo referia-se aos desacordos nas relações interpessoais, e o substantivo, aos desentendimentos que envolviam tarefas em grupo. Conflitos que acontecem no âmbito das organizações são interpessoais ou de relacionamento.

Em contrapartida a essa maneira de classificar os conflitos, existem as classificações de Pondy (1967) e de Brett (1984). O primeiro organizou os conflitos interpessoais em três tipos: de troca, burocrático e de sistema. Para ele, conflito de troca é o que surge em grupos que competem por recursos escassos; o burocrático é o que ocorre entre supervisor e subordinado, e o de sistema seria o que acontece entre pessoas de mesmo nível hierárquico, ou seja, aquele que ocorre no nível horizontal.

Segundo Brett (1984), os conflitos podem surgir por condições internas aos envolvidos (p. ex., características pessoais diferentes) ou por condições externas a eles (p. ex., os desacordos devidos a normas organizacionais ou sociais e à escassez de recursos). Brett ainda classifica os conflitos que acontecem em função das condições externas aos envolvidos como de integração, obrigação, evitação, dominação e comprometimento.

Pinkley (1990), adotando a classificação de Guetzkow e Gyr (1954), passou a denominar "conflito de relacionamento" aquele que envolve afetos e se deve a características internas dos envolvidos (concordando com Brett, 1984), e "conflito de tarefas" aquele que teria características cognitivas e estaria relacionado às atividades realizadas. Nesse mesmo sentido, Priem e Price (1991) afirmam que conflitos organizacionais poderiam ser classificados como conflitos cognitivos voltados à tarefa, enquanto os socioemocionais teriam como característica os desacordos não ligados diretamente às tarefas.

Em 1990, Pinkley identificou, por meio de uma técnica estatística denominada escalonamento multidimensional, que conflitos organizacionais apresentam três dimensões: relacionamento *versus* tarefa, emocional *versus* intelectual e comprometer *versus* ganhar. As duas primeiras dimensões identificadas por Pinkley confirmam a classificação tradicional dos dois tipos de conflitos, enquanto a terceira diz respeito aos seus resultados.

Jehn (1994, 1995), concordando com as classificações de Guetzkow e Gyr (1954), de Amason (1996) e de Pinkley (1990), também identificou que membros organizacionais distinguiam dois tipos de conflito: focados na tarefa e nos relacionamentos. Para Jehn e Mannix (2001), o último diz respeito a incompatibilidades interpessoais que envolvem aspectos afetivos, como tensão e atrito, aborrecimento, desagrado, irritação e frustração; o de tarefa é o desacordo sobre ideias e diferenças de opinião acerca da tarefa, conceito semelhante ao de conflito cognitivo de Amason e Sapienza (1997). Conflito de tarefa envolve discussões animadas e excitação, mas é isento de emoções negativas, que acompanham o de relacionamento. Como cada tipo de conflito resulta em uma troca interpessoal, aqueles interpessoais ou psicossociais podem, caso sejam internalizados, transformar-se em conflitos intrapessoais (Jehn, 1997; Reichers, 1986).

Milstein, Lusthaus e Lusthaus (1980) afirmam que o conflito aparece no momento em que dois ou mais indivíduos, ou grupos, acreditam que seus interesses sejam incompatíveis e quando as tentativas para resolver esse desacordo fracassam. Mas Jehn (1997), em uma concepção um pouco diferente, observa que eles também surgem em grupos ou equipes mesmo quando não há desacordo entre eles. A autora defende a ideia de Kabanoff (1985) de que, mesmo quando as pessoas tentam cooperar entre si e coordenar seus esforços, pode haver conflito. Assim, este pode aparecer inclusive quando os membros do grupo têm objetivos comuns e ideias parecidas. As pessoas podem concordar sobre os objetivos, mas discordar sobre as maneiras de atingi--los, por exemplo.

O conflito já foi considerado pelos estudiosos como prejudicial ao desempenho e à satisfação no trabalho, independentemente de seu tipo (Benítez; Medina; Menduarte, 2011; Boz; Martínez; Munduarte, 2009; Jehn, 1997), e, por isso, era visto de forma negativa e como algo a ser evitado no contexto organizacional. Estudos revelavam que conflitos de relacionamento eram prejudiciais ao desempenho do grupo, à satisfação dos membros e à probabilidade de que eles quisessem trabalhar juntos outra vez (Jehn, 1995; Shah; Jehn, 1993), produzindo ansiedade, que inibe o funcionamento cognitivo e distrai os trabalhadores, levando-os a reduzir sua produção (Roseman; Wietz; Swartz, 1994; Staw; Sandelands; Dutton, 1981), e afetando a confiança do grupo (Jehn et al., 2008). Também tem sido observado que o conflito deteriora, quando presente, os possíveis efeitos positivos do conflito de tarefa. De fato, o conflito de relacionamento medeia completa ou totalmente a relação entre o conflito de tarefa e as respostas afetivas do grupo. Ademais, as interações dos membros do grupo nas questões relacionadas com a equipe moderam as relações entre o conflito de tarefa e o de relacionamento. Foi observado que quando a interação entre os membros era baixa, os relacionamentos melhoravam, e, quando era alta, pioravam (Gamero; González-Romá; Peiró, 2008).

Benítez, Medina e Munduarte (2011) se referem a esses efeitos negativos para o trabalhador e para a organização como perspectiva pessimista acerca dos conflitos intragrupais na organização. Para eles, o conflito de relacionamento é um importante estressor no ambiente de trabalho, pois aumenta os níveis de tensão e de agressividade e reduz o número de comportamentos pró-sociais e de cooperação, o que acarreta consequências negativas para o trabalhador e para a organização.

Apesar disso, outros estudos demostraram que líderes éticos (Mo; Booth; Wang, 2012) e confiança do grupo no líder diminuem o nível de conflitos e seus efeitos na organização (Kacmar et al., 2012). Resultados do estudo de Boz, Martínez e Munduate (2009) revelam que esses efeitos negativos também podem ser diminuídos por meio do suporte familiar e do supervisor.

Em contraposição a esses efeitos negativos, outros estudos demonstraram que, dependendo do tipo, os conflitos no ambiente organizacional podem trazer benefícios à organização, melhorando o desempenho e promovendo o crescimento (Amason; Schweiger, 1997; Ayoko; Hartel; Cullen, 2002; De Dreu, 2008; Jehn, 1994, 1995, 1997; Jehn; Bendersky, 2003; Pelled, 1996; Tjosvold, 1991, 2008; Tjosvold; Fang, 2004; Van de Vliert; De Dreu, 1994). A dinâmica do conflito de tarefa melhora a qualidade das decisões, pois a síntese surgida dela é mais rica do que as ideias dos indivíduos. Resultados de estudos de Jehn e Mannix (2001) e de Benítez, Medina e Munduate (2011) confirmam que tal conflito produz impacto positivo sobre o desempenho do grupo em tarefas complexas devido às opiniões diversas sobre o trabalho, à compreensão sobre pontos de vista diferentes, às opções criativas e à variedade de ideias que surgem do debate. Um achado mais antigo de Jehn (1997) reforça o que foi apontado anteriormente. Essa autora descobriu que grupos com alto desempenho enfrentam pouco ou nenhum conflito de relacionamento, e seus membros consideram que a emoção traz efeito negativo para seu desempenho.

Benítez, Medina e Munduate (2011) denominam esses achados sobre as consequências positivas dos conflitos de "perspectiva otimista". Eles defendem que o conflito, por si só, não tem consequências negativas. Pelo que já se demonstrou, a maioria dos estudos identificou que conflitos de relacionamento produzem impacto negativo para o trabalhador e para a organização, já os de tarefa impactam de forma positiva nos resultados organizacionais.

Contudo, existem estudos que, contrariando o exposto anteriormente, revelam efeitos negativos do conflito de tarefa, como o de Choi e Sy (2010), que verificou que, qualquer que seja o tipo de conflito, seus efeitos sobre o desempenho são negativos. Farh, Lee e Farh (2010), embora tenham identificado que níveis moderados de conflito de tarefa aumentam a criatividade em grupos de trabalho, averiguaram que níveis altos a prejudicam. Benítez, Medina e Munduate (2011) destacam que alguns autores atribuem esses resultados contraditórios a três razões: alta correlação entre os dois tipos de conflito; não consideração do contexto no qual o conflito de tarefa surge e se desenvolve; e modo como esse tipo de problema é gerenciado. Um dos fatores que moderam a ligação entre o conflito intragrupal e os resultados da equipe é o meio de comunicação no qual se desenvolvem a interação e o trabalho do grupo, junto com o tempo de experiência deste. Os resultados obtidos por Martínez-Moreno e colaboradores (2009) revelam que, quanto maior é o nível de virtualidade (menos chaves de informação transmitem a tecnologia utilizada pelo grupo), mais prejudiciais são os conflitos de relacionamento e de processo para o rendimento, quando o grupo tem experiência de trabalho conjunto. Mesmo assim, o conflito de tarefa reduz a inovação em equipes virtuais (Martínez-Moreno; Orengo Castellá; Zornoza Abad, 2012). Contudo, quando as equipes eram treinadas em sessões autogeridas de *feedback* para melhorar seus processos de interação, o conflito de tarefa percebido melhorava significativamente a inovação do grupo.

Como outros fenômenos, conflitos estão sujeitos aos vieses culturais. Gelfand e colaboradores (2002) concluíram que, sobretudo em culturas individualistas, como a dos Estados Unidos, que incentiva uma visão individual autocentrada, a possibilidade de acordo nos conflitos fica bastante reduzida, trazendo consequências negativas às disputas. Em culturas coletivistas, como as do Japão e da China, o autoconceito estimulado é fundamentalmente ligado aos outros e formado por comparação em termos de seu papel na sociedade, seu *status* e suas obrigações para com o coletivo. Em tais culturas, a busca de acordo e de consenso leva a atritos menores e a soluções mais harmônicas para os conflitos.

Conforme demonstrado antes, durante mais de quatro décadas a literatura classificou esses dois tipos de conflitos: de tarefa (cognitivo) e de relacionamento (afetivo ou emocional). Embora existam autores que admitam um terceiro tipo, o de processo, sua confirmação tem sido mais problemática, pois ele tende a ser confundido com o conflito de tarefa. Sintetizando, pode-se afirmar que os conflitos de tarefa e de relacionamento reúnem e condensam os achados das pesquisas da área. O primeiro refere-se a desacordos sobre o trabalho, algum projeto ou a forma de executá-lo. Inclui diferenças de opinião sobre determinado assunto de interesse ou a respeito de certa decisão. Já o segundo baseia-se em animosidade entre os componentes do grupo e inclui incompatibilidades de personalidades ou de disposições, além de não ser focalizado em tarefas. Uma análise mais extensa do tema pode ser consultada na metanálise realizada por De Wit, Greer e Jehn em 2012.

Assim, para a validação da Escala de Conflitos Intragrupais (ECI) e da Escala de Conflitos entre Supervisor e Subordinado (ECSS), tomaram-se por base os dois tipos de conflito citados. A ECI foi construída por Jehn (1994) para avaliar as duas dimensões do conflito, sendo composta por nove itens, cinco para analisar conflitos de relacionamento e quatro para avaliar conflitos de tarefa. Ela, entretanto, apresentava evidências limitadas de suas propriedades psicométricas, tanto no que diz respeito ao número de estudos realizados para aferi-las quanto aos seus indicadores de confiabilidade (Pearson; Ensley; Mason, 2002). Para superar tais fragilidades, Pearson, Ensley e Mason, (2002) conduziram um estudo que teve como objetivo refinar essa escala. Para tanto, por meio de Análise Fatorial Confirmatória, aferiram a validade de construto da escala. Os resultados apontaram que a melhor solução reteve seis dos nove itens originais da ECI, três em cada fator. Uma escala de três itens em cada fator também foi validada em duas amostras de estudantes espanhóis (179 e 264 sujeitos, respectivamente) referente aos conflitos entre membros de uma equipe. A escala revelou bons índices de confiabilidade ($\alpha > 0{,}70$). No primeiro estudo, os indivíduos trabalhavam em grupos de quatro pessoas, em diferentes contextos de comunicação (presencial, por videoconferência e por comunicação sincrônica mediada por computador); as equipes tinham quatro sessões de trabalho (Martínez-Moreno; Orengo Castellá; Zornoza Abad, 2009). No segundo estudo, trabalhavam também em equipes de quatro pessoas, mas todos eles o faziam por meio de computador. Os grupos que pertenciam à condição experimental recebiam duas sessões de treinamento autodirigido (Martínez-Moreno et al., 2012). Foram realizadas Análises Fatoriais Confirmatórias testando-se o modelo trifatorial que inclui o conflito de processo. Em ambas as amostras, os índices obtidos mostraram um melhor ajuste da estrutura trifatorial do que no modelo unifatorial (Martínez-Moreno et al., 2012).

Como não havia nenhum estudo brasileiro destinado a esse objetivo, Martins, Guimarães e Oliveira (2006) conduziram um estudo visando adaptar e validar a escala para avaliar conflitos intragrupais horizontais (entre colegas de trabalho), e Martins e colaboradores (2007), para avaliar conflitos verticais (entre chefe e subordinado). Para a validação de ambas as formas apresentadas neste capítulo, os autores partiram do modelo original de Jehn (1994), composto por nove itens. A seguir, serão apresentados e descritos os estudos de validação das duas medidas.

ADAPTAÇÃO E VALIDAÇÃO DA ESCALA DE CONFLITOS INTRAGRUPAIS* (ECI)

Os nove itens da escala de Jehn (1994) foram traduzidos e adaptados semanticamente do inglês para o português por Martins, Guimarães e Oliveira (2006). As autoras submeteram a tradução e a adaptação a três especialistas em língua inglesa e portuguesa, de modo a garantir a mais adequada correspondência entre ambas as formas. Após, testaram a clareza e a compreensão de cada um dos itens, discutindo-os com oito trabalhadores de escolaridade correspondente ao ensino médio. Modificações na redação dos itens foram feitas por sugestão do grupo, para torná-los mais claros. A ECI foi, então, aplicada a 79 trabalhadores estudantes de cursos técnicos noturnos, adultos jovens, a maioria na faixa etária de 18 a 25 anos, com escolaridade mínima correspondente ao ensino médio.

Os participantes apontaram a intensidade do conflito que percebiam no trabalho em cada situação descrita nos itens, registrando suas respostas em uma escala de 4 pontos que variava de 0 a 3, sendo que 0 correspondia a nenhum conflito, e 3, a muitíssimos conflitos. As respostas dos participantes do estudo foram registradas em uma planilha eletrônica, e os dados foram submetidos a análises (estatísticas) dos componentes principais com rotação oblíqua (*Oblimin*). Posteriormente, foi realizada Análise Fatorial dos eixos principais com rotação *Oblimin* devido às altas correlações entre os componentes identificados para verificação da validade (qualidade psicométrica que verifica se a escala realmente mede o que se propõe a medir) e aos cálculos do Alfa de Cronbach para verificação da confiabilidade (outra qualidade psicométrica que avalia se a escala mede com precisão).

Os resultados identificaram dois fatores, tal como a escala de Jehn (1994). Cada fator apresentou valores próprios maiores que 1, que explicaram 60% da variância total. O fator 1 reuniu cinco itens, foi responsável por 47% do total da variância explicada, e seu índice de fidedignidade (Alfa de Cronbach) foi de

---

* Martins, Guimarães e Oliveira (2006).

0,81. O fator 2 foi composto por quatro itens referentes ao conflito de tarefa, explicou 13% da variância total e teve Alfa de 0,77. Dessa forma, a ECI avalia dois tipos de conflitos intragrupais: o de relacionamento e o de tarefa, conforme mostra o Quadro 9.1. A ECI completa, com instruções e escala de respostas, pode ser encontrada na parte final deste capítulo.

Os índices de ajustes desse modelo de dois fatores da ECI foram aferidos por meio de Análise Fatorial Confirmatória, realizada com o programa Analysis of Moment Structures (AMOS), Versão 7.0. A análise foi conduzida com 716 estudantes trabalhadores de um curso de educação a distância (EAD) com média de idade de 32 anos (desvio-padrão [DP] = 8). Os valores dos indicadores gerais de adequação do modelo de dois fatores apontam sua validade (χ^2/gl = 4,06; GFI = 0,97; CFI = 0,97; NFI = 0,96; RMSEA = 0,06), e todos os itens permaneceram na solução, cinco em um fator (conflito de relacionamento) e quatro em outro (conflito de tarefa). O cálculo da confiabilidade da escala foi feito por meio do Alfa de Cronbach, revelando índices de 0,78 e de 0,87, respectivamente. Esses resultados confirmaram, além da estrutura bifatorial da escala, sua confiabilidade.

Aplicação, apuração dos resultados e interpretação da ECI

A aplicação da ECI pode ser feita de forma individual ou coletiva, mas deve-se assegurar que os respondentes tenham compreendido bem as instruções e a

QUADRO 9.1
Denominações, definições, itens integrantes e índices de precisão dos fatores da ECI

Denominação	Definição	Itens	Índice de precisão
Conflito afetivo ou de relacionamento	Desacordos nas relações interpessoais baseados em animosidade entre os componentes do grupo; inclui incompatibilidades de personalidade ou de disposições.	1, 2, 3, 4 e 5	0,81
Conflito de tarefa	Desacordos sobre o trabalho, algum projeto ou a forma de executá-lo.	6, 7, 8 e 9	0,77

ECI – Escala de Conflitos Intragrupais.
Fonte: os autores.

maneira de marcar suas respostas. Como em todas as situações de avaliação, faz-se necessário garantir que o ambiente de aplicação da escala seja tranquilo e confortável. O tempo para preencher o questionário é livre.

Como a ECI é uma escala composta por dois fatores, seus resultados são apurados por fator. Assim, obtém-se um resultado (ou média fatorial) para cada um dos fatores, ou seja, o diagnóstico da percepção de conflitos interpessoais no trabalho é feito com base em dois fatores, ou nos dois tipos de conflitos. Isso é feito somando-se os valores marcados pelos respondentes em cada item de cada fator e dividindo-se o resultado total pelo número de itens. Desse modo, por exemplo, para o fator 1, "conflito afetivo ou de relacionamento", acrescentam-se os valores das respostas aos itens 1, 2, 3, 4 e 9 e divide-se o resultado por cinco. Depois, somam-se as médias individuais em cada fator e divide-se pelo número de respondentes, e assim sucessivamente. Os resultados das médias fatoriais devem ser sempre um número entre 0 e 3, que é a amplitude da escala de respostas.

Para interpretar as médias da percepção dos conflitos, deve-se considerar que, quanto maior for o valor da média fatorial, mais aquele conflito é percebido no trabalho. Além disso, valores superiores a 2,5 indicam que ele é percebido como muito presente entre os membros do grupo, enquanto valores inferiores a 2,4 mostram que o tipo de conflito é baixo. A média igual a zero indica ausência do tipo de conflito. Resumindo, quanto maior a média, maior será o nível percebido de conflito, e quanto menor ela for, menor o nível de conflito.

A ECI resultou da adaptação de trabalho internacional e de estudo brasileiro realizado por Martins, Guimarães e Oliveira (2006), que demonstraram sua validade e sua fidedignidade. As características psicométricas que asseguram a boa qualidade da escala só são garantidas se ela for utilizada sem alteração de qualquer uma de suas partes.

CONSTRUÇÃO E VALIDAÇÃO DA ESCALA DE CONFLITOS ENTRE SUPERVISOR E SUBORDINADO* (ECSS)

Embora existam pesquisas a respeito de conflito no trabalho, faltam estudos sobre esse comportamento entre pessoas de níveis hierárquicos diferentes. Conforme apresentado anteriormente neste capítulo, conflito é um processo manifesto de incompatibilidade, desacordo ou dissonância entre pessoas,

---

* Martins e colaboradores (2007).

grupos ou organizações e subdivide-se em dois tipos: conflito de tarefa e conflito afetivo ou de relacionamento. No contexto da avaliação de conflitos verticais, ou entre supervisor e subordinado, definiu-se como conflito de tarefa aquele referente a desacordos cognitivos entre supervisor e subordinado sobre o conteúdo das atividades executadas, e, como conflito de relacionamento, incompatibilidades interpessoais entre supervisor e subordinado, as quais incluem tensão, animosidade e contrariedade.

Os nove itens da escala de Jehn (1994) foram traduzidos, ajustados ao contexto das relações entre subordinados e supervisores e semanticamente adaptados do inglês para o português por Martins e colaboradores (2007). Cada item teve seu conteúdo redigido para se referir a conflitos nas relações verticais a partir da percepção do subordinado. Além disso, esses autores submeteram a redação dos itens a três especialistas em línguas inglesa e portuguesa, visando garantir a adequada correspondência entre os conteúdos da escala adaptada e a original. Depois disso, testaram a clareza e a compreensão de cada um dos itens, discutindo-os com trabalhadores de escolaridade correspondente ao ensino fundamental completo. A redação de alguns itens foi modificada por sugestão desses indivíduos, de modo a torná-los mais compreensíveis.

A ECSS, então, foi aplicada a 122 trabalhadores com escolaridade correspondente ao ensino fundamental completo subordinados ao mesmo supervisor há, no mínimo, três meses. Os participantes do estudo apontaram o quanto o conflito ocorria em seu trabalho em cada situação descrita nos itens, registrando suas respostas em uma escala de 4 pontos que variava de 0 a 3, sendo que 0 correspondia a nenhum conflito, e 3, a muitíssimos conflitos. As respostas dos participantes foram registradas em uma planilha eletrônica, e os dados foram submetidos a análises (estatísticas) dos componentes principais com rotação oblíqua (*Oblimin*), à Análise Fatorial dos eixos principais com rotação *Oblimin*, para verificação da validade (qualidade psicométrica que verifica se a escala de fato mede o que se propõe a medir), e aos cálculos do Alfa de Cronbach, para verificação da confiabilidade (qualidade psicométrica que avalia se a escala mede com precisão).

Os resultados identificaram dois fatores (dois tipos de conflitos), tal como a escala de Jehn (1994). Cada um apresentou valores próprios superiores a 1, e juntos explicaram 60% da variância total. O fator 1 ficou com cinco itens, sendo responsável por 47% do total da variância explicada, e seu índice de fidedignidade (Alfa de Cronbach) foi de 0,81. O fator 2 reuniu quatro itens referentes ao conflito de tarefa, explicou 13% da variância total e teve Alfa de 0,77. Dessa forma, a ECSS avalia dois tipos de conflitos intragrupais: o de relacionamento e o de tarefa, conforme se pode observar no Quadro 9.2. A ECSS completa, com instruções e escala de respostas, encontra-se na parte final deste capítulo.

QUADRO 9.2
Denominações, definições, itens integrantes e índices de precisão dos fatores da ECSS

Denominação	Definição	Itens	Índice de precisão
Conflito afetivo ou de relacionamento	Desacordos ou incompatibilidades de personalidade ou de disposições nas relações entre o supervisor e o subordinado baseados em animosidade.	1, 2, 3, 4 e 5	0,82
Conflito de tarefa	Desacordos entre supervisores e subordinados sobre o trabalho, algum projeto ou a forma de executá-lo.	6, 7, 8 e 9	0,89

ECSS – Escala de Conflitos Supervisor e Subordinado.
Fonte: a autora.

Aplicação, apuração dos resultados e interpretação da ECSS

A aplicação da ECSS também pode ser feita de forma individual ou coletiva, cuidando-se para que os respondentes tenham entendido as instruções e a maneira de utilizar a escala de respostas. É necessário assegurar um ambiente de aplicação tranquilo e confortável. O tempo para responder o questionário é livre.

Como a ECSS é uma escala composta por dois fatores, seus resultados devem ser apurados separadamente. Assim, será obtido um resultado (ou média fatorial) para cada um dos fatores, ou seja, o diagnóstico da percepção de conflitos entre supervisores e subordinados será elaborado com base em ambos. Para conseguir tal média, somam-se os valores marcados pelos respondentes em cada item de cada fator e divide-se o resultado total pelo número de itens. Desse modo, por exemplo, para o fator 1, "conflito de relacionamento", acrescentam-se os valores das respostas aos itens 1, 2, 3, 4 e 5 e divide-se o resultado por cinco.

Em seguida, somam-se as médias por respondente em cada fator e divide-se pelo número de respondentes, e assim por diante. Os resultados das médias fatoriais irão variar sempre entre 0 e 3, que é a amplitude da escala de respostas. Para interpretar as médias das bases, considera-se que, quanto maior for o valor da média fatorial, mais esse tipo de conflito é percebido pelo subordinado.

Além disso, valores superiores a 2,5 indicam que aquele tipo de conflito está bastante presente no grupo, e valores inferiores a 2,4 mostram que ele é pouco característico no grupo. Portanto, quanto maior for o valor da média, mais o problema está presente no grupo, e, quanto menor, menos presente ele está.

A ECSS resultou de trabalhos internacionais e de extenso trabalho brasileiro realizado por Martins e colaboradores (2007), o qual demonstrou sua validade e fidedignidade. As características psicométricas que garantem a boa qualidade da escala só permanecem se esta for utilizada sem alteração de qualquer uma de suas partes.

ESCALA DE CONFLITOS INTRAGRUPAIS – ECI*

A seguir você encontrará uma série de sentenças que procuram descrever a forma como se dá o trabalho em grupos ou equipes. Utilize a escala abaixo para apontar a frequência com que as situações descritas ocorrem em seu grupo de trabalho, registrando a sua resposta na coluna específica ao lado.

0	1	2	3
Nenhum	**Pouco**	**Muito**	**Muitíssimo**

1. Quanto conflito emocional existe entre os membros do seu grupo ou equipe de trabalho?	
2. Quanta raiva há entre os membros do seu grupo ou equipe de trabalho?	
3. Quanto atrito pessoal há em seu grupo ou em sua equipe durante as decisões?	
4. O quanto é evidente o choque de personalidade entre os membros do seu grupo ou equipe de trabalho?	
5. Quanta tensão há entre os membros quando seu grupo ou equipe tem que tomar uma decisão?	
6. Quanta discordância de opinião sobre as tarefas há entre membros do seu grupo ou equipe de trabalho?	
7. Quanta diferença de ideias sobre a realização das tarefas existe entre membros do seu grupo ou equipe de trabalho?	
8. Quanta diferença de ideias sobre as decisões de trabalho seu grupo ou equipe enfrenta?	
9. Quanta diferença de opinião em relação às tarefas e atividades há em seu grupo ou equipe de trabalho?	

---

* Martins, Guimarães e Oliveira (2006).

ESCALA DE CONFLITOS ENTRE SUPERVISOR E SUBORDINADO – ECSS*

A seguir você encontrará uma série de sentenças que procuram descrever a forma como se dá o relacionamento entre VOCÊ e o seu CHEFE. Utilize a escala abaixo para apontar o quanto as situações descritas ocorrem, registrando a sua resposta na coluna à frente de cada frase.

0	1	2	3
Nenhum	Pouco	Muito	Muitíssimo

1. Quanto conflito emocional existe entre você e seu chefe?	
2. Quanta raiva há entre você e seu chefe?	
3. Quanto atrito pessoal há entre você e seu chefe durante as decisões?	
4. O quanto é evidente o choque de personalidade entre você e seu chefe?	
5. Quanta tensão há entre você e seu chefe quando vocês têm que tomar uma decisão?	
6. Quanta discordância de opinião sobre as tarefas há entre você e seu chefe?	
7. Quanto desacordo de ideias existe entre você e seu chefe?	
8. Durante um processo de decisão, quanta diferença de ideias existe entre você e seu chefe?	
9. Quanta diferença de opinião existe entre você e seu chefe?	

REFERÊNCIAS

AMASON, A. C. Distinguishing the effects of functional and dysfunctional conflict on strategic decision-making: resolving a paradox for top management teams. *Academy of Management Journal*, v. 39, p. 123-148, 1996.

AMASON, A. C.; SAPIENZA, H. The effects of top management team size and interaction norms on cognitive and affective conflict. *Journal of Management*, v. 23, n. 4, p. 495-516, 1997.

---

* Martins e colaboradores (2007).

AMASON, A. C.; SCHWEIGER, D. The effect of conflict on strategic decision making effectiveness and organizational performance. In: DE DREU, C. K. W.; VAN DE VLIERT, E. (Ed.). *Using conflict in organizations*. London: Sage, 1997.

AYOKO, O. B.; HARTEL, C. E. J.; CULLEN, V. J. Resolving the puzzle of productive and destructive conflict in culturally heterogeneous work groups: a communication: accommodation approach. *International Journal of Conflict Management*, v. 13, p. 165-95, 2002.

BENÍTEZ, M.; MEDINA, F. J.; MUNDUATE, L. El estudio del conflicto en los equipos de trabajo: una visión de las contribuciones científicas realizadas en España. *Papeles del Psicólogo*, v. 32, n. 1, p. 69-81, 2011.

BOZ, M.; MARTÍNEZ, I.; MUNDUATE, L. Breaking negative consequences of relationship conflicts at work: the moderating role of work family enrichment and supervisor support. *Journal of Work and Organizational Psychology*, v. 25, n. 2, p. 113-122, 2009.

BRETT, J. Managing organizational conflict. *Professional Psychology*: Research and Practice, v. 15, p. 644-678, 1984.

CHOI, J. N.; SY, T. Group-level organizational citizenship behavior: effects of demographic faultlines and conflict in small work groups. *Journal of Organizational Behavior*, v. 31, n. 7, p. 1032-1054, 2010.

DE DREU, C. K. W. The virtue and vice of workplace conflict: food for (pessimistic) thought. *Journal of Organizational Behavior*, v. 29, p. 5-18, 2008.

DE WIT, F.; GREER, L.; JEHN, K. A. The paradox of intragroup conflict: a meta-analysis. *Journal of Applied Psychology*, v. 97, n. 2, p. 360-390, 2012.

FARH, J-L.; LEE, C.; FARH, C. I. C. Task conflict and team creativity. *Journal of Applied Psychology*, v. 95, n. 6, p. 1173 -1180. 2010.

GAMERO, N.; GONZÁLEZ-ROMÁ, V.; PEIRÓ, J. M. The influence of intrateam conflict on work teams' affective climate: a longitudinal study. *Journal of Occupational and Organizational Psychology*, v. 81, p. 47-69, 2008.

GELFAND, M. J. et al. Preconceitos, cultura e egocêntrico de justiça em conflito e negociação. *Journal of Applied Psychology*, v. 87, p. 833-845, 2002.

GUETZKOW, W.; GYR, J. An analysis of conflict in decision-making groups. *Human Relations*, v. 7, p. 367-381, 1954.

JEHN, K. A. A multimethod examination of the benefits and detriments of intragroup conflict. *Administrative Science Quarterly*, v. 40, p. 256-282, 1995.

JEHN, K. A. A qualitative analysis of conflict types and dimensions in organizational groups. *Administrative Science Quarterly*, v. 42, p. 530-557, 1997.

JEHN, K. A. Enhancing effectiveness: an investigation of advantages and disadvantages of value based intragroup conflict. *International Journal of Conflict Management*, v. 5, p. 223-238, 1994.

JEHN, K. A. et al. The effects of conflict types, dimensions, and emergent states on group outcomes. *Group Decision and Negotiation*, v. 17, p. 465-495, 2008.

JEHN, K. A.; BENDERSKY, C. Intragroup conflict in organizations: a contingency perspective on the conflict-outcome relationship. *Research in Organizational behavior*, v. 25, p. 189-244, 2003.

JEHN, K. A.; MANNIX, E. The dynamic nature of conflict: a longitudinal study of intragroup conflict and group performance. *Academy of Management Journal*, v. 44, p. 238-251, 2001.

KABANOFF, B. Potential influence structures as sources of interpersonal conflict in groups and organizations. *Organizational Behavior and Human Decision Process*, v. 36, p. 113-141, 1985.

KACMAR, K. M. et al. Exploring the role of supervisor trust in the associations between multiple sources of relationship conflict and organizational citizenship behavior. *The Leadership Quarterly*, v. 23, n. 1, p. 43-54, 2012.

MARTÍNEZ-MORENO, E. et al. Investigating face-to-face and virtual teamwork over time: when does early task conflict trigger relationship conflict? *Group Dynamics*: Theory, Research and Practice, v. 16, n. 3, p. 159-171, 2012.

MARTÍNEZ-MORENO, E. et al. Relationship, task and process conflicts on team performance: the moderating role of communication media. *International Journal of Conflict Management*, v. 20, n. 3, p. 251-268, 2009.

MARTÍNEZ-MORENO, E.; ORENGO CASTELLÁ,V.; ZORNOZA ABAD, A. El papel del entrenamiento autoguiado en la relación entre el conflicto de tarea y la innovación en equipos virtuales. *Psicothema*, v. 24, p. 29-34, 2012.

MARTINS, M. C. F. et al. Escala de Conflito Supervisor-Subordinado: validade de construto. In: REUNIÃO ANUAL DA SOCIEDADE BRASILEIRA DE PSICOLOGIA, 37., 2007, Florianópolis. *Anais*... Florianópolis: [s.n.], 2007.

MARTINS, M. C. F.; GUIMARÃES, V. F.; OLIVEIRA, M. C. Adaptação e validação fatorial da Escala de Conflitos Intragrupais. In: CONGRESSO BRASILEIRO DE PSICOLOGIA ORGANIZACIONAL E DO TRABALHO, 2., 2006, Brasília. *Anais*... Brasília: [s.n.], 2006.

MILSTEIN, M. M.; LUSTHAUS, C. S.; LUSTHAUS, E. W. The setting and the probabilities. In: MILSTEIN, M. M. (Ed.). *Schools, conflict, and change, teachers college*. New York: Columbia University, 1980. p. 5-14.

MO, S.; BOOTH, S. A.; WANG, Z. How do Chinese firms deal with interorganizational conflict? *Journal of Business Ethics*, v. 108, n. 1, p. 121-129, 2012.

PEARSON, A. W.; ENSLEY, M. D.; MASON, A. C. An assessment and refinement o Jenh's intragroup conflict scale. *International Journal of Conflict Management*, v. 13, n. 2, p. 110- 127, 2002.

PELLED, L. Demographic diversity, conflict, and work group outcomes: an intervening process theory. *Organization Science*, v. 6, p. 615-631, 1996.

PINKLEY, R. Dimensions of the conflict frame: disputant interpretations of conflict. *Journal of Applied Psychology*, v. 75, p. 117-128, 1990.

PONDY, L. R. Organizational conflict: concepts and models. *Administrative Science Quarterly*, v. 12, p. 296-320, 1967.

PRIEM, R. L.; PRICE, K. H. Process and outcome expectations for the dialectical inquiry, devil's advocacy, and consensus techniques of strategic decision making. *Group & Organization Studies*, v. 16, n. 2, p. 206-25, 1991.

REICHERS, A. Conflict and organizational commitments. *Journal of Applied Psychology*, v. 71, n. 3, p. 508-14, 1986 .

ROSEMAN, I.; WIEST, C.; SWARTZ, T. Phenomenology, behaviors and goals differentiate emotions. *Journal of Personality and Social Psychology*, v. 67, p. 206-221, 1994.

SHAH, P.; JEHN, K. Do friends perform better than acquaintances? the interaction of friendship, conflict and task. *Group Decision and Negotiation*, v. 2, p. 149-166, 1993.

STAW, B.; SANDELANDS, L.; DUTTON, J. Threat-rigidity effects in organizational behavior: a multilevel analysis. *Administrative Science Quarterly*, v. 26, p. 501-524, 1981.

TJOSVOLD, D. Rights and responsibilities of dissent: cooperative conflict. *Employee Rights and Responsibilities Journal*, v. 4, p. 13-23, 1991.

TJOSVOLD, D. The conflict-positive organization: it depend uppon us. *Journal of Organizational Behavior*, v. 29, n. 1, p. 19-28, 2008.

TJOSVOLD, D.; FANG, S. S. Cooperative conflict management as a basis for training students in China. *Theory into Practice*, v. 43, n. 1, p. 80-86, 2004.

VAN DE VLIERT, E.; DE DREU, C. Optimizing performance by conflict stimulation. *International Journal of Conflict Management*, v. 5, p. 211-22, 1994.

LEITURAS COMPLEMENTARES

HOFSTEDE, G. H. *Culture consequences*: international differences in work-related values. London: Sage, 1980.

MADDI, S. R. *Personality theories*: a comparative analysis. 4th ed. Homewood: Dorsey, 1980.

NAIR, N. Towards understanding the role of emotions in conflict: a review and future directions. *International Journal of Conflict Management*, v. 19, n. 4, p. 359-381, 2008.

RAHIM, M. A. *Managing conflict in organizations*. 2nd ed. Westport: Praeger, 1992.

TRIANDIS, H. C. *Individualism & collectivism*. Boulder: Westview, 1995.

10

Engajamento no trabalho

Mirlene Maria Matias Siqueira
Maria do Carmo Fernandes Martins
Virginia Orengo
Warton da Silva Souza

O conceito de engajamento no trabalho é atribuído a Kahn (1990), que reconheceu a ocorrência desse fenômeno entre membros organizacionais quando estes se expressavam física, cognitiva, emocional e mentalmente durante a execução de atividades de trabalho. Defendia o autor, ainda, que pessoas engajadas voltavam mais esforços para o trabalho porque com ele se identificavam, sendo considerado um estado mental particular capaz de produzir resultados positivos tanto para o indivíduo (crescimento e desenvolvimento pessoais) quanto para as organizações (qualidade do desempenho).

Mais tarde, Maslach e Leiter (1997) assinalaram que indivíduos engajados eram caracterizados por energia, envolvimento e eficácia, os quais representam três aspectos positivos e opostos, respectivamente, às três dimensões clássicas do conceito de *burnout* – exaustão, cinismo e queda no senso de eficácia profissional. Dada essa compreensão dos dois autores, eles mesmos sugeriram a possibilidade de se avaliar o engajamento por meio de uma medida de *burnout* denominada Maslach – Burnout Inventory (MBI) (Maslach; Jackson; Leiter, 1996). Para tanto, explicam, haveria engajamento se fossem observados baixos escores na MBI nos fatores relativos a exaustão e cinismo e altos no fator eficácia. Com tal concepção, engajamento no trabalho assumia o papel oposto ao de *burnout*. Pode-se reconhecer nos dois autores do conceito uma forte influência dos estudos em saúde ocupacional, campo de conhecimento no qual os aspectos da doença no contexto de trabalho suscitaram a ampliação dos estudos sobre *burnout*.

Outra concepção foi mais tarde apresentada por Shaufeli e colaboradores (2002, p. 74), que definiram engajamento no trabalho como "[...] um estado mental positivo de realização relacionado ao trabalho que se caracteriza por *vigor, dedicação e absorção*". *Vigor* constitui-se de altos níveis de energia mental durante o trabalho, investimentos de esforços durante a realização de tarefas e persistência para ultrapassar dificuldades nesse contexto. *Dedicação*, explicam os autores, compreende um estado de alto grau de envolvimento com uma atividade, durante a qual o indivíduo experimenta prazer, inspiração, entusiasmo e reconhece significado no trabalho. Por sua vez, *absorção* refere-se a um alto nível de concentração no trabalho, durante o qual o indivíduo nem percebe o tempo passar e, praticamente, não vê distinção entre si e as tarefas que realiza. Eles também apontaram a inadequação da proposta de Maslach e Leiter (1997) ao questionar se engajamento seria um polo oposto a *burnout* ou se eles seriam dois construtos distintos. Os resultados dos estudos de Shaufeli e colaboradores (2002, p. 74), aplicando-se Modelagem por Equações Estruturais (MEE) por meio do programa denominado Analysis of Moment Structures (AMOS) (Byrne, 2001), produziram evidências para as suposições de que engajamento no trabalho não se constituía em um polo oposto de um mesmo contínuo a *burnout*, mas que ambas eram dimensões bipolares e opostas. Assim, a evidência empírica obtida demonstrou que *burnout* e engajamento são estados psicológicos que, embora se relacionem entre si, são independentes e que apresentam, cada um, características únicas (Chambel; Peiró, 2011; González-Romá et al., 2006; Simpson, 2009). Portanto, existe suporte nos resultados desse estudo para aceitar que tal conceito se estruturava em três dimensões, assim denominadas pelos autores: vigor, dedicação e absorção. Para uma revisão mais detalhada, sugere-se conferir o trabalho de Simpsom (2009), cujo estudo revisou as aproximações de outros conceitos ao de engajamento, bem como os estudos que analisaram os antecedentes e consequentes do engajamento no trabalho.

A concepção de engajamento no trabalho elaborada por Shaufeli e colaboradores (2002) recebeu aceitação de pesquisadores que a eles se juntaram para investigar o tema (Salanova; Agut; Peiró, 2005; Schaufeli; Bakker, 2004; Schaufeli; Bakker; Salanova, 2006; Xanthopoulou et al., 2007). O interesse também pode ter sido desencadeado pelo fato de que os estudiosos do comportamento organizacional e do campo de estudo denominado psicologia da saúde ocupacional estavam ávidos por conceitos que lhes apontassem novos horizontes para suas investigações a respeito de forças ou estados psicológicos positivos relativamente estáveis e que os ajudassem a compor uma nova forma de compreensão do indivíduo no contexto organizacional. Tal busca foi desencadeada quando, em 2000, Seligman e Csikszentmihalyi divulgaram os princípios da Psicologia Positiva, os quais focalizam as forças humanas e os aspectos do bom funcionamento em oposição à ênfase no adoecimento e no mau funcionamento. Recentemente, por exemplo, foi constatada a importância de se prestar especial atenção aos efeitos positivos que o *eutrés* tem sobre o engajamento no trabalho em comparação aos que lhe causam enfraquecimento, como o *distrés* (Kozusznik; Rodríguez; Peiró, 2012).

Outro fator que talvez tenha transformado engajamento no trabalho em um conceito amplamente estudado desde 2002 foi a proposição de Luthans (2002), nesse mesmo ano, da concepção de "comportamento organizacional positivo". Esse novo campo de estudos organizacionais foi cunhado pelo autor com vistas a apresentar aos estudiosos de ações no ambiente organizacional uma perspectiva de investigação assentada na concepção de aspectos humanos positivos que sejam sustentados por bases teóricas, possam ser medidos, sejam passíveis de aprendizagem e de gerenciamento organizacional. Pode-se reconhecer, nessa perspectiva, uma concordância com os pressupostos da Psicologia Positiva defendidos por Seligman e Csikszentmihalyi (2000).

Segundo argumentos apresentados por Bakker e colaboradores (2008), trabalhadores com elevados níveis de engajamento no trabalho investem mais energia em suas tarefas, demonstram mais entusiasmo enquanto as realizam e, em especial, permanecem mais focados no seu trabalho. Tal perfil corresponde ao do profissional desejado por organizações que mantêm expectativas de reunir no seu contingente de colaboradores pessoas proativas, que assumem pessoalmente a responsabilidade por seu desenvolvimento profissional e mantêm dentro de si compromisso com padrões elevados de desempenho no trabalho. Nesse sentido, Carrasco e colaboradores (2011) demonstraram o importante poder preditor do engajamento sobre a emergência de emoções positivas do trabalhador, tanto no contexto individual quanto em equipe. Visando identificar o nível de engajamento no trabalho, conforme a concepção de Shaufeli e colaboradores (2002), foram desenvolvidos estudos com a Utrecht Work Engagement Scale (UWES), um instrumento de autorrelato que inclui três subescalas, denominadas *vigor, dedicação e absorção*, já referidas e definidas. Segundo Bakker e colaboradores (2008), a UWES foi validada em diversos países, incluindo China, Finlândia, Grécia, Japão, África do Sul, Espanha e Noruega. Em todos os estudos, foi utilizada Análise Fatorial Confirmatória, que produziu índices de ajuste para o modelo de três fatores, além de terem sido observados índices satisfatórios de precisão para as três subescalas. Ressaltam os autores que, entre os estudos acerca da validade fatorial da UWES, dois não produziram evidências para o modelo de três fatores defendido por Shaufeli e colaboradores (2002). Como exemplo, pode-se citar o trabalho de Sonnentag (2003), que utilizou uma amostra de empregados de seis organizações de serviço público na qual não foi observada uma estrutura clara de três fatores.

Este capítulo apresenta uma medida construída e validada no Brasil para aferir o grau de engajamento no trabalho. Denominada Escala de Engajamento no Trabalho (EEGT), inclui em sua estrutura apenas duas das três subescalas (dimensões) contidas na UWES, de Shaufeli e colaboradores (2002): *vigor* e *absorção*, conforme esclarecimentos contidos na próxima seção.

CONSTRUÇÃO E VALIDAÇÃO DA ESCALA DE ENGAJAMENTO NO TRABALHO (EEGT)

Os primeiros passos com vistas a construir e validar a EEGT consistiram em definir o construto a ser aferido por ela, escolhendo-se, na sequência, as dimensões que representariam tal conceito. Definiu-se como engajamento no trabalho um estado mental positivo assentado em crenças a respeito da intensidade com que o indivíduo se sente vigoroso e absorvido enquanto realiza suas atividades profissionais. Portanto, o construto a ser mensurado pela EEGT se estrutura em duas dimensões: vigor e absorção.

Foi desconsiderada a dimensão "dedicação", contida na estrutura da UWES, de Shaufeli e colaboradores (2002), devido a razões conceituais ou empíricas. Por um lado, tal decisão baseou-se no entendimento de que "dedicação" constituía uma dimensão bastante semelhante a outros conceitos existentes na literatura do comportamento organizacional, visto que seus itens atribuíam ao trabalho propriedades como desafio, inspiração, entusiasmo, significado e propósito. Tais qualidades do trabalho podem ser parcialmente encontradas como itens de medidas que avaliam outros construtos, como, por exemplo, envolvimento com o trabalho (Lodhal; Kejner, 1965; Siqueira, 2008) e motivação e significado do trabalho (Borges; Alves-Filho; Tamayo, 2008). A manutenção de itens na EEGT para medir "dedicação" provocaria sobreposição em relação a outros contidos em construtos correlatos, como os que foram mencionados, e poderia levar a vieses em estudos que relacionassem engajamento no trabalho a, por exemplo, motivação e significado do trabalho ou a envolvimento com o trabalho. Por outro lado, a obtenção de padrões semelhantes de resultados, especialmente em dedicação e vigor, bem como a maior estabilidade da medida ao longo do tempo para as dimensões de vigor e absorção, em coerência com a própria concepção de engajamento (Mauno; Kinnunen; Ruokolaimena, 2007), sinalizam a adequação de se propor e defender a bidimensionalidade para engajamento no trabalho.

A versão inicial da EEGT ficou constituída por 15 itens elaborados pelos autores deste capítulo, sendo 7 para representar a dimensão vigor e 8 para a dimensão absorção (Quadro 10.1).

Participaram do processo de validação fatorial da EEGT 157 trabalhadores brasileiros, sendo a maioria do sexo masculino (53,5%), solteira (67,5%), com escolaridade de nível superior completo (51,6%) e idade média de 28,66 (DP = 10,24). As respostas dos participantes foram dadas em uma escala de

QUADRO 10.1
Nomes e definições das dimensões de engajamento no trabalho na versão-piloto da EEGT, número e exemplos de itens

Dimensão	Definição	Número de itens por dimensão	Exemplo de item
Vigor	Consiste em crenças acerca da capacidade do trabalho de desencadear no indivíduo sensações de disposição, energia e força enquanto realiza suas tarefas.	7	Cheio de energia
Absorção	Consiste em crenças de que o trabalho pode proporcionar concentração, atenção e foco enquanto o indivíduo realiza suas tarefas.	8	Focado no que estou fazendo

EEGT – Escala de Engajamento no Trabalho.
Fonte: os autores.

frequência de 5 pontos (1 – nunca; 2 – poucas vezes; 3 – às vezes; 4 – muitas vezes; 5 – sempre), permitindo formatar um banco de dados eletrônico tratado por meio do Statistic Package of Social Sciences (SPSS), Versão 19.0.

Para validação fatorial da EEGT foram realizadas Análises Fatoriais Exploratórias, incluindo análises descritivas preliminares, como o Teste de Kaiser-Meyer-Olkin (KMO) e o Teste de Esfericidade de Bartlett. Dando início às análises fatoriais, foi solicitada a extração de dois fatores pelo método Principal Axis Factoring (PAF) e pelo desenho do *scree plot*, elaborado pelo SPSS com base nos autovalores dos fatores extraídos. A rotação aplicada foi *Direct Oblimin* com delta igual a zero, e o critério para manter o item no fator foi carga fatorial igual ou maior que 0,40 (positiva ou negativa).

Como resultado das análises preliminares, foi obtido um valor de KMO de 0,850, e o Teste de Esfericidade de Bartlett produziu um Qui-quadrado igual a 663,788 (gl = 45; $p < 0,01$), dois indicadores de que a matriz de dados poderia ser submetida a análises fatoriais. Os dois fatores extraídos explicaram 60,14% da variância total dos 15 itens, observando-se explicação de 47,28% produzida pelo primeiro fator, com autovalor de 4,727, e de 12,86% pelo segundo fator, com autovalor de 1,286. Por meio do *scree plot*, foi reafirmada a existência de dois fatores mais sobressalentes em uma linha inclinada, e os demais se distribuíam em uma linha quase reta, os quais se constituíam em fatores cujos autovalores eram semelhantes entre si e inferiores a 1,0, devendo ser ignorados na composição da medida em construção. Tal resultado fortaleceu a estrutura conceitual de duas dimensões contida na versão-piloto da EEGT.

A rotação dos fatores produziu uma matriz-padrão (*pattern matrix*) na qual os itens que detinham carga fatorial igual ou superior a 0,40 estavam organizados em dois fatores: *vigor* (fator 1, cinco itens, $\alpha = 0{,}78$; cargas fatoriais entre 0,53 e 0,95) e *absorção* (fator 2, cinco itens, $\alpha = 0{,}86$; cargas fatoriais entre 0,49 e 0,92). Deve-se ressaltar que nesse processo de validação da EEGT cinco itens foram descartados porque não atenderam ao valor mínimo de carga fatorial preestabelecido (carga fatorial $\geq 0{,}40$, positiva ou negativa).

A EEGT com 10 itens gerou um índice de precisão de 0,87 (Quadro 10.2). Os índices de precisão (Alfa de Cronbach) dos fatores e da medida geral podem ser considerados satisfatórios, visto que ultrapassaram o valor crítico de 0,70 (Nunnally Jr., 1970).

O próximo passo durante o processo de validação da EEGT foi aferir os índices de ajuste do modelo de dois fatores por meio de Análise Fatorial Confirmatória. Os 10 itens da EEGT foram submetidos à MEE, visando, conforme recomenda Bentler (1990), testar o ajuste do modelo de dois fatores. As análises foram executadas utilizando-se o programa AMOS, Versão 16.0 (Byrne, 2001). Como produto delas, foram obtidos os seguintes índices: Qui-quadrado (χ^2), Goodness-of-Fit Index (GFI), Comparative Fit Index (CFI), Normed Fit Index (NFI) e Root Mean Square Error of Approximation (RMSEA), cujos valores esperados (critérios indicativos de ajuste perfeito do modelo) e os ob-

QUADRO 10.2
Dimensões da EEGT, definições, número de itens e índices de precisão

Dimensão	Definição	Número de itens	Índice de precisão
Vigor	Consiste em crenças acerca da capacidade do trabalho de desencadear no indivíduo sensações de disposição, energia e força enquanto realiza suas tarefas.	5	0,78
Absorção	Consiste em crenças de que o trabalho pode proporcionar concentração, atenção e foco enquanto o indivíduo realiza suas tarefas.	5	0,86
Escala de Engajamento no Trabalho		10	0,87

Fonte: os autores.

tidos encontram-se no Quadro 10.3. Os resultados mostram que o modelo de dois fatores da EEGT produziu valores esperados em todos os cinco índices de ajustamento calculados, conforme definem Marsh e Hocevar (1985) para χ^2, Jöreskog e Sörbom (1984) para GFI, Bentler (1990) para CFI, Bollen (1989) para NFI e Browne e Cudeck (1993) para RMSEA.

Os itens da EEGT compõem uma medida com indicadores psicométricos favoráveis ao seu uso no âmbito da pesquisa científica, bem como na prática profissional. Tal afirmação é suportada pelas cargas fatoriais de seus itens, que ficaram todas acima de 0,49 e atingiram o valor máximo de 0,95, o que revela a pureza dos itens, porque detiveram carga fatorial importante superior ao critério estabelecido (valor igual ou maior que 0,40) em apenas um dos dois fatores rotados. Por sua vez, todos os índices de precisão das duas dimensões e da medida completa foram satisfatórios (acima de 0,70). Um exemplar da EEGT está disponível na parte final deste capítulo.

Aplicação, apuração dos resultados e interpretação da EEGT

A aplicação da EEGT pode ser feita de modo presencial (individual ou coletivo) ou por meio eletrônico. É importante que o respondente se sinta tranquilo e seguro de que suas respostas não irão lhe causar prejuízo ou desconforto no contexto de trabalho ou fora dele. O tempo para preenchimento da escala é livre.

QUADRO 10.3
Cinco índices calculados para teste de ajustamento do modelo de dois fatores da EEGT

Índice de ajustamento	Valor indicativo de ajustamento perfeito do modelo	Valor obtido
χ^2 – Qui-quadrado	$2 \leq (\chi^2/gl) \leq 5$	(74,655/34) = 2,196
GFI – Goodness-of-Fit Index	<1	0,924
CFI – Comparative Fit Index	<1	0,936
NFI – Normed Fit Index	<1	0,891
RMSEA – Root Mean Square Error of Approximation	$\leq 0,08$	0,08

EEGT – Escala de Engajamento no Trabalho.
Fonte: os autores.

Para obter os resultados, basta somar os valores assinalados pelo respondente em cada item e dividir pelo número de itens do fator. Assim, devem ser somados os valores assinalados para os cinco itens do fator 1, dividindo o valor resultante por cinco. Quanto ao fator 2, somam-se os valores atribuídos aos seus cinco itens e divide-se esse valor por cinco. Após essas operações matemáticas, existirão dois escores médios.

A interpretação de cada um desses dois escores deve ser feita levando-se em consideração que um valor entre 4 e 5 indica escore alto; entre 3 e 3,9, um escore médio; e um valor entre 1 e 2,9, um escore baixo de engajamento no trabalho. Quanto à interpretação do conteúdo psicológico, representado pelos valores numéricos dos escores médios, sugere-se que sejam observados os conteúdos dos itens que compõem o fator em análise. Reforça-se a necessidade de interpretar o conteúdo psicológico aferido pela medida consoante as frases (os itens) da própria medida, e não por meio de outro conteúdo.

Deve-se alertar para que a EEGT seja utilizada conforme as instruções, o formato dos itens e as escalas de respostas contidos na parte final deste capítulo. Alterações em um ou mais desses elementos tornam inválidos os resultados obtidos.

ESCALA DE ENGAJAMENTO NO TRABALHO – EEGT

As frases abaixo falam de como você fica quando está trabalhando. Indique, para cada frase, com que frequência isso acontece com você. Dê suas respostas anotando, nos parênteses que antecedem cada frase, o número que melhor representa sua resposta.

1	2	3	4	5
Nunca	Poucas vezes	Às vezes	Muitas vezes	Sempre

ENQUANTO TRABALHO EU ACREDITO QUE FICO...

1. ( ) Cheio de energia
2. ( ) Com o pensamento voltado apenas para minhas tarefas
3. ( ) Revigorado
4. ( ) Concentrado em minhas tarefas
5. ( ) Disposto
6. ( ) Distante dos meus problemas pessoais
7. ( ) Focado no que estou fazendo
8. ( ) Fortalecido
9. ( ) Renovado
10. ( ) Tomado por minhas tarefas

REFERÊNCIAS

BAKKER, A. B. et al. Work engagement: an emerging concept in occupational health psychology. *Work & Stress*, v. 22, p. 187-200, 2008.

BENTLER, P. M. Comparative fit indexes in structural models. *Psychological Bulletin*, v. 107, p. 238-246, 1990.

BOLLEN, K. A. A new incremental fit index for general structural equation models. *Sociological Methods and Research*, v. 17, p. 303-316, 1989.

BORGES, L. O.; ALVES-FILHO, A.; TAMAYO, A. Motivação e significado do trabalho. In: SIQUEIRA, M. M. M. (Org.). *Medidas do comportamento organizacional*: ferramentas de diagnóstico e de gestão. Porto Alegre: Artmed, 2008. p. 215-248.

BROWNE, M. W.; CUDECK, R. Alternative ways of assessing model fit. In: BOLLEN, K. A; LONG, J. S. (Ed.). *Testing structural equation models*. Newbury Park: Sage, 1993. p. 136-162.

BYRNE, B. M. *Structural equation modeling with AMOS*: basic concepts, application, and programming. Mahwah: Lawrence Erlbaum, 2001.

CARRASCO, H. et al. Service climate and display of employees' positive emotions: the mediating role of burnout and engagement in services. *Psychologica*, v. 55, p. 229-253, 2011.

CHAMBEL, M. J.; PEIRÓ, J. M. Patterns of engagement and burnout of human services workers. In: CAETANO, A.; SILVA, S. A.; CHAMBEL, M. J. (Ed.). *New challenges for a healthy workplace in human services*. Mering: Rainer Hampp, 2011. p. 105-125.

GONZÁLEZ-ROMÁ, V. et al. Burnout and work engagement: independent factors or opposite poles? *Journal of Vocational Behavior*, v. 68, p. 165-174, 2006.

JÖRESKOG, K. G.; SÖRBOM, D. *LISRE L-VI*: user's guide. 3rd ed. Mooresville: Scientific Software, 1984.

KAHN, W. A. Psychological conditions of personal engagement and disengagement at work. *Academy of Management Journal*, v. 33, p. 692-724, 1990.

KOZUSZNIK, M.; RODRÍGUEZ, I.; PEIRÓ, J. M. Cross-national outcomes of stress appraisal. *Cross Cultural Management*: An International Journal, v. 19, n. 4, p. 507-525, 2012.

LODAHL, T. M.; KEJNER, M. The definition and measurement of job involvement. *Journal of Applied Psychology*, v. 49, p. 23-33, 1965.

LUTHANS, F. The need for and meaning of positive organizational behavior. *Journal of Organizational Behavior*, v. 23, n. 1, p. 695-706, 2002.

MARSH, H. W.; HOCEVAR, D. Application of confirmatory factor analysis to the study of self-concept: first-and higher-order factor models and their invariance across groups. *Psychological Bulletin*, v. 97, p. 562-582, 1985.

MASLACH, C.; JACKSON, S. E.; LEITER, M. P. *Maslach burnout inventory manual*. 3rd ed. Palo Alto: Consulting Psychologists, 1996.

MASLACH, C.; LEITER, M. P. *The truth about burnout*: how organizations cause personal stress and what to do about it. San Francisco: Jossey-Bass, 1997.

MAUNO, S.; KINNUNEN, U.; RUOKOLAINEN, M. Job demands and resources as antecedents of work engagement: a longitudinal study. *Journal of Vocational Behavior*, v. 70, p. 149-171, 2007.

NUNNALLY JR., H. C. *Introduction to psychological measurement*. New York: McGraw-Hill, 1970.

SALANOVA, M.; AGUT, S.; PEIRÓ, J. M. Linking organizational resources and work engagement to employee performance and customer loyalty: the mediation of service climate. *Journal of Applied Psychology*, v. 90, p. 1217-1227, 2005.

SCHAUFELI, W. B. et al. The measurement of engagement and burnout: a two sample confirmatory factor analytic approach. *Journal of Happiness Studies*, v. 3, p. 71- 92, 2002.

SCHAUFELI, W. B.; BAKKER, A. B. Job demands, job resources, and their relationship with burnout and engagement: a multi-sample study. *Journal of Organizational Behavior*, v. 25, p. 293-315, 2004.

SCHAUFELI, W. B.; BAKKER, A. B.; SALANOVA, M. The measurement of work engagement with a short questionnaire: a cross-national study. *Educational and Psychological Measurement*, v. 66, p. 701-716, 2006.

SELIGMAN, M. E. P.; CSIKSZENTMIHALYI, M. Positive psychology: an introduction. *American Psychologist*, v. 55, n. 1, p. 5-14, 2000.

SIMPSON, M. R. Engagement at work: a review of the literature. *International Journal of Nursing Studies*, v. 46, p. 1012-1024, 2009.

SIQUEIRA, M. M. M. (Org.). *Medidas do comportamento organizacional*: ferramentas de diagnóstico e de gestão. Porto Alegre: Artmed, 2008.

SONNENTAG, S. Recovery, work engagement, and proactive behavior: a new look at the interface between nonwork and work. *Journal of Applied Psychology*, v. 88, n. 3, p. 518-528, 2003.

XANTHOPOULOU, D. et al. The role of personal resources in the job demands-resources model. *International Journal of Stress Management*, v. 14, p. 121-141, 2007.

11
Espiritualidade no trabalho

Mirlene Maria Matias Siqueira
Maria do Carmo Fernandes Martins
José Carlos Zanelli
Elaine Lima de Oliveira

Espiritualidade é um conceito cada vez mais pesquisado na área dos estudos organizacionais, marcadamente a partir dos anos de 1990, e, portanto, pode ser considerada uma ideia ainda bastante nova dentro dos ambientes de trabalho. No entanto, como afirmam Ashmos e Duchon (2000, p. 135), "[...] certamente não é uma ideia nova em outro lugar na experiência humana [...]", uma vez que todas as grandes tradições religiosas incentivam não apenas a vida contemplativa como também a busca de seu significado e propósito, colocando como meta o viver em harmonia com os outros e com a natureza.

Parece haver consenso entre os estudiosos de que a espiritualidade se constrói nos contextos socioculturais e históricos, estruturando e atribuindo significado a valores, comportamentos e experiências humanas, materializando-se, por vezes, na prática de um credo religioso específico, como afirmam Pinto e Pais-Ribeiro (2007). Tal consenso prevalece também na perspectiva de que a espiritualidade não é provocada por um sujeito positivo, como um sacerdote, um mestre ou um guru, mas pela própria necessidade do ser humano de cuidar de si, ao mesmo tempo que não se integra e interage com os demais elementos que constituem sua realidade. Assim, a espiritualidade não é estanque, de momentos, de dias sagrados, mas sistêmica, parte do processo vital interativo com a complexidade do ambiente. Não é mais uma questão da Teologia, mas entendida dentro de uma visão multidisciplinar, já que não está desconectada da Economia, da Filosofia, da Sociologia e de tantas outras ciências/disciplinas necessárias ao entendimento do ser humano (Dias; Garin; Timm, 2011)

Ressalta-se que a espiritualidade no trabalho não deve ser confundida com religiosidade; não se trata de religião ou conversão, a fim de se levar pessoas a aceitar um credo específico – trata-se, diferentemente, da possibilidade de experimentar um senso de propósito e significado no trabalho; de funcionários que compreendam a si mesmos como seres espirituais cujas almas precisam de alimento no local de trabalho; trata-se de pessoas experimentando um senso de ligação entre si e sua comunidade local de trabalho (Ashmos; Duchon, 2000).

Para Bennis (2009, p. 238), "[...] os modelos tradicionais de administração e comportamento organizacional não davam muito espaço para a espiritualidade". O que predominava era o mito da racionalidade em detrimento dos sentimentos, dos afetos e da preocupação sobre a vida interior das pessoas. O autor faz referência a algumas razões que justificariam o reconhecimento e o crescente interesse a respeito da espiritualidade como fator de compreensão do comportamento dos trabalhadores deste século: uma contrapartida às pressões e ao estresse causados pelo ritmo turbulento da vida. O estilo de vida moderno – mobilidade geográfica, novos modelos de família, transitoriedade do trabalho, tecnologia substituindo pessoas – acentua a falta de senso comunitário e aumenta a necessidade de conexão e de envolvimento; a geração do pós-guerra chegando à meia-idade busca o sentido da vida; instituições religiosas já não servem de conforto para muitos, que buscam outras referências para substituir a falta de fé e o sentimento de vazio. Nesse cenário, acrescenta o autor, o ambiente de trabalho passa a ser aspecto dominante na vida das pessoas, associado aos questionamentos sobre o sentido do trabalho. Surge o desejo de conciliar valores pessoais com aqueles advindos da profissão. Nessa perspectiva, Ashmos e Duchon (2000) concluem que existem evidências crescentes de que o movimento da espiritualidade nas organizações tem sido visto como aquele que se contrapõe aos componentes eminentemente racionais, abrindo espaço para uma dimensão que tem menos a ver com regras e ordem e mais a ver com significado, propósito e senso de comunidade.

Para Howard (2002, p. 230), a explosão sobre o "[...] interesse na espiritualidade como uma nova dimensão de gestão [...]" é provavelmente uma das tendências mais significativas no campo da gestão desde 1950. O aumento dos estudos sobre espiritualidade no trabalho tem sido identificado na literatura, principalmente nas duas últimas décadas (Ashmos; Duchon, 2000; Bennis, 2009; Cavanagh, 1999; Fairholm, 1997, 1998; Fry, 2003; Giacalone; Hawley, 1995; Jurkiewicz, 2003; Kunde; Cunningham, 2000; Mitroff; Denton, 1999; Rego; Souto; Pinha e Cunha, 2007). No Quadro 11.1 são apresentadas algumas das definições que revelam a evolução do conceito.

Para Cavanagh (1999), as organizações têm assimilado cada vez mais em seus ambientes a transcendência ligada a valores como paz interior, verdade, respeito e honestidade. Isso indica uma busca crescente por sentido e significado do trabalho e da vida, por mais equilíbrio e humanização da orga-

QUADRO 11.1
Autores, datas e definições de espiritualidade no trabalho

Autor	Data	Definição
King	1997	Refere-se à valorização dos sentimentos de totalidade, de alegria, de significado e de sentido, que impulsionam a experiência de transcendência do trabalho.
Mitroff e Denton	1999	É o desejo de encontrar o propósito principal na vida e de viver de acordo com ele.
Ashmos e Duchon	2000	É o reconhecimento dos empregados de que têm uma vida interior que mantém e é mantida por um trabalho significativo em um contexto de comunidade.
Giacalone e Jurkiewicz	2003	É o conjunto de valores organizacionais que faz o trabalhador experimentar a transcendência por meio do processo de trabalho, levando-o a sentir-se ligado aos demais membros da organização e a sentir compaixão e alegria.
Rego, Souto e Pinha e Cunha	2007	É constituída pelas oportunidades para realizar um trabalho significativo no contexto de uma comunidade, o que lhe permite experimentar alegria e respeito pela vida interior.
Bennis	2009	Refere-se ao reconhecimento de que as pessoas têm uma vida interior que nutre e é nutrida por um trabalho significativo realizado no contexto de uma comunidade.

Fonte: os autores.

nização, por menos ênfase no controle, na hierarquia e na obediência, o que favorece e estimula cada vez mais o desenvolvimento pessoal, a autonomia, a criatividade, o uso da intuição, a autorrealização no trabalho, a humanização e mais integração entre pessoas, grupos e empresa-sociedade.

Nessa perspectiva, espiritualidade nas organizações significa ter um claro sentido no trabalho e legitimá-lo por meio do suporte social e do compartilhamento de valores com outros colegas, possibilitando a construção de uma comunidade organizacional na qual se pode superar o senso individual, permitindo mais significado e satisfação, o que estaria em sintonia com o movimento de valorização e de humanização (Siqueira, 2008).

Pfeffer (2003) identifica quatro dimensões fundamentais de espiritualidade no trabalho sob a perspectiva dos trabalhadores:

1. um trabalho interessante e significativo que lhes permita aprender, desenvolver e ter um senso de competência e de domínio daquilo que realizam;
2. um trabalho que proporcione algum sentimento de propósito;
3. um senso de conexão de relações sociais positivas com colegas de trabalho; e
4. capacidade de viver uma vida integrada na qual o papel do trabalho e outros papéis exercidos estejam em harmonia com a natureza essencial de ser humano.

Para Fry (2003), as duas primeiras dimensões estão relacionadas com a questão do "chamado" – um dos aspectos da transcendência da espiritualidade no trabalho –, enquanto as duas últimas referem-se à "adesão", ou seja, à filiação, à conexão social. A busca pela sobrevivência espiritual – o chamado – (visão do propósito da vida e significado) e a associação (estar inserido em uma comunidade na qual se sinta compreendido e apreciado) são dois elementos interligados, universais e comuns à experiência humana, aponta o autor.

Na perspectiva da espiritualidade ocupacional como uma dimensão dos estudos e das práticas organizacionais, diversas evidências teóricas e empíricas têm sugerido a relação entre espiritualidade no trabalho e eficácia organizacional, espiritualidade e comprometimento, espiritualidade e saúde, espiritualidade e alinhamento com os valores da organização e espiritualidade e liderança (Rego; Souto; Pinha e Cunha, 2007, p. 29). Para esses autores, "[...] os seres humanos são racionais, mas também emocionais e espirituais". Portanto, as organizações que respeitam e nutrem as necessidades espirituais de seus empregados, apontam Rego, Souto e Pinha e Cunha (2007), possibilitam a eles experimentar um sentido de segurança psicológica e emocional, de se perceberem valorizados intelectual e espiritualmente e de experimentar sentidos de propósito, de autodeterminação, de alegria e de pertença como resultado da ligação afetiva que desenvolvem com a organização, o que os leva agir com reciprocidade, lealdade, esforço e produtividade.

Outras evidências, segundo Sendjaya (2007), foram identificadas, demonstrando que mesmo ainda sendo um grande desafio para as organizações abrir e manter espaços para o exercício da espiritualidade, considerando sua complexidade (Konz; Ryan, 1999), vale a pena o esforço empreendido (Fry; Vitucci; Cedillo, 2005). Este resulta em benefícios identificados e associados com a construção de um melhor estilo de liderança (Conger, 1994), aumento da criatividade das pessoas (Biberman; Whittey, 1997), maior eficiência do trabalhador e redução dos índices de absenteísmo e de *turnover* (Giacalone; Jurkiewicz, 2003), além da melhora no desempenho (Neck; Milliman, 1999) e na vantagem competitiva da organização (Mitroff; Denton, 1999).

Pesquisas na área da espiritualidade no trabalho ocupam cada vez mais espaço na literatura sobre estudos organizacionais, mas ainda podem ser interpretadas como em seu estado inicial se consideradas as características típicas de desenvolvimento de um paradigma, tais como a falta de compreensão clara e comum sobre seus limites conceituais, como aponta Sendjaya (2007). Além disso, diferentes abordagens têm sustentado os estudos sobre o tema. Heaton, Schmidt-Wilk e Travis (2004, p. 74) acreditam que

> pesquisar a espiritualidade nas organizações significa, primeiro, pesquisa subjetiva sobre o desenvolvimento pessoal e a transformação organizacional, e segundo, avaliação objetiva dos efeitos da espiritualidade sobre resultados que são de interesse de estudiosos e profissionais de gestão.

Heaton, Schmidt-Wilk e Travis (2004) apontam que a espiritualidade tem sido avaliada por meio de autorrelatos e de modificações no funcionamento fisiológico. Resultados revelam impressões de ausência de espaço, tempo e sentido do corpo, tranquilidade e ausência de todo tipo de limitação, alterações na taxa de respiração, na condução elétrica da pele, no nível de batimentos cardíacos e no padrão do eletrencefalograma. Assim, os autores salientam que esse tipo de prática está associado com o que denominam "desenvolvimento da espiritualidade".

Esse desenvolvimento, por sua vez, parece estar associado a modificações importantes em resultados de teste de inteligência, criatividade, percepção sensorial, auto-orientação, autorrespeito, personalidade, controle de impulsos, entre outras características pessoais (Heaton; Schmidt-Wilk; Travis, 2004). Medidas de bem-estar emocional também têm sido utilizadas para detectar efeitos do desenvolvimento espiritual, mas este tem sido mais frequentemente avaliado em termos de cinco dimensões de plenitude de vida: saúde, felicidade, sabedoria, sucesso e realização. No Quadro 11.2 são apresentados seus indicadores.

Heaton, Schmidt-Wilk e Travis (2004) indicam que o desenvolvimento da espiritualidade torna os trabalhadores mais resistentes ao estresse e aos seus efeitos, aumenta os comportamentos saudáveis, a qualidade do sono e o estado geral de saúde, eleva o nível de competências importantes para o sucesso na organização, melhora a coesão e a confiança entre membros de equipes, aumenta a paciência na convivência no trabalho, aprimora o controle emocional, melhora a qualidade de vida, reduz índices de absenteísmo e de dias de trabalho perdidos por causa da saúde precária ou de acidentes, diminui queixas dos clientes e aumenta o volume dos negócios, de ativos e de lucros.

MEDIDAS DE ESPIRITUALIDADE

A falta de consenso conceitual sobre espiritualidade no trabalho reflete-se em suas medidas. O estudo desse fenômeno ainda é muito recente, conforme já referido, e os desacordos conceituais permeiam também os instrumentos da sua medida. Adiante, serão expostas as principais medidas criadas pelos estudiosos do assunto.

A definição de espiritualidade no trabalho para Ashmos e Duchon (2000) envolve três componentes: vida interior, trabalho significante e senso de comunidade. A partir deles, os autores desenvolveram um instrumento para avaliá-los. Tais fatores foram analisados em três níveis: no primeiro, verificavam-se espiritualidade e trabalho como descrito pelos indivíduos; no segundo, os informantes descreviam o fenômeno referindo-se a sua unidade

QUADRO 11.2
Cinco dimensões e seus indicadores de desenvolvimento espiritual

Dimensão	Indicadores
Saúde	Comportamentos de saúde dos trabalhadores Estabilidade autonômica Níveis de condutibilidade da pele Saúde cardiovascular Pressão arterial Utilização de serviços médicos Internações hospitalares
Felicidade	Autoatualização Uso reduzido de substâncias Felicidade Estabilidade emocional
Sabedoria	Desenvolvimento do ego Pensamento de princípios morais Maturidade moral Motivação para intimidade Comportamentos de liderança
Sucesso	Produtividade Lucro Absenteísmo Satisfação do cliente Inteligência prática
Realização	Satisfação no trabalho Saúde psicológica Integração do cérebro

Fonte: Adaptado de Heaton, Schmidt-Wilk e Travis (2004).

de trabalho (setor), e, no terceiro, sua referência era a organização de trabalho. Resultados de análises fatoriais revelaram que sete fatores compunham o primeiro nível, ou a primeira parte:

- senso de comunidade (nove itens; Alfa de Cronbach = 0,86)
- trabalho significativo (cinco itens; Alfa de Cronbach = 0,86)
- vida interior (cinco itens; Alfa de Cronbach = 0,80)
- bloqueios à espiritualidade (seis itens; Alfa de Cronbach = 0,74)
- responsabilidade pessoal (dois itens; Alfa de Cronbach = 0,77)
- ligações positivas com outras pessoas (três itens; Alfa de Cronbach = 0,74)
- contemplação (dois itens; Alfa de Cronbach = 0,70)

A segunda parte (ou segundo nível) ficou composta por dois fatores:

- trabalho comunitário (oito itens; Alfa de Cronbach = 0,87)
- valores positivos de trabalho (seis itens e Alfa de Cronbach=0,91)

E, por fim, a terceira parte também ficou composta por dois fatores, totalizando 59 itens:

- alinhamento com os valores da organização (sete itens; Alfa de Cronbach = 0,93)
- indivíduo e organização (seis itens; Alfa de Cronbach = 0,84)

Das 11 dimensões identificadas por Ashmos e Duchon (2000), Millimam, Czaplewski e Ferguson (2003) consideraram três como as mais importantes para delimitar o conceito de espiritualidade no trabalho: atividade significativa, senso de comunidade e alinhamento com valores organizacionais. Utilizaram as subescalas de Ashmos e Duchon (2002) para avaliar o fenômeno e verificaram a validade dessa medida por meio de Análise Fatorial Confirmatória. Seus resultados identificaram índices adequados de ajuste desse modelo de três fatores. A fidedignidade foi averiguada pelo cálculo do Alfa de Cronbach; seus resultados revelaram bons índices (0,88, 0,91 e 0,94, respectivamente).

Sendjaya (2007) desenvolveu um instrumento para medir a liderança espiritual em sua pesquisa sobre comportamentos de liderança servil no ambiente organizacional. O autor defendeu que a liderança espiritual é formada por quatro dimensões: religiosidade, interconexão, sentido de missão e realização integral. Utilizou-se de entrevistas com executivos seniores de organizações australianas e analisou o teor delas por meio de análise de conteúdo com o auxílio de um programa de análises denominado NVivo. Sendjaya concluiu que os conteúdos podiam ser agrupados nas quatro dimensões teóricas.

Rego, Souto e Pinha e Cunha (2007) estudaram como as percepções dos indivíduos explicam o comprometimento organizacional afetivo, o normativo e o instrumental. Para eles, espiritualidade no trabalho é um construto formado por cinco dimensões:

1. sentido de comunidade na equipe
2. alinhamento do indivíduo com os valores da organização
3. sentido de préstimo à comunidade
4. alegria no trabalho
5. oportunidades para a vida interior

Para avaliar o fenômeno, os autores selecionaram itens obtidos do instrumento de Ashmos e Duchon (2000), apurado por Millimam, Czaplewski e Ferguson (2003), e desenvolveram outro a partir de estudo-piloto realizado com 23 membros organizacionais. Dessas fontes, surgiram 36 itens. Depois de excluírem itens redundantes e procederem à adaptação de outros à língua portuguesa, os autores obtiveram 19 itens. Coletadas as respostas dos participantes, os dados foram submetidos à Análise Fatorial dos principais componentes, com rotação *Varimax*; foi obtida uma solução de cinco fatores. Quatro deles apresentavam índices de fidedignidade entre 0,75 e 0,88, e o outro, de 0,66. Uma Análise Fatorial Confirmatória ratificou o modelo de cinco fatores com bons índices de ajuste; quatro deles mostravam Alfas de Cronbach maiores que 0,70, e para o quinto fator o Alfa foi de 0,68. Rego e colaboradores comentam que parte de seus resultados confirmam tal estrutura, mas acrescentam outros dois fatores não previstos por Millimam, Czaplewski e Ferguson (2003).

Apesar do crescente número de estudos e propostas de medidas da espiritualidade no trabalho, ainda é possível identificar a necessidade de continuar avançando nas pesquisas que possibilitem ampliar e sedimentar a identificação dos fatores que compõem esse construto, de maneira a compreender melhor como os indivíduos são sensíveis, reagem e posicionam-se quanto à espiritualidade no trabalho, assim como seus efeitos nas demais dimensões e fatores do comportamento organizacional.

A proposta deste capítulo é marcar uma contribuição nesse domínio apresentando um instrumento de medida da espiritualidade no trabalho que apresente adequadas propriedades de medição e validação do referido construto. Na próxima seção, serão relatadas a construção e a validação do Inventário de Espiritualidade no Trabalho (IET), contendo dois fatores: *trabalho como propósito de vida* e *senso de comunidade*, uma vez que, de acordo com os achados empíricos, são os fatores que permanecem mais estáveis nos estudos relatados aqui.

CONSTRUÇÃO E VALIDAÇÃO DO INVENTÁRIO DE ESPIRITUALIDADE NO TRABALHO (IET)

O conceito de espiritualidade no trabalho avaliado pelo IET compreende um estado mental positivo nutrido pelo indivíduo no ambiente organizacional, sendo composto por duas dimensões cognitivas: crenças de que o trabalho realizado oferece uma finalidade para a vida do indivíduo (*trabalho como propósito de vida*) e de que há pertencimento entre as pessoas no ambiente de trabalho (*senso de comunidade*).

A operacionalização do conceito de espiritualidade no trabalho na versão-piloto do IET foi feita ao serem elaboradas 37 frases (itens). O Quadro 11.3 mostra as duas dimensões do IET, suas definições, o número de itens elaborados para cada uma delas e, por fim, um exemplo de item.

Fizeram parte do primeiro estudo de validação fatorial do IET 191 trabalhadores residentes na cidade de São Paulo. As respostas foram dadas em uma escala de 5 pontos (1 – discordo totalmente; 2 – discordo; 3 – nem concordo nem discordo; 4 – concordo; 5 – concordo totalmente), permitindo a criação de um banco de dados eletrônico tratado por meio do Statistic Package of Social Sciences (SPSS), Versão 19.0.

Foram realizadas análises descritivas preliminares, como os Teste de Kaiser-Meyer-Olkin (KMO) e de Bartlett, e, posteriormente, solicitou-se a extra-

QUADRO 11.3
Nomes e definições das dimensões que compõem o conceito de espiritualidade no trabalho na versão-piloto do IET, número e exemplos de itens

Dimensão	Definição	Número de itens por dimensão	Exemplo de itens
Trabalho como propósito de vida	São convicções de que as tarefas realizadas contêm sentido para a vida e dão significado a ela.	17	Meu trabalho dá uma razão especial à minha vida.
Senso de comunidade	São convicções de que as relações sociais dentro da organização constituem experiências assentadas em percepções de pertencimento.	20	No meu setor existe espírito de solidariedade entre as pessoas.

IET – Inventário de Espiritualidade no Trabalho.
Fonte: os autores.

ção de fatores pelo método Principal Components (PC) e o *scree plot*, elaborado por meio do SPSS com os autovalores dos fatores extraídos. O critério para seleção de componentes foi autovalor maior ou igual a 2, e, para os itens, cargas maiores ou iguais a 0,45 (positiva ou negativa).

Os resultados das análises preliminares apontaram um KMO de 0,92, e o Teste de Bartlett produziu um Qui-quadrado igual a 4.513,32 (gl = 666; p < 0,01). Os dois componentes extraídos explicaram 47,16% da variância total, tendo autovalores de 13,649 (primeiro componente) e de 3,803 (segundo componente), provendo, respectivamente, explicações para a variância dos dados de 36,89 e 10,28%. O *scree plot* indicou dois fatores mais evidentes, e os demais se distribuíam em um contínuo formado por uma reta decrescente desenhada sobre 35 pontos próximos entre si, permitindo aceitar a hipótese de existirem, nos dados, dois componentes principais.

Nova Análise Fatorial Exploratória foi efetuada sobre os 37 do IET. Dessa vez, participaram 362 trabalhadores de empresas situadas nos estados de Minas Gerais e Santa Catarina. Todas as análises anteriores foram mantidas, alterando-se apenas o método de extração de fatores para Principal Axis Factoring (PAF) e incluindo-se o *Oblimin*, com delta igual a zero. Após as análises, um conjunto de oito itens não atendeu ao critério de carga fatorial (igual ou maior que 0,45) quando se inspecionou a matriz-padrão (*pattern matrix*), ficando retidos 29 itens. O primeiro fator ficou constituído por 14 itens, enquanto o segundo reteve outros 15, os quais detiveram cargas fatoriais variando de 0,47 a 0,89.

Ao final das Análises Fatoriais Exploratórias e dos cálculos dos índices de precisão, a versão completa do IET ficou com 29 itens distribuídos em dois fatores, denominados *senso de comunidade* (fator 1 com 14 itens; índice de precisão de Alfa de Cronbach = 0,94) e *trabalho como propósito de vida* (fator 2 com 15 itens; índice de precisão de Alfa de Cronbach = 0,93), conforme mostra o Quadro 11.4. O índice de precisão da escala completa, com 29 itens foi um Alfa de 0,93, considerado extremamente satisfatório, visto que Nunnally Jr. (1970), uma referência clássica em medidas, considera como valor crítico 0,70.

Versão reduzida do IET

Com vistas a apresentar aos leitores a versão reduzida do IET, foi realizada uma análise de correlação (*r* de Pearson) entre os dois fatores da versão completa, com os 29 itens (fator 1 com 14 itens e fator 2 com 25 itens), e os dois fatores de uma versão reduzida, com 10 (fator 1 com 5 itens e fator 2 com 5 itens). Para tanto, selecionaram-se cinco itens com maior carga fatorial em cada fator produzido pela rotação PAF e *Oblimin* na matriz-padrão, extração

QUADRO 11.4
Dimensões, definições, itens e índices de precisão das duas dimensões do IET em sua forma completa, com 29 itens

Dimensão	Definição	Itens	Índice de precisão
Senso de comunidade	Convicções de que as relações sociais dentro da organização constituem experiências assentadas em percepções de pertencimento.	1, 6, 8, 10, 11, 12, 14, 18, 19, 22, 24, 25, 27 e 29 (14 itens)	0,94
Trabalho como propósito de vida	Convicções de que as tarefas realizadas contêm sentido para a vida e dão significado a ela.	2, 3, 4, 5, 7, 9, 13, 15, 16, 17, 20, 21, 23, 26 e 28 (15 itens)	0,93
Inventário de Espiritualidade no Trabalho		29 itens	0,93

Fonte: os autores.

anteriormente descrita. Foram observados dois índices quase perfeitos de correlação entre os fatores 1 da versão completa e da reduzida ($r = 0,96$) e entre os fatores 2 da versão completa e da reduzida ($r = 0,94$). Os resultados apontaram dois coeficientes passíveis de serem interpretados como correlação positiva, significativa e alta, visto que Pallant (2007) aponta como fortes associações valores de r entre 0,50 e 1,0.

Ao se calcularem os índices de precisão dos dois fatores da versão reduzida (Quadro 11.5), obtiveram-se valores satisfatórios, tendo o fator *senso de comunidade* um Alfa de 0,89, e o fator *trabalho como propósito de vida*, de 0,87 (Quadro 11.3). O índice de precisão da versão reduzida, com 10 itens, foi um Alfa de 0,85. Portanto, a versão reduzida do IET pode ser reconhecida como uma alternativa de medida do construto espiritualidade no trabalho quando houver necessidade de uma ferramenta mais resumida e que detenha as qualidades observadas em sua versão completa.

Aplicação, apuração dos resultados e interpretação IET

O IET pode ser aplicado presencialmente ou por meio eletrônico. É importante assegurar ao respondente que suas respostas não irão lhe trazer prejuízo

QUADRO 11.5
Dimensões, definições, itens e índices de precisão das duas dimensões do IET em sua forma reduzida, com 10 itens

Dimensão	Definição	Itens	Índice de precisão
Senso de comunidade	Convicções de que as relações sociais dentro da organização constituem experiências assentadas em percepções de pertencimento.	1, 6, 8, 10 e 12 (cinco itens)	0,89
Trabalho como propósito de vida	Convicções de que as tarefas realizadas contêm sentido para a vida e dão significado a ela.	7, 9, 15, 16 e 28 (cinco itens)	0,87
Inventário de Espiritualidade no Trabalho		10 itens	0,85

Fonte: os autores.

no trabalho ou fora dele e que ele dispõe do tempo que julgar necessário para preencher. O aplicador pode optar pela forma completa, com 29 itens, ou pela reduzida, composta por 10 itens.

Caso opte pela primeira, antes de iniciar a apuração dos resultados, devem-se inverter os valores das respostas dadas ao item 22, fazendo a seguinte equivalência: resposta 1 passa a ser 5; 2 passa a ser 4; 3 permanece 3; 4 passa a ser 2; e 5 passa a ser 1.

Para apurar os resultados, somam-se os valores das respostas do respondente a cada item e divide-se pelo número de itens que compõem cada fator. Para isso, deve-se reportar ao Quadro 11.2 ou 11.3, conforme a versão escolhida.

Assim, se aplicada a forma completa, para apurar o fator 1 (senso de comunidade), primeiro é preciso inverter o valor da resposta ao item 22, de acordo com a explicação anterior. Depois, somam-se os valores das respostas aos itens 1, 6, 8, 10, 11, 12, 14, 18, 19, 22, 24, 25, 27 e 29 e divide-se o valor por 14. Se utilizada a reduzida, acrescentam-se os valores das respostas aos itens 1, 6, 8, 10 e 12 e divide-se o total por cinco. Assim, para ambas as formas, sempre serão obtidos dois resultados, denominados "escores médios", um para cada fator.

A interpretação de tais escores será feita tendo por base a escala de respostas. Assim, valores entre 4 e 5 indicam escore alto; entre 3 e 3,9, escore médio; e um valor entre 1 e 2,9, escore baixo de espiritualidade no trabalho.

Para interpretar o conteúdo psicológico que eles representam, recomenda-se atentar para os conteúdos dos itens que compõem o fator em análise a ater-se a eles, não os excedendo.

Outra recomendação importante é que o IET seja utilizado de acordo com as orientações deste capítulo, seguindo-se as instruções de aplicação, reproduzindo-se fielmente o conteúdo e o formato dos itens e utilizando-se a escala de respostas aqui apresentada. Alterações em qualquer desses elementos tornam inválidos os resultados obtidos.

INVENTÁRIO DE ESPIRITUALIDADE NO TRABALHO – IET-29

Abaixo estão algumas frases referentes ao seu trabalho atual. **INDIQUE O QUANTO VOCÊ CONCORDA OU DISCORDA DE CADA UMA DELAS.** Dê suas respostas anotando, nos parênteses que antecedem cada frase, aquele número (de 1 a 5) que melhor representa sua resposta.

1 Discordo totalmente	2 Discordo	3 Nem concordo nem discordo	4 Concordo	5 Concordo totalmente

1. ( ) No meu setor as pessoas são unidas.®
2. ( ) Meu trabalho ajuda-me a realizar a maioria dos meus sonhos.
3. ( ) Meu trabalho ajuda-me a ter uma vida melhor.
4. ( ) Meu trabalho amplia os horizontes de minha vida.
5. ( ) Meu trabalho aumenta minhas habilidades como pessoa.
6. ( ) No meu setor existe espírito de solidariedade entre as pessoas.®
7. ( ) Meu trabalho dá sentido à minha vida.®
8. ( ) No meu setor existe colaboração entre as pessoas.®
9. ( ) Meu trabalho dá uma razão especial à minha vida.®
10. ( ) No meu setor existe um ambiente tranquilo.®
11. ( ) No meu setor as pessoas se apoiam umas às outras para progredirem.
12. ( ) No meu setor há companheirismo.®
13. ( ) Meu trabalho é essencial para minha existência.
14. ( ) No meu setor respira-se um ar de cordialidade.
15. ( ) Meu trabalho é responsável por muitas vitórias que consegui na vida.®
16. ( ) Meu trabalho ilumina os meus dias.®
17. ( ) Meu trabalho me permite viver em paz.
18. ( ) No meu setor todos querem ajudar quando um tem problema.
19. ( ) No meu setor as pessoas mantêm laços de amizade entre elas.
20. ( ) Meu trabalho torna minha vida mais completa.
21. ( ) Meu trabalho traz tranquilidade para minha vida.
22. ( ) No meu setor existem intrigas entre as pessoas.
23. ( ) Meu trabalho traz harmonia para os meus dias.
24. ( ) No meu setor há ambiente para acolher cada um que ali trabalha.
25. ( ) No meu setor há respeito de um pelo outro.
26. ( ) Meu trabalho é parte importante da minha vida.

27. ( ) No meu setor pode-se dizer que "são todos por um e um por todos".
28. ( ) Meu trabalho faz minha vida ter mais significado.®
29. ( ) No meu setor existe um ambiente social agradável.

® Os 10 itens da versão reduzida.

REFERÊNCIAS

ASHMOS, D. P.; DUCHON, D. Spirituality at work: a conceptualization and measure. *Journal of Management Inquiry*, v. 9, n. 2, p. 134-145, 2000.

BENNIS, W. *On becoming a leader*: the leadership classic. New York: Basic Book, 2009.

BIBERMAN, J.; WHITTEY, M. A postmodern spiritual future for work. *Journal of Organizational Change Management*, v. 10, n. 2, p. 130-188, 1997.

CAVANAGH, G. F. Spirituality for managers: context and critique. *Journal of Organizational Change Management*, v. 12, p. 186-199, 1999.

CONGER, J. A. *Spirit at work*: discovering the spirituality in leadership. San Francisco: Jossey-Bass, 1994.

DIAS, L. C. O.; GARIN, N. C.; TIMM, E. Z. A espiritualidade na construção das condições de bem-estar na docência. *Ciência em Movimento*, v. 8, n. 26, 2011.

FAIRHOLM, G. W. *Capturing the heart of leadership*: spirituality and community in the new American workplace. Westport: Praeger, 1997.

FAIRHOLM, G.W. *Perspectives on leadership*: from the science of management to its spiritual heart. Westport: Quorum, 1998.

FRY, L. W. Toward a theory of spiritual leadership. *The Leadership Quarterly*, v. 14, n. 6, p. 693-727, 2003.

FRY, L.W.; VITUCCI, S.; CEDILLO, M. Spiritual leadership and army transformation: theory, measurement, and establishing a baseline. *The Leadership Quarterly*, v. 16, n. 5, p. 835-862, 2005.

GIACALONE, R. A.; JURKIEWICZ C. L. The handbook of workplace spirituality and organizational performance. New York: M. E. Sharpe, 2003.

HAWLEY, J. *O redespertar espiritual no trabalho*: o poder do gerenciamento dharmico. Rio de Janeiro: Record, 1995

HEATON, D. P.; SCHMIDT-WILK, J.; TRAVIS, F. T. Constructs, methods, and measures for researching spirituality in organizations. *Journal of Organizational Change Management*, v. 17, n. 1, p. 62-82, 2004.

HOWARD, S. A spiritual perspective on learning in the workplace. *Journal of Managerial Psychology*, v. 17, n. 3, p. 230-242, 2002.

KING, U. Spirituality. In: HINNELLS, J. R. (Ed.). *A new handbook of living religions*. London: Penguin, 1997.

KONZ, G. N. P.; RYAN, F. X. Maintaining an organizational spirituality: no easy task. *Journal of Organizational Change Management*, v. 12, n. 3, p. 200-210, 1999.

KUNDE, J.; CUNNINGHAM, B. *Corporate religion*. London: Financial Times Management, 2000.

MILLIMAN, J.; CZAPLEWSKI, A. J.; FERGUSON, J. Workplace spirituality and employee work attitudes: an exploratory empirical assessment. *Journal of Organizational Change Management*, v. 16, n. 4, p. 426-447, 2003.

MITROFF, I. I.; DENTON, E. A. *A Spiritual audit of corporate America a hard look at spirituality, religion and values in the workplace*. San Francisco: Jossey-Bass, 1999.

NECK, C.; MILLIMAN, J. Thought self-leadership: finding spiritual fulfilment in organizational life. *Journal of Managerial Psychology*, v. 9, p. 9-16, 1999.

NUNNALLY JR., J. C. *Introduction to psychological measurement*. New York: McGraw-Hill, 1970.

PALLANT, J. *SPSS survival manual*: a step by step guide to data analysis using SPSS for windows. 3rd ed. Berkshire: Open University, 2007.

PFEFFER, J. Business and spirit: management practices that sustain values. In: GIACALONE, R. A.; JURKIEWICZ, C. L. (Ed.). *The handbook of workplace spirituality and organizational performance*. New York: M. E. Sharpe, 2003.

PINTO, C.; PAIS-RIBEIRO, J. L. Construção de uma escala de avaliação da espiritualidade em contextos de saúde. *Arquivos de Medicina*, v. 21, n. 2, p. 47-53, 2007.

REGO, A.; SOUTO, S.; PINHA E CUNHA, M. Espiritualidade nas organizações, positividade e desempenho. *Comportamento Organizacional e Gestão*, v. 13, n. 1, p. 7-36, 2007.

SENDJAYA, S. Conceptualizing and measuring spiritual leadership in organizations. *International Journal of Business and Information*, v. 2, n. 1, p. 104-126, 2007.

SIQUEIRA, D. E. O labirinto religioso ocidental: da religião à espiritualidade: do institucional ao não convencional. *Sociedade e Estado*, v. 23, p. 425-462, 2008.

LEITURAS COMPLEMENTARES

ALEXANDER, C. N.; ROBINSON, P.; RAINFORTH, M. Treating and preventing alcohol, nicotine, and drug abuse through transcendental meditation: a review and statistical meta-analysis. *Alcoholism Treatment Quarterly*, v. 11, n. 1-2, p.13-88, 1994.

CONGER, J. A.; KANUNGO, R. Toward a behavioural theory of charismatic leadership in organizational settings. *The Academy of Management Review*, v. 12, p. 637-647, 1987.

PIERCE, G. F. A. *Espiritualidade no trabalho*: maneiras de equilibrar sua vida profissional. São Paulo: Venus, 2006.

REGO, A.; PINHA E CUNHA, M.; SOUTO, S. Espiritualidade nas organizações e comprometimento organizacional. *ERA-eletrônica*, v. 6, n. 2, jul./dez. 2007.

ROST, J. C. *Leadership for twenty-first century*. New York: Praeger, 1991.

SCHMIDT-WILK, J. et al. Higher education for higher consciousness: Maharishi University of Management as a model of spirituality in management education. *Journal of Management Education*, v. 25, n. 5, p. 580-611, 2000.

SCHMIDT-WILK, J. et al. Introduction of the transcendental meditation program in a Norwegian top management team. In: GLASER, B. G. (Ed.). *Grounded theory*: 1984-1994. Mill Valley: Sociology, 1995. p. 563-587.

12

Florescimento no trabalho

Helenides Mendonça
António Caetano
Maria Cristina Ferreira
Ivone Félix de Sousa
Ana Junça Silva

Na perspectiva do comportamento organizacional positivo, o termo "florescimento" refere-se a uma situação de prosperidade, de desenvolvimento e a um estado progressivo de satisfação e bem-estar no contexto do trabalho. Na Botânica, que remete à origem do termo, seu significado está associado à concepção de desabrochar, aflorar, brotar, desenvolver e florescer, pois se refere ao aparecimento de flores em uma planta ou à época em que elas brotam.

Estudos têm sugerido que o florescimento emerge como resultado da proeminência dos afetos positivos sobre os negativos, o que é especialmente relevante para o ajuste emocional, assim como para a saúde geral das pessoas (Diehla; Haya; Bergb, 2011; Diener et al., 2010; Diener; Chan, 2011; Silva; Caetano, 2011). Diehla, Haya e Bergb (2011) argumentam que para se estabelecer um estado psicológico que favoreça o florescimento é necessário que o indivíduo vivencie três vezes mais afetos positivos do que negativos, demonstrando que os estados emocionais positivos possibilitam distinguir os indivíduos que florescem.

A investigação sobre o florescimento no trabalho é recente e tem sido amparada por alguns estudos (Bakker; Schaufeli, 2008; Bono; Davies; Rasch, 2011; Fredrickson; Losada, 2005; Harter; Schmidt; Keyes, 2003) desenvolvidos no âmbito da Psicologia Positiva, que procura compreender as experiências favoráveis vivenciadas em diferentes domínios da atividade dos indivíduos, incluindo, naturalmente, o contexto de trabalho.

Embora seja importante não perder de vista a perspectiva holística sobre as experiências e os afetos positivos das pessoas, este capítulo foca essencialmente o componente do florescimento e, de forma específica, a área do trabalho. De fato, a satisfação com o desempenho profissional constitui um dos domínios importantes para uma vida saudável, dada a centralidade que o trabalho ocupa na vida das pessoas. As condições de emprego e de exercício profissional afetam o nível de satisfação individual e podem contribuir para o progresso e o desenvolvimento dos trabalhadores, assim como para sua saúde. Se a inatividade, forçada por motivos de desemprego, afeta negativamente o trabalhador, também o excesso de trabalho e o conflito trabalho-família costumam estar associados a emoções negativas e a graus relativamente baixos de felicidade ainda que as condições econômicas sejam favoráveis (Argyle, 2001; Diener, 2000 ; Kashdan, 2004). Nesse sentido, o trabalho é um dos mais importantes bens na vida do ser humano, por ser um espaço que possibilita envolvimento (com colegas, trabalho e organização), vivência de relações sociais satisfatórias, trocas sociais favoráveis, desenvolvimento de competências, otimismo em relação ao futuro, propósito e significado na vida. Em conjunto, todos esses "bens" possíveis de se adquirir no e pelo trabalho caracterizam o florescimento.

O florescimento seria alcançado quando as pessoas experimentassem um alto grau de propósito, significado, otimismo, competência e satisfação com sua própria vida (Diener et al., 2010). Esses componentes, que fazem parte dos diferentes domínios da vida, incluindo o trabalho, podem sofrer influência de múltiplos determinantes, entre os quais a hereditariedade, a personalidade e os recursos ambientais (Diener et al., 1999).

A perspectiva do florescimento – *flourishing* – é baseada nas teorias humanísticas que abordam as exigências psicológicas, como as necessidades por competência, afinidade e autoaceitação. De acordo com Diener e Chan (2011), as principais características de uma boa vida, e, por conseguinte, uma vida em florescimento, incluem a felicidade, a saúde e a longevidade. Nessa perspectiva, o florescimento pode ser compreendido como a síndrome dos sentimentos positivos e do funcionamento positivo no trabalho.

Para Bono, Davies e Rasch (2011), o florescimento no trabalho está relacionado à prosperidade, à felicidade, ao engajamento, à automotivação, ao sucesso e à aprendizagem. A definição desses autores coaduna em parte com a de prosperidade no trabalho, estabelecida por Spreitzer e colaboradores (2005), ao abordar as experiências de vigor, entusiasmo e aprendizagem, mas avança no conceito ao incluir a felicidade, as emoções positivas e o engajamento.

Carver e Connor-Smith (2010) advertem que em algumas atividades profissionais ocorre mais desgaste psicológico, o que dificulta o florescimento e a saúde. Em que pesem tais dificuldades, a compreensão desse construto revela-se vital para as organizações, na medida em que pode colaborar em muito para a efetividade organizacional, possibilitando, por exemplo, ações relacionadas aos processos de trabalho que minimizem tais desgastes.

A Escala de Florescimento no Trabalho (EFLOT) apresentada neste capítulo está diretamente relacionada à autoimagem que o trabalhador tem a respeito de suas competências, seu envolvimento e sua contribuição para o desenvolvimento das atividades laborais. Abarca o sentimento de que é respeitado pela atividade que desenvolve e de que esta possibilita a ele ser uma pessoa melhor e ter uma vida satisfatória. O florescimento no trabalho envolve, ainda, o relacionamento interpessoal com colegas, a competência profissional e o otimismo acerca do futuro profissional.

A EFLOT foi adaptada e validada para o contexto do trabalho no Brasil pelos autores deste capítulo a partir das medidas de *flourishing* desenvolvidas por Diener e colaboradores (2010). A versão em língua portuguesa dessas medidas foi validada por Silva e Caetano (2011). A EFLOT pode ser útil para o desenvolvimento de estudos empíricos e diagnósticos organizacionais sobre a saúde e o bem-estar dos trabalhadores.

ADAPTAÇÃO E VALIDAÇÃO DA ESCALA DE FLORESCIMENTO NO TRABALHO (EFLOT)

A Escala de Florescimento (Flourishing Scale) foi originalmente construída por Diener e colaboradores (2010), sendo composta por oito itens e apresentando boas propriedades psicométricas, com Alfa de Cronbach superior a 0,80. A análise fatorial revelou um fator com *eigenvalue* de 4,24, que explicava 53% da variância. A validade convergente demonstrou que a Flourishing Scale correlacionava-se fortemente com outras medidas de bem-estar, como com a Escala de Satisfação de Necessidades Básicas e com as escalas de Ryff sobre bem-estar psicológico e satisfação com a vida.

A tradução, a adaptação semântica e a validação dos itens da Flourishing Scale para a língua portuguesa foram feitas por Silva e Caetano (2011). Os autores aplicaram a escala em duas amostras portuguesas e em ambas encontraram um fator com *eigenvalue* superior a 1,0. Os coeficientes de preção apresentam Alfa de Cronbach que varia de 0,78 (amostra 2) a 0,83 (amostra 1).

A escala desenvolvida por Diener e colaboradores (2010) e validada para a língua portuguesa por Silva e Caetano (2011) não tem como foco o florescimento no trabalho. Entretanto, esses dois estudos foram a base utilizada pelos autores deste capítulo para adaptar e realizar a validação fatorial da EFLOT, que direciona a investigação do construto para o contexto do trabalho. Para tal, utilizou-se como estímulo para a emissão das respostas as situações específicas vivenciadas no ambiente laboral. Os itens da escala retratam aspectos importantes do funcionamento humano, como os relacionamentos positivos e os sentimentos de competência, que trazem significado e propósito ao trabalho.

A escala é composta por oito itens, dispostos em uma escala de 7 pontos (1 – discordo completamente; 2 – discordo em grande parte; 3 – discordo; 4 – nem concordo, nem discordo; 5 – concordo; 6 – concordo em grande parte; 7 – concordo completamente), segundo o grau de concordância com cada uma das situações apresentadas. Ela foi aplicada a uma amostra de 536 trabalhadores brasileiros, pertencentes a diferentes setores e organizações.

A análise fatorial pelo método Principal Axis Factoring (PAF) revelou que a matriz é fatorável (Teste de Kaiser-Meyer-Olkin [KMO] = 0,881) com apenas um fator em sua estrutura, explicando 50,54% da variância total das respostas, com cargas fatoriais variando de 0,40 a 0,75 e coeficiente de fidedignidade Alfa de Cronbach de 0,85.

Aplicação, apuração dos resultados e interpretação da EFLOT

A aplicação da EFLOT pode ser feita de forma individual ou coletiva. Deve ser assegurado um ambiente tranquilo e confortável para a aplicação da escala, lembrando-se de que não há limite de tempo estipulado para a aplicação.

A EFLOT é composta por oito itens relativos ao funcionamento humano positivo que se estruturam em um único fator. Para a análise dos resultados, devem-se somar as pontuações atribuídas a cada um dos itens. Nenhum dos itens é codificado inversamente. A soma dos escores pode variar de 8, que significa forte discordância sobre todos os itens, a 56, que representa forte concordância com todos os itens da medida. Um alto escore na EFLOT significa que os respondentes têm uma autoimagem positiva em relação a aspectos de seu trabalho associados ao suporte social, ao interesse e à contribuição ativa para o correto andamento das atividades e do bem-estar comum dos atores organizacionais, assim como para o sentimento de competência e capacidade para o bom exercício profissional. Além disso, os trabalhadores com alto escore nessa escala têm o sentimento de que, por intermédio do trabalho, podem obter uma boa vida e ser pessoas melhores, além de se tornarem mais otimistas em relação ao futuro, vislumbrando uma vida com propósito e significado.

ESCALA DE FLORESCIMENTO NO TRABALHO – EFLOT

Assinale agora, por favor, em que medida discorda ou concorda com cada uma das afirmações abaixo:

1 Discordo completamente	2 Discordo em grande parte	3 Discordo	4 Nem concordo, nem discordo	5 Concordo	6 Concordo em grande parte	7 Concordo completamente

1. Em meu trabalho, as minhas relações sociais me dão suporte e são recompensadoras.	1	2	3	4	5	6	7
2. Em meu trabalho, estou envolvido(a) e interessado(a) nas atividades diárias que executo.	1	2	3	4	5	6	7
3. Em meu trabalho, contribuo ativamente para a felicidade e o bem-estar dos outros.	1	2	3	4	5	6	7
4. Em meu trabalho, sou competente e capaz de fazer as atividades que são importantes para mim.	1	2	3	4	5	6	7
5. O meu trabalho contribui para que eu seja uma boa pessoa e viva uma boa vida.	1	2	3	4	5	6	7
6. O meu trabalho contribui para que eu seja otimista acerca do meu futuro.	1	2	3	4	5	6	7
7. O meu trabalho contribui para que eu leve uma vida com propósito e com significado.	1	2	3	4	5	6	7
8. Em meu trabalho, as pessoas me respeitam.	1	2	3	4	5	6	7

REFERÊNCIAS

ARGYLE, M. *The psychology of happiness*. London: Routledge, 2001.

BAKKER, A. B.; SCHAUFELI, W. B. Positive organizational behavior: engaged employees in flourishing organizations. *Journal of Organizational Behavior*, v. 29, p. 147-154, 2008.

BONO, J. E.; DAVIES, S. E.; RASCH, R. L. Some traits associated with flourishing at work. In: CAMERON, K. S.; SPREITZER, G. M. (Ed.). *Oxford handbook of positive organizational scholarship*. New York: Oxford University, 2011.

CARVER, C. S.; CONNOR-SMITH, J. Personality and coping. *Annual Review of Psychology*, v. 61, p. 679-704, 2010.

DIEHLA, M.; HAYA, E. L.; BERGB, K. M. The ratio between positive and negative affect and flourishing mental health across adulthood. *Aging & Mental Health*, v. 15, n. 7, p. 882-893, 2011.

DIENER, E. Subjective well-being, the science of happiness and a proposal for a national index. *American Psychologist*, v. 55, n. 1, p. 34-43, 2000.

DIENER, E. et al. Subjective well-being: three decades of progress. *Psychological Bulletin*, v. 125, p. 276-302, 1999.

DIENER, E. et al. New well-being measures: short scales to assess flourishing and positive and negative feelings. *Social Indicator Research*, v. 97, p. 143-156, 2010.

DIENER, E.; CHAN, Y. Happy people live longer: subjective well-being contributes to health and longevity. *Applied Psychology:* Health and Well-being, v. 3, p. 1-43, 2011.

FREDRICKSON, B. L.; LOSADA, M. F. Positive affect and the complex dynamics of human flourishing. *American Psychologist*, v. 60, p. 678-686, 2005.

HARTER, J. K.; SCHMIDT, F. L.; KEYES, C. L. M. Well-being in the workplace and its relationship to business outcomes: a review of the Gallup studies. In: KEYES, C. L. M.; HAIDT, J. (Ed.). *Flourishing*: positive psychology and the life well-lived. Washington: American Psychological Association, 2003. p. 205-224.

KASHDAN, T. B. The assessment of subjective well-being. *Personality and Individual Differences*, v. 36, p. 1225-1232, 2004.

SILVA, A. J.; CAETANO, A. Validation of the flourishing scale and scale of positive and negative experience in Portugal. *Social Indicators Research,* v. 110, n. 2, p. 1-10, 2011.

SPREITZER, G. et al. A socially embedded model of thriving at work. *Organization Science*, v. 16, p. 537-549, 2005.

13
Gerenciamento de impressões nas organizações

Anderson Magalhães Lula
Ricardo Mendonça

Tem crescido o interesse de pesquisadores em relação ao entendimento do processo por meio do qual os indivíduos, em situações sociais, buscam controlar o ambiente, seu modo de vestir e até seus gestos, no sentido de corresponder às expectativas de seus observadores e às imagens que eles buscam criar ou manter. Esse processo tem sido denominado *"gerenciamento de impressões"* (GI). Segundo Rosenfeld, Giacalone e Riordan (1995), estudos sobre o GI podem ser encontrados nos campos da sociologia, da psicologia social, do comportamento organizacional, da comunicação, da ciência política, para citar apenas alguns.

Os pressupostos teóricos do GI advieram do interacionismo simbólico. Este representa uma das principais escolas do pensamento da sociologia e tem como característica incorporar a reflexividade, que está associada ao caráter reflexivo da razão, na análise da ação (Mead, 1934). O interacionismo simbólico foi assimilado posteriormente pelo pensamento sociológico e por parte do pensamento da Psicologia Social, sendo, assim, representado de forma ampla nos estudos sobre o cotidiano e também ao se pesquisar a interação face a face (Giddens, 1997). Essa abordagem sociológica do ser humano propõe que é por meio da interação e do desenvolvimento de significados compartilhados (simbologia) que os indivíduos se conduzem no mundo social.

A "interação simbólica" refere-se ao caráter peculiar e distinto de interação, como acontece entre os seres humanos. A peculiaridade consiste no fato de que os seres humanos interpretam ou "definem" as ações de cada um em vez de reagirem a essas ações. Sua "resposta" não é dada diretamente para as ações do outro; é baseada no significado que atribuem a tais ações (Santos,

2008). Assim, a interação humana é mediada pelo uso de símbolos, por interpretação ou por inquirir o significado de ações uns dos outros. Tal mediação é equivalente à inserção de um processo de interpretação entre estímulo e resposta no caso de comportamento humano (Blumer, 1969).

Um dos pressupostos para a abordagem apresentada no interacionismo simbólico resultou dos escritos de Cooley (1902), quando é apresentada a ideia de que os sentimentos das pessoas quanto a si próprias são socialmente determinados. Ele usou a expressão "o eu na lente do outro" (*looking-glass self*) para descrever o fenômeno que ocorre quando as pessoas imaginam como elas parecem aos olhos do outro, o que culmina em um sentimento bom ou ruim, dependendo do resultado percebido nesse processo.

Mead (1934) estendeu as ideias de Cooley (1902) e ampliou a discussão sobre essa perspectiva pressupondo a imagem pessoal aos olhos dos outros como a base para o desenvolvimento do indivíduo. As teorias do interacionismo simbólico colocam grande ênfase na capacidade de imaginar como os indivíduos parecem aos olhos dos demais; em outras palavras, nas impressões. Mendonça (2003, p. 61) define o termo impressão como

> [...] uma ideia, um sentimento ou uma opinião que o indivíduo tem sobre alguém ou algo, ou que alguém ou algo transmite ao indivíduo; podendo ainda significar o efeito que uma experiência ou que uma pessoa tem sobre alguém ou algo.

Os sociólogos foram os primeiros a desenvolver a teoria sobre como as pessoas tentam moldar as impressões formadas por outros. Foi o sociólogo Goffman (1959) quem marcou o início dessa corrente de pesquisa, ao conceituar esse fenômeno como "gerenciamento de impressões" (*impression management*). Segundo ele, quando o comportamento é público, normalmente há alguma razão para os indivíduos controlarem suas atividades a fim de que as imagens exibidas aos demais sejam associadas aos interesses pessoais do que deve ser expresso. O fenômeno ocorreria, então, em todas as fases das relações sociais, desde o primeiro contato até as relações de longo prazo.

A obra de Goffman, especialmente *The Presentation of Self in Everyday Life* (1959), exemplifica a tradição do interacionismo simbólico e as contribuições seminais para o estudo do GI. A interpretação interacionista, segundo o autor, apresenta a força das situações sociais na origem e na manutenção de desempenhos e considera o *self* no seu aspecto de sujeito ativo – o indivíduo observa seu próprio comportamento, mas também o conduz e o guia, modelando as imagens de si que são percebidas pelos outros (Goulart; Bregunci, 1990).

A metáfora teatral foi apresentada por Goffman (1959) com o propósito de estabelecer um paralelo entre as situações sociais e o palco, no qual os atores desempenham diferentes papéis. Ele pretende demonstrar que os elementos de natureza privada ou particular dos indivíduos são regulados pela questão social. Utiliza ostensivamente o conceito de ator, reportando-se à metáfora teatral, para mais explicitamente remeter para o desempenho de um papel social com o objetivo de impressionar uma plateia. Por meio dessa metáfora, o autor busca explicar as razões pelas quais todo homem, em qualquer situação social, apresenta-se diante de seus semelhantes tentando dirigir e dominar as impressões que se possam ter dele, empregando certas técnicas para sustentação de seu desempenho, tal qual um ator que representa um personagem diante do público.

A perspectiva dramatúrgica tem sido observada em diversos contextos sociais, que incluem, por exemplo, a sociologia política, na qual é apresentada a relação entre o teatro e a sociologia (Teixeira, 1998).

O GI foi introduzido na literatura da Psicologia por Jones (1964), em sua tentativa de apresentar uma teoria de estratégias que fazem o indivíduo ser apreciado. Como psicólogo social, estava interessado na interação social e na percepção interpessoal. Seus primeiros trabalhos sobre insinuação despertaram interesse no campo de estudo do GI. Assim, ele usou algumas ideias de Heider (1958) e também de Goffman (1959) sobre a interação social, mas sua abordagem metodológica foi diferente da de ambos. Ele adotou uma abordagem experimental, testando sua hipótese em pesquisas que forneceram evidências empíricas sobre o tema. Seus estudos sobre o GI desempenharam papel fundamental no reconhecimento da importância do assunto para os psicólogos.

Vale ressaltar que, em contraste com a abordagem sociológica apresentada por Goffman (1959), a Psicologia Social tem focado seus estudos no indivíduo e na percepção individual a respeito da situação. Nessa perspectiva, o GI seria caracterizado pela preocupação das pessoas com a maneira como são percebidas pelos demais, a sensibilidade para o pessoal, as expectativas dos outros e a preparação de comportamentos visando criar uma imagem desejada na impressão destes.

Subsequente às ideias introduzidas por Goffman sobre o GI, psicólogos sociais como Edward E. Jones e Barry R. Schlenker conceberam métodos experimentais para o estudo do fenômeno do GI.

O texto de Jones e Pittman (1982), *Toward a General Theory of Strategic Self-Presentation*, é um marco no processo de categorizar as estratégias utilizadas no GI. Sua taxonomia consiste em cinco estratégias que podem ser utilizadas pelo indivíduo ao gerenciar sua impressão: insinuação, autopromoção, exemplificação, intimidação e suplicação.

A *insinuação* pode ser definida como os comportamentos que as pessoas apresentam a fim de serem apreciadas (Jones, 1990). Essa estratégia envolve fazer elogios ou favores a superiores e colegas na expectativa de que eles se sintam obrigados a dar algum tipo de retorno (Vecchio; Appelbaum, 1995). O uso da insinuação nas organizações ocorre por uma razão principal: quando utilizada com habilidade, ela funciona. Entretanto, quando mal ou excessivamente utilizada, é provável que o resultado provoque desdém por parte dos colegas de trabalho.

A *autopromoção* está relacionada aos comportamentos do ator que o apresentam como altamente competente, com atenção para certas habilidades ou aptidões. Tendo em vista que os ambientes de trabalho exigem níveis mais elevados de competência, os indivíduos, competentes ou não, devem trabalhar no sentido de serem vistos como competentes. Para isso, eles buscam projetar uma imagem de competência desejável, possivelmente usando essa estratégia de GI (Rosenfeld; Giacalone; Riordan, 1995).

Na *exemplificação*, os atores adotam comportamentos que os fazem parecer como funcionários-modelo, indo além das exigências do trabalho. Nesse caso, os comportamentos do ator são desempenhados no intuito de ser percebido como confiável do ponto de vista moral.

A *intimidação* pode ser considerada uma resposta emocional a um ambiente ameaçador. Seria utilizada para criar uma imagem de perigo (Jones, 1990). Assim, apesar de seu uso apresentar resultados positivos para o indivíduo que a aplica, estes podem ser bastante negativos para o outro (Harris et al., 2007).

A *suplicação* seria a única estratégia na qual o indivíduo explora uma fraqueza que apresenta a fim de alcançar a autoimagem desejável de uma pessoa necessitada. É também a única estratégia de GI que acaba por esconder a real capacidade dos indivíduos dentro de uma organização, sendo contrária à autopromoção (Lai; Lam; Liu, 2009).

O indivíduo pode gerenciar sua impressão de diferentes formas, como, por exemplo, por meio do que faz, da forma como faz, daquilo que diz, da aparência pessoal, do modo como configura (arruma) seu ambiente e o material escolhido para mobiliá-lo, além das expressões não verbais que costuma usar. Esses aspectos e comportamentos indicam muito do que e de quem o indivíduo é (Rosenfeld et al., 1995), o que contribui significativamente para a formação da imagem percebida pelos outros.

Em contrapartida, a maneira como as pessoas são percebidas na vida é bastante afetada pelas impressões que os outros fazem delas. As consequências sociais e materiais de ser encarado de forma positiva, como competente, simpático, ético e atraente, por exemplo, diferem muito dos resultados de ser visto de forma negativa (Leary et al., 1994).

A aplicação dos conceitos de GI no contexto organizacional é feita, inicialmente, pelos trabalhos de Gardner e Martinko (1988), fazendo uso dos pressupostos trazidos por Goffman, nos quais os empregados são vistos como atores nas organizações, preocupados em criar uma imagem apropriada para o contexto. Para isso, os indivíduos se envolvem em comportamentos que incidem sobre a valorização das relações com os demais e no reforço da percepção dos outros sobre suas competências e habilidades (Barsness; Diekmann; Seidel, 2005). Participar das organizações é, também, algo que envolve a criatividade do indivíduo na gestão de suas ações e na compreensão do processo social e individual em que está inserido (Brown; Jones, 2000).

Pesquisadores e profissionais das organizações cada vez mais têm reconhecido a importância do GI como modelo explicativo para uma ampla gama de fenômenos organizacionais (Giacalone; Rosenfeld, 1989). Bozeman e Kacmar (1997) destacam que pesquisas indicam que uma parte significativa dos comportamentos dos indivíduos nas organizações é motivada pelo interesse em gerenciar impressões, isto é, pelo desejo de ser percebido de determinados modos pelos colegas.

Schlenker (1980) considera o fenômeno do GI uma parte central da natureza da interação social e, assim, afirma ser inconcebível discutir relações interpessoais sem empregar o conceito. As pessoas afetam seus próprios resultados por intermédio da tentativa de influenciar as impressões que os outros formam delas. Por meio do discurso e das ações, um indivíduo deixa impressões nos demais, os quais o tratam de acordo com as impressões formadas. Controlá-las é uma forma de controlar as ações dos outros, as quais, em contrapartida, afetam nossos próprios resultados, para melhor ou para pior.

Na perspectiva de Goffman (1959, p. 23), a interação pode ser entendida como "[...] a influência recíproca dos indivíduos sobre as ações uns dos outros, quando em presença física imediata [...]". Sobre a interação social, destaca-se ainda o fato de que os indivíduos apreendem os significados e relacionam-se com os outros por meio de esquemas tipificados, papéis sociais, *scripts* e códigos de conduta. Os papéis regulam a interação entre os indivíduos e fornecem-lhes expectativas recíprocas, tendo em vista os diversos contextos sociais que vivenciam em seu cotidiano (Berger; Luckmann, 2006).

Rosenfeld, Giacalone e Riordan (1995) consideram o GI uma característica universal do comportamento humano, por meio da qual as pessoas constantemente tentam comunicar, transmitir imagens e identidades desejadas para outros indivíduos que sejam relevantes. Sob tal perspectiva, assume-se que as pessoas empreendem o GI de maneira que ele propicie a realização de seus objetivos e metas, tanto individualmente quanto como membros de grupos e organizações. Segundo os autores, as pessoas gerenciam as impressões de muitas maneiras – seja no que fazem, como fazem, no que dizem, como dizem, na mobília e no arranjo de escritórios, além de na aparência física, como nas roupas e maquiagem usadas, e de nos comportamentos não verbais, tais como expressões faciais e postura. Todos esses comportamentos, de algum modo, podem ajudar a definir quem e o que somos. Eles transmitem uma identidade e o que queremos e esperamos das outras pessoas.

Observa-se que, na literatura especializada, o GI tem muitas conceituações. Entretanto, conforme Jones e Pittman (1982), a maioria dos autores concorda que, ao gerir as impressões, um indivíduo molda seus comportamentos para criar, nos outros, uma impressão que é, por uma razão ou outra, desejada por ele. Na tentativa de sintetizar os variados conceitos de GI e integrar seus níveis de análise, Mendonça e Gonçalves (2004) o definem

> Como todas as atividades que um ator social (indivíduo, grupo ou organização) desenvolve no sentido de influenciar o modo como os outros o veem, visando à criação de uma imagem social desejada.

É importante salientar uma das dimensões do GI – a autenticidade (Gardner; Martinko, 1988). Ela corresponde ao grau no qual os comportamentos do indivíduo são consistentes com seu autoconceito. Goffman (1959) deixou claro que um comportamento de GI pode consistir em autoconvicção ou em manifestações de autodescrença, ou seja, uma pessoa pode apresentar o que ela crê serem identidades autênticas ou, por outro lado, empenhar-se em comportamentos desonestos. No último caso, o indivíduo pode mentir para criar uma identidade que ele acredita ser verdadeira ou pode fingir para reivindicar identidades não autênticas (Tedeschi; Riess, 1981). Se os observadores perceberem que a impressão transmitida é falsa, o indivíduo pode perder sua credibilidade (Schlenker, 1980).

Cooper e Argyris (2003) salientam que a visão do GI como algo intrinsecamente falso vem diminuindo aos poucos. O pensamento atual entre a maioria dos teóricos é de que os comportamentos de GI constituem, com frequência, aspectos sinceros dos comportamentos social e organizacional.

Neste capítulo, será apresentado o processo de adaptação e validação para o contexto brasileiro do Inventário de Gerenciamento de Impressões nas Organizações (IGIO-5), originalmente construído e validado por Bolino e Turnley (1999).

ADAPTAÇÃO E VALIDAÇÃO DO INVENTÁRIO DE GERENCIAMENTO DE IMPRESSÕES NAS ORGANIZAÇÕES (IGIO-5)

O processo de GI nas organizações compreende os comportamentos usados com o propósito de influenciar a forma como o indivíduo é percebido pelos demais participantes da empresa na qual trabalha (Rosenfeld; Giacalone; Riordan, 1995; Wayne; Liden, 1995).

Assim, o IGIO-5 tem por objetivo medir os comportamentos empregados pelos indivíduos para gerenciar suas impressões nas organizações mediante o uso de cinco estratégias: autopromoção, insinuação, exemplificação, intimidação e suplicação. Cada uma delas apresenta imagens procuradas, possíveis imagens negativas atribuídas e emoções distintas que podem vir a ser despertadas, como apresentado no Quadro 13.1.

Elaborado originalmente em língua inglesa por Bolino e Turnley (1999), o inventário é composto por 22 itens estruturados em sentenças simples e respondidos em uma escala de frequência de 5 pontos. A escala apresenta os seguintes extremos: 1 – nunca e 5 – sempre. Originalmente, foi construída tendo por base a taxonomia proposta por Jones e Pitmann (1982), com as estratégias de GI agrupadas na escala em cinco fatores, a saber: insinuação (Alfa de Cronbach = 0,83), autopromoção (Alfa de Cronbach = 0,78), exemplificação (Alfa de Cronbach = 0,75), suplicação (Alfa de Cronbach = 0,88) e intimidação (Alfa de Cronbach = 0,86).

Para adaptação e validação para o contexto brasileiro, a escala de Bolino e Turnley (1999) foi traduzida do inglês para o português por três tradutores independentes, profissionais com domínio da língua inglesa. As traduções foram confrontadas e serviram de base para a consolidação da versão final do instrumento. Após esse processo, foi feita a tradução de volta para a língua de origem, também chamada de *back-translation*, quando a escala foi tradu-

QUADRO 13.1
Estratégias de GI, imagens e emoções que podem ser despertadas

Estratégia de GI	Imagem procurada	Imagem negativa atribuída	Emoção a ser despertada
Insinuação	Amável	Conformista, sicofanta	Afeição
Autopromoção	Competente, vencedor, efetivo	Fraudulento, defensivo	Respeito
Exemplificação	Notável, dedicado	Hipócrita, sancionador	Culpa
Intimidação	Perigoso, implacável, volátil	Fanfarrão, ineficaz	Medo
Suplicação	Desamparado, necessitado	Preguiçoso	Obrigação em ajudar

GI – gerenciamento de impressões.
Fonte: Jones e Pittman (1982).

zida novamente, desta vez para o inglês, por outro tradutor, que tinha mais conhecimento dos termos adotados no contexto de comportamento organizacional. A escala original e a versão originada do *back-translation* foram, por fim, comparadas para avaliação e adequação final entre elas.

Depois de concluída a etapa, foi transcorrida a validação semântica dos itens da escala com um grupo de cinco indivíduos com vínculo empregatício e, ao menos, o nível médio completo. As dúvidas no instrumento foram coletadas para ajustes nas palavras ou expressões definidas pela tradução da escala. Após a aplicação, nenhum item demonstrou indicativo relevante que determinasse seu descarte na versão da escala a ser aplicada.

Para a validação do instrumento, foram emitidos cerca de 7.400 convites para trabalhadores de diversos estados do Brasil pertencentes a uma empresa brasileira de petróleo, com uma taxa de preenchimento de 22,69%. Assim, 1.679 respondentes indicaram a frequência com que praticavam os comportamentos descritos na escala.

A princípio, a fim de investigar a fatorabilidade da matriz, dois indicadores foram verificados: o Teste de Kaiser-Meyer-Olkin (KMO) e o Teste de Esfericidade de Bartlett, buscando-se conhecer se de fato a análise fatorial seria viável. Os resultados obtidos apoiaram a utilização da análise fatorial nessa escala, uma vez que o índice KMO observado foi de 0,86, e o Teste de Esfericidade demonstrou que existem correlações significativas entre as variáveis, verificando-se um χ^2 (231) = 13.760,706, p < 0,001.

Para averiguar a estrutura fatorial do IGIO-5, foi utilizado o método Principal Axis Factoring (PAF) dos componentes principais, com rotação oblíqua (*Oblimin*), resultando em cinco componentes com valor próprio (*eigenvalue*) maior que 1,0, respondendo por 51,96% da variância total, com cargas fatoriais entre 0,47 e 0,88.

A versão adaptada para o contexto brasileiro manteve as mesmas características e quantidade de fatores da versão original. O índice total de precisão do IGIO-5 apresentou consistência satisfatória (Alfa de Cronbach = 0,84), sem necessidade de excluir nenhuma das 22 sentenças, após verificação dos itens de precisão, que estão representados no Quadro 13.2, junto com as estratégias de GI nas organizações, suas definições, número de itens e respectivos índices de precisão.

O Quadro 13.3 apresenta os índices gerados pela Análise Fatorial Confirmatória, os quais têm como finalidade avaliar se o modelo apresenta bom ajuste absoluto aos dados.

A amostra avaliada apresentou um Qui-quadrado significativo (p < 0,001) e razão entre o Qui-quadrado e graus de liberdade insatisfatória (χ^2/gl > 5). Resultados insatisfatórios, como esses, costumam ser encontrados em

QUADRO 13.2
Denominações das estratégias, definições, itens integrantes e índices de precisão (Alfa de Cronbach) dos cinco fatores do IGIO-5

Denominação	Definição	Itens	Índice de precisão
Autopromoção	Comportamentos do ator para apresentar aos outros as suas melhores características.	1, 2, 3, 4	0,82
Insinuação	Comportamentos do ator para induzir os outros a vê-lo mais atrativo e simpático.	5, 6, 7, 8	0,89
Exemplificação	Comportamentos do ator para ser visto pelos outros como moralmente confiável e digno.	9, 10, 11, 12	0,71
Intimidação	Comportamentos empregados pelo ator de ameaça e avisos para ser respeitado pelos outros.	13, 14, 15, 16, 17	0,74
Suplicação	Comportamentos do ator que o fazem ser visto como necessitado da ajuda dos outros.	18, 19, 20, 21, 22	0,81

IGIO-5 – Inventário de Gerenciamento de Impressões nas Organizações.

grandes amostras (n = 1679). Por essa razão, alguns autores (Marsh; Balla; McDonald, 1988) têm descartado especialmente o Qui-quadrado de suas análises, pois se trata de uma estatística muito sensível ao número de sujeitos da amostra.

O índice Root Mean Square Error of Approximation (RMSEA) indicou uma adequação aceitável, com o RMSEA inferior a 0,08, conforme recomendado pela literatura. Ambas as medidas de ajuste incremental – Normed Fit Index (NFI) e Tucker-Lewis Index (TLI) – excedem o nível recomendado de 0,90, suportando com credibilidade a aceitação do modelo proposto. É importante considerar o índice de ajuste não normalizado, também chamado de TLI, pois ele busca resolver alguns problemas relacionados ao tamanho da amostra. Para isso, o resultado deve variar entre 0 e 1,0. O Comparative Fit Index (CFI) representa o ajuste proporcional promovido ao modelo pela comparação com um modelo de referência, baseado em um modelo nulo onde todas as variáveis observáveis são não correlacionadas. Os valo-

QUADRO 13.3
Índices de ajustamento do modelo aos dados do estudo

Índices	Valores
χ^2 normalizado	5,36
RMSEA – Root Mean Square Error of Approximation	0,05
NFI - Normed Fit Index	0,92
TLI – Tucker-Lewis Index	0,92
CFI - Comparative Fit Index	0,94

res maiores do que 0,90 indicam um ajuste adequado do modelo (Hu; Bentler, 1999).

Aplicação, apuração dos resultados e interpretação do IGIO-5

O IGIO-5 pode ser respondido de forma individual ou coletiva. É importante verificar o entendimento de cada participante a respeito das instruções e do modo de assinalar as respostas.

Para realizar o cálculo do escore médio da escala, é preciso somar os valores indicados pelos respondentes na pesquisa e dividir o resultado pelo número total de itens que compõem o fator, conforme especificado no Quadro 13.2. O resultado deve variar entre 1 e 5, conforme a escala de frequência apresentada.

Ao interpretar o resultado, deve-se considerar que a avaliação tem por base a média dos itens que compõem cada dimensão. Assim, quanto maior a média obtida em cada fator, mais prevalente será a frequência com que o indivíduo utiliza a respectiva estratégia de GI nas organizações. Em contrapartida, quanto menor se apresentar a frequência referente à média obtida por dimensão, menos prevalente será a estratégia individual adotada.

É importante lembrar que o ato de gerenciar as impressões ocorre naturalmente em diversos contextos sociais, sendo que a medida se propõe a avaliar apenas sua aplicação na esfera organizacional, não sendo adequada sua associação a contextos distintos.

Por fim, recomenda-se que as propriedades métricas descritas na medida do IGIO-5 sejam preservadas, incluindo as instruções e a composição das frases e do formato de resposta aqui apresentadas.

INVENTÁRIO DE GERENCIAMENTO DE IMPRESSÕES NAS ORGANIZAÇÕES – IGIO-5

Assinale com um "X" a resposta mais adequada a cada sentença. Não existe resposta certa ou errada. Assinale segundo a sua interpretação e entendimento.
Responda as seguintes afirmativas pensando "com que frequência você".
Para dar suas respostas, utilize os seguintes códigos:

1 Nunca	2 Raramente	3 Às vezes	4 Frequente-mente	5 Sempre

1. Fala com orgulho sobre a sua experiência ou formação educacional.	1	2	3	4	5
2. Deixa as pessoas cientes de seus talentos ou qualificações.	1	2	3	4	5
3. Faz com que os outros saibam que você é valioso para a organização.	1	2	3	4	5
4. Deixa as pessoas cientes de suas realizações, suas conquistas.	1	2	3	4	5
5. Cumprimenta seus colegas para que o vejam como uma pessoa amável.	1	2	3	4	5
6. Demonstra interesse na vida pessoal de seus colegas para mostrar-lhes que é uma pessoa amigável.	1	2	3	4	5
7. Elogia seus colegas pelas suas conquistas para que o vejam como uma pessoa agradável.	1	2	3	4	5
8. Faz favores pessoais para os seus colegas para lhes mostrar que é uma pessoa amigável.	1	2	3	4	5
9. Fica no trabalho até tarde para que as pessoas percebam que você está "trabalhando duro".	1	2	3	4	5
10. Tenta parecer ocupado, mesmo nos momentos em que as coisas estão mais devagar.	1	2	3	4	5
11. Chega cedo ao trabalho para parecer dedicado.	1	2	3	4	5
12. Vem ao trabalho à noite ou nos fins de semana para mostrar que é dedicado.	1	2	3	4	5
13. Intimida seus colegas de trabalho se isso ajudar na realização de uma tarefa.	1	2	3	4	5
14. Deixa os outros saberem que você pode tornar as coisas difíceis para eles se eles o pressionarem muito.	1	2	3	4	5
15. Trata com vigor seus colegas quando eles dificultam a conclusão de um trabalho seu.	1	2	3	4	5
16. Lida com firmeza ou agressividade com colegas de trabalho que interferem no seu trabalho.	1	2	3	4	5

17. Usa da intimidação para conseguir que seus colegas se comportem adequadamente.	1	2	3	4	5
18. Age como se soubesse menos do que realmente sabe para fazer com que as pessoas o ajudem.	1	2	3	4	5
19. Tenta ganhar apoio ou simpatia das pessoas demonstrando que tem necessidade de ajuda em alguma área.	1	2	3	4	5
20. Finge que não compreende algo para obter a ajuda de alguém.	1	2	3	4	5
21. Age como se precisasse de auxílio para que as pessoas o ajudem.	1	2	3	4	5
22. Finge saber menos do que realmente sabe para evitar uma tarefa desagradável.	1	2	3	4	5

REFERÊNCIAS

BARSNESS, Z. I.; DIEKMANN, K. A.; SEIDEL, M. L. Motivation and opportunity: the role of remote work, demographic dissimilarity, and social network centrality in impression management. *Academy of Management Journal*, v. 48, n. 3, p. 401-419, 2005.

BERGER, P. L.; LUCKMANN, T. *A construção social da realidade*: tratado de sociologia do conhecimento. 26. ed. Petrópolis: Vozes, 2006.

BLUMER, H. *Symbolic interactionism perspective and method*. London: University of California, 1969.

BOLINO, M. C.; TURNLEY, W. H. Measuring impression management in organizations: a scale development based on the Jones and Pittman Taxonomy. *Organizational Research Methods*, v. 2, p. 187-206, 1999.

BOZEMAN, D. P.; KACMAR, K. M. A cybernetic model of impression management processes in organizations. *Organizational Behavior and Human Decision Processes*, v. 69, n. 1, p. 9-30, 1997.

BROWN, A. D.; JONES, M. Honourable members and dishonourable deeds: sensemaking, impression management and legitimation in the arms to Iraq affair. *Human Relations*, v. 53, p. 655-690, 2000.

COOLEY, C. H. *Human nature and the social order*. New York: Scribner's, 1902.

COOPER, C. L.; ARGYRIS, C. *Dicionário enciclopédico de administração*. São Paulo: Atlas, 2003.

GARDNER, W. L.; MARTINKO, M. J. Impression management: an observational study linking audience characteristics with verbal self-presentations. *Academy of Management Journal*, v. 31, n. 1, p. 42-65, 1988.

GIACALONE, R. A.; ROSENFELD, P. *Impression management in the organization*. Hillsdale: Lawrence Erlbaum, 1989.

GIDDENS, A. *Política, sociologia e teoria social*. São Paulo: UNESP, 1997.

GOFFMAN, E. *The presentation of self in everyday life*. New York: Doubleday Anchor Books, 1959.

GOULART, I. B.; BREGUNCI, M. C. Internacionalismo simbólico: uma perspectiva psicossociológica. *Em aberto*: INEP, v. 9, n. 48, p. 51-60, 1990.

HARRIS, K. J. et al. The impact of political skill on impression management effectiveness. *Journal of Applied Psychology*, v. 92, n. 1, p. 278- 285, 2007.

HEIDER, F. *The psychology of interpersonal relations*. New York: Wiley, 1958.

HU, L. T.; BENTLER, P. M. Cutoff criteria for fit indexes in covariance structure analysis: conventional criteria versus new alternatives. *Structural Equation Modeling*, v. 6, p. 1-55, 1999.

JONES, E. E. *Ingratiation*. New York: Appleton-Century-Crofts, 1964.

JONES, E. E. *Interpersonal perception*. New York: W. H. Freeman, 1990.

JONES, E. E.; PITTMAN, T. S. Toward a general theory of strategic self-presentation. In: SULS, J. M. (Ed.). *Psychological perspectives on the self*. Hillsdale: : Lawrence Erlbaum, 1982. p. 231-262.

LAI, J. Y. M.; LAM, L. W.; LIU, Y. Do you really need help? a study of employee supplication and job performance in China. *Asia Pacific Journal of Management*, v. 27, n. 3, p. 541-559, 2009.

LEARY, M. R. et al. Self-presentation in everyday interactions: effects of target familiarity and gender composition. *Journal of Personality and Social Psychology*, v. 67, n. 4, p. 664-673, 1994.

MARSH, H. W.; BALLA, J. R.; MCDONALD, R. P. Goodness-of-fit indexes in confirmatory factor analysis: the effect of sample size. *Psychological Bulletin*, v. 103, p. 391-410, 1988.

MEAD, G. H. *Mind, self and society from the standpoint of a social behaviorist*. Chicago: University of Chicago, 1934.

MENDONÇA, J. R. C. O estudo do gerenciamento de impressões nas organizações: uma visão geral sobre o tema e considerações sobre a pesquisa e a produção no Brasil. In: CARVALHO, C. A.; VIEIRA, M. M. F. *Organizações, cultura e desenvolvimento local:* a agenda de pesquisa do observatório da realidade organizacional. Recife: EDUFEPE, 2003.

MENDONÇA, J. R. C.; GONÇALVES, J. C. S. Responsabilidade social nas empresas: uma questão de imagem ou de essência? *Organizações & Sociedade*, v. 11, n. 29, p. 115-130, jan./abr. 2004.

ROSENFELD, P.; GIACALONE, R. A.; RIORDAN, C. A. *Impression management in organizations:* theory, measurement, practice. London: Routledge, 1995.

SANTOS, S. R. *Sistema de informação e interação social*: buscando a relação teórica e prática em enfermagem. 2008. 216f. Tese (Doutorado em Sociologia) – Universidade Federal da Paraíba, João Pessoa, 2008.

SCHLENKER, B. R. *Impression management*: the self-concept, social identity, and interpersonal relations. Monterey: Brooks/Cole, 1980.

TEDESCHI, J. T.; RIESS, M. Identities, the phenomenal self, and laboratory research. In: TEDESCHI, J. T.(Ed.). *Impression management theory and social psychological research*. San Diego: Academic, 1981.

TEIXEIRA, J. G. L. C. Análise dramatúrgica e teoria sociológica. *Revista Brasileira de Ciências Sociais*, v. 13, n. 37, 1998.

VECCHIO, R. P.; APPELBAUM, S. H. *Managing organizational behavior*: a Canadian perspective. Canada: Harcourt Brace & Company, 1995.

WAYNE, S. J.; LIDEN, R. C. Effects of impression management on performance ratings: a longitudinal study. *The Academy of Management Journal*, v. 38, n. 1, p. 232-260, 1995.

LEITURAS COMPLEMENTARES

BOLINO, M. C. et al. A multi-level review of impression management motives and behaviors. *Journal of Management*, v. 34, n. 6, p. 1080-1109, 2008.

GARDNER, W. L.; CLEAVENGER, D. The impression management strategies associated with transformational leadership at the world-class level: a psychohistorical assessment. *Management Communication Quarterly*, v. 12, n. 1, p. 3-41, 1998.

GILMORE, D. C.; FERRIS, G. R., The effects of applicant impression management tactics on interview judgments. *Journal of Management*, v. 15, n. 4, p. 557-564, 1989.

GODFREY, D. K.; JONES, E. E.; LORD, C. G. Self-promotion is not ingratiating. *Journal of Personality and Social Psychology*, v. 50, n. 1, p. 106-115, 1986.

KACMAR, K. M.; HARRIS, K. J.; NAGY, B. Further validation of the Bolino and Turnley. *Journal of Behavioral and Applied Management*, p. 16-32, 2007.

KUMAR, K.; BEYERLEIN, M. Construction and validation of an instrument for measuring ingratiatory behaviors in organizational settings. *Journal of Applied Psychology*, v. 76, n. 5, p. 619-627, 1991.

LEARY, M. R. *Self-presentation*: impression management and interpersonal behavior, Brown Madison: Benchmark, 1995.

LEARY, M. R.; KOWALSKI, R. M. Impression management: a literature review and two component model. *Psychological Bulletin*, v. 107, p. 34-47, 1990.

LI, F. et al. Confirmatory factor analysis of the task and ego orientation in sport questionnaire with cross-validation. *Research Quarterly for Exercise and Sport*, v. 69, n. 3, p. 276-283, 1998.

LULA, A. M. *Gerenciamento de impressões nas organizações*: validação da escala de Bolino e Turnley (1999) para o contexto brasileiro. 2011. 183f. Dissertação (Mestrado em Administração) – Universidade Federal de Pernambuco, Recife, 2011.

MENDONÇA, J. R. C. *O gerenciamento de impressões como meio de influencia social nas organizações*: uma perspectiva dramatúrgica. 2004. 213f. Tese (Doutorado em Administração) – Universidade Federal do Rio Grande do Sul, Porto Alegre, 2004.

PASQUALI, L. (Org.). *Instrumentos psicológicos*: manual prático de elaboração. Brasília: LabPAM/IBAPP, 1999.

PASQUALI, L. *Análise fatorial para pesquisadores*. Brasília: LabPAM, 2008. v. 1.

SCHLENKER, B. R.; WEIGOLD, M. F. Interpersonal processes involving impression regulation and management. *Annual Review of Psychology*, v. 43, p. 133-168, 1992.

SNYDER, M.; SWANN, W. B. When actions reflect attitudes: the politics of impression management. *Journal of Personality and Social Psychology*, v. 34, n. 5, p. 1034-1042, 1976.

TURNLEY, W. H.; BOLINO, M. C. Achieving desired images while avoiding undesired images: exploring the role of self-monitoring in impression management. *Journal of Applied Psychology*, v. 86, n. 2, p. 351-360, 2001.

WAYNE, S. J.; KACMAR, K.M. The effects of impression management on the performance appraisal process. *Organizational Behavior and Human Decision Processes*, v. 48, p. 70- 88, 1991.

14

Gestão do conhecimento

Leonor Pais

A gestão do conhecimento configura a capacidade de uma dada organização para criar/adquirir conhecimento, disseminá-lo e incorporá-lo aos seus processos, produtos e serviços (Cardoso, 2003, 2007).* Assim, todas as ações conducentes a criação, partilha e utilização do conhecimento são cruciais e determinantes do sucesso da gestão que é feita do conhecimento organizacional. Este é suscetível de definição como

> combinação complexa, dinâmica e multidimensional de elementos de ordem cognitiva, emocional e comportamental, um ativo que é pessoal e socialmente construído, cuja orientação para a ação o torna determinante para o funcionamento das organizações. Na sua forma explícita é de mais fácil acessibilidade, partilha e reprodução, sendo a sua forma tácita bem mais discriminativa, embora a sua operacionalização e gestão exijam processos metacognitivos complexos. Remete para o papel ativo e criativo dos atores organizacionais, apoia-se na ação individual e tem nos grupos e nos contextos de partilha vetores essenciais para a sua projeção a nível organizacional. Enquanto recurso inesgotável que, contrariamente aos demais, aumenta à medida que se utiliza, constitui uma das mais importantes fontes de vantagem competitiva sustentável. (Cardoso, 2007, p. 45).

Tendo por base essa concepção do conhecimento organizacional e a relevância de considerar a natureza contingencial de seu significado, tem sido preocupação de acadêmicos e práticos a operacionalização dos processos organizacionais que com ele se relacionam. Independentemente da abordagem

---

* As referências bibliográficas citadas neste capítulo referentes a Cardoso respeitam à autora deste capítulo, que, desde setembro de 2012, passou a assinar, suas publicações com o nome de Leonor Pais.

que se privilegie, mais orientada para a tecnologia e/ou para as pessoas, existe algum consenso quanto à necessidade de a gestão do conhecimento, em contexto intraorganizacional, integrar um e outro dos referidos aspectos e envolver uma atuação facilitadora da concretização de um conjunto fundamental de processos associados à gestão do conhecimento.

Em uma tentativa de sistematizar e articular alguns dos contributos teóricos patentes na literatura produzida sobre esse tópico, bem como de melhor sustentar, do ponto de vista conceitual, o trabalho empírico e/ou prático nesse âmbito, Cardoso (2003, 2007) apresenta um modelo de conceitualização e operacionalização da gestão do conhecimento que integra seis processos relevantes:

- criação e aquisição
- atribuição de sentido
- partilha e difusão
- memória organizacional
- medição
- recuperação

A dimensão relativa a *criação e aquisição* do conhecimento impulsiona todos os demais processos, podendo ocorrer a partir de fontes internas ou externas. São exemplos de iniciativas de aquisição do conhecimento de fontes internas a interação social ou o incentivo à colaboração e à cooperação, bem como a formação internamente desenvolvida. Saber aproveitar os conhecimentos trazidos pelos novos colaboradores, criar e rendibilizar parcerias diversas são já exemplos de criação e aquisição externa do conhecimento.

A *atribuição de sentido* ao conhecimento relaciona-se com a imprescindível necessidade de compreensão dos acontecimentos organizacionais relevantes (p. ex., eventos diversos, êxitos, fracassos, normas, rotinas), podendo variar em função das características de quem procura compreender, atribuindo sentido.

A *partilha e a difusão* do conhecimento permitem que este se propague e se expanda na organização. Tal processo pode ocorrer de forma intencional ou não intencional. A primeira ocorre de modo deliberado e consciente, por meio de ações explícitas e conscientemente adotadas (p. ex., reuniões de trabalho, ações de formação ou rotação dos colaboradores). A não intencional ocorre, por exemplo, nas conversas de trabalho em pausas para o café ou por meio de histórias contadas a respeito das tarefas realizadas. Enquanto na forma intencional o conhecimento é de natureza fundamentalmente explícita (adquirido por meio de educação), na não intencional, é, em sua maioria, tácita (associado à experiência pessoal) (Cardoso; Gomes, 2011; McAdam; Mason; McCrory, 2007; Polanyi, 1966).

A *memória* suporta e configura o armazenamento do conhecimento organizacional relevante e orienta-se para o interior e/ou exterior. A memória interna pode ser intencional ou tácita. A primeira é constituída pelos procedimentos e rotinas, bem como pelos produtos desenvolvidos e serviços prestados, que se encontram imbuídos de conhecimento relativo a competências nucleares, distintivas e, por vezes, únicas. A memória interna tácita refere-se, por exemplo, às teorias de ação e à cultura da organização, esta entendida como forma aprendida de perceber, refletir e sentir a realidade. Por seu turno, a memória externa reporta-se à reputação e à imagem projetadas para o exterior, bem como a informações registradas acerca da organização, em documentos organizacionais distintos.

O processo de *medição* do conhecimento organizacional envolve um conjunto de fases que tem início com o desenvolvimento de atividades relacionadas a sua criação e aquisição. Segue-se, depois, uma fase de identificação e localização do conhecimento instrumental e relevante, visando sua acumulação, transformação e validação. Posteriormente, definem-se os critérios indispensáveis ao desenvolvimento dos sistemas de medição, sendo apenas considerados aqueles intimamente relacionados com os objetivos organizacionais e suscetíveis de aplicação em um horizonte temporal razoável. Os referidos critérios são depois incorporados em sistemas de medição (de modo organizacional) específicos, que carecem de validação para que se possa evoluir para sua aplicação e posterior elaboração de relatórios internos e externos. As atividades de mensuração do conhecimento organizacional possibilitam uma avaliação e gestão dos recursos organizacionais relacionados com o conhecimento mais eficaz, bem como sua rendibilização e proteção. Procura-se, desse modo, tornar tangível o intangível.

A *recuperação* do conhecimento, essencial para o desenvolvimento organizacional, pode ocorrer de forma controlada ou automática e viabiliza a posterior utilização desse conhecimento. A recuperação controlada pode ser guiada pela organização, por meio de criação de condições suscetíveis de catalisar a reflexão crítica acerca dos processos conducentes ao sucesso, e pela tecnologia, chegando-se à informação contida em repositórios organizacionais. A recuperação automática engloba, fundamentalmente, conhecimento tácito e resulta do trabalho desenvolvido de acordo com certos valores e princípios e das conversas sobre a organização. Cardoso e Peralta, em um artigo publicado em 2011, atualizam e desenvolvem o modelo de seis dimensões, referido anteriormente, propondo uma sétima dimensão, relativa à ação de utilização do conhecimento criado e partilhado. Com isso, destacam e acentuam a relevância de se "colocar em prática", de, efetivamente, utilizar o conhecimento organizacional detido, possibilitando, assim, às organizações rendibilizar seus ativos de conhecimento em uma lógica de desenvolvimento, por intermédio da otimização de processos, procedimentos, produtos e serviços.

Procurando uma compreensão mais esclarecedora do processo de criação de valor organizacional com base no conhecimento, entende-se que a tecnologia desempenha, sobretudo, um papel catalisador, funcionando como uma plataforma ou uma infraestrutura que possibilita a aquisição, a memorização, a partilha, a recuperação e a utilização de conteúdos (de natureza explícita) a quem deles necessita, no momento preciso em que se tornam necessários. A tecnologia é, assim, um meio possibilitador, não uma solução. Considera-se o conhecimento como intimamente ligado à pessoa que o desenvolveu e que os contatos presenciais (a interação face a face) são o meio, por excelência, pelo qual ele pode ser partilhado de maneira eficaz (em especial se apresentar uma natureza tácita).

Assim, as questões diretamente relacionadas com a comunicação e com o uso da linguagem assumem um papel essencial, uma vez que se considera que algumas das mais eficazes formas de partilha do conhecimento que ocorrem nas organizações têm uma base social, sendo seu conteúdo extremamente difícil de formalizar. De fato, as representações formais do conhecimento parecem assumir um papel limitado na gestão do conhecimento organizacional, devendo enfatizar-se o apoio aos processos de interação social, no âmbito dos quais o conhecimento é construído.

No contexto da orientação adotada, a gestão do conhecimento é entendida como conjunto de atividades de cariz cotidiano, relativo a criação e desenvolvimento das condições organizacionais internas que catalisam todos os processos relacionados com o conhecimento, na qualidade de recurso imprescindível, no sentido da concretização dos objetivos de uma dada organização.

As ações empreendidas no âmbito dos referidos processos são estruturadas com base em objetivos organizacionais predefinidos e visam o alcance de um conjunto esperado de resultados, sendo estes caracterizados por uma orientação intra e extraorganizacional. A gestão e a coordenação de todos esses processos implicam a existência de uma cultura organizacional orientada para a criação, a partilha e a aplicação do conhecimento, a implementação de estratégias de mobilização de todos os atores organizacionais, bem como o compromisso de toda a organização para com os processos de gestão do conhecimento considerados relevantes e fontes de sustentabilidade.

CONSTRUÇÃO E VALIDAÇÃO DA ESCALA DE GESTÃO DO CONHECIMENTO (EGC)

A Escala de Gestão do Conhecimento (EGC) foi originalmente desenvolvida tendo como base o modelo conceitual apresentado na introdução deste capítulo. Trata-se de uma medida que foca o nível organizacional da análise e visa dotar a área acadêmica e aqueles que, nas empresas, têm responsabilidades de gestão de um instrumento suscetível de catalisar o diagnóstico e a intervenção no âmbito dos processos organizacionais relacionados com o conhecimento.

Na sua construção, foram respeitadas as etapas sugeridas por Hill e Hill (2000):

a) realização de entrevistas
b) elaboração de uma versão prévia
c) verificação da sua adequação em uma amostra de sujeitos pertencente à população do estudo (pré-teste)
d) elaboração da versão final

Tendo por referência teórica fundamental o referido modelo, bem como os resultados obtidos na análise de conteúdo realizada sobre os dados recolhidos nas entrevistas promovidas, foi construído um banco de itens suficientemente abrangente para integrar a totalidade das práticas organizacionais relacionadas com todos os processos de gestão do conhecimento identificados e considerados essenciais. É importante referir uma única exceção, a qual se refere ao processo de medição do conhecimento. Os resultados das entrevistas evidenciaram a pouca expressão desse processo, motivo que levou a sua não integração nos itens a elaborar. Foram desenvolvidos 56 itens, sendo 11 deles invertidos, distribuídos por 10 processos,* e definidas cinco opções de resposta ("nesta empresa..."):

1. nunca se aplica;
2. aplica-se pouco;
3. aplica-se moderadamente;
4. aplica-se muito;
5. aplica-se totalmente.

Essa versão da EGC foi, depois, submetida a pré-teste, sendo necessárias pequenas alterações/adaptações, que conduziram à versão final do instrumento. Uma das modificações foi referente às opções de resposta, que assumiram a seguinte forma ("nesta empresa..."):

1. quase nunca se aplica;
2. aplica-se pouco;
3. aplica-se moderadamente;
4. aplica-se muito;
5. aplica-se quase totalmente.

---

* Nomeadamente: aquisição externa, aquisição interna, partilha intencional, partilha não intencional, atribuição de sentido, memória interna e intencional, memória interna e tácita, memória externa, recuperação controlada e recuperação automática.

A versão final da EGC* foi aplicada a uma amostra constituída por 1.824 colaboradores de 50 organizações do setor industrial português, sendo obtidas 1.275 respostas válidas. Posteriormente, procedeu-se a uma análise em componentes principais, cuja solução final reteve quatro dimensões por recurso a uma rotação ortogonal *Varimax*. Visando que as saturações de cada item com o respectivo fator não suscitassem quaisquer dúvidas, foram consideradas apenas as situadas acima de 0,50, obtendo-se um conjunto final composto por 32 itens. Os quatro fatores retidos explica 49,5% da variância total, e, após a rotação, o primeiro apresentou um valor próprio de 5,19, explicando 16,23% da variância; o segundo, 4.882, explicando 15,26%; o terceiro, 2,99, explicando 9,33%; e o quarto, um valor próprio de 2,78, explicando 8,70% da variância. O primeiro fator é saturado acima de 0,50 por 10 itens; o segundo, por 11; o terceiro, por 6; e o quarto, por 5 itens.

Estimou-se a consistência interna dos quatro fatores por meio de coeficiente Alfa de Cronbach. O primeiro e o segundo fatores apresentaram valores de Alfa de 0,88 e 0,86, respectivamente, considerados bons indicadores de consistência interna, dado serem superiores a 0,80 (Hill; Hill, 2000; Nunnaly Jr., 1978). O valor relativo ao terceiro fator de 0,79, sendo de 0,76 aquele que respeita ao quarto fator, indicando graus de consistência interna aceitáveis, na medida em que são superiores a 0,70 (Hill; Hill, 2000). No conjunto dos quatro fatores retidos, a escala apresenta um coeficiente de consistência interna de 0,93.

A escala construída e os quatro fatores retidos mostram-se interpretáveis com base no modelo teórico que conceitualmente a fundamentou. Ao primeiro fator foi atribuída a denominação "práticas de gestão do conhecimento"; ao segundo, "orientação cultural para o conhecimento"; ao terceiro, "gestão social e discursiva do conhecimento"; e, por último, o quarto fator foi chamado de "gestão estratégica do conhecimento".

Ao longo dos nove anos de utilização da EGC, ela tem sido aplicada a diferentes amostras, pertencentes a diversos setores de atividade,** obtendo um conjunto diversificado de resultados que, globalmente, sustenta e reforça a tendência tetradimensional evidenciada no estudo seminal apresentado anteriormente.

Cabe salientar, dada a importância nuclear de que se reveste para o trabalho aqui apresentado, que uma das pesquisas realizadas com a EGC envol-

---

* Todo o processo de construção desta versão original da EGC, bem como os estudos realizados para avaliar suas qualidades psicométricas, designadamente sua validade (de conteúdo e de construto) e fiabilidade (consistência interna das suas dimensões), podem ser consultados em Cardoso, Gomes e Rebelo (2005).
** Designadamente nos seguintes setores de atividade: industrial, administração pública local, hotelaria, indústrias criativas, ensino superior, economia social e serviços.

veu uma amostra do setor industrial brasileiro constituída por 633 colaboradores de 14 organizações, nas quais haviam sido aplicados 700 questionários.*

Sendo objetivo deste capítulo a apresentação de uma medida do comportamento organizacional focada na gestão do conhecimento, suscetível de ser utilizada por pesquisadores ou práticos, foi decidido proceder a um conjunto de análises que garantisse a sua adequação a contextos organizacionais portugueses ou brasileiros. Procurou-se, ainda, tornar o questionário mais parcimonioso (desenvolvendo uma versão reduzida) e, por isso, mais rápido de aplicar e utilizar em ambos os contextos referidos, bem como, caso seja necessário, viabilizar a comparação dos resultados obtidos em Portugal e no Brasil. Pelas razões enunciadas, optou-se por realizar uma análise da invariância da medida que permite avaliar em que medida as quatro dimensões da gestão do conhecimento têm representações equivalentes em diferentes condições e, no caso concreto, nos dois países (Hair et al., 2009).

Assim, em seguida, são descritos o processo conducente à avaliação da invariância da EGC e os resultados nele obtidos.

VERSÃO REDUZIDA DA EGC – 22 ITENS

A análise de uma estrutura reduzida da EGC que tenha validade de construto e, nesse âmbito, validade fatorial, tanto para um contexto industrial português quanto para um contexto industrial brasileiro, tem a vantagem de permitir estudar a gestão do conhecimento usando as mesmas variáveis latentes. Nesse sentido, o estudo da estabilidade e comparabilidade da estrutura tetradimensional da EGC nos dois países viabiliza a realização de estudos comparativos com níveis elevados de confiança. Para concretizar esse objetivo, recorreu-se a uma análise da invariância do instrumento que permite averiguar se os itens, as variáveis latentes e as relações entre eles são interpretados de forma semelhante entre os grupos (nesse caso, uma amostra portuguesa e uma amostra brasileira).

Caso não seja possível comprovar a invariância da medida, a comparação de resultados entre grupos é considerada ambígua e de confiança limitada, dado que não se pode assumir que os dois grupos associem itens iguais,

---

* Após a realização de uma validação de conteúdo ao instrumento que envolveu duas etapas: 1) adaptação de expressões usadas no português de Portugal para as suas equivalentes no português do Brasil, tendo sido consultados peritos portugueses e brasileiros; e 2) aplicação do questionário a uma amostra de 15 indivíduos pertencentes ao setor industrial em estudo, com o objetivo de avaliar a adequação dos itens e da escala de resposta adotada, bem como da estrutura do questionário à população em questão. Os respondentes consideraram o questionário acessível, e todas as sugestões dadas foram integradas na versão do questionário que foi utilizada.

de forma equivalente, aos mesmos construtos ou variáveis latentes (Cheung; Rensvold, 2002).

Para que seja possível assumir com confiança a equivalência dos construtos ou dimensões da gestão do conhecimento usados nos dois países, realizou-se o estudo da invariância da medida, por meio de uma Análise Fatorial Confirmatória multigrupos, seguindo o procedimento recomendado por Byrne (2010). No sentido de aumentar a confiança na comparação dos grupos, optou-se por realizar o procedimento com um número igual de pessoas por grupo. Assim, foi selecionada uma amostra aleatória de 633 indivíduos da amostra industrial portuguesa que, conforme já explicitado, apresentava um número maior de sujeitos em comparação à brasileira (constituída por 633 respondentes).

A avaliação do ajustamento global do modelo é um passo de grande relevância nessa técnica estatística e permite aferir se o modelo fundamentado na teoria se afasta ou se aproxima da configuração da matriz de dados construída com os dados recolhidos. Para tanto, o teste formal é efetuado por meio de teste de Qui-quadrado, cujo valor requerido deve ser o mais reduzido possível para que se possa aceitar a hipótese subjacente ao teste em vez de rejeitá-la. Contudo, tal teste apresenta como limitação ser sensível à dimensão da amostra, o que impõe que sejam utilizados, de forma simultânea, outros indicadores (Schermelleh-Engel; Moosbrugger; Müller, 2003).

Assim, e com a finalidade de apoiar a decisão quanto à adequação do modelo, encontram-se à disposição dos investigadores diferentes tipos de indicadores de ajustamento global. Neste estudo, optou-se pelo Comparative Fit Index (CFI) e pelo Root Mean Square Error of Approximation (RMSEA), por se considerar que essas medidas, dentro de um conjunto bastante extenso, seriam as mais apropriadas para o tipo de dados e de análises realizadas (Brown, 2006; Schermelleh-Engel; Moosbrugger; Müller, 2003).

O CFI é uma estatística construída com base no teste de Qui-quadrado e fornece uma indicação acerca da qualidade do modelo estimado em relação ao nulo, ou seja, reflete o ganho substantivo no modelo com a imposição de estrutura. Nos modelos mais complexos, podem ser aceitos como ponto de corte valores superiores a 0,90, desde que existam outros indicadores para suportar o ajustamento do modelo (Brown, 2006).

O RMSEA permite aferir a distância na qual se encontra a matriz de covariância do modelo teórico e a matriz constituída com base nos dados recolhidos. O RMSEA é uma medida bastante referenciada na literatura, uma vez que é relativamente independente do tamanho da amostra e beneficia a economia do modelo. Na avaliação dos valores desse indicador, têm sido sugeridos os seguintes valores de corte: entre 0 e 0,05 para um bom ajustamento e entre 0,05 e 0,08 para um ajustamento adequado (Brown, 2006; Schermelleh-Engel; Moosbrugger; Müller, 2003).

De acordo com o referido, a análise dos indicadores de ajustamento global permite concluir pela invariância estrutural do modelo tetradimensional da EGC nas amostras portuguesa e brasileira (Qui-quadrado [424] = 1.406,83; p = 0,000; CFI = 0,90; RMSEA = 0,04). Os indicadores de ajustamento apontam para a equivalência do modelo da invariância métrica, que pressupõe que, para além da estrutura de relações (quatro dimensões correlacionadas entre si), todas as saturações fatoriais sejam consideradas iguais entre os grupos (Figura 14.1).

Em um passo seguinte, considerou-se, por hipótese, que a correlação entre os fatores pudesse ser invariante, mas esse modelo continha indicadores de ajustamento ligeiramente inferiores aos aceitáveis. Nesse sentido, não se pode assumir que a intensidade das relações entre as variáveis latentes da EGC seja equivalente entre a população industrial dos dois países.

Considerando as medidas de ajustamento local, e no sentido de analisar as relações entre as variáveis observadas (itens) e as latentes (fatores) que as marcam, nos dois países, verifica-se que em praticamente todos os itens as saturações fatoriais são superiores a 0,50, podendo ser consideradas de adequadas a boas (Tabachnick; Fidell, 2007). A exceção surge nos itens 19 e 26, que, tanto na estrutura portuguesa, quanto na brasileira, apresentam valores relativamente mais baixos. Contudo, tendo em vista a importância dessas variáveis para o sentido global dos fatores nos quais se inserem, optou-se pela sua não exclusão, deixando que estudos posteriores utilizando essa versão reduzida ajudem a confirmar (ou não) tal decisão.

É importante, agora, fazer algumas observações relativas à estrutura tetradimensional testada como recurso à análise da invariância entre as amostras portuguesa e brasileira. Assim, começou-se por referir a necessidade sentida de (re)nomear três dos quatro fatores, considerando que as designações adotadas quando do estudo seminal podem ser melhoradas/simplificadas visando maior compreensão e inteligibilidade do sentido global de cada um dos quatro fatores. Desse modo, foi decidido manter a designação do fator relativo a "orientação cultural para o conhecimento" (fator 1 na atual estrutura), propondo, no entanto, a alteração das designações atribuídas aos demais, os quais serão denominados da seguinte forma:

- fator 2 – orientação competitiva (em vez de "gestão estratégica do conhecimento")
- fator 3 – práticas formais de gestão do conhecimento (no lugar de "práticas de gestão do conhecimento")
- fator 4 – práticas informais de gestão do conhecimento (em vez de "gestão social e discursiva do conhecimento")

Sob a designação atribuída, primeiro fator reflete um quadro que serve de orientação às práticas, às regras, às normas e aos procedimentos instituídos e que devem ser seguidos na organização. Trata-se de um referencial comum, de uma memória coletiva, na qual é guardado e preservado o que se revelou instrumental ou relevante. Em tal orientação é especificado um conjunto partilhado de valores, considerado basilar, que é conhecido e reconhecido. Nesse sentido, é possível falar de uma cultura, de uma matriz interpre-

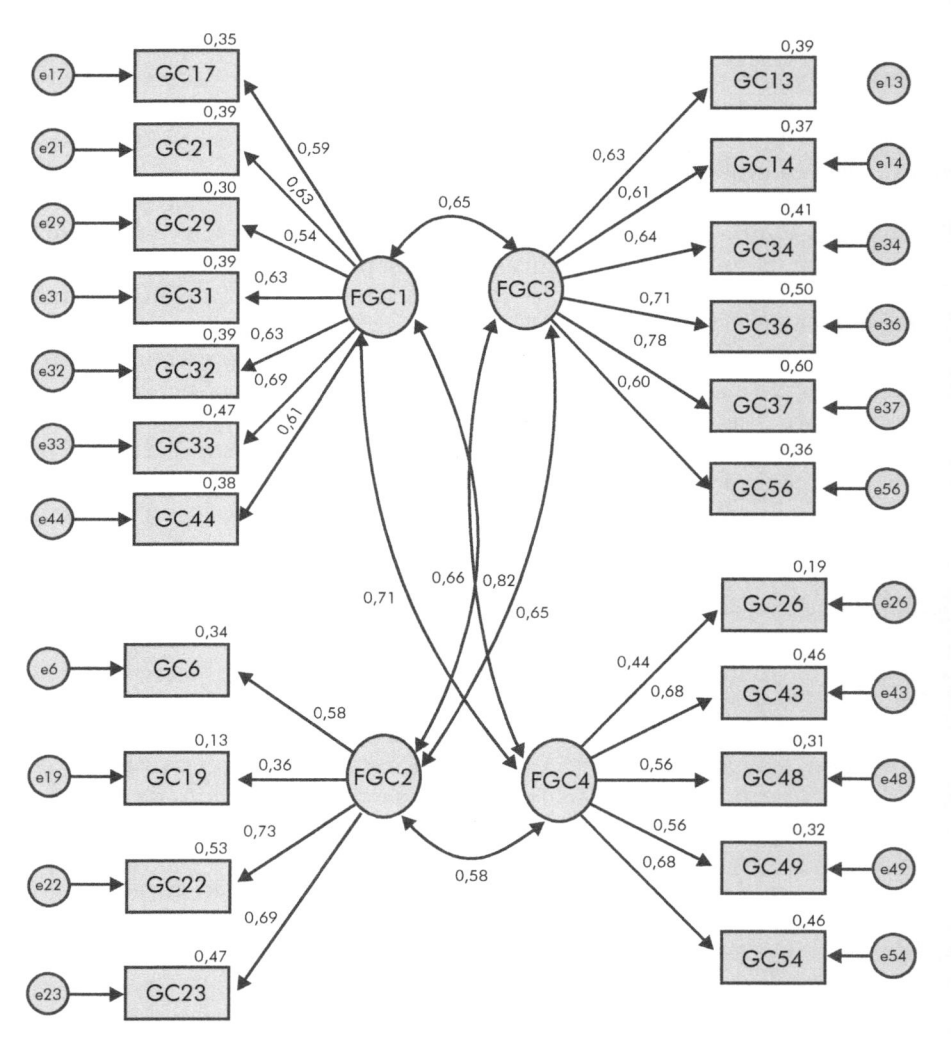

FIGURA 14.1 Pictograma do modelo de invariância da EGC entre as amostras portuguesa e brasileira.

QUADRO 14.1
Medidas de ajustamento local: saturações fatoriais e coeficiente de determinação (R^2) nas amostras portuguesa e brasileira

Fatores	Itens (VO)	Itens (VR)	Portugal (n = 633)		Brasil (n = 633)	
			Saturações fatoriais	R^2	Saturações fatoriais	R^2
1	GC17	GC19	0,568	0,323	0,620	0,385
	GC21	GC14	0,579	0,335	0,679	0,461
	GC29	GC06	0,523	0,273	0,562	0,316
	GC31	GC02	0,628	0,395	0,623	0,388
	GC32	GC10	0,621	0,386	0,634	0,402
	GC33	GC13	0,644	0,414	0,725	0,526
	GC44	GC18	0,580	0,336	0,633	0,401
2	GC06	GC09	0,568	0,323	0,595	0,354
	GC19	GC05	0,414	0,172	0,355	0,126
	GC22	GC22	0,716	0,513	0,739	0,547
	GC23	GC08	0,681	0,463	0,702	0,493
3	GC13	GC07	0,662	0,438	0,593	0,351
	GC14	GC21	0,651	0,423	0,544	0,296
	GC34	GC16	0,695	0,482	0,614	0,377
	GC36	GC11	0,705	0,497	0,703	0,495
	GC37	GC03	0,793	0,628	0,741	0,550
	GC56	GC17	0,615	0,378	0,603	0,364
4	GC26	GC20	0,448	0,201	0,425	0,180
	GC43	GC15	0,699	0,489	0,649	0,421
	GC48	GC12	0,593	0,352	0,537	0,289
	GC49	GC01	0,638	0,407	0,506	0,256
	GC54	GC04	0,723	0,522	0,611	0,373

VO = versão original do questionário – corresponde à numeração dos itens na versão de 56 (igual ao pictograma da Fig.14.1); VR = versão reduzida do questionário – corresponde à numeração dos itens na versão de 22.

tativa, a partir da qual se delimita o que é ou não relevante e que orienta e atribui sentido às práticas cotidianas, traçando uma determinada orientação. Esse fator remete, assim, para uma cultura, mais especificamente para uma "cultura voltada ao conhecimento", na qual é nuclear o valor do conhecimento, no sentido da produtividade, da qualidade e da otimização do desempenho organizacional.

O segundo fator espelha uma orientação para o exterior por parte da organização. Tal orientação foca-se na utilização do conhecimento organizacional em uma lógica de competitividade, de desempenho comparativo, e no âmbito da qual os clientes e os concorrentes assumem um papel fundamental. Em questão está uma gestão estratégica do conhecimento, na qual se encontra permanentemente em jogo o conhecimento que detemos e o que é detido pelos outros e que visa uma resposta organizacional cada vez mais eficaz a todas as suas "partes interessadas", à adaptação ao ambiente externo e à promoção de uma vantagem competitiva caracterizada pela sustentabilidade.

O terceiro fator congrega os esforços organizacionais desenvolvidos em torno de uma série de processos formalmente instituídos, focalizados em um conhecimento de natureza não exclusiva, mas em sua maior parte explícita. Em discussão está a tomada de consciência do que é relevante conhecer e a adoção de um conjunto de práticas que tem por objetivo a criação/aquisição de conhecimento, sua preservação, partilha e utilização, que ocorre sobretudo pela imprescindível incorporação do conhecimento contido em produtos e serviços. A mudança e o desenvolvimento organizacionais tornam-se possíveis porquanto a consciência do conhecimento detido a respeito de algo possibilita a crença e a vontade de se conhecer mais e melhor, viabiliza a tomada de iniciativa, a improvisação e a inovação.

Por último, o quarto fator traduz as interações que, em âmbito informal, ocorrem na organização e que facilitam a construção social do conhecimento, emergente da prática discursiva e da criação de uma linguagem comum e coletiva. Em questão está um conhecimento de natureza tácita, em sua maior parte, e que dificilmente se cria e se põe em prática em circunstâncias que dificultem o contato (presencial) entre os diferentes atores organizacionais. Trata-se de uma gestão simbólica do conhecimento que possibilita a atribuição de sentido ao que se conhece e se faz e na qual, por meio de utilização da prática discursiva, são construídas compreensões coletivas acerca de acontecimentos organizacionais relevantes.

APLICAÇÃO, APURAÇÃO DOS RESULTADOS E INTERPRETAÇÃO DA EGC

A EGC foi concebido para ser respondido em forma de autorresposta, em contexto individual ou de pequenos grupos, em um ambiente tranquilo e confortável. Para sua aplicação, é preciso garantir que os respondentes compreenderam todas as instruções e como assinalar suas respostas. Cabe, ainda, explicar que é importante responder a todas as questões apresentadas no questionário e que não existe tempo-limite para o preenchimento.

Observando que o instrumento é constituído por quatro fatores (multifatorial), seus resultados devem ser apurados por fator. Obtém-se, assim, um resultado (ou média fatorial) para cada um dos quatro fatores. Esse valor médio é obtido adicionando as respostas dadas pela totalidade dos respondente em cada item de cada um dos quatro fatores do GC, dividindo, depois, o valor obtido pelo número de itens de cada fator. Os valores médios em cada um deles devem variar sempre entre 1 e 5. Tendo em vista que as opções de resposta fornecidas aos respondentes remetem para a percepção quanto à "aplicação", na empresa onde trabalham, da prática expressa para cada um dos itens, importa considerar que o valor médio obtido elucida quanto "ao grau de aplicação" das práticas de gestão do conhecimento traduzidas em cada um dos fatores. Isto é, em função dos resultados médios obtidos neles, sabe-se se na empresa onde o instrumento foi submetido quase não se aplicam (valor médio próximo de 1), aplicam-se pouco (valor médio em torno de 2), moderadamente (3), muito (4) ou quase totalmente (5) a orientação cultural para o conhecimento, a orientação competitiva e as práticas formais e informais de gestão do conhecimento. Assim, quanto mais elevada for a pontuação média obtida em um fator, maior será a percepção dos colaboradores quanto à presença ou operância na sua empresa das práticas organizacionais relacionadas com o fator em questão. Do mesmo modo, quanto mais baixas forem as pontuações médias obtidas, menos "se aplicam" à organização em questão (ou menos presentes ou operantes nela estão) as práticas relativas ao fator em análise. Na interpretação dos resultados, aconselha-se a utilização das considerações elaboradas a propósito da estrutura tetradimensional (4 fatores) da EGC, apresentadas na seção anterior deste capítulo.

Considerando a versão reduzida da EGC (22 itens), que será apresentada adiante, o valor médio relativo ao fator 1 (Orientação cultural para o conhecimento) é obtido pela adição das respostas dadas por todos os sujeitos aos itens 19, 14, 6, 2, 10, 13 e 18, seguida da divisão do total obtido pelo número de itens do fator (nesse caso, 7). No caso do fator 2 (orientação competitiva), adicionam-se os itens 9, 5, 22 e 8, dividindo-se, depois, o total obtido por 4 (número de itens do fator). No que concerne ao fator 3 (práticas formais de gestão do conhecimento), considera-se o total obtido na soma das respostas dadas aos itens 7, 21, 16, 11, 3 e 17 dividindo-se, em seguida, o resultado total por seis. Por fim, ao fator 4 (práticas informais de gestão do conhecimento), devem ser adicionadas as respostas dadas pelos respondentes aos itens 20, 15, 12, 1 e 4, dividindo-se, agora, o total obtido por cinco.

ESCALA DE GESTÃO DO CONHECIMENTO – EGC*

Apresentamos a você uma lista de afirmações. Leia-a atentamente e diga em que medida cada uma delas se aplica verdadeiramente a sua organização. Assinale, por favor, a sua resposta com um X, de acordo com a seguinte escala:

1 Quase nunca se aplica	2 Aplica-se pouco	3 Aplica-se moderadamente	4 Aplica-se muito	5 Aplica-se quase totalmente

Nesta empresa:

01	Falamos uns com os outros sobre assuntos que não compreendemos bem.	1	2	3	4	5
02	Pensamos na forma como resolvemos problemas no passado (nos nossos sucessos e insucessos).	1	2	3	4	5
03	Juntamo-nos em grupo para resolver alguns problemas.	1	2	3	4	5
04	Falamos das nossas funções.	1	2	3	4	5
05	Sabemos que os nossos concorrentes têm informações sobre nós.	1	2	3	4	5
06	Cada um de nós tem uma função a cumprir.	1	2	3	4	5
07	Somos encorajados a tomar a iniciativa.	1	2	3	4	5
08	Estamos atentos ao que os nossos concorrentes vão fazendo (por exemplo, adotamos os melhores "truques") – VP. Estamos atentos ao que os nossos concorrentes vão fazendo (p. ex., adotamos as melhores "estratégias") – VB.	1	2	3	4	5
09	O que sabemos vê-se naquilo que fazemos melhor do que os nossos concorrentes.	1	2	3	4	5
10	Agimos de acordo com a forma como estamos organizados.	1	2	3	4	5
11	Passamos informação uns aos outros em reuniões de trabalho.	1	2	3	4	5
12	Contamos uns aos outros histórias engraçadas que se passaram no nosso trabalho.	1	2	3	4	5

---

* A EGC apresenta-se aqui em um formato pronto para aplicação. Contudo, dois dos itens (8 e 19) são apresentados em duplo formato: versão utilizada na amostra portuguesa (VP) e versão utilizada na amostra brasileira (VB). Os utilizadores devem escolher o formato mais adequado ao seu contexto.

13	Procuramos toda a informação que possa melhorar a qualidade do que fazemos.	1	2	3	4	5
14	Agimos de acordo com certos princípios.	1	2	3	4	5
15	Falamos da nossa empresa.	1	2	3	4	5
16	Assistimos a seminários/conferências, lemos o que se publica ou contratamos especialistas.	1	2	3	4	5
17	Frequentamos cursos de formação ou temos formação no posto de trabalho.	1	2	3	4	5
18	Todos somos responsáveis pelo que devemos saber para trabalhar com qualidade.	1	2	3	4	5
19	O que sabemos vê-se na forma como produzimos – VP. O que sabemos se vê na forma como produzimos nossas tarefas – VB.	1	2	3	4	5
20	Conversamos sobre o trabalho quando casualmente nos encontramos (p. ex., no intervalo do café).	1	2	3	4	5
21	São recompensados aqueles que partilham o que sabem.	1	2	3	4	5
22	O que sabemos é uma "arma" fundamental para ultrapassarmos os nossos concorrentes.	1	2	3	4	5

REFERÊNCIAS

BROWN, T. *Confirmatory factor analysis for applied research*. New York: Guilford, 2006.

BYRNE, B. M. *Structural equation modeling with AMOS*: basic concepts, applications and programming. 2nd ed. New York: Routledge, 2010.

CARDOSO, L. *Gerir conhecimento e gerar competitividade*: estudo empírico sobre a gestão do conhecimento e seu impacto no desempenho organizacional. 2003. Dissertação (Doutorado em Psicologia) – Faculdade de Psicologia e de Ciências da Educação da Universidade de Coimbra, Coimbra, 2003.

CARDOSO, L. *Gerir conhecimento e gerar competitividade*: estudo empírico sobre a gestão do conhecimento e seu impacto no desempenho organizacional. Penafiel: Editorial Novembro, 2007.

CARDOSO, L.; GOMES, A. D.; REBELO, T. Construção e avaliação das qualidades psicométricas do questionário de gestão do conhecimento (GC). *Psicologia, Educação e Cultura*, v. 9, n. 2, p. 535-556, 2005.

CARDOSO, L.; GOMES, D. Knowledge management and innovation: mapping the use of technology in organizations. In: MESQUITA, A. (Ed.). *Technology for creativity and innovation:* tools, techniques and applications. Hershey: IGI Global, 2011. p. 237-266.

CARDOSO, L.; PERALTA, F. C. Gestão do conhecimento em equipas: desenvolvimento de um instrumento de medida multidimensional. *Psychologica*, v. 55, p. 79-93, 2011.

CHEUNG, G.; RENSVOLD, R. Valuating goodness-of-fit indexes for testing measurement invariance. *Structural Equation Modeling*, v. 9, n. 2, p. 233-255, 2002.

HAIR, J. et al. *Multivariate data analysis*. New Jersey: Pearson Education, 2009.

HILL, M.; HILL, A. *Investigação por questionário*. Lisboa: Edições Sílabo, 2000.

MCADAM, R.; MASON, B.; MCCRORY, J. Exploring the dichotomies within the tacit knowledge literature: towards a process of tacit knowing in organizations. *Journal of Knowledge Management*, v. 11, p. 43-59, 2007.

NUNNALY JR., J. C. *Psychometric theory*. New York: McGraw-Hill, 1978.

POLANYI, M. *The tacit dimension*. London: Routdedge & Kegan Paul, 1966.

SCHERMELLEH-ENGEL, K.; MOOSBRUGGER, H.; MÜLLER, H. Evaluating the fit of structural equation models: tests of significance and descriptive goodness-of-fit measures. *Methods of Psychological Research Online*, v. 8, n. 2, p. 23-74, 2003.

TABACHNICK, B. G.; FIDELL, L. S. *Using multivariate statistics*. 5th ed. Boston: Allyn & Bacon, 2007.

15

Intenção de rotatividade

Mirlene Maria Matias Siqueira
Sinésio Gomide Júnior
Áurea de Fátima Oliveira
Angelo Polizzi Filho

O ato de se desligar voluntariamente da empresa onde trabalha é um comportamento individual que se insere nos domínios do fenômeno de rotatividade de pessoal. Ele pode provocar repercussões nocivas para a organização com custos tangíveis (recrutamento, seleção, benefícios, treinamento, integração e desligamento, entre outros) e intangíveis (perda de *know-how* e conhecimento, quebra no fluxo de trabalho, quebra de vínculos com fornecedores e clientes, etc.). A rotatividade é uma barreira à manutenção de talentos que geram novações que, por sua vez, criam valores para clientes, investidores, comunidade, fornecedores, acionistas e para toda a cadeia produtiva.

Mintzberg e Lampel (1999) afirmam que a perda de talentos profissionais valiosos afeta diretamente a eficiência das organizações e pode comprometer as estratégias em busca da competitividade. Na atualidade, ressurge com ênfase a preocupação de gestores para com a retenção de talentos, especialmente a partir da crise econômica global instalada em 2008.

A rotatividade de pessoal, conhecida no mundo empresarial e acadêmico como *turnover* (Steers; Mowday, 1981), diz respeito ao processo de movimentação de pessoas por meio de contratações e demissões, provavelmente ocasionado pela falta de conciliação entre os atores organizacionais no planejamento estratégico e na criação de políticas de gestão de pessoas. A intenção de rotatividade é um fenômeno de natureza psicológica que, na concepção de Mowday, Porter e Steers (1982) se refere à probabilidade estimada (subjetiva) pelos indivíduos de que eles estarão deixando a organização permanentemente em algum momento próximo. Esse tema se tornou interesse de pesquisa no campo do comportamento organizacional por ser um indicador eficaz para avaliar o pensamento, o planejamento e a vontade dos indivíduos de deixararem a organização onde trabalham.

A dinâmica acelerada dos negócios, as mudanças constantes nas políticas de gestão de pessoas aplicadas por organizações e as complexas interações empresariais em rede parecem ter mudado visivelmente as ênfases dadas por pesquisadores às facetas do comportamento de profissionais que atuam nas organizações (Polizzi Filho; Siqueira, 2012). Assim, faz-se necessário entender a intenção de rotatividade ampliando o conhecimento sobre o fenômeno e investigando as causas que podem levar ao seu aparecimento. É importante contratar, integrar e desenvolver profissionais talentosos permanentemente, mas é crucial retê-los nas organizações.

Controlar a intenção de rotatividade tornou-se uma preocupação que vem incomodando sobremaneira os profissionais de gestão de pessoas. Sua compreensão pelas organizações é de tal relevância que algumas corporações têm investido na identificação das intenções de rotatividade para atuarem de forma preventiva e rigorosa sobre essas probabilidades, em especial quando dizem respeito a perdas de funcionários significativos (Ferreira; Siqueira, 2005). Gondim e Siqueira (2004) relatam que as organizações deram pouca atenção à pesquisa sobre a influência das emoções (estímulos internos ou externos) e dos afetos (sentimentos, humores e temperamentos) nos contextos de trabalho. Entretanto, elevados índices de bem-estar no trabalho (empregados satisfeitos e envolvidos, bem como comprometidos afetivamente com a empresa) foram observados entre trabalhadores que planejam menos deixar as organizações nas quais trabalham (Polizzi Filho; Siqueira, 2012).

As significativas constatações empíricas a respeito da disputa por talentos nos Estados Unidos endossam, fortalecem e validam estudos sobre intenção de rotatividade no campo do comportamento organizacional, visto que isso afeta imediatamente a rotatividade (Chang, 1999), assim como, reforçam a necessidade premente de as empresas redefinirem suas políticas de gestão de recursos humanos para conservar os talentos essenciais aos seus planos estratégicos em um ambiente competitivo e, assim, minimizar a intenção dos trabalhadores de sair das empresas.

Um estudo desenvolvido no Brasil por Polizzi Filho e Siqueira (2012) investigou o impacto de bem-estar no trabalho sobre intenção de rotatividade com a moderação de capital psicológico em professores universitários. Nessa pesquisa, foi utilizada a Escala de Intenção de Rotatividade (EIR) construída e validada por Siqueira e colaboradores (1997). Os autores observaram que, quanto mais o professor se compromete com a escola, menos ele pensa em sair dela. Os resultados revelaram que o estado positivo e saudável, representado por bem-estar no trabalho, poderia ter seu impacto sobre intenção de rotatividade levemente moderado por capital psicológico.

Considerando a relevância dessa variável, Melo e Oliveira (2008) investigaram o impacto da percepção dos valores organizacionais e do clima organizacional sobre a intenção de rotatividade. Os resultados mostraram que as dimensões do clima, especificamente recompensa, apoio da chefia e da organização, pressão e controle, explicaram a variância da intenção de rotatividade. A ausência de formas de premiar a qualidade e a produtividade do trabalhador e a vinculação entre salário recebido e esforço despendido constituem a principal fonte geradora da intenção de rotatividade. Em segundo lugar, está o grau de controle e de pressão exercido pela chefia que se manifesta na fiscalização e controle rigorosos do trabalho. E, por fim, os suportes afetivo, estrutural e operacional da chefia e da organização oferecidos ao empregado mantêm relação negativa com a intenção de rotatividade.

Carmo e Oliveira (2010) testaram um modelo de investigação no qual comprometimento organizacional (afetivo, calculativo e normativo) e confiança do empregado na organização foram posicionados como antecedentes de intenção de rotatividade. Esta foi explicada principalmente por comprometimento organizacional afetivo e, na sequência, por comprometimento afetivo. O vínculo afetivo com a organização reduz a intenção do empregado de buscar novas alternativas de trabalho.

No exterior, foram localizadas produções científicas, neste início de milênio, sobre intenção de rotatividade. Na China, por exemplo, Wubin e Zhao Liang (2010) analisaram o efeito moderador de capital psicológico (eficácia, esperança, otimismo e resiliência) na relação entre as dimensões de *burnout* (exaustão emocional, cinismo e realização pessoal) e intenção de rotatividade. Os resultados indicaram que indivíduos que não apresentam *burnout* mostram mais entusiasmo e comprometimento com a organização e baixa intenção de rotatividade, e vice-versa. Com a introdução da variável "capital psicológico" no modelo, aumenta-se, de modo siginificativo, o poder de explicação da intenção de rotatividade. Os autores recomendam que capital psicológico deva ser considerado como variável moderadora em futuras pesquisas sobre intenção de rotatividade.

O estudo realizado por Yin-Fah e colaboradores (2010), na Malásia, teve por objetivo analisar as relações entre comprometimento organizacional, estresse no trabalho, satisfação no trabalho e intenção de rotatividade entre empregados do setor privado em Petaling. Os resultados mostraram que havia relação negativa entre intenção de rotatividade e satisfação no trabalho e comprometimento organizacional. No caso de estresse, essa relação era positiva, ou seja, quanto maior o estresse, maior a intenção de rotatividade. Além disso, constatou-se que as características demográficas mediaram as relações entre as variáveis do estudo.

Manzoor e Naeem (2011) identificaram, na literatura sobre o tema, que empregados novatos que têm uma percepção positiva de suporte organizacional relatam maiores níveis de comprometimento e menor intenção de sair da organização. No estudo realizado pelos autores, foi constatado que a socialização organizacional tem impacto sobre o comprometimento organizacional e a intenção de *turnover*. Foi verificado que a percepção de suporte organizacional atua como moderador da relação entre socialização e comprometimento organizacionais, mas o mesmo não ocorre na relação entre *turnover* e socialização. Merece destaque a análise desse estudo feita pelos próprios autores: o impacto da socialização organizacional sobre a intenção de rotatividade indica que os gerentes devem se preocupar com essa prática, visando reduzir o *turnover*. Seria necessário, portanto, que houvesse planejamento dos programas de socialização.

Em Portugal, estudos sobre a relação entre intenção de rotatividade e qualidade de vida no trabalho concluíram que organizações percebidas por seus empregados como aquelas que oferecem melhor qualidade de vida no trabalho ganham vantagem na contratação de funcionários e na retenção de seus talentos, reduzindo a intenção dos que queriam sair. Ou seja, a qualidade de vida no trabalho pode ter impacto significativo sobre respostas comportamentais dos indivíduos, entre as quais se destacam a redução da intenção de rotatividade (Torres, 2010).

Neste capítulo, será apresentada uma medida unifatorial de intenção de rotatividade, originalmente construída e validada por pesquisadores brasileiros (Siqueira et al., 1997) e já utilizada em diversos estudos nacionais (Carmo, 2009; Ferreira; Siqueira, 2005; Melo; Oliveira, 2008; Oliveira; Carmo, 2010; Polizzi Filho; Siqueira, 2012).

CONSTRUÇÃO E VALIDAÇÃO DA ESCALA DE INTENÇÃO DE ROTATIVIDADE (EIR[*])

A EIR é uma medida que pretende avaliar o grau em que um indivíduo elabora planos sobre sua saída da empresa em que trabalha.

Os autores deste capítulo submeteram a medida a um novo processo de validação fatorial, em 2012, para que pudessem ser confirmadas suas características psicométricas, tendo-se em vista que se passaram 13 anos desde sua construção e validação original. A escala é composta por três frases que levam o trabalhador a declarar o quanto ele pensa, planeja e tem vontade de,

---

[*] Autores da EIR: Siqueira, Gomide Jr. e colaboradores (1997).

no futuro, deixar de trabalhar na empresa com a qual mantém vínculo formal de trabalho.

Como passo inicial de seu processo de validação, os três itens da EIR foram submetidos a 216 trabalhadores que atuavam, em média, há quatro anos em suas respectivas empresas empregadoras do setor privado ou público. As respostas foram dadas em uma escala de respostas de frequência de 5 pontos (1 – nunca, 2 – raramente, 3 – às vezes, 4 – frequentemente e 5 – sempre).

Para validação fatorial da EIR, foi realizada Análise Fatorial Exploratória, incluindo análises preliminares, como o Teste de Kaiser-Meyer-Olkin (KMO) e o Teste de Esfericidade de Bartlett. A extração de um fator foi feita pelo método Principal Axis Factoring (PAF).

As análises preliminares informaram um KMO de 0,772, e o Teste de Esfericidade de Bartlett produziu um Qui-quadrado igual a 669,102 (gl = 3; p < 0,01), dando conta de que a matriz de dados poderia ser submetida a análises fatoriais. O fator extraído explicou 91,475% da variância total, com autovalor de 2,617.

Não tendo sido solicitada rotação de fatores, na matriz fatorial os três itens produziram cargas fatoriais de 0,95 a 0,91 no fator extraído. O cálculo do índice de precisão (Alfa de Cronbach) da medida foi de 0,95, considerado altamente satisfatório, visto que ultrapassa o valor crítico de 0,70 (Nunnally Jr., 1970).

APLICAÇÃO, APURAÇÃO DOS RESULTADOS E INTERPRETAÇÃO DA EIR

A aplicação da EIR pode ser feita individual ou coletivamente; também pode ser administrada por meio de recursos eletrônicos. Recomenda-se um lugar tranquilo e confortável e que o respondente tenha tempo livre para completar a medida, não se sinta coagido ou ameaçado por responder e esteja totalmente esclarecido acerca das instruções de como preencher suas respostas. O tempo de aplicação é livre.

A apuração dos resultados obtidos deve produzir apenas um escore médio para cada respondente. O escore será obtido somando-se os valores assinalados pelos respondentes em cada um dos três itens e, a seguir, dividindo-se esse valor por três, que representa o número de itens da escala.

A interpretação dos resultados obtidos da IER deve considerar que quanto maior for o valor do escore médio, maior será a frequência com que o empregado elabora planos mentais a respeito de sua saída da empresa em que trabalha. Recomenda-se que, para interpretar os escores médios do ponto de vista conceitual, os leitores recorram ao conteúdo presente nas frases (itens). Tal medida visa assegurar que a compreensão dos resultados não se desarticule do conteúdo contido nos itens sobre o qual o trabalhador efetivamente respondeu. Quanto aos valores numéricos obtidos de escores médios, recomenda-se classificar como alto um escore entre 4 e 5; médio, entre 3 e 3,9, e baixo, entre 1 e 2,9.

Alerta-se para o fato de que a EIR é produto de estudos empíricos nos quais foram aplicados os métodos mais atuais e os critérios mais difundidos para construção de medidas. Assim, para garantir um resultado não equivocado ao se aplicar o instrumento, é necessário manter a forma de suas instruções e da sua escala de respostas e o conteúdo de seus itens conforme apresentados adiante.

ESCALA DE INTENÇÃO DE ROTATIVIDADE – EIR

A seguir estão três frases que podem representar alguns pensamentos seus. Dê suas respostas anotando, nos parênteses que antecedem cada frase, aquele número (de 1 a 5) que melhor representa sua resposta.

1	2	3	4	5
Nunca	Raramente	Às vezes	Frequentemente	Sempre

( ) Penso em sair da empresa onde trabalho.
( ) Planejo sair da empresa onde trabalho.
( ) Tenho vontade de sair da empresa onde trabalho.

REFERÊNCIAS

CARMO, G. *Antecedentes da intenção de rotatividade*: comprometimento organizacional e confiança do empregado na organização. 2009. 121 f. Dissertação (Mestrado em Psicologia) – Instituto de Psicologia, Universidade Federal de Uberlândia, Uberlândia, 2009.

CARMO, G.; OLIVEIRA, A. F. Antecedentes da intenção de rotatividade: comprometimento organizacional e confiança do empregado na organização. In: CONGRESSO BRASILEIRO DE PSICOLOGIA ORGANIZACIONAL E DO TRABALHO, 4., 2010, São Bernardo do Campo. *Resumos*... São Bernardo do Campo: UMESP, 2010. p. 25.

CHANG, E. Career commitment as a complex moderator of organizational commitment and turnover intention. *Human Relations*, New York, v. 52, n. 10, p. 1257-1278, 1999.

FERREIRA, M. L. C. B.; SIQUEIRA, M. M. M. Antecedentes de intenção de rotatividade: estudo de um modelo psicossocial. *Organizações em contexto*, v. 1, n. 2, 2005.

GONDIM, S. M. G.; SIQUEIRA, M. M. M. Emoções e afetos no trabalho. In: ZANELLI, J.; BORGES-ANDRADE, J.; BASTOS, A. V. B. (Org.). *Psicologia, organizações e trabalho no Brasil*. São Paulo: Artmed, 2004. p. 207-236.

MANZOOR, M.; NAEEM, H. Relationship of organization socialization with organizational commitment and turnover intention: moderating role of perceived organizational support, interdisciplinary. *Journal of Contemporary Research in Business*, v. 3, n. 8, p. 515-529, 2011.

MELO, D. C.; OLIVEIRA, A. F. Intenção de rotatividade: impacto dos valores e do clima organizacional. In: REUNIÃO ANUAL DE PSICOLOGIA, 38. 2008, Uberlândia. *Resumos*.... Ribeirão Preto: Sociedade Brasileira de Psicologia, 2008. p. 82.

MINTZBERG, H.; LAMPEL, J. Reflecting on the strategy process. *Sloam Management Review*, v. 40, n. 3, p. 21-30, 1999.

MOWDAY, R. T.; PORTER, L. W.; STEERS, R. M. *Employee-organization linkages*: the psychology of commitment, absenteeism, and turnover. New York: Academic Press, 1982.

NUNNALLY JR., J. C. *Introducción a la medición psicologica*. Buenos Aires: Paidós, 1970.

POLIZZI FILHO. A.; SIQUEIRA, M. M. M. O impacto de bem-estar no trabalho e de capital psicológico sobre intenção de rotatividade: um estudo com professores. In: CONGRESSO NACIONAL DE PSICOLOGIA DA SAÚDE, PROMOÇÃO DA SAÚDE E DOENÇAS CRÓNICAS: DESAFIOS À PROMOÇÃO DA SAÚDE, 9., 2012, Aveiro. *Anais*... Lisboa: Placebo, 2012.

SIQUEIRA, M. M. M. et al. Um modelo pós-cognitivo para intenção de rotatividade: antecedentes afetivos e cognitivos. In: CONGRESSO INTERAMERICANO DE PSICOLOGIA, 26., 1997, São Paulo. *Resumos*... São Paulo: [s.n.], 1997.

STEERS, R. M.; MOWDAY, R. T. Employee turnover and post-decision accommodation processes. *Research in Organizational Behavior*, v. 3, p. 235-281, 1981.

TORRES, J. M. B. C. P. *Qualidade de vida no trabalho (QVT) e intenção de turnover*: efeito preditor de dimensões de QVT na intenção de turnover. 2010. 33 f. Dissertação (Mestrado Integrado em Psicologia) – Faculdade de Psicologia, Universidade de Lisboa, Lisboa, 2010.

WUBIN, S.; ZHAO LIANG, Y. Main effect and moderating effect of psychological capital in the model of employee turnover intention. *International Conference on Advanced Management Science (ICAMS)*, v. 1, p. 151-156, 2010.

YIN-FAH, B. et al. An exploratory study on turnover intention among private sector. *Employees, International Journal of Business and Management*, v. 5, n. 8, p. 57-64, 2010.

LEITURAS COMPLEMENTARES

ALI SHAH, I. et al. Measuring push, pull and personal factors affecting turnover intention: a case of university teachers in Pakistan. *Review of Economic and Business Studies*, Romania, v. 3, n. 1, p. 167-192, Jun. 2010.

BRASHEAS, T. G.; MANOLIS, C.; BROOKS, C. M. The effects of control, trust, and justice on salesperson turnover. *Journal of Business Research*, v. 5, p. 241-249, 2005.

DAVID, G.; LYNN, M.; RODGER, W. The role of perceived organizational support and supportive human resource practices in the turnover process. *Journal of Management*, v. 29, n. 1, p. 99-118, 2003.

FREUDENBERGER, H. J. Staff burn-out. *Journal of Social Issues*, v. 30, n. 1, p. 159-165, 1974.

LUTHANS, F.; LUTHANS, K. W.; LUTHANS, B. C. Positive psychological capital: beyond human and social capital. *Business Horizons*, v. 47, n. 1, p. 45-50, 2004.

OLIVEIRA, A. F.; NEVES, V. F. Investigação da intenção de rotatividade: impacto de fatores psicossociais. In: CONGRESSO NORTE NORDESTE DE PSICOLOGIA, 7., 2011, Salvador. *Resumos...* Salvador: [s.n.], 2011. p. 57.

SANTOS NETO, E.; FRANCO, E. S. Os professores e os desafios pedagógicos diante das novas gerações: considerações sobre o presente e o futuro. *Revista de Educação do Cogeime*, v. 19, n. 36, p. 9-25, 2010.

SIQUEIRA, M. M. M.; FERREIRA, M. L. C. B. Antecedentes de intenção de rotatividade: estudo de um modelo psicossocial. In: CAVALCANTI, M. (Ed.). *Organizações em contexto*. São Bernardo do Campo: Universidade Metodista de São Paulo, 2005. p. 1-119.

SIQUEIRA, M. M. M.; PADOVAM, V. A. R. Bases teóricas de bem-estar subjetivo, bem-estar psicológico e bem-estar no trabalho. *Psicologia*: Teoria e Pesquisa, v. 24, n. 2, p. 201-209, 2008.

SIQUEIRA, M. M. M.; PEREIRA, S. E. F. N. Análise de modelo afetivo para intenção de rotatividade. In: CONGRESSO NORTE-NORDESTE DE PSICOLOGIA, 1., 1999, Salvador. *Resumos...* Salvador: [s.n.], 1999.

SIQUEIRA, M. M. M.; PEREIRA, S. E. F. N. Análise de um modelo afetivo para intenção de sair da organização. *Revista da SPTM*, v. 4, n. 6, p. 48-57, 2001.

VANDENBERG, R. J.; NELSON, J. B. Desegregating the motives underlying turnover intentions: when do intentions predict turnover behavior? *Human Relations*, v. 52, n. 10, p. 1313-1336, 1999.

16
Liderança gerencial

Eleuní Antonio de Andrade Melo

A questão da liderança constitui um tema intrigante, alvo de singular atenção por parte das organizações e dos pesquisadores na área do comportamento organizacional. Essa assertiva pode ser comprovada pelo investimento que as organizações fazem para recrutar, selecionar, avaliar e capacitar pessoas para ocupar posições de liderança. Hampton (1990) afirma que, de todas as funções da administração, a liderança parece ser a mais estudada e talvez a menos compreendida. Ao longo dos séculos, o esforço para formular princípios de liderança expandiu o estudo da História e da Filosofia, associado com todo o desenvolvimento das Ciências Sociais. Smith e Krueger (apud Bass, 1990) concluíram que a liderança ocorre entre todas as pessoas, não importando a cultura, razão pela qual é considerada um fenômeno universal.

São inúmeros os significados que o termo assume, dependendo da área de estudo que o utiliza.

> A liderança tem sido concebida como centro no processo de grupo, como uma questão de personalidade, um exercício de influência e de persuasão, como resultante de comportamentos específicos, relação de poder, como um instrumento para alcançar metas, um esforço de interação, como um papel diferenciado, como a iniciação da estrutura e como muitas combinações dessas definições. (Bass, 1990, p. 11).

Assim, é aconselhável o entendimento do conceito de liderança antes de se avançar no conteúdo de que trata este capítulo.

O QUE É LIDERANÇA?

O estudo da liderança no campo do comportamento organizacional analisa o líder dentro das organizações, e não sua relação com a sociedade de forma mais abrangente. Disso decorre uma discussão interessante, que questiona se liderança e gerenciamento são conceitos distintos.

Reddin (1970, p. 23) já destacava:

> Um líder não é, na verdade, um gerente no sentido formal. Ele é alguém que os outros consideram como principal responsável pela realização dos objetivos do grupo. Sua eficiência é avaliada pelo grau de influência aos seus seguidores na realização dos objetivos do grupo. [...] Como este livro foi escrito para gerentes, usamos sempre o termo gerente em vez de líder. No entanto, praticamente tudo se aplica tanto ao líder como ao gerente.

Torres (1999) utiliza o termo "práticas de liderança" como sinônimo de "práticas gerenciais". Segundo o autor, alguns estudiosos consideram que o gerenciamento se refere às atividades cujo objetivo é o de produzir consistência, enquanto a liderança se refere ao processo pelo qual uma pessoa influencia outros membros do grupo em torno da realização dos objetivos organizacionais. Assim, qualquer gerente que orienta um grupo para a realização de objetivos pode ser considerado um líder. Os dois conceitos podem ser utilizados alternadamente.

A grande quantidade de conceitos sobre liderança encontrados na literatura recomenda que, ao se desenvolver um estudo sobre o assunto, o autor apresente sua visão ou a visão por ele adotada. Não é recomendável criar novos conceitos apenas fazendo um jogo de palavras, uma vez que esse procedimento pouco contribui para o desenvolvimento do estudo sobre o fenômeno. Assim, será adotado, neste capítulo, um conceito amplo sobre a liderança, extraído de Bass (1990, p. 19-20):

> Liderança é uma interação entre dois ou mais membros de um grupo que frequentemente envolve a estruturação ou reestruturação de uma situação e as percepções e expectativas dos membros. Os líderes são agentes de mudança – pessoas cujos atos afetam outras pessoas mais do que as outras pessoas afetam os atos deles.

Esse conceito de liderança contempla a atividade gerencial, que neste capítulo representa o foco de interesse. De acordo com Dorfman (1996), existem duas características consideradas universais dentro do estudo da liderança: a influência e a confiança, devendo estar presentes também na função gerencial. Portanto, a diferença entre os dois conceitos é exatamente uma questão de terminologia, uma vez que a liderança é uma das funções do gerenciamento e que, por qualquer razão, o líder e o gerente, se efetivos, irão fixar os objetivos para os subordinados apoiando-os em sua busca. Neste capítulo, a liderança e a gerência serão adotadas com o mesmo sentido.

Embora o conceito de liderança não seja novo, ainda hoje desperta interesse nos pesquisadores, como se pode observar no trabalho de Drummond (2007), que busca compreender sua essência, ou seja, como a confiança se estabelece nessa relação.

Para se ter um panorama sobre a evolução dos estudos a respeito da liderança, adiante é apresentada essa trajetória.

EVOLUÇÃO DO ESTUDO DA LIDERANÇA

São destacados aqui alguns marcos de orientação dos estudos que se constituíram no foco principal das pesquisas, em uma determinada época, na busca da compreensão do fenômeno. Os estudos são apresentados cronologicamente, de modo a oferecer uma visão de sua evolução.

A primeira abordagem, denominada *tendência de traços*, iniciou com um esforço para identificar as características pessoais e os traços de personalidade dos líderes. Thomas Carlyle (apud Dorfman, 1996) propôs a teoria de liderança do "grande homem", segundo a qual o líder era uma pessoa dotada, hereditariamente, de qualidades únicas que o diferenciavam dos seus seguidores. A partir da análise documental sobre grandes líderes, buscou-se examinar a existência de características comuns entre eles.

Essa tendência orientou os estudos desde o início do século XX até o fim dos anos de 1940. As revisões da literatura revelaram que alguns traços individuais estão relacionados com o surgimento da liderança, mas são menos consistentes com sua efetividade. Se o que se pretendia era identificar um conjunto de traços que diferenciasse líderes de não líderes, esse objetivo não foi atingido. A metanálise de Lord, De Vader e Alliger (1986) sobre a relação entre traços de personalidade e percepção de liderança indica que a variedade de traços identificados pelos diversos estudos pode ser explicada pela diversidade de metodologias empregadas.

Em face das dificuldades de compreensão e explicação do fenômeno a partir de um enfoque restrito, os estudos passaram a focalizar o comportamento dos indivíduos enquanto atuavam como líderes, caracterizando-se, assim, um segundo momento, denominado *tendência comportamental*. Essa tendência se desenvolveu a partir do pressuposto básico de que a produtividade, a motivação e a qualidade do desempenho dos subordinados decorrem do modo como o líder se comporta e do que ele faz.

Entre os principais estudos que se dedicaram ao exame e à categorização dos comportamentos do líder, merecem destaque os desenvolvidos na Ohio State University e na Michigan University. No estudo de Ohio, dois fatores responderam pela maioria dos comportamentos de liderança. Um deles foi denominado *estrutura inicial*, e diz respeito à probabilidade que o líder tem de definir e estruturar seu papel e o dos subordinados na busca da realização de metas. O outro foi chamado de *consideração*, e corresponde à extensão pela qual o líder estabelece relações de trabalho caracterizadas pela atenção e pela confiança mútua, pelo respeito às ideias dos subordinados e pelo interesse por seus sentimentos.

Os estudos da Michigan Universty também resultaram em duas dimensões comportamentais do líder: *orientação para o empregado*, que enfatiza as relações interpessoais, tais como apoio, orientação e facilitação, e *orientação para a produção*, que destaca o trabalho e a realização das tarefas. As conclusões dos dois estudos guardam estreita sintonia. As duas dimensões evidenciadas identificaram que os líderes se comportam orientados para a tarefa e/ou para relacionamentos. Essas duas dimensões integraram inúmeras pesquisas na área, as quais pretendiam obter informações sobre as consequências gerais dos dois estilos no desempenho dos empregados, na satisfação, na geração de ideias, no comprometimento, no interesse pela organização, no atingimento de metas, entre tantas outras esferas.

Vale destacar que as diversas taxonomias sobre liderança classificaram os estilos em uma ou outra dimensão. Sob o manto do líder voltado para as relações estão os estilos denominados democrático, participativo, estimulador, apoiador e o estilo dos que dedicam consideração. Sob aquele voltado à tarefa estão os estilos autoritário, dominante, diretivo, autocrático e persuasivo.

As abordagens com duas dimensões não conseguiram apreender a liderança de modo apropriado. A crítica é que elas não levam em consideração condições situacionais, ou seja, o contexto no qual a liderança é exercida. Assim, os fatores situacionais foram associados aos comportamentos, fazendo surgir a terceira tendência, denominada *tendência contingencial*.

A evolução dos estudos, de acordo com essa tendência, mostrou que prever o sucesso da liderança era mais complexo do que identificar traços ou determinados comportamentos preferidos e que a situação deveria ser considerada. Porém, uma coisa é dizer que a eficácia da liderança é dependente da situação, e outra é ser capaz de isolar tais condições situacionais. Assim, alguns autores propuseram modelos que tivessem essas características. O Quadro 16.1, elaborado pelo autor deste capítulo, sintetiza alguns modelos contingenciais encontrados na literatura.

QUADRO 16.1
Modelos contingenciais de liderança, autores e caracterização

Modelo	Autor	Caracterização
Fiedler	Fred Fiedler	Conjuga duas dimensões do comportamento do líder: orientação para tarefa e orientação para o relacionamento, e três critérios situacionais: relações líder-membro (RLM), estrutura da tarefa (ET) e poder da posição (PP).
		Pressupõe que o estilo de liderança de um indivíduo é fixo. Assim, seria necessário que o líder fosse colocado na situação em que seu estilo se mostrasse mais eficaz, uma vez que o líder não consegue mudar seu estilo para se ajustar a uma determinada situação.
Caminho--objetivo	Robert House	O trabalho do líder é ajudar os seguidores a atingir suas metas e fornecer a direção e/ou o apoio necessários para assegurar que sejam compatíveis com os objetivos gerais do grupo ou da organização.
		O comportamento de um líder é aceitável pelos subordinados, na medida em que é visto por estes como uma fonte imediata de satisfação ou como um meio para satisfação futura. Assim, o comportamento do líder é motivacional, uma vez que torna a necessidade de satisfação do subordinado contingencial ao desempenho eficaz, e fornece treinamento, direção, apoio e recompensas necessários para o desempenho eficaz.
Participação e liderança	Vroom e Yetton	Relaciona o comportamento e a participação da liderança na tomada de decisão. Pressupõe que o líder pode ajustar seu estilo a diferentes situações, de modo a refletir a estrutura da tarefa. O modelo original concebia cinco estilos básicos: 1. **autocrático I** – o líder soluciona o problema ou toma a decisão por si, usando quaisquer fatos que tenha à mão; 2. **autocrático II** – o líder obtém a informação necessária de subordinados e decide então, ele mesmo, qual é a solução do problema; 3. **consultador I** – o líder compartilha o problema com os subordinados considerados relevantes, um a um, colhendo suas ideias e

(continua)

QUADRO 16.1
Modelos contingenciais de liderança, autores e caracterização (continuação)

Modelo	Autor	Caracterização
		sugestões, e toma a decisão final sozinho; 4. **consultador II** – o líder partilha o problema com os subordinados como um grupo e toma a decisão; e 5. **grupo II** – o líder divide o problema com os subordinados como um grupo e toma a decisão em equipe.
Liderança situacional	Hersey e Blanchard	Os autores usam as mesmas dimensões de liderança adotadas no modelo de Fiedler: comportamentos de tarefa e de relacionamento. Porém, combinam essas dimensões como "alto" e "baixo", resultando em quatro comportamentos, que foram denominados da seguinte forma: *determinar* (tarefa alto – relacionamento baixo) – ênfase no comportamento diretivo, o líder diz o que deve ser feito; *persuadir* (tarefa alto – relacionamento alto) – o líder fornece tanto comportamento diretivo quanto comportamento de apoio; *compartilhar* (tarefa baixo – relacionamento alto) – o líder e o seguidor partilham da tomada de decisões, e o papel principal do líder é o de facilitar e comunicar; *delegar* (tarefa baixo – relacionamento baixo) – o líder fornece pouca direção ou apoio.
		O elemento situacional do modelo é a maturidade dos subordinados, que se refere à extensão na qual as pessoas têm a capacidade e disposição de realizar uma tarefa específica. Assim, são identificados quatro estágios: capaz e disposto; capaz e não disposto; incapaz e disposto; e, por fim, incapaz e não disposto.

Outros estudos vêm focalizando o papel do seguidor na compreensão da liderança, por entender que é o seguidor quem define ou reconhece a efetiva manifestação da liderança. Essas pesquisas contemplam as denominadas *teorias neocarismáticas*. Conforme destacado por Robbins (2002), esses estudos deixam de lado a complexidade teórica e veem a liderança mais do modo como o leigo vê o assunto. Hoje, não há preocupação com a formulação de conceitos e relações de natureza complexa. Essas abordagens entendem que a liderança é uma atribuição que as pessoas delegam a outros indivíduos. Ou seja, de acordo com esse enfoque, a liderança não está no indivíduo, mas decorre da atribuição feita pelos demais. Duas concepções podem ser destacadas nas teorias neocarismáticas: a liderança carismática e a liderança transacional e transformacional.

De acordo com o enfoque da *liderança carismática*, os seguidores fazem atribuições de capacidades heroicas ou extraordinárias à liderança quando observam certos comportamentos. Os pesquisadores têm dedicado muita atenção à procura das características que distinguem os líderes considerados carismáticos dos seus seguidores. Um dos estudos mais consistentes foi desenvolvido por Conger e Kanungo na McGill University (apud Robbins, 1999), o qual conclui que os líderes carismáticos têm uma meta idealizada e forte compromisso pessoal com seu objetivo; são percebidos como não convencionais; são assertivos e autoconfiantes; são percebidos mais como agentes de mudança radical do que como gerentes do *status quo*. Este capítulo não aprofunda a visão sobre essa abordagem, mas não podia deixar de mencioná-la, tendo em vista o interesse que o carisma desperta no sentido de entender o fenômeno da liderança.

A abordagem da *liderança transformacional* considera esses líderes como líderes carismáticos, enquanto os transacionais se assemelham àqueles tratados nos estudos encontrados na abordagem comportamental. A liderança transformacional estimula a mudança a partir do carisma e da visão de futuro do líder, bem como de sua capacidade de comunicar e estimular os indivíduos a adotar a sua forma de ver as coisas.

A apresentação das abordagens nessa sequência pode sugerir que as tendências mais recentes se sobrepõem às anteriores. Entretanto, ainda são encontrados estudos que se dedicam às tendências comportamentais. Nos Estados Unidos, berço dessa literatura, pesquisas envolvendo esses estilos perduram. Judge, Piccolo e Ilies (2004) realizaram uma metanálise da relação entre os estilos de liderança da Ohio State University e as consequências das ações dos gerentes. Os autores analisaram 163 correlações independentes para o estilo consideração e 159 para o estilo estrutura inicial. O primeiro apresentou correlações mais elevadas com satisfação dos colaboradores, motivação e efetividade da liderança. O segundo mostrou correlações mais fortes com o desempenho no trabalho, tanto individual quanto grupal e organizacional. Conforme afirmam os autores desse estudo, os resultados revelam que os estilos pesquisados têm importante efeito sobre muitas outras variáveis. Esse resultado contribui para o entendimento da efetividade do estilo gerencial no contexto organizacional.

No Brasil, vêm sendo desenvolvidos estudos analisando a relação dos estilos gerenciais que têm como base tendências comportamentais. Izidro-Filho e Guimarães (2008) procuraram identificar estilos gerenciais que predizem a ocorrência de mecanismos que favorecem a aprendizagem em organizações. Os resultados encontrados pelos autores indicam que o estilo orientado para relacionamento é um importante preditor de ações de aquisição, compartilhamento e codificação e controle de conhecimentos, as quais favorecem a aprendizagem em organizações. Os estilos voltados para tarefa (produção) e relacionamento também foram investigados por Santos e Castro (2008). Os resultados evidenciaram que iniciativa e investigação são dimensões predominantes em estilos que harmonizam a atenção do gestor tanto para a produção quanto para o relacionamento.

Considerando a importância dos estilos gerenciais no contexto organizacional, são apresentados, neste capítulo, os procedimentos que permitiram a construção e a validação da Escala de Avaliação do Estilo Gerencial (EAEG), as instruções para o cômputo dos resultados dela obtidos e sua versão final.

CONSTRUÇÃO E VALIDAÇÃO FATORIAL DA ESCALA DE AVALIAÇÃO DO ESTILO GERENCIAL (EAEG)

Os comportamentos relativos aos estilos de liderança usados na composição da EAEG estão coerentes com a literatura e apoiados por estudo exploratório realizado por Melo (1999). Desse estudo participaram 45 empregados de uma empresa pública que foram solicitados a indicar três comportamentos mais característicos de suas chefias imediatas, relativos ao modo como exercem a atividade gerencial. Os comportamentos descritos foram submetidos a uma análise de conteúdo, resultando nas seguintes categorias: abertura para participação, avaliação de desempenho, centralização, comunicação, delegação de competência, direção, descentralização, flexibilidade, justiça, objetividade, organização, orientação, planejamento, reconhecimento, relacionamento e valorização. Esses dados indicam que a percepção dos respondentes focaliza, essencialmente, gestores com atuação transacional.

De acordo com essa concepção, a atuação do gestor se volta para um dos seguintes focos:

a) **Tarefa** – Refere-se à probabilidade que o líder tem de definir e estruturar seu papel e o dos subordinados na busca da realização de metas. O líder enfatiza o trabalho, os aspectos técnicos da função, a observância aos padrões, os canais de comunicação, a hierarquia, os procedimentos e os métodos, bem como a realização das atividades relacionadas ao trabalho.

b) **Relacionamento** – Refere-se à extensão na qual o líder tem relações de trabalho caracterizadas por confiança mútua, amizade, calor humano nas relações. Respeito pelas ideias dos colaboradores e interesse pelos seus sentimentos. O líder valoriza a individualidade e enfatiza as relações interpessoais, tais como apoio, orientação e facilitação.

c) **Situação** – Refere-se à habilidade do líder de identificar a realidade do seu ambiente de trabalho e de adaptar seu estilo às exigências desse ambiente. O líder é flexível para adaptar seu comportamento de acordo com as necessidades e os motivos de seus subordinados considerando três elementos fundamentais: a tarefa, o relacionamento e a capacidade/interesse para realização do trabalho.

De acordo com as três dimensões conceituais apresentadas, foram elaborados 33 itens, que foram submetidos a 14 juízes, em conjunto com as definições constitutivas (focos da liderança). Coube aos julgadores indicar a que estilo o item melhor se relacionava (tarefa, relacionamento ou situacional). A partir disso, foi calculado o Índice de Concordância (IC) para cada item, o qual, segundo Pasquali (1999), deve ser igual ou superior a 80%. Adotando-se esse critério, foram excluídos cinco itens.

Os 28 itens restantes foram aplicados, presencialmente, a 328 empregados de uma empresa pública. A idade média dos respondentes foi de 42 anos, sendo 58,8% homens e 40,9% mulheres, com escolaridade variando entre ensino fundamental (3,73%), médio (31,7%) e superior (64,6%). Todos os respondentes tinham dois ou mais anos de serviço na organização. Os participantes estavam distribuídos em cargos de diferentes níveis, de acordo com a estrutura da organização – nível básico (7,36%), nível técnico/médio (41,8%) e superior (50,3%).

A qualidade psicométrica da escala foi examinada de acordo com procedimentos estatísticos próprios. Com base nesses procedimentos, foram evidenciados os fatores relacionamento, com 9 itens, cuja variância explicada foi de 45,26%; tarefa, 6 itens, variância de 13,8%; e situacional, 4 itens, variância de 5,80. Os índices de precisão obtidos por meio do Alfa de Cronbach foram 0,94, 0,72 e 0,82, respectivamente.

Aplicação, apuração dos resultados e interpretação da EAEG

A aplicação da EAEG pode ser feita de forma individual ou coletiva, presencial ou *on-line*, a pessoas com escolaridade mínima de ensino fundamental e que tenham relacionamento funcional com suas chefias há, no mínimo, seis meses. O tempo de aplicação é livre, porém, estima-se que o instrumento possa ser respondido em cerca de 10 minutos.

É importante que seja assegurado aos respondentes um ambiente adequado às respostas, ou seja, tranquilo e confortável, livre de interferências externas, e que seja sobretudo, garantido o sigilo das respostas e a liberdade para que eles possam realizar sua avaliação de forma autônoma.

Todos os itens da escala têm sentido positivo, devendo o respondente indicar o quanto cada um reflete a maneira como seu chefe age na organização. O resultado deve ser apurado por fator, de modo a obter a média fatorial dos itens que compõem cada um deles. Os valores assinalados pelos participantes em cada item devem ser somados e divididos pelo número total de itens. A média deve ter como resultado um valor entre 1 e 5, que corresponde à amplitude da escala de respostas.

A interpretação dos resultados deve levar em conta que, quanto maior a média, mais característica é a percepção do comportamento do gestor pelo subordinado. Tendo em vista que o instrumento utiliza uma escala de 1 a 5, resultados superiores ao ponto médio, que corresponde ao valor 3, indicam o estilo gerencial mais voltado para relacionamento, tarefa ou situacional. A interpretação teórico-conceitual exige o exame das médias de cada item, o que possibilita o devido destaque ao comportamento descrito em função do resultado apurado.

O resultado pode ser agrupado para cada unidade organizacional (seção, setor, divisão, departamento, etc.) ou para a organização como um todo. O cálculo do desvio padrão e do coeficiente de variação indica o quanto a percepção sobre o estilo gerencial é ou não compartilhada. Quanto menores essas estatísticas, maior é o compartilhamento da percepção entre os respondentes.

ESCALA DE AVALIAÇÃO DO ESTILO GERENCIAL – EAEG

Você encontrará, a seguir, uma série de itens que descrevem comportamentos apresentados pelas chefias no dia a dia de trabalho com os seus subordinados. Examine cada descrição e indique o quanto ela corresponde à maneira como a sua chefia imediata se comporta na organização.

Para responder, assinale com "X" apenas um dos códigos da escala de 1 a 5, à direita de cada frase, que significam:

1 Nunca age assim	2 Raramente age assim	3 Ocasionalmente age assim	4 Frequentemente age assim	5 Sempre age assim

Nº	Itens	1 Nunca age assim	2 Raramente age assim	3 Ocasionalmente age assim	4 Frequentemente age assim	5 Sempre age assim
1	É atencioso(a) no relacionamento com os subordinados.					
2	É compreensivo(a) com as falhas e erros dos subordinados.					
3	Dá maior ou menor liberdade de trabalho ao subordinado dependendo da sua disposição para realizar a tarefa.					
4	Coloca o trabalho em primeiro lugar.					
5	Interessa-se pelos sentimentos dos subordinados.					
6	Demonstra respeito pelas ideias dos subordinados.					
7	É rígido(a) no cumprimento dos prazos estabelecidos.					
8	Valoriza a disciplina e a subordinação (hierarquia).					
9	Dá liberdade de trabalho aos subordinados que se mostram seguros diante da tarefa a ser executada.					

Nº	Itens	1 Nunca age assim	2 Raramente age assim	3 Ocasionalmente age assim	4 Frequentemente age assim	5 Sempre age assim
10	Estimula os subordinados a darem opiniões sobre o trabalho.					
11	Estimula a apresentação de novas ideias no trabalho.					
12	Indica aos membros do grupo as tarefas específicas de cada um.					
13	Demonstra confiança nos subordinados.					
14	Pede que os membros do grupo sigam normas e regras estabelecidas.					
15	Dá maior ou menor liberdade de trabalho ao subordinado, dependendo da sua competência para realizar a tarefa.					
16	Mostra-se acessível aos subordinados.					
17	Valoriza o respeito à autoridade.					
18	Dá liberdade de trabalho aos subordinados que se mostram motivados para executar a tarefa.					
19	Encontra tempo para ouvir os membros do grupo.					

Itens por fator
Fator relacionamento: 1, 2, 5, 6, 10, 11, 13, 16 e 19
Fator situacional: 3, 9, 15 e 18
Fator tarefa: 4, 7, 8, 12, 14 e 17

REFERÊNCIAS

BASS, B. M. *Bass & Stogdill's handbook of leadership*: theory, research, and managerial applications. New York: The Free Press, 1990.

DORFMAN, P. International and cross-cultural leadership. In: PUNNETT, B. J.; SHENKAR, O. (Ed.). *Handbook for international management research*. Cambridge: Blackwell, 1996. p. 267-349.

DRUMMOND, V. S. *Confiança e liderança nas organizações*. São Paulo: Thompson, 2007.

HAMPTON, D. R. *Administração*: comportamento organizacional. São Paulo: McGraw-Hill, 1990.

IZIDRO-FILHO, A.; GUIMARÃES, T. A. Estilos de liderança e mecanismos de aprendizagem em organizações: análise de suas relações em uma organização financeira. *Revista Gestão Organizacional*, v. 6, n. 3, p. 361-378, 2008.

JUDGE, T. A.; PICCOLO, R. F.; ILIES, R. The forgotten ones? The validity of consideration and initiating structure in leadership resarch. *Journal of Applied Psychology*, v. 89, n. 1, p. 36-51, 2004.

LORD, R. G.; DE VADER, C. L.; ALLIGER.G. M. A meta-analysis of the relation between personality traits and leadership perception: an application of validity generalization procedures. *Journal of Applied Psychology*, v. 71, n. 3, p. 402-410, 1986.

LUIZ, A. J. B. Meta-análise: definição, aplicações e sinergia com dados espaciais. *Cadernos de Ciência & Tecnologia*, v. 19, n. 3, p.407-428, 2002.

MELO, E. A. A. *Comportamento gerencial*: levantamento de percepções. Brasília: Instituto de Psicologia da Universidade de Brasília, 1999. Trabalho apresentado na disciplina Métodos de Pesquisa em Psicologia.

PASQUALI, L. Testes referentes a construto: teoria e modelo de construção. In: PASQUALI, L. (Org.). *Instrumentos psicológicos*: manual prático de elaboração, Brasília: LabPAM; IBAPP, 1999. p. 37-71.

REDDIN, W. J. *Eficácia gerencial*. São Paulo: Atlas, 1970.

ROBBINS, S. P. *Comportamento organizacional*. 9. ed. Rio de Janeiro: LTC, 2002.

SANTOS, I.; CASTRO, C. B. Estilos e dimensões da liderança: iniciativa e investigação no cotidiano do trabalho de enfermagem hospitalar. *Texto & Contexto:* Enfermagem, v. 17, n. 4, p. 734-742, 2008.

TORRES, C. V. *Leadership style norms among Americans and Brazilians*: assessing differences using Jackson's return potential model. 1999. These (Dissertation) – Faculty of the California School of Professional Psychology, San Diego, 1999.

LEITURAS COMPLEMENTARES

HAIR JR., J. F. et al. *Análise multivariada de dados*. 5. ed. Porto Alegre: Bookman, 2005.

MELO, E. A. A. Escala de avaliação do estilo gerencial (EAEG): desenvolvimento e validação. *Revista Psicologia*: Organizações e Trabalho, v. 4, n. 2, p. 31-62, 2004.

17

Oportunidades de aprendizagem nas organizações

Luciana Mourão
Gardênia da Silva Abbad
Thaís Zerbini

Não há dúvida de que as organizações têm utilizado mais treinamento como estratégia de gestão de pessoas (Aguinis; Kraiger, 2009; Campos et al., 2004; Salas; Cannon-Bowers, 2001). O acelerado avanço tecnológico tem provocado mudanças no sistema produtivo e aumentado a demanda cognitiva dos trabalhadores, caracterizando uma tendência de maior exigência em praticamente todos os postos de trabalho. Por conseguinte, as necessidades de aprendizagem no trabalho estão forçando uma transformação no perfil da área de treinamento, desenvolvimento e educação (TD&E), com redução do tempo de intervalo entre as ações de capacitação para cada empregado e demandas de requalificação cada vez mais velozes.

Junto com os avanços tecnológicos e com a expansão da importância da área de treinamento nas organizações, aumentou o interesse dos pesquisadores em investigar as percepções sobre os sistemas de TD&E. O pressuposto por trás dessas análises é de que tais percepções podem afetar a motivação das pessoas para se capacitarem, o vínculo que estabelecem com a instituição na qual trabalham, a satisfação com a ocupação, o bem-estar na empresa e também os resultados do treinamento em seus desempenhos.

O treinamento de pessoal é caracterizado pelo esforço despendido pelas organizações para propiciar oportunidades de aprendizagem aos seus integrantes (Borges-Andrade; Oliveira-Castro, 1996). Os autores destacam como propósitos desse processo a identificação e a superação de deficiências no desempenho de empregados, a preparação de colaboradores para novas funções e o retreinamento para a adaptação da mão de obra à introdução de novas tecnologias.

Abbad e Borges-Andrade (2004) destacam, contudo, que as práticas englobam um conjunto mais amplo de ações, as quais envolvem desde a mera informação voltada para o trabalho até o desenvolvimento, que estaria relacionado a ações mais amplas, direcionadas não apenas às atividades que o trabalhador realiza atualmente mas também ao seu desenvolvimento mais amplo, incluindo a preparação para novas posições no futuro.

Nesse sentido, o conceito de oportunidades de aprendizagem refere-se tanto às práticas de TD&E como ao suporte para a aprendizagem informal no ambiente de trabalho. A parte de aprendizagem induzida diz respeito a ações de treinamento, desenvolvimento e educação, que englobam todas as ações educacionais relacionadas no âmbito das organizações de trabalho, incluindo aquelas de apoio às próprias instituições (Vargas; Abbad, 2006).

A respeito dessa temática, um estudo realizado nos Estados Unidos aponta que 62% dos presidentes das 264 maiores companhias norte-americanas afirmam que construir e manter uma força de trabalho qualificada é o desafio mais importante da década (Fowler,1990 apud Elbadri, 2001). Embora a década de 1990 tenha terminado, esse desafio ainda está presente, e não apenas para as organizações norte-americanas, e sim como um desafio global.

Em comparação aos países desenvolvidos, o Brasil ainda é um país com pouco investimento em treinamento. Apenas 0,18% do faturamento líquido das empresas é investido em treinamento e desenvolvimento dos funcionários, segundo pesquisa realizada pela consultoria Sextame Brasil (Só..., 2008). Na Europa, um estudo apresentado por Bassanini e colaboradores (2005) mostra que, dos 26 países europeus pesquisados, os que apresentam maior investimento por empregado são Dinamarca, Suécia, Holanda, França, Finlândia e Irlanda, com valores que variam de 0,5% (Romênia) a 3% (Dinamarca). Contudo, a diferença entre o Brasil e os países europeus pode ser muito maior do que apontam esses percentuais, pois enquanto no Brasil o percentual se refere ao faturamento líquido das empresas, a pesquisa europeia apresenta um percentual de investimento em TD&E considerando os custos totais das empresas.

Em uma pesquisa realizada por Mourão (2009), identificou-se que 42,3% das organizações no Brasil investem em ações de treinamento dentro ou fora do local de trabalho. O *survey* realizado pela autora pesquisou 1.150 instituições (públicas, privadas e do terceiro setor) em 115 municípios e 23 unidades federadas (UF). A amostra foi probabilística, por conglomerado, com 50 questionários por UF, abrangendo a capital e municípios de médio e de pequeno porte (classificação IBGE de 2004). Os resultados mostram que mais de um quarto das organizações não realiza ações de qualificação dos seus funcionários. As empresas de grande porte, com mais de 100 funcionários, mais de 22 anos de mercado e localizadas nas Regiões Sul e Sudeste correspondem ao perfil que mais oferece oportunidades de qualificação.

O fato de as empresas de pequeno e médio porte investirem pouco em treinamento, no Brasil, é preocupante (Mourão, 2009), uma vez que a maior parte da mão de obra brasileira encontra-se nesse tipo de organização. Na mesma linha, o estudo de Bassanini e colaboradores (2005) mostra que nos países europeus há um comportamento-padrão das organizações de haver maior percentual de pessoas capacitadas naquelas com mais de 250 empregados do que nas que têm entre 10 e 50 empregados. Da mesma forma, em uma pesquisa sobre a atuação da área de treinamento e desenvolvimento com 30 empresas polonesas, Elbadri (2001) mostrou que na Polônia as empresas de menor porte também são mais relutantes em relação ao treinamento. No *survey* realizado por Wong, Marshall e Thwaites (1997), investigando 1.992 empresas de pequeno e médio porte, os pesquisadores encontraram que apenas um sexto das organizações pesquisadas realiza planejamento de treinamento, e uma pequena proporção delas tem um orçamento específico para ações de capacitação.

Não resta dúvida de que há grandes desafios metodológicos a serem vencidos em termos de pesquisas de TD&E, mas nas últimas décadas percebe-se significativo avanço nos estudos sobre treinamento e desenvolvimento (Aguinis; Kraiger, 2009; Salas; Cannon-Bowers, 2001). Nas três últimas décadas, esse crescimento originou mais teorias, modelos, resultados empíricos, revisões e metanálises (Salas; Cannon-Bowers, 2001). As últimas revisões internacionais sobre o tema apontam uma mudança radical desse campo, e para melhor; os pesquisadores estão adotando uma visão sistêmica e preocupando-se mais com o contexto organizacional e com as ferramentas e os delineamentos das avaliações de TD&E.

Contudo, é preciso sinalizar que nem todas as oportunidades de aprendizagem nas organizações derivam do sistema formal de aprendizagem, ou seja, do sistema de TD&E. Uma parte expressiva do que os colaboradores aprendem deriva de ações informais realizadas no dia a dia do trabalho (Coelho Junior; Mourão, 2011). Antonello (2005) apresenta uma rica discussão acerca da articulação entre aprendizagem formal e informal e critica a leitura antagônica dos dois termos. A autora discute que há tendência na literatura da área de perceber a aprendizagem formal e a informal como separadas, em uma polarização artificial entre elas.

É fato que a aprendizagem formal tem recebido mais destaque (Malcolm; Hodkonson; Colley, 2003). A literatura nacional e a estrangeira mostram que tem crescido a ênfase em avaliação de sistemas de TD&E e também os investimentos nessa área. É cada vez maior a demanda por avaliação nas organizações que tradicionalmente fazem altos investimentos nesses sistemas, bem como naquelas que há pouco descobriram o valor estratégico do conhecimento e da contínua qualificação de seu pessoal (Borges-Andrade, 2002). Todavia, é preciso considerar também o quanto as empresas incentivam o processo de aprendizagem informal, isto é, o quanto oferecem ambientes favoráveis a esse tipo de aprendizagem.

Assim, a avaliação da percepção que os colaboradores têm das oportunidades de aprendizagem no ambiente de trabalho pode ser uma importante medida para a gestão de pessoas. Acredita-se que tal percepção possa influenciar variáveis do comportamento organizacional, como comprometimento, cidadania, clima e satisfação com o trabalho.

Sob esse aspecto, identificar as percepções de oportunidades de aprendizagem no ambiente organizacional e desenvolver estratégias para tentar gerenciá-las é importante tanto para as melhorias de desempenho no trabalho quanto para o bem-estar dos colaboradores. Diante desse cenário, na pesquisa apresentada a seguir, foi validada uma medida de oportunidades de aprendizagem nas organizações de trabalho.

A Escala de Percepção de Oportunidades de Aprendizagem nas Organizações (EPOA) foi construída e validada com o objetivo de verificar a percepção de oportunidades de aprendizagem formal e informal que os funcionários têm nas suas organizações. Vale registrar que a proposta do método não é fazer um levantamento organizacional das práticas de treinamento das instituições. O foco, aqui, está na percepção que os trabalhadores têm do sistema de TD&E e do suporte à aprendizagem nas organizações a que estão vinculados. Tal escala é útil para o entendimento dos tipos de organizações que apresentam, na visão de seus colaboradores, oportunidades de aprendizagem satisfatórias e do perfil de empresa que necessita aprimorar suas práticas. Ademais, a escala também pode ser útil para melhor compreender variáveis que possam se relacionar à satisfação e ao bem-estar no trabalho, ou seja, para entender a que ponto a percepção dessas oportunidades influencia o vínculo que o trabalhador estabelece com a organização e a satisfação que tem com ela.

ADAPTAÇÃO E VALIDAÇÃO DA ESCALA DE PERCEPÇÃO DE OPORTUNIDADES DE APRENDIZAGEM NAS ORGANIZAÇÕES (EPOA)

A seguir, será descrito o processo de adaptação e validação de uma escala de avaliação das práticas de treinamento, cuja criação dos itens derivou de uma simplificação do instrumento apresentado por Mourão e colaboradores (2012). O original foi construído com base em três subconstrutos: levantamento de necessidades, planejamento, implementação e avaliação e, por fim, políticas de educação corporativa (Del Maestro Filho, 2004). Contudo, na elaboração dos itens, buscou-se incorporar tanto os que dissessem respeito à aprendizagem formal quanto aqueles relativos ao processo informal, ou seja, a um ambiente organizacional propício para a aprendizagem.

Para a validação psicométrica da escala, a amostra foi composta por 579 trabalhadores com pelo menos um ano de experiência de trabalho, sendo 52% homens, com média de idade de 34,2 (desvio padrão [DP] = 10,8), tempo médio de trabalho na empresa atual de 8,6 anos (DP = 9,1) e tempo médio de experiência total de trabalho de 13,7 anos (DP = 10,3). Em relação à escolaridade, 41% deles têm nível médio, dos quais apenas um quarto tem formação em curso técnico/profissionalizante; 27% têm curso superior incompleto; e menos de um terço concluiu a graduação. No que se refere ao setor de atuação, 33% pertencem ao setor público, e os ramos de atuação mais frequentes foram educação, prestação de serviço, comércio e indústria. Com menores percentuais, mas também com valores expressivos, apareceram os trabalhadores da área de segurança pública, saúde e setor financeiro. Os demais campos somaram 8% do total das respostas.

Os dados foram coletados nos estados do Rio de Janeiro e de Minas Gerais, com aplicação dos questionários realizada pessoalmente, por um conjunto de mestrandos em Psicologia. Foi garantido o sigilo das informações individuais de todos os respondentes, bem como fornecido *e-mail* para acesso aos resultados finais da pesquisa.

O instrumento continha uma medida composta por questões mensuradas por intermédio de escala de concordância, tipo *likert*, variando de 0 a 10, e avaliadas por juízes, sendo que três especialistas analisaram a consistência do questionário. O instrumento original, que inspirou a construção dessa escala, continha 45 itens, subdivididos em três conjuntos de questões: 14 itens relativos a levantamento de necessidades de treinamento; 23 itens relativos aos aspectos de planejamento, implementação e avaliação dos eventos instrucionais; e 8 questões associadas às políticas de educação corporativa nas organizações em que os respondentes exercem suas funções (Mourão et al., 2012).

A EPOA foi composta inicialmente por 20 itens, distribuídos de acordo com os subsistemas de TD&E (análise de necessidades de treinamento, planejamento e execução; e avaliação) e com um ambiente de suporte à aprendizagem nas organizações. Os itens continham algumas políticas organizacionais relativas à área de educação corporativa, como o vínculo de tais práticas com programas sociais e a realização de ações educacionais destinadas ao público externo, bem como questões sobre o incentivo à aquisição e à divulgação de conhecimento na organização. A seleção desses itens teve como base dois critérios, considerando a pesquisa de Del Maestro Filho (2004):

a) a representatividade dos conceitos relativos ao construto aprendizagem (com indicação dos itens feita por um conjunto de quatro juízes e com critério de consenso de 75% para cada item indicado); e

b) as cargas fatoriais de cada item.

Para a validação psicométrica da EPOA, antes da análise fatorial e dos componentes principais, foram verificadas as condições de fatorabilidade do instrumento, sendo constatado que ele tinha plenas condições de passar por uma análise fatorial, uma vez que o índice do Teste de Kaiser-Meyer-Olkin (KMO) foi de 0,96, além de o determinante da matriz de correlações ter sido muito próximo de zero (0,000001), e o Teste de Esfericidade de Bartlett, significativo ($\chi^2 = 7.844,6$; $p < 0,00$).

Na sequência, a análise de componentes principais mostrou, de acordo com o critério dos *eigenvalues*, a extração de três fatores. Porém, a verificação das cargas fatoriais dos itens indicava uma aglomeração no primeiro fator, sem que nenhum item ficasse nos outros dois fatores. Uma solução com dois fatores foi testada, também sendo indicada a solução unifatorial, uma vez que o fator 1 permaneceu reunindo o conjunto de itens. Tal resultado já poderia ser esperado, considerando os valores de variância explicada de cada fator, uma vez que o primeiro explicou 52,7%; o segundo, 9,1%; e o terceiro, 5%. Portanto, há uma diferença muito grande entre a variância explicada pelo primeiro fator e a dos outros possíveis dois fatores, o que sinaliza que, caso existissem, esses fatores teriam uma contribuição reduzida em relação ao total da variância explicada.

Além disso, a análise da consistência teórica também sinaliza para uma solução unifatorial, visto que – para os trabalhadores – dificilmente a percepção da área de aprendizagem está segmentada em formal ou informal ou mesmo nos subsistemas de TD&E. Isso significa que eles apenas percebem o grau de oportunidade de aprender, sem identificar a existência de uma divisão técnica de tais oportunidades.

Para analisar a estabilidade da escala, verificou-se o quanto os itens eram bons representantes dela, pelo tamanho das cargas fatoriais. Adotou-se como critério de corte cargas fatoriais inferiores ou iguais a 0,32 (Tabachnick; Fidell, 1996). Como resultado, os itens "preocupa-se em disponibilizar cursos para o público externo" e "integra programas educacionais a projetos sociais" foram excluídos do instrumento. É importante registrar que ambos os itens apresentam uma visão de vanguarda da área de TD&E, na qual a responsabilidade da organização vai além da capacitação de seus funcionários, atingindo o público externo e integrando-se a projetos sociais. Nesse sentido, a exclusão desses itens indica que eles se encontram pouco relacionados às práticas organizacionais de TD&E na percepção do grupo de trabalhadores participantes da pesquisa. Portanto, a escala ficou com um total de 18 itens válidos. Como havia itens redundantes e sinalização de uma estrutura unifatorial, avaliou-se que seria interessante excluir aqueles que fossem muito similares. Uma análise realizada por seis juízes, com concordância mínima de 80%, apontou a possibilidade de redução dos itens da escala para 13. Com esse número, o grau de confiabilidade ficou adequado (Alfa de Cronbach = 0,94), com uma altíssima correlação ($r = 0,99$; $p < 0,00$) entre a versão com 18 itens e a com 13 itens, ficando, então, a estrutura final da escala com 13 itens.

Por último, foi produzido o escore fatorial pela média dos escores das variáveis originais que pertencem ao fator, o qual foi denominado "percepção de oportunidades de aprendizagem nas organizações". Sua descrição seria percepção da atuação da organização no sentido de estimular a aprendizagem e prover a aquisição de conhecimentos, habilidades e atitudes, contemplando ações de aprendizagem induzida e de suporte à informal. O índice de precisão (Alfa de Cronbach) para a EPOA foi de 0,94, sendo 7,40 o valor do *eigenvalue* (autovalor). O conjunto dos 13 itens teve cargas fatoriais variando entre 0,64 e 0,84 e o fator único explicou 52,7% da variância.

A validação da EPOA pode fornecer aos pesquisadores da área um instrumento útil para investigar a percepção que os trabalhadores têm das oportunidades de aprender oferecidas pelas suas organizações. Além disso, a escala pode ser aplicada em conjunto com outros instrumentos, permitindo identificar possíveis relações entre a percepção de práticas de treinamento e o comportamento humano nas organizações. O fato de a escala ter 13 itens e bons indicadores psicométricos favorece a aplicação simultânea com outras escalas, uma vez que instrumentos muito grandes tendem a reduzir a taxa de retorno dos questionários e a aumentar os riscos de incongruência nas respostas.

Assim, acredita-se que a escala ora apresentada possa contribuir não apenas para avaliar as oportunidades de aprendizagem que as organizações oferecem, mas também para pesquisas que permitam correlacionar tais oportunidades a outras variáveis ligadas ao comportamento organizacional ou a práticas de gestão de pessoas.

APLICAÇÃO, APURAÇÃO DOS RESULTADOS E INTERPRETAÇÃO DA ESCALA DE PERCEPÇÃO DE OPORTUNIDADES DE APRENDIZAGEM NAS ORGANIZAÇÕES (EPOA)

A EPOA é autoaplicável, devendo ser preenchida em ambiente tranquilo, e não tem tempo estipulado para resposta. Sua aplicação deve ser feita a pessoas que tenham, no mínimo, ensino médio, pois são empregados alguns termos técnicos que talvez sejam de difícil compreensão para indivíduos com menor grau de escolaridade.

O questionário deve ser anônimo, uma vez que se trata de opiniões relativas à percepção de oportunidades de aprendizagem na organização, e a identificação do respondente pode inibir a expressão sincera. Nos casos em que houver necessidade de identificação para posterior pareamento com outros questionários, como o de Impacto de Ações de Treinamento, por exemplo, é fundamental garantir o sigilo da informação individual.

A escala apresentada pode ser aplicada em papel ou formato eletrônico, seja em um *site* específico para a pesquisa, seja por *e-mail*. Porém, é importante adotar cuidados adicionais para aplicações em meio eletrônico. É preciso testar o sistema para ter certeza de que os dados preenchidos de fato estão sendo registrados e criar mecanismos de controle que evitem que o indivíduo, por engano, envie suas respostas mais de uma vez. No caso de uso de *e-mail*, é importante acompanhar se há endereços que estão retornando, bem como repetir o envio cerca de uma semana depois para aqueles que ainda não tiverem respondido, além de checar a possibilidade de a mensagem ser enviada diretamente para caixa de *spam*. Em todas as situações, é essencial informar na mensagem sobre a pesquisa, o objetivo desta e o prazo para resposta.

No caso de aplicação presencial, deve-se preservar a autonomia nas respostas, isto é, o responsável pela aplicação não deve explicar os itens a serem respondidos, para evitar problemas com a padronização das respostas. Em média, a EPOA leva 5 minutos para ser preenchida, podendo ser aplicada em uma única organização ou em empresas distintas, para se comparar as percepções dos membros das diferentes organizações acerca das oportunidades de aprendizagem oferecidas.

No que diz respeito à apuração dos resultados, a percepção de oportunidades de aprendizagem nas organizações é medida por uma escala tipo *likert*, variando de 0 a 10, perfazendo um total de 11 pontos. Nessa escala, quanto mais alta a média, mais o respondente acredita que sua organização incentiva a aprendizagem contínua de seus colaboradores. Como a escala é unifatorial, deve ser considerado o escore médio obtido a partir da média das respostas dadas aos 13 itens. Valores médios entre 0 e 4 indicam percepção de que as oportunidades são escassas; entre 4,1 e 7, percepção de que a organização oferece oportunidades medianas de aprendizagem; e entre 7,1 e 10, percepção de que a organização incentiva a aprendizagem formal e a informal.

Nos relatórios a respeito desses resultados, é importante que não sejam apresentados apenas os resultados descritivos da escala (valores mínimos, máximos, médias e desvio padrão obtidos), mas também as análises de variáveis antecedentes, consequentes e correlatas ao construto, a fim de que se possa utilizar a informação nos processos de tomada de decisão, permitindo melhorias para a área.

Embora o instrumento tenha apresentado índices que atestam sua validade teórica e empírica em uma amostra que garante que esses resultados são confiáveis, recomenda-se que nas futuras pesquisas sejam apresentados tanto o grau de precisão (Alfa de Cronbach) obtido no estudo de validação quanto o resultado alcançado no estudo empírico realizado pelos usuários da escala, pois em realidades específicas os instrumentos podem apresentar estruturas distintas.

Por fim, é fundamental destacar que os resultados devem ser sempre apresentados de forma agrupada, para garantir o anonimato das opiniões e evitar qualquer tipo de identificação das respostas. Além disso, devem ser considerados a média e o desvio do conjunto de itens, não sendo adequado apresentar separadamente os resultados de cada item da escala.

ESCALA DE PERCEPÇÃO DE OPORTUNIDADES DE APRENDIZAGEM NAS ORGANIZAÇÕES – EPOA

As frases abaixo falam das oportunidades de aprendizagem que as organizações podem ou não oferecer a seus funcionários. Leia cada item com atenção e, pensando em sua organização de trabalho atual, avalie o quanto você concorda ou discorda de cada uma deles. Escolha o ponto da escala abaixo que melhor descreve a sua opinião e registre o número correspondente nos parênteses antes de cada frase.

```
0   1   2   3   4   5   6   7   8   9   10
|___|___|___|___|___|___|___|___|___|___|
Discordo                          Concordo
totalmente                      totalmente
```

1. ( ) Incentiva a participação ativa do funcionário no processo de aprendizagem.
2. ( ) Cria oportunidades de avaliar a aprendizagem.
3. ( ) Estimula o desenvolvimento de novas habilidades e atitudes no trabalho.
4. ( ) Avalia se as ações de treinamento contribuem para o desempenho no trabalho.
5. ( ) Cria situações de aprendizagem que motivam o funcionário.
6. ( ) Preocupa-se em levantar necessidades de desenvolvimento de equipes.
7. ( ) Projeta necessidades futuras de treinamento.
8. ( ) Oferece cursos conduzidos por instrutores/professores bem qualificados.
9. ( ) Estimula o funcionário a escolher eventos de treinamento dos quais ele necessita.
10. ( ) Incentiva a escolarização dos funcionários.
11. ( ) Desenvolve programas de educação continuada.
12. ( ) Estimula o compartilhamento de conhecimentos na organização.
13. ( ) Prepara o funcionário para exercer atividades mais complexas e de maior responsabilidade.

REFERÊNCIAS

ABBAD, G. S.; BORGES-ANDRADE, J. E. Aprendizagem humana em organizações de trabalho. In: ZANELLI, J. C.; BORGES-ANDRADE, J. E.; BASTOS, A. V. B. (Org.). *Psicologia, organizações e trabalho no Brasil*. Porto Alegre: Artmed, 2004.

AGUINIS, H.; KRAIGER, K. Benefits of training and development for individuals and teams, organizations, and society. *Annual Review Psychology*, v. 60, p. 451-474, 2009.

ANTONELLO, C. S. Articulação da aprendizagem formal e informal: seu impacto no desenvolvimento de competências gerenciais. *Alcance-UNIVALI*, v. 12, n. 2, p. 183-209, 2005.

BASSANINI, A. et al. *Workplace training in Europe*. Itália: [s.n.], 2005. Disponível em: <http://ftp.iza.org/dp1640.pdf>. Acesso em: 10 jun. 2013.

BORGES-ANDRADE, J. E. Desenvolvimento de medidas em avaliação de treinamento. *Estudos de Psicologia*, v. 7, n. esp., p. 31-43, 2002.

BORGES-ANDRADE, J. E.; OLIVEIRA-CASTRO, G. Treinamento no Brasil: reflexões sobre suas pesquisas. *Revista de Administração*, v. 31, n. 2, p. 112-125, 1996.

CAMPOS, K. C. L. et al. Avaliação do sistema de treinamento e desenvolvimento em empresas paulistas de médio e grande porte. *Psicologia Reflexão e Crítica*, v. 17, n. 3, p. 435-446, 2004.

COELHO JUNIOR, F. A.; MOURÃO, L. Suporte à aprendizagem informal no trabalho: uma proposta de articulação conceitual. *RAM. Revista de Administração Mackenzie*, v. 12, n. 6, p. 224-253, 2011.

DEL MAESTRO FILHO, A. *Modelo relacional entre modernização organizacional, práticas inovadoras de treinamento e satisfação no trabalho*. 2004. 281 f. Tese (Doutorado) – Centro de Pós-Graduação em Administração, Universidade Federal de Minas Gerais, Belo Horizonte, 2004.

ELBADRI, A. N. A. Training practices of Polish companies: an appraisal and agenda for improvement. *Journal of European Industrial Training*, Bradford, v. 25, p. 69-79, 2001.

MALCOLM, J.; HODKONSON, P.; COLLEY, H. The interrelationships between informal and formal learning. *Journal of Workplace Learning*, v. 15, n. 7/8, p. 131-318, 2003.

MOURÃO, L. et al. Medidas de percepção sobre sistemas de TD&E. In: ABBAD, G. S. et al. (Org.). *Medidas de avaliação em Treinamento Desenvolvimento e Educação*: ferramentas para gestão de pessoas. Porto Alegre: Artmed, 2012. p. 278-295.

MOURÃO, L. Oportunidades de qualificação profissional no Brasil: reflexões a partir de um panorama quantitativo. *Revista de Administração Contemporânea*, v. 13, n. 1, p. 137-153, 2009.

SALAS, E.; CANNON-BOWERS, J.A. The science of training: a decade of progress. *Annual Review Psychology*, v. 52, p. 471-499, 2001.

SÓ 0,18% do faturamento é investido em treinamento. *Jornal do Brasil*, 09 jul. 2008. Disponível em: <http://www.jb.com.br/capa/noticias/2008/07/09/so-018-do-faturamento-e-investido-em-treinamento/>. Acesso em: 17 jun. 2013.

TABACHNICK, B. G.; FIDELL, L. S. *Using multivariate statistics*. New York: Harper Collins College, 1996.

VARGAS, M. R. V.; ABBAD, G. S. Bases conceituais em TD&E. In: BORGES-ANDRADE, J. E.; ABBAD, G. S.; MOURÃO, L. (Org.). *Treinamento, desenvolvimento e educação em organizações e trabalho*: fundamentos para gestão de pessoas. Porto Alegre: Artmed, 2006. p. 137-158.

WONG, C.; MARSHALL, J.; THWAITES, A. Management training in small and medium-sized enterprises: methodological and conceptual issues. *The International Journal of Human Resource Management*, v. 8, n. 1, p. 44-65, 1997.

18

Políticas e práticas de recursos humanos

Gisela Demo
Elaine Rabelo Neiva
Iara Nunes
Késia Rozzett

Resumindo as visões de autores como Legge (2006) e Armstrong (2009) e Bohlander e Snell (2009), é possível observar que a área de gestão de pessoas (GP), ou recursos humanos (RH), assumiu papel estratégico e relevante, suplantando aquele tradicional de suporte e constituindo competência organizacional essencial, uma vez que as pessoas são as protagonistas na consecução de resultados, quaisquer que sejam, por serem produtoras de conhecimento, inovação e capacidades organizacionais. Esta última deriva da redefinição e redistribuição de políticas, práticas, funções e profissionais de GP (Ulrich et al., 1991). Dessa forma, políticas de GP são importantes, tendo em vista que estão alinhadas às metas da organização e que fornecem as condições para que as pessoas contribuam efetivamente para a obtenção de resultados superiores.

Nesse contexto, as organizações se voltaram à perspectiva da geração de vantagem competitiva. Consoante com a abordagem baseada em recursos, de Barney (1991), a geração de vantagem competitiva depende de pré-requisitos que podem estar intimamente relacionados à área de GP, uma vez que os recursos precisam ser valiosos para a organização, raros, impossíveis de ser imitados ou substituídos.

Em relação ao termo "política organizacional", esta pode ser definida como o estabelecimento de princípios para conduta de uma empresa, um curso geral de ação no qual certas práticas são trabalhadas em conjunto, de maneira construtiva, para atingir determinados objetivos (Singar; Ramsden, 1972). As políticas de GP definem o posicionamento, as expectativas e os valores da organização, quando se trata da forma de tratamento dos indivíduos, e servem, ainda, como ponto de referência para o desenvolvimento de práticas organizacionais e para decisões tomadas pelas pessoas, além de promover um tratamento equitativo entre os indivíduos (Armstrong, 2009). Neste capítulo, optou-se por utilizar o termo "política de GP" na acepção de proposta articulada da organização, com construções teóricas e práticas, no trato das relações humanas, visando a obtenção de resultados desejados. Dessa forma, as políticas de GP definem o referencial teórico e prático construído para possibilitar a consecução dos objetivos e das finalidades da organização, funcionando como guias de pensamento e ação para a área de GP, e essas práticas são as ações que traduzem e operacionalizam as políticas de GP. De acordo com Legge (2006), políticas se operacionalizam por meio de suas práticas.

A importância das políticas e práticas de GP para as organizações tem crescido nos últimos anos, o que pode ser constatado pelo aumento da produção acadêmica sobre o tema. Beauvallet e Houy (2010) sustentam que os mecanismos-chave e as variáveis decisivas que justificariam as vantagens competitivas das empresas ditas "enxutas", ou que praticam "gerenciamento sem gorduras", estão diretamente ligados à GP.

Combs e colaboradores (2006) realizaram uma metanálise e constataram que as relações entre práticas de GP e resultados organizacionais são mais fortes nas indústrias em comparação a empresas de serviços. Nesse contexto, outros estudos atestam que políticas e práticas de GP afetam de modo positivo as *performances* das organizações (Boselie; Dietz; Boone, 2005; Menezes; Wood; Gelade, 2010; Subramony, 2009). Já a efetividade e a aceitação das políticas de GP estão relacionadas a valores e cultura organizacionais (Stone; Stone-Romero; Lukaszewski, 2007).

Por fim, há um consenso de que as práticas de GP produzem desempenho organizacional superior quando são utilizadas em conjunto, e de maneira integrada, com estratégia de negócios, independentemente do indicador utilizado ou da natureza da organização (Demo, 2010; Guest; Conway, 2011; Kim e Lee, 2012. Majumder, 2012). Tais resultados também se aplicam a pequenas empresas. O estudo de Katou (2012) mostrou que políticas e práticas de GP impactam positivamente a *performance* organizacional por meio de atitudes (satisfação, comprometimento e motivação) e comportamentos (faltas, rotatividade, disputas) dos funcionários. Além disso, Aldamoe, Yazam e Ahmid (2012) concluíram que a retenção dos empregados media a relação entre políticas e práticas de GP e desempenho organizacional.

De acordo com Huselid (1995), as medidas de políticas e práticas de GP, embora necessárias, são escassas na literatura, o que delineia uma lacuna. Além de alguns indicadores (p. ex., Pfeffer, 2005), só foram encontradas na literatura a escala desenvolvida e validada pelo próprio Huselid (1995), com apenas 13 itens, e um Alfa de Cronbach de 0,67, e a escala para avaliar a percepção de políticas de GP, elaborada e validada por Demo (2008).

Os Quadros 18.1 a 18.6 sintetizam as políticas selecionadas, com seus principais autores e pontos abordados na literatura.

QUADRO 18.1
Suporte teórico da política de recrutamento e seleção

Política	Autores	Principais pontos abordados na literatura
Recrutamento e seleção	Bohlander e Snell (2009); Dessler (2002); Armstrong (2009); Lievens e Chapman (2010)	Ampla divulgação dos processos de recrutamento externo e interno. Informações a respeito de etapas, critérios, desempenhos e resultados do processo seletivo divulgadas aos candidatos. Utilização de vários instrumentos de seleção. Testes de seleção conduzidos por pessoas capacitadas e imparciais. Processos seletivos elaborados a fim de atrair candidatos competentes e profissionais qualificados. Recrutamento interno prioritário ao externo.

QUADRO 18.2
Suporte teórico da política de envolvimento

Política	Autores	Principais pontos abordados na literatura
Envolvimento	Bohlander e Snell (2009); Dessler (2002); Dietz; Wilkinson; Redman, (2010); Muckinsky (2004); Siqueira (2008); Sisson (1994); Ulrich et al. (1991)	Adaptação dos colaboradores aos seus cargos. Coerência entre discurso e prática gerencial. Tratamento respeitoso, atencioso e preocupação com o bem-estar. Clima de compreensão, cooperação e confiança entre gestores e subordinados e entre colegas. Integração dos colaboradores. Estímulo a participação e comunicação constantes. Autonomia na realização das tarefas e na tomada de decisões. Reconhecimento e *feedback* contínuos. Identificação de necessidades, valores e preocupações dos colaboradores, estabelecendo relacionamentos. Existência de canais de comunicação interna.

QUADRO 18.3
Suporte teórico da política de treinamento, desenvolvimento e educação

Política	Autores	Principais pontos abordados na literatura
Treinamento, Desenvolvimento e Educação	Bohlander e Snell (2009); Borges-Andrade, Abbad e Mourão, (2006); Dessler (2002); Goldstein (1996); Sisson (1994); Winterton (2007)	Diferenças entre treinamento (curto prazo), desenvolvimento e educação (médio e longo prazos). Estímulo à aprendizagem, ao compartilhamento e à produção de conhecimento. Desenvolvimento de competências necessárias ao desempenho das funções. Investimento em desenvolvimento e educação. Treinamentos: levantamento contínuo de necessidades, avaliação pelos participantes e transferência. Investimento em métodos modernos de treinamento, desenvolvimento gerencial e gestão de carreira (educação a distância e universidades corporativas).

QUADRO 18.4
Suporte teórico da política de condições de trabalho

Política	Autores	Principais pontos abordados na literatura
Condições de trabalho	Bohlander e Snell (2009); Dessler (2002); Loudoun e Johnstone (2010); Sisson (1994)	Incentivo à saúde e à qualidade de vida no trabalho. Oferta de benefícios básicos e complementares. Programas de prevenção de acidentes e promoção da saúde. Ergonomia. Preocupação com a segurança. Plano flexível de benefícios (plano cafeteria). Oferta de materiais, equipamentos e tecnologia adequados ao desempenho eficaz das funções. Facilidades e conveniência no local de trabalho.

QUADRO 18.5
Suporte teórico da política de avaliação de desempenho e competências

Política	Autores	Principais pontos abordados na literatura
Avaliação de desempenho e competências	Bohlander e Snell (2009); Dessler (2002); Devanna, Fombrun e Tichy, (1984); Latham, Sulsky e McDonald, (2007)	Realizações periódicas. Subsídio para a elaboração de um plano de desenvolvimento dos colaboradores e para as tomadas de decisão sobre promoções e aumento de salário. Discussão (elaboração conjunta) e divulgação aos colaboradores dos critérios e resultados.

QUADRO 18.6
Suporte teórico da política de remuneração e recompensas

Política	Autores	Principais pontos abordados na literatura
Remuneração e recompensas	Bohlander e Snell (2009); Dessler (2002); Devanna, Fombrun e Tichy, (1984); Gerhart (2010); Hipólito (2001); Sisson (1994)	Remuneração compatível com a formação. Remuneração compatível com as oferecidas no mercado. Existência de incentivos, como prêmios e promoções. Plano de carreira/progressão funcional claramente definidos e conhecidos por todos. Consideração das expectativas e sugestões dos colaboradores, recompensas customizadas. Remuneração condicionada aos resultados.

ADAPTAÇÃO E VALIDAÇÃO DA ESCALA DE POLÍTICAS E PRÁTICAS DE RECURSOS HUMANOS (EPPRH)

A EPPRH foi desenvolvida e validada para suprir uma lacuna na literatura. Aprimorar a completude e a abrangência da Escala de Percepção de Políticas de GP (EPPGP) (Demo, 2008), acrescentando a esta as políticas de recrutamento e seleção e de avaliação de desempenho e competências. Assim, a EPPRH contempla seis políticas de RH: recrutamento e seleção; envolvimento; treinamento, desenvolvimento e educação; condições de trabalho; avaliação de desempenho e competências; e remuneração e recompensas. Os itens da escala são práticas de RH referentes aos seis grupos de políticas citados.

Após revisão da literatura, procedeu-se elaboração dos itens referentes a políticas de recrutamento e seleção e de avaliação de desempenho e competências. Para compor a versão-piloto da EPPRH, os 19 itens da EPPGP, bem como todos os que foram elaborados para representar as políticas incluídas nesta nova medida, foram revisados e atualizados com base na literatura científica. Partiu-se, então, para a definição da quantidade de itens da escala e sua elaboração sendo que a versão-piloto da EPPRH continha 88 itens.

Quanto à análise teórica dos itens, em primeira instância, eles foram submetidos à análise semântica, para verificar se eram compreensíveis para os membros da população à qual o instrumento se destina e para dirimir as dúvidas que poderiam suscitar. Participaram dessa etapa 27 pessoas de 12 organizações de diversas áreas de atuação. Nessa parte, caíram 20 itens, e a EPPRH ficou composta por 68. Em seguida, procedeu-se à análise de juízes, ou de consistência dos itens, composta por 12 pessoas peritas na área da variável (professores, gestores e pesquisadores de GP), as quais julgaram se os itens estavam se referindo ou não à variável em questão. Aqueles que não conseguiram uma concordância de aplicação aos fatores de 80% dos juízes ou que não conseguiram se encaixar em apenas um fator foram descartados do instrumento (Pasquali, 1999). Estes somaram 18, e a EPPRH contou com 50 itens em sua versão de aplicação.

A amostra para validação, após limpeza e tratamento dos dados (Tabachnick; Fidell, 2001), foi composta por 632 sujeitos, oriundos de 245 organizações de diversos setores públicos e privados, de atuação local, regional, nacional e multinacional. Para a Análise Fatorial Exploratória (AFE), foram utilizados 304 indivíduos, selecionados aleatoriamente, a partir da amostra de 632. Já na Análise Fatorial Confirmatória (AFC) da EPPRH, foi utilizada a amostra de 632 colaboradores. Hair e colaboradores (2009) afirmam que modelos complexos, com mais de cinco fatores, caso dessa escala, requerem amostras mínimas de 400 ou 500.

Análise Fatorial Exploratória

Para a extração de fatores, foi feita a análise dos componentes principais, a qual indicou a existência de seis fatores. Após a definição da quantidade destes, foi realizada a análise de eixos principais, ou Principal Axis Factoring (PAF). O método de rotação utilizado foi o *Promax*, uma vez que se supunha correlação entre os fatores. A EPPRH, após oito iterações, resultou em um instrumento multifatorial com 40 itens, distribuídos em seis fatores (seis subescalas), representando as políticas de GP condizentes com a revisão teórica realizada e explicando cerca de 60% da variância total do construto, conforme recomendação de Hair Jr. e colaboradores (2009).

A partir daí, foi analisada a validade dos itens que compunham cada fator, utilizando-se como carga mínima aceitável 0,32. Comrey e Lee (1992) classificam os itens com carga superior ou igual a 0,71 como excelentes; maior ou igual a 0,63, como muito bons; maior ou igual a 0,55, como bons; maior ou igual a 0,45, como razoáveis; e maior ou igual a 0,32, como pobres. Dessa forma, quanto à qualidade dos itens, 70% deles se classificaram como excelentes, muito bons e bons. Com relação a confiabilidade, precisão ou fidedignidade dos fatores, Pasquali (2001) atesta que Alfas (α) acima de 0,70 são considerados confiáveis. Nunnally Jr. e Berstein (1994) sugerem valores acima de 0,80 para alta confiabilidade. Todos os seis fatores apresentaram alta confiabilidade, com Alfas maiores que 0,80. O Quadro 18.7 sintetiza as principais informações de cada fator. A versão completa da EPPRH, com 40 itens, encontra-se na parte final deste capítulo.

Análise Fatorial Confirmatória

Conforme Kline (2011), valores que indicam ajustes satisfatórios para um modelo aos dados de análise são: para o χ^2 (Qui-quadrado) também referido como CMIN (discrepância mínima) dividido por degrees of freedom (DF) (CMIN/GL), valores 2,0 ou 3,0, ou, no máximo, até 5,0; para o Comparative Fit Index (CFI), valores próximos ou acima de 0,90; por fim, para o Root Mean Square Error of Approximation (RMSEA), valores menores que 0,05 ou até 0,08. A AFC foi realizada a partir da estrutura fatorial obtida na análise exploratória, utilizando a modelagem por equações estruturais e a máxima verossimilhança para estimar todos os modelos. O modelo de 40 itens distribuídos em seis fatores obtido na validação exploratória foi testado e confirmado, apresentando os seguintes índices de ajuste: 141 parâmetros, $\chi^2 = 3{,}15$; CFI = 0,89; RMSEA = 0,07, um ajuste considerado satisfatório. As cargas fatoriais dos itens na validação confirmatória estiveram entre 0,55 e 0,88, sendo classificadas como boas, muito boas e excelentes, conforme Comrey e Lee (1992).

Os índices rho de Jöreskog, mais adequados para avaliar confiabilidade em modelos de equação estrutural, devem ser superiores a 0,70 (Chin, 1998). Os resultados foram muito satisfatórios, variando entre 0,80 e 0,92 para os seis fatores. Especificamente: recrutamento e seleção ($\rho = 0{,}82$), envolvimento ($\rho = 0{,}92$), treinamento, desenvolvimento e educação ($\rho = 0{,}88$), condições de trabalho ($\rho = 0{,}80$), avaliação de desempenho e competências ($\rho = 0{,}91$) e remuneração e recompensas ($\rho = 0{,}86$).

QUADRO 18.7
Denominações, definições, itens e índices de precisão dos fatores da EPPRH

Denominação	Definição	Número de itens	Itens	Índice de precisão
Recrutamento e seleção	Proposta articulada da organização, com construções teóricas e práticas, para procurar colaboradores, estimulá-los a se candidatar e selecioná-los, buscando harmonizar valores, interesses, expectativas e competências da pessoa com características e demandas do cargo e da organização.	6	1, 2, 3, 4, 5, 6	0,84
Envolvimento	Proposta articulada da organização, com construções teóricas e práticas, para criar um vínculo afetivo com seus colaboradores, contribuindo para seu bem-estar, em termos de reconhecimento, relacionamento, participação e comunicação.	12	7, 8, 9, 10, 11, 12, 13, 14, 15, 16, 17, 18	0,93
Treinamento, desenvolvimento e educação (TD&E)	Proposta articulada da organização, com construções teóricas e práticas, para prover aos colaboradores a aquisição sistemática de competências e estimular a contínua aprendizagem e produção de conhecimento.	6	19, 20, 21, 22, 23, 24	0,88
Condições de trabalho	Proposta articulada da organização, com construções teóricas e práticas, para prover aos colaboradores boas condições de trabalho em termos de benefícios, saúde, segurança e tecnologia.	6	25, 26, 27, 28, 29, 30	0,84

(continua)

QUADRO 18.7
Denominações, definições, itens e índices de precisão dos fatores da EPPRH (continuação)

Denominação	Definição	Número de itens	Itens	Índice de precisão
Avaliação de desempenho e competências	Proposta articulada da organização, com construções teóricas e práticas, para avaliar o desempenho e as competências dos colaboradores, subsidiando as decisões sobre promoções, planejamento de carreira e desenvolvimento.	5	31, 32, 33, 34, 35	0,86
Remuneração e recompensas	Proposta articulada da organização, com construções teóricas e práticas, para recompensar o desempenho e as competências dos colaboradores em termos de remuneração e incentivos.	5	36, 37, 38, 39, 40	0,81

EPPRH – Escala de Políticas e Práticas de Recursos Humanos.

APLICAÇÃO, APURAÇÃO DOS RESULTADOS E INTERPRETAÇÃO DA EPPRH

A EPPRH pode ser aplicada presencialmente ou *on-line*, utilizando-se ferramentas como o Google Docs, por exemplo. É importante esclarecer ao respondente que a escala não solicita nenhuma informação demográfica, o que o deixará mais à vontade para ser sincero em suas respostas. Da mesma forma, não há respostas certas ou erradas; todas são certas se corresponderem efetivamente à percepção de cada um. Deve-se enfatizar, ainda, a necessidade de não deixar itens em branco, uma vez que a EPPRH apresenta opção de ponto neutro "3", indicando que a afirmativa não se aplica ao contexto de trabalho do respondente, que a situação ainda não foi experimentada ou, ainda, que o respondente não tem posição definida, não concorda nem discorda da afirmativa. O único pré-requisito para responder à EPPRH é estar empregado. Tal informação é solicitada no início do questionário. A empresa pode atuar em qualquer área, pode ser pública, privada, do terceiro setor, presencial ou virtual (internet) e pode ter atuação local, regional, nacional ou multinacional.

A aplicação da EPPRH é bastante simples, uma vez que os respondentes devem escolher, segundo sua percepção em termos de grau de concordância ou discordância, para cada uma das 40 afirmativas propostas, um número de 1 a 5, de acordo com a escala tipo *likert*: 1 significa discordo totalmente da afirmativa; 2, discordo parcialmente da afirmativa; 3, é o ponto neutro, indicando não concordo nem discordo da afirmativa, ou a afirmativa não se aplica ao meu contexto de trabalho; 4 significa concordo parcialmente com a afirmativa; e 5, concordo totalmente com a afirmativa. A EPPRH é versátil, já que pode ser aplicada em sua totalidade (6 fatores com 40 itens) ou em cada uma de suas subescalas. Pretende-se, por exemplo, verificar a percepção dos colaboradores exclusivamente quanto à política de envolvimento. Nesse caso, são aplicados apenas os 12 itens que compõem o fator *envolvimento*, como mostra o Quadro 18.7.

A apuração dos resultados pode ser obtida pela média aritmética simples, acompanhada pela medida de dispersão (p. ex., desvio padrão), dos itens componentes de cada fator. A título de exemplo, para se obter a média do fator remuneração e recompensas, calcula-se a média aritmética simples dos valores indicados pelos respondentes nos itens 36, 37, 38, 39 e 40, segundo o Quadro 18.7, sendo obtido um valor que se situa entre 1 e 5 (extremos da escala).

A interpretação dos resultados ocorre da seguinte forma: quanto maior for o valor da média aritmética obtida, mais o respondente atesta sua concordância com o conteúdo avaliado por um determinado fator. Valores entre 1 e 2,9 denotam discordância, ou seja, o respondente não percebe a política de RH em questão. Em outras palavras, isso significa desperdício de recursos ou problemas de falta de comunicação empresarial. Valores entre 3 e 3,9 sinalizam indiferença do respondente, e, por fim, valores entre 4 e 5 são indicadores de concordância. Naturalmente, quanto mais a média se aproximar de 5, melhor, pois isso significa que o respondente percebe melhor as políticas de RH, o que pode torná-las mais efetivas. Enquanto a média não chegar a 5, há espaço para melhorias na gestão de políticas de RH.

Vale destacar que, para preservar a qualidade da EPPRH (confiabilidade, validade e porcentagem de variância explicada), é fundamental que suas instruções e, em especial, seus itens não tenham a redação alterada.

Versão reduzida da EPPRH

Foi realizada uma validação da EPPRH nos Estados Unidos (Demo; Rozzett, 2012), que resultou em um modelo reduzido de 32 itens, os mesmos seis fatores e um ajuste ainda melhor na validação confirmatória. Essa versão norte-americana da escala pode ser denominada "versão reduzida da EPPRH".

TABELA 18.1
Comparação dos resultados obtidos na AFC para as versões completa e reduzida da EPPRH

Parâmetro	EPPRH completa (Brasil) (40 itens)	EPPRH reduzida (EUA) (32 itens)
CMIN ou χ^2 (p)	2178,4 (p < 0,001)	979,5 (p < 0.001)
Df	708	449
χ^2/df	3,07	2,18
RMSEA	0,06	0,05
CFI	0,90	0,91
$\Delta\chi^2_{(259)} = 1198,9$, p < 0,001		

AFC – Análise Fatorial Confirmatória; EPPRH – Escala de Políticas e Práticas de Recursos Humanos; CMIM – Minimum Discrepancy; χ^2 – Qui-quadrado; DF – Degree of Freedom; RMSEA – Root Mean Square Error of Approximation; CFI – Comparative Fit Index.

A Tabela 18.1 apresenta a comparação da escala completa (brasileira) com a reduzida (norte-americana) e os respectivos valores psicométricos obtidos na AFC.

Os índices rho de Jöreskog foram os seguintes: recrutamento e seleção ($\rho = 0,77$), envolvimento ($\rho = 0,87$), treinamento, desenvolvimento e educação ($\rho = 0,73$), condições de trabalho ($\rho = 0,80$), avaliação de desempenho e competências ($\rho = 0,90$) e remuneração e recompensas ($\rho = 0,83$).

O Quadro 18.8 mostra as características dos fatores da versão reduzida da EPPRH. Os fatores são os mesmos nas duas versões.

QUADRO 18.8
Itens e índices de precisão da EPPRH reduzida

Fator	Número de itens	Itens	Índice de precisão
Recrutamento e seleção	6	1, 2, 3, 4, 5, 6	0,81
Envolvimento	9	8, 9, 10, 11, 13, 14, 15, 16, 18	0,91
Treinamento, desenvolvimento e educação (TD&E)	3	19, 21, 22	0,82
Condições de trabalho	5	25, 26, 28, 29, 30	0,81
Avaliação de desempenho e competências	5	31, 32, 33, 34, 35	0,86
Remuneração e recompensas	4	37, 38, 39, 40	0,84

EPPRH – Escala de Políticas e Práticas de Recursos Humanos.

ESCALA DE POLÍTICAS E PRÁTICAS DE RECURSOS HUMANOS – EPRRH

Você deve avaliar cada uma das 40 afirmativas seguintes na coluna à direita, de acordo com a escala abaixo, indicando o quanto você concorda ou discorda de cada uma delas, escolhendo o número (de 1 a 5) que melhor reflete a sua percepção em relação às políticas de recursos humanos da organização em que você trabalha. **Por favor, não deixe nenhum item em branco!**

1	2	3	4	5
Discordo totalmente da afirmativa	Discordo parcialmente da afirmativa	Não concordo nem discordo da afirmativa/ Não se aplica	Concordo parcialmente com a afirmativa	Concordo totalmente com a afirmativa

1. Os processos de recrutamento (externo e interno) de candidatos a ocuparem vagas na organização onde eu trabalho são amplamente divulgados.
2. Os processos seletivos da organização onde eu trabalho são disputados, atraindo pessoas competentes.
3. Os testes de seleção da organização onde eu trabalho são conduzidos por pessoas capacitadas e imparciais.
4. A organização onde eu trabalho utiliza-se de vários instrumentos de seleção (p. ex., entrevistas, provas, etc.).
5. A organização onde eu trabalho divulga aos candidatos informações a respeito das etapas e critérios do processo seletivo.
6. A organização onde eu trabalho comunica aos candidatos seu desempenho ao final do processo seletivo.
7. A organização onde eu trabalho acompanha a adaptação dos seus colaboradores aos seus cargos.
8. A organização onde eu trabalho se preocupa com meu bem-estar.
9. A organização onde eu trabalho me trata com respeito e atenção.
10. A organização onde eu trabalho procura conhecer minhas necessidades e expectativas profissionais.
11. A organização onde eu trabalho estimula a minha participação nas tomadas de decisão e resolução de problemas.
12. A organização onde eu trabalho incentiva a integração de seus colaboradores (p. ex., confraternizações, eventos sociais e esportivos, etc.).
13. A organização onde eu trabalho reconhece o trabalho que faço e os resultados que apresento (p. ex., elogios, matérias em jornais internos, etc.).
14. Na organização onde eu trabalho, os colaboradores e suas chefias desfrutam da troca constante de informações para o bom desempenho das funções.

15. Na organização onde eu trabalho, há um clima de compreensão e confiança dos chefes em relação aos seus colaboradores.

16. Na organização onde eu trabalho, há um clima de confiança e cooperação entre os colegas de trabalho.

17. A organização onde eu trabalho privilegia a autonomia na realização das tarefas e tomada de decisões.

18. Na organização onde eu trabalho, há coerência entre discurso e prática gerenciais.

19. A organização onde eu trabalho me ajuda a desenvolver as competências necessárias à boa realização das minhas funções (p. ex., treinamentos, participação em congressos, etc.).

20. A organização onde eu trabalho investe em meu desenvolvimento e educação, propiciando meu crescimento pessoal e profissional de forma ampla (p. ex., patrocínio total ou parcial de graduações, pós-graduações, cursos de línguas, etc.).

21. Eu consigo aplicar no meu trabalho os conhecimentos e comportamentos aprendidos nos treinamentos/eventos de que participo.

22. A organização onde eu trabalho estimula a aprendizagem e a produção de conhecimento.

23. Na organização onde eu trabalho, as necessidades de treinamento são levantadas periodicamente.

24. Na organização onde eu trabalho, os treinamentos são avaliados pelos participantes.

25. A organização onde eu trabalho preocupa-se com a minha saúde e qualidade de vida.

26. A organização onde eu trabalho me oferece benefícios básicos (p. ex., plano de saúde, auxílio transporte, auxílio alimentação, etc.).

27. A organização onde eu trabalho me oferece benefícios complementares (p. ex., convênios com academias, clubes e outros estabelecimentos, espaços de convivência/descanso, etc.).

28. Na organização onde eu trabalho, existem ações e programas de prevenção de acidentes e enfrentamento de incidentes.

29. A organização onde eu trabalho preocupa-se com a segurança de seus colaboradores, controlando o acesso de pessoas estranhas na empresa.

30. As instalações e as condições físicas (iluminação, ventilação, ruído e temperatura) do local onde eu trabalho são ergonômicas (adequadas e confortáveis).

31. A organização onde eu trabalho realiza avaliações de desempenho e competências periodicamente.

32. Na organização onde eu trabalho, a avaliação de desempenho e competências subsidia as decisões sobre promoções e aumento de salário.

33. Na organização onde eu trabalho, a avaliação de desempenho e competências subsidia a elaboração de um plano de desenvolvimento dos colaboradores.

34. Na organização onde eu trabalho, os critérios e os resultados da avaliação de desempenho e competências são discutidos com os colaboradores.

35. Na organização onde eu trabalho, os critérios e os resultados da avaliação de desempenho e competências são divulgados para os colaboradores.

36. A organização onde eu trabalho me oferece remuneração compatível com as oferecidas no mercado (público ou privado) para a minha função.

37. A organização onde eu trabalho me oferece remuneração compatível com as minhas competências e formação/escolaridade.

38. Na organização onde eu trabalho, recebo incentivos (p. ex., promoções/ funções comissionadas, bônus/prêmios/gratificações, etc.).

39. Na definição de seu sistema de recompensas, a organização onde eu trabalho considera as expectativas e sugestões de seus colaboradores.

40. Na organização onde eu trabalho, minha remuneração é influenciada pelos meus resultados.

REFERÊNCIAS

ALDAMOE, F. M. A.; YAZAM, M.; AHMID, K. B. The mediating effect of HRM outcomes (employee retention) on the relationship between HRM practices and organizational performance. *International Journal of Human Resource Studies*, v. 2, n. 1, p. 75-88, 2012.

ARMSTRONG, M. *Armstrong's handbook of human resource management practice*. 11th ed. London: Kogan Page, 2009.

BARNEY, J. Firm resources and sustained competitive advantage. *Journal of Management*, v. 17, n. 1, p. 99-120, 1991.

BEAUVALLET, G.; HOUY, T. Research on HRM and lean management: a literature survey. *International Journal of Human Resources Development and Management*, v. 10, n. 1, p. 14-33, 2010.

BOHLANDER, G. W.; SNELL, S. *Administração de recursos humanos*. 14. ed. São Paulo: Cengage, 2009.

BORGES-ANDRADE, J. E.; ABBAD, G.; MOURÃO, L. *Treinamento, desenvolvimento e educação em organizações de trabalho*. Porto Alegre: Artmed, 2006.

BOSELIE, P.; DIETZ, G.; BOONE, C. Comunalities and contradictions in HRM and performance research. *Human Resource Management Journal*, v. 15, n. 3, p. 67-94, 2005.

CHIN, W. W. The partial least squares approach for structural equation modeling. In: MARCOULIDES, G. A. (Ed.). *Modern methods for business research*. London: Lawrence Erlbaum, 1998. p. 295-236.

COMBS, J. et al. How much do high-performance work practices matter? A meta--analysis of their effects on organizational performance. *Personnel Psychology*, v. 59, n. 3, p. 501-528, 2006.

COMREY, A. L.; LEE, H. B. *A first course in factor analysis*. 2nd ed. Hillsdale: Lawrence Erlbaum, 1992.

DEMO, G. Desenvolvimento e validação da escala de percepção de políticas de gestão de pessoas (EPPGP). *Revista de Administração Mackenzie*, v. 9, n. 6, p. 77-101, 2008.

DEMO, G. Políticas de gestão de pessoas, valores pessoais e justiça organizacional. *Revista de Administração Mackenzie*, v. 11, n. 5, p. 55-81, 2010.

DEMO, G.; ROZZETT, K. Human resource management policies and practices (HRMPP): scale validation in the United States. *International Journal of Strategic Management*, v. 12, n. 3, p. 41-66, 2012.

DESSLER, G. *Human resource management*. 9th ed. New Jersey: Prentice Hall, 2002.

DEVANNA, M. A.; FOMBRUN, C. J.; TICHY, N. M. *Strategic human resource management*. New York: John Wiley & Sons, 1984.

DIETZ, G.; WILKINSON, A.; REDMAN, T. Involvement and participation. In: WILKINSON, A. et al. *The Sage handbook of human resource management*. London: Sage, 2010. p. 245-268.

GERHART, B. Compensation. In: WILKINSON, A. et al. *The Sage handbook of human resource management*. London: Sage, 2010. p. 210-230.

GOLDSTEIN, I. L. Training in work organizations. In: DUNNETE, M; HOUGH L. M. (Ed.). *Handbook of industrial and organizational psychology*. Palo Alto: Consulting Psychology, 1996. v. 2. p. 507-619.

GUEST, D.; CONWAY, N. The impact of HR practices, HR effectiveness and a 'strong HR system' on organisational outcomes: a stakeholder perspective. *The International Journal of Human Resource Management*, v. 22, n. 8, p. 1686-1702, 2011.

HAIR JR., J. F. et al. *Análise multivariada de dados*. 6. ed. Porto Alegre: Bookman, 2009.

HIPÓLITO, J. A. M. Tendências no campo da remuneração para o novo milênio. In: DUTRA, J. S. (Org.). *Gestão por competências*. 5. ed. São Paulo: Gente, 2001. p. 71-94.

HUSELID, M. A.The impact of human resource management practices on turnover, productivity, and corporate financial performance. *Academy of Management Journal*, v. 38, n. 3, p. 635-672, 1995.

KATOU, A. A. Investigating reverse causality between human resource mapolicies and organizational performance in small firms. *Management Research Review*, v. 35, n. 2, p. 134-156, 2012.

KIM, A.; LEE, C. How does HRM enhance strategic capabilities? Evidence from the Korean management consulting industry. *The International Journal of Human Resource Management*, v. 23, n. 1, p. 126-146, 2012.

KLINE, R. B. *Principles and practice of structural equation modeling*. 3rd ed. New York: Guilford, 2011.

LATHAM, G.; SULSKY, L. M.; MACDONALD, H. Performance management. In: BOXALL, P; PURCELL, J.; WRIGHT, P. (Org.). *The Oxford handbook of human resource management*. New York: Oxford University, 2007. p. 364-381.

LEGGE, K. Human resource management. In: ACKROYD, S. et al. (Ed.). *The Oxford handbook of work and organization*. Oxford: Oxford University, 2006. p. 220-241.

LIEVENS, F.; CHAPMAN, D. Recruitment and selection. In: WILKINSON, A. et al. *The Sage handbook of human resource management*. London: Sage, 2010. p. 135-154.

LOUDOUN, R.; JOHNSTONE, R. Occupational health and safety in the modern world of work. In: WILKINSON, A. et al. *The Sage handbook of human resource management*. London: Sage, 2010. p. 286-307.

MAJUMDER, M. T. H. HRM practices and employees'satisfaction towards private banking sector in Bangladesh. *International Review of Management and Marketing*, v. 2, n. 1, p. 52-58, 2012.

MENEZES, L. M.; WOOD, S.; GELADE, G. The integration of human resource and operation management practices and its link with performance: a longitudinal latent class study. *Journal of Operations Management*, v. 28, p. 455-471, 2010.

MUCKINSKY, P. M. *Psicologia organizacional*. São Paulo: Pioneira Thomson Learning, 2004.

NUNNALLY JR., J. C.; BERNSTEIN, I. H. *Psychometric theory*. 3rd ed. New York: McGraw-Hill, 1994.

PASQUALI, L. *Análise fatorial para pesquisadores*. Brasília: LabPAM; UNB, 2001.

PASQUALI, L. *Instrumentos psicológicos*: manual prático de elaboração. Brasília: LabPAM; UNB, 1999.

PFEFFER, J. Producing sustainable competitive advantage through effective management of people. *Academy of Management Executive*, v. 19, n. 4, p. 95-108, 2005.

SINGAR, E. J.; RAMSDEN, J. *Human resources*: obtaining results from people at work. London: McGraw-Hill, 1972.

SIQUEIRA, M. M. M. Envolvimento com o trabalho. In: SIQUEIRA, M.M.M. (Org.). *Medidas do comportamento organizacional*: ferramentas de diagnóstico e de gestão. Porto Alegre: Artmed, 2008. p. 139-143.

SISSON, K. Personnel management: paradigms, practice and prospects. In: SISSON, K. (Ed.). *Personnel management*. 2nd ed. Oxford: Blackwell, 1994. p. 3-50.

STONE, D. L.; STONE-ROMERO, E. F.; LUKASZEWSKI, K. The impacto f cultural values on acceptance and effectiveness of human resource management policies and practices. *Human Resource Management Review*, v. 17, p. 152-165, 2007.

SUBRAMONY, M. A meta-analytic investigation of the relationship between HRM bundles and firm performance. *Human Resouces Management*, v. 48, n. 5, p. 745-768, 2009.

TABACHNICK, B.; FIDELL, L. S. *Using multivariate statistics*. 4th ed. San Francisco: Allyn & Bacon, 2001.

ULRICH, D. et al. Employee and customer attachment: synergies for competitive advantage. *Human Resource Planning*, v. 14, n. 2, p. 89-102, 1991.

WINTERTON, J. Training, development and competence. In: BOXALL, P.; PURCELL, J.; WRIGHT, P. (Org.). *The Oxford handbook of human resource management*. New York: Oxford University, 2007. p. 324-343.

19

Potência de equipes de trabalho

Mirlene Maria Matias Siqueira
Maria do Carmo Fernandes Martins
Luciano Venelli Costa
Ana Zornoza Abad

Apesar de serem muito presentes nas organizações, a melhor forma de atingir resultados com as equipes de trabalho ainda é pouco conhecida. Não há critérios claros sobre quando uma equipe pode atingir resultados melhores que a soma do trabalho de cada indivíduo separadamente. O próprio conceito de equipe confunde-se com o de grupo ou time. Antes de conceituar potência de equipes, é importante explorar o que se entende por equipe.

Embora existam diferentes definições entre autores, e muitos tratem os três conceitos indistintamente, Casado (2002) afirma que *grupo* é um conjunto de indivíduos que compartilha valores, crenças, visões semelhantes de mundo e que tem uma identidade basicamente de natureza relacional, com alianças afetivas. Já uma *equipe* tem um objetivo comum, claro e formulado de forma explícita, para que cada membro use suas habilidades e responsabilidade para a obtenção dos resultados. Para Albuquerque e Puente-Palacios (2004), grupo é um conjunto de pessoas (mais que duas) que necessita interagir por um período de tempo para atingir um objetivo. O grupo será mais forte quanto menor for seu número de componentes, quanto maior for a interação entre eles, quanto mais longa tiver sido sua formação e quanto mais seus membros perceberem que existe um futuro que poderão compartilhar. Para Guzzo e Dickson (apud Albuquerque; Puente-Palacios, 2004, p. 369), equipe de trabalho, ou time, um tipo especial de grupo, reúne "[...] indivíduos que se percebem e são percebidos pelos outros como uma entidade social, interdependentes por causa das tarefas que desempenham e inseridos em um sistema social maior, a organização, que é afetada pelo desempenho do grupo". O conceito de *time* envolve tanto os aspectos emocionais do grupo quanto a responsabilidade pelos resultados da equipe.

Simplificando, uma equipe é um conjunto de pessoas que trabalham de modo integrado em prol de um ou mais objetivos coletivos. Nessa simples definição, estão implícitas as necessidades de reconhecimento mútuo, interação, compartilhamento de técnicas e as regras para a concretização de um objetivo comum (Borba, 2007).

No contexto organizacional, há preocupação dos gestores com a efetividade das equipes de trabalho. Hackman (1987) ressalta que não há muita clareza em relação aos indicadores desse elemento, pois os processos de trabalho são dinâmicos, e nem todas as equipes desenvolvem tarefas e obtêm resultados de fácil mensuração. O autor julga pertinente considerar tanto os índices de produtividade quanto os critérios sociais e pessoais (satisfação e sobrevivência da equipe), tendo em vista que uma equipe pode obter um excelente resultado de produção, mas pode ter problemas em relação à saúde e ao bem-estar dos membros, provocando a perda de seus integrantes.

Andrade (2011), Borba (2007) e Puente-Palacios (2008) têm estudado a efetividade das equipes com base no modelo proposto por Shea e Guzzo (1987), no qual ela ocorre principalmente em função da interação entre a interdependência de tarefas, a interdependência de resultados e a potência de equipes. Embora os autores reconheçam que as relações sociais desempenham um papel importante sobre a efetividade das equipes, o enfoque desse modelo incide sobre as realizações das tarefas, não contemplando as relações sociais estabelecidas entre os membros das equipes (Borba, 2007).

Segundo Shea e Guzzo (1987), a interdependência de tarefas é definida como o nível de interação necessário entre os membros da equipe para realizar suas atividades. A interdependência de resultados existe quando os membros da equipe compartilham as consequências decorrentes de seu desempenho, tais como notas, pagamento, prêmios e outros, obtidos como resultado coletivo. A potência é definida como a crença coletiva dos membros da equipe de que ela pode ser efetiva na realização de suas tarefas. No modelo proposto por esses autores, a potência exerce influência sobre a efetividade, e esta a influencia; ou seja, se uma equipe tem devolutiva positiva sobre seu desempenho, ela tende a acreditar que pode ser efetiva.

O conceito de potência deriva da definição de autoeficácia de Bandura (1982), que menciona que, além de ter capacidade, os indivíduos precisam acreditar (ter crenças) que são capazes de realizar a atividade com êxito. O autor afirma que pensamentos autorreferentes medeiam a relação entre a capacidade e a ação. Assim, se a pessoa acredita que é capaz de realizar determinada atividade, é provável que invista mais esforço e persistência ao desenvolvê-la. Da mesma forma, se uma equipe acredita em sua potência, fará mais esforço e persistirá mais para realizar tal atividade.

Três aspectos são fundamentais para compreender a potência e diferenciá-la da autoeficácia. O primeiro é que a potência é um construto no nível do grupo, pois seu foco incide sobre a equipe, enquanto a autoeficácia é um construto no nível do indivíduo, em relação ao seu desempenho individual. O segundo aspecto está vinculado ao grau de compartilhamento da crença. Enquanto a potência é uma crença coletiva, pois os membros da equipe tendem a acreditar em sua efetividade, a autoeficácia é uma crença própria de um indivíduo a respeito de sua capacidade de ser efetivo. O outro aspecto refere-se ao grau de generalização da crença. A potência refere-se à eficácia generalizada no desempenho das múltiplas tarefas encontradas no contexto de trabalho, enquanto a autoeficácia é mais específica, referindo-se à crença do indivíduo de que ele terá sucesso na realização de uma determinada atividade (Borba, 2007; Guzzo et al., 1993).

Outros conceitos que precisam ser diferenciados da potência de equipes são eficácia coletiva e eficácia da equipe. Segundo Borba (2007), a primeira é a percepção do indivíduo em relação à capacidade de sua equipe de realizar uma tarefa específica. Já a segunda consiste na crença compartilhada pelos seus membros em relação à capacidade da equipe de realizar uma tarefa específica. A potência, por sua vez, é uma crença compartilhada entre seus membros, de que a equipe pode ser efetiva em seu desempenho geral. Enquanto a eficácia coletiva tem origem no indivíduo, a potência é uma crença compartilhada pela equipe; enquanto a eficácia da equipe se refere à execução de uma tarefa, a potência é uma crença sobre a capacidade de executar todas as tarefas. Em uma metanálise realizada por Stajkovic, Lee e Nyberg (2009), pode-se encontrar uma comparação mais detalhada entre eficácia coletiva e potência.

Delimitado o conceito de potência de equipes e sua diferenciação de outros conceitos semelhantes, prossegue-se à apresentação de suas características intrínsecas e possibilidades de mensuração. Guzzo e colaboradores (1993) afirmam que fatores internos e externos e o histórico de efetividade influenciam o senso de potência da equipe. Borba (2007) cita como fatores internos os objetivos da equipe, seu tamanho, a capacidade dos membros e suas experiências, entre outros; e como fatores externos que interferem na potência os recursos disponibilizados pela organização, os sistemas de recompensa, a reputação da equipe, o acesso aos líderes da organização, a observação de experiências de sucesso ou fracasso de outros grupos com habilidades e responsabilidades semelhantes às suas, bem como o recebimento de devolutivas sobre seu desempenho. Além destes, tal como ocorre no desenvolvimento da autoeficácia, a experiência prévia de sucesso fortalece a crença da equipe de que, no futuro, ela poderá ter bons resultados. Assim, "[...] a potência e a efetividade apresentam uma relação cíclica: quanto maior o nível de potência de uma equipe, maior a probabilidade de se alcançar sucesso [...]" (Borba, 2007, p. 31). Esse mesmo tipo de relação tem sido encontrado nas equipes que trabalham em contextos mediados por tecnologia ou equipes virtuais. A percepção de eficácia das equipes virtuais aumenta a potência percebida quando a interação grupal se desenvolve em contextos mediados por computador (Lira et al., 2008a, 2008b).

A potência já foi avaliada por meio de entrevistas e observações, mas, em 1993, Guzzo e colaboradores, embora tenham admitido a utilidade desses métodos para algumas situações, apontaram sua fragilidade. Os autores consideram que a medida de atributos grupais é mais complexa do que a de atributos individuais, pois os itens devem se referir ao grupo; para tanto, a medida deve ser sensível o bastante para diferenciar grupos distintos, e o acordo do grupo a respeito do fenômeno avaliado deve ser demonstrado por meio de alta concordância entre os avaliadores de fenômenos grupais.

Os mesmos autores (1993) identificaram algumas escalas de avaliação de potência publicadas. Shea e Guzzo (1987) haviam publicado uma medida com boas características psicométricas; era composta por 33 itens que se referiam a aspectos do grupo e respondida em escala de 7 pontos. Em 1991, Guzzo e colaboradores (apud Guzzo et al., 1993) publicaram uma escala de medida de potência de grupo derivada do instrumento de Shea e Guzzo contendo apenas cinco itens, respondida em escala de 5 pontos e com bons índices de consistência interna; no entanto, era muito restrita a características da organização usada para a coleta de seus dados, o que limitou sua utilização. Em função disso, Guzzo e colaboradores (1993) a adaptaram para que se referisse aos grupos de trabalho de maneira geral e, além de modificarem os cinco itens, acrescentaram três. A escala de oito itens também apresentava bons indicadores de consistência interna. Os autores (1993) demonstraram que a medida podia avaliar a potência de grupos de modo fidedigno e que discriminava diferentes grupos e também a potência de outros fenômenos grupais. Uma adaptação da escala, com sete itens, foi utilizada em uma amostra de estudantes espanhóis, mostrando uma alta consistência interna (Alfa de Crombach de 0,82). A potência, por sua vez, é uma crença compartilhada entre seus membros, de que a equipe pode ser efetiva em seu desempenho geral. Os estudos realizados para analisar o efeito que o conflito intragrupo (de tarefa e de relação) (Lira et al., 2008a) e a percepção de eficácia grupal têm sobre a potência (Lira et al., 2008b) acrescentaram validade ao emprego dessa escala.

Neste capítulo, é apresentado o processo de adaptação e validação ao contexto brasileiro da medida construída por Guzzo e colaboradores (1993), denominada "Escala de Potência de Equipes de Trabalho", estudo realizado pelos autores deste capítulo.

ADAPTAÇÃO E VALIDAÇÃO DA ESCALA DE POTÊNCIA DE EQUIPES DE TRABALHO (EPET)

Iniciando o processo de adaptação e validação da EPET, os oito itens da escala original de Guzzo e colaboradores (1993) foram traduzidos e adaptados semanticamente do inglês para o português e traduzidos outra vez para a língua inglesa por um especialista. Conforme defendem os autores da medida original, o construto potência de equipes foi definido como uma crença compartilhada entre os membros da equipe de que esta pode ser efetiva em seu desempenho geral. Siqueira e colaboradores realizaram adaptações conceituais e de língua portuguesa nos oito itens da escala original e acrescentaram mais dois itens, para que o conceito fosse representado de modo mais claro. A EPET, em sua versão com 10 itens, foi então aplicada a 716 trabalhadores adultos jovens, a maioria na faixa etária de 18 a 25 anos, estudantes de um curso superior de gestão de recursos humanos via educação a distância (EaD).

Os participantes indicaram o quanto concordavam ou discordavam das afirmações apresentadas nos itens em uma escala tipo *likert* de 5 pontos, sendo que o valor 1 correspondia a discordo totalmente, e o valor 5, a concordo totalmente. As respostas tiveram seu registro *on-line*, formando um banco de dados eletrônico que depois foi copiado para uma planilha do Statistical Package for Social Sciences (SPSS), Versão 19.0. Os dados foram submetidos a análises (estatísticas) dos componentes principais com rotação oblíqua (*Oblimin*) e, posteriormente, à Análise Fatorial dos eixos principais – Principal Axis Factoring (PAF) – com nova rotação *Oblimin*, para confirmação da validade (característica psicométrica que verifica se a escala realmente mede o que se propõe a medir), e aos cálculos do Alfa de Cronbach, para verificação da confiabilidade (característica psicométrica que indica se a escala mede com precisão).

Os resultados identificaram apenas um fator, confirmando a estrutura de Guzzo e colaboradores (1993). Esse fator, que reuniu os 10 itens da escala, apresentou valor próprio maior que 1 e explicou 53% da variância total; seu índice de fidedignidade (Alfa de Cronbach) foi de 0,85.

Em um segundo estudo, buscou-se determinar a validade da EPET por meio de Análise Fatorial Confirmatória (AFC), realizada com a utilização do programa Analysis of Moment Structures (AMOS). A análise foi conduzida com 1.000 estudantes trabalhadores do mesmo curso de EaD, com média de idade de 33 anos (DP = 8). Após três modificações para melhor ajuste, os valores dos indicadores gerais de adequação do modelo expressaram sua validade (χ^2/gl = 7,61; Goodness-of-Fit Index [GFI] = 0,95; Comparative Fit

Index [CFI] = 0,98; Normal Fit Index [NFI] = 0,97; Root Mean Square Error of Approximation [RMSEA] = 0,08), e todos os itens permaneceram na solução. O cálculo da confiabilidade da escala foi feito por meio do Alfa de Cronbach e revelou índice de 0,92. Esses resultados confirmaram a estrutura unifatorial da escala.

A EPET completa, com instruções e escala de respostas, é apresentada na parte final deste capítulo.

Aplicação, apuração dos resultados e interpretação da EPET

A aplicação da EPET pode ser feita de forma individual ou coletiva, e deve-se garantir que os respondentes tenham compreendido bem as instruções e a maneira de marcar suas respostas. Como em todas as situações de avaliação, é necessário certificar-se de que o ambiente de aplicação do questionário seja tranquilo e confortável. O tempo de aplicação é livre.

Como a EPET é unifatorial, terá um resultado (ou média fatorial) para toda a escala. Isso é feito somando-se os valores marcados pelos respondentes em cada item e dividindo-se o resultado total por 10, que é o número total de itens. Desse modo, acrescentam-se os valores das respostas aos itens 1, 2, 3, 4, 5, 6, 7, 8, 9 e 10 e divide-se o resultado por 10. Depois, somam-se as médias de cada respondente e divide-se pelo número de respondentes. Os resultados das médias fatoriais devem ser sempre um número entre 1 e 5 (amplitude da escala de respostas).

Para interpretar as médias da potência da equipe, deve-se considerar que, quanto maior for o valor da média fatorial, mais a equipe acredita que é eficaz no desempenho das múltiplas tarefas encontradas no contexto de trabalho. Valores superiores a 3 indicam que a equipe acredita ser bastante eficaz (com potência alta), enquanto valores inferiores a 2,9 mostram que a equipe se considera pouco eficaz. Resultados mais próximos de 1 indicam que a equipe não se considera eficaz. Resumindo, quanto mais alta a média, maior é a crença da equipe de que tem competência para desempenhar suas tarefas.

A EPET resultou da adaptação de trabalho internacional e de estudo brasileiro realizado pelos autores deste capítulo, que demonstraram sua validade e sua fidedignidade. As características psicométricas que garantem a boa qualidade do instrumento só permanecem se ele for utilizado sem alteração de qualquer uma de suas partes.

ESCALA DE POTÊNCIA DE EQUIPES DE TRABALHO – EPET

Por favor, utilize a seguinte escala para mostrar seu nível de concordância com cada uma das afirmações a seguir sobre o seu **grupo**:

1 Discordo totalmente	2 Discordo	3 Nem concordo, nem discordo	4 Concordo	5 Concordo muito

1. ( ) Meu grupo pode realizar suas tarefas com qualidade.
2. ( ) Meu grupo pode falhar ao realizar uma tarefa.
3. ( ) Meu grupo pode ser reconhecido como equipe de alto desempenho.
4. ( ) Meu grupo pode resolver qualquer problema de trabalho.
5. ( ) Meu grupo pode ser muito produtivo em diferentes condições de trabalho.
6. ( ) Meu grupo pode realizar tudo que se propõe a fazer.
7. ( ) Meu grupo pode vencer qualquer dificuldade ao realizar uma tarefa.
8. ( ) Meu grupo pode obter sucesso ao realizar uma tarefa.
9. ( ) Meu grupo pode ser considerado uma equipe competente.
10. ( ) Meu grupo pode cumprir suas tarefas com responsabilidade.

REFERÊNCIAS

ALBUQUERQUE, F. J. B.; PUENTE-PALACIOS, K. E. Grupos e equipes de trabalho. In: ZANELLI, J. C.; BORGES-ANDRADE, J. E.; BASTOS, A. V. B. *Psicologia, organizações e trabalho no Brasil*. Porto Alegre: Artmed, 2004. p. 357-379.

ANDRADE, V. L. P. Uma análise sobre variáveis preditoras de efetividade em equipes de trabalho. *Psicologia IESB*, v. 1, n. 1, p. 40-56, 2011.

BANDURA, A. Self-efficacy mechanism in human agency. *American Psychologist*, v. 37, n. 2, p. 122-147, 1982.

BORBA, A. C. P. *Potência em equipes*: desenvolvimento de uma medida. 2007. Dissertação (Mestrado em Psicologia Social, do Trabalho e das Organizações) – Universidade de Brasília, Brasília, 2007.

CASADO, T. O indivíduo e o grupo: a chave do desenvolvimento. In: PROGEP (Org.). *As pessoas na organização*. São Paulo: Gente, 2002.

GUZZO, R. J. et al. Potency in groups: articulating a construct. *British Journal of Social Psychology*, v. 32, p. 87-106, 1993.

HACKMAN, J. R. The design of work teams. In: LORSCH, J. (Org.). *Handbook of organizational behavior*. New York: Prentice-Hall, 1987. p. 315-342.

LIRA, E. et al. How do different intragroup conflicto affect group potency in virtual compared with face to face teams? a longitudinal study. *Behaviour and Information Technology*, v. 37, n. 2, p. 107-114, 2008a.

LIRA, E. et al. The role of information and communication technologies in the relationship between group effectiveness and group potency. *Small Group Research*, v. 39, n. 6, p. 728-745. 2008b.

PUENTE-PALACIOS, K. E. Equipes de trabalho. In: SIQUEIRA, M. M. M. (Org.). *Medidas do comportamento organizacional:* ferramentas de diagnóstico e gestão. Porto Alegre: Artmed, 2008. p. 145-160.

SHEA, G. P.; GUZZO, R. A. Groups as human resources. In: ROWLAND, K. M.; FERRIS, G. R. (Ed.). *Research in personnel and human resources management*. New York: Elsevier, 1987. v. 5, p. 323-356.

STAJKOVIC, A. D.; LEE, D.; NYBERG, A. J. Collective efficacy, group potency and group performance: meta-analyses of their relationships and test of a mediation model. *Journal of Applied Psychology*, v. 94, n. 3, p. 814-828, 2009.

20
Socialização organizacional

Livia de Oliveira Borges
Fábio Henrique Vieira de Cristo e Silva
Simone Lopes de Melo
Alessandra S. Oliveira Martins

Socialização, na perspectiva do interacionismo simbólico* e do construtivismo social,** é um processo de desenvolvimento do sujeito no qual ele constrói uma identidade diferenciadora e, ao mesmo tempo, sua inclusão sócio-histórica ao meio de inserção (construído), assemelhando-se e identificando-se com os grupos de referência (Berger; Berger, 1977; Berger; Luckmann, 1985, 2004; Martin-Baró, 1992; Torregrosa; Villanueva, 1984). É o processo de se tornar membro de um grupo, organização ou sociedade. A socialização organizacional, por sua vez, desenvolve-se no âmbito restrito das organizações nas quais o indivíduo está inserido no papel de trabalhador/empregado. Trata-se, portanto, nos termos de Berger e Luckman (1985), de um tipo de socialização secundária.

Os estudos sobre o assunto iniciaram na década de 1960 (Schein, 1968), motivados, entre outros aspectos, pela crescente necessidade de profissionalização da gestão de pessoas nas organizações, pelo trânsito de trabalhado-

---

* Interacionismo simbólico é uma corrente psicossociológica que se desenvolveu por influência da conhecida Escola de Chicago, tendo Mead entre seus expoentes. Essa perspectiva concebe a mente como fruto da relação do ator social com a situação vivencial, expressando-se por meio de símbolos. Supõe, portanto, compreender os indivíduos em interação. Recomenda-se consultar sobre o assunto, em, por exemplo, Carvalho, Borges, Rêgo (2010) e Farr (2008).

** O construtivismo social já surgiu sob a influência do interacionismo-simbólico; tem como uma de suas características a adoção da noção de que a realidade é construída pelo ator social na sua interação e inserção no mundo, de forma que ela é sempre subjetiva. Recomenda-se consultar sobre o assunto em Berger e Berger (1977), Berger e Luckmann (1985, 2004).

res entre empresas, filiais e postos de trabalho e pela necessidade de compreender melhor aspectos facilitadores e proteladores do processo de se inserir em novos contextos. A partir de então, surgiram distintas perspectivas teórico-metodológicas, embora prevaleça crescente a influência do interacionismo simbólico e do construtivismo (Anderson, 1997; Bauer et al., 2007; Borges; Albuquerque, 2004; Feldman, 1997a, 1997b; Griffin; Colella; Goparaju, 2000; Kim; Cable; Kim, 2005; Saks; Ashforth, 1997a).

Borges e Albuquerque (2004), em revisão bibliográfica sobre socialização organizacional, observaram a evolução dos estudos nos quatro seguintes enfoques:

1. o das táticas organizacionais, no qual as ações da organização facilitam o processo de socialização dos indivíduos (Allen, 1990; Blau, 1988; Jones, 1986; Van Maanen; Schein, 1979) e cujas pesquisas se preocuparam em identificar as táticas e a dimensão que as diferenciam, bem como a que objetivos de gestão cada tipo de tática pode servir;
2. o do enfoque desenvolvimentista (Blau, 1988; Dubinsky et al., 1986; Feldman, 1976, 1980; Nelson, 1987), que direcionou a atenção para os processos cognitivos vivenciados pelos sujeitos da socialização, supondo uma sequência de fases universais de desenvolvimento do processo nas organizações;
3. o dos conteúdos e da informação, que focaliza os processos cognitivos do indivíduo relacionados aos conteúdos do processo de socialização e ao papel da busca proativa de informações (Chao; Waltz; Gardner, 1992; Maier; Brunstein, 2001; Major et al., 1995; Miller; Jablin, 1991; Ostroff; Kozlowski, 1992; Setton; Adkins, 1997); e, por fim,
4. o das tendências integradoras (Feldman; Tompson, 1991, 1992 apud Feldman, 1997b; Griffin; Colella; Goparaju, 2000; Saks e Ashforth, 1997b), no qual se articula o enfoque das táticas organizacionais para proatividade dos indivíduos. Tais tendências integradoras partem do pressuposto de que as abordagens que as antecedem são complementares, iluminando o processo a partir de ângulos distintos, além de considerar vários níveis de análise (p. ex., individual, grupal, organizacional e societal) e suas possíveis articulações, valorizando o contexto no qual o fenômeno ocorre.

Para a compreensão do Inventário de Socialização Organizacional (ISO), são importantes as contribuições técnico-científicas a partir da perspectiva desenvolvimentista, pois esse instrumento permite identificar o nível de socialização organizacional sob a visão do próprio sujeito. Os estudos dessa área foram mais influentes na década de 1980. A noção de estágios universais dessa perspectiva deixou de ser citada nas décadas subsequentes, talvez por ter-se tornado obsoleta diante das mudanças de estilo de gestão, de organização do trabalho, de flexibilização das relações trabalhistas e de intensificação dos movimentos das pessoas entre organizações e funções. Weiss (1994) criticava os modelos desenvolvimentistas, pois, à medida que enfatizavam a delimitação de estágios, tendiam a reificá-los.

No entanto, há contribuições das pesquisas nessa perspectiva, elucidando processos cognitivos envolvidos na socialização organizacional. É importante lembrar que Feldman (1976) descreveu os processos como realismos e congruência entre expectativas e possibilidades concretas nas organizações; iniciação à tarefa e ao grupo; definição de papéis; e mobilização para compatibilizar e integrar papéis na organização e nos demais meios de inserção do sujeito, como a família.

Contribuições como essas de Feldman (1976) construíram a base para o surgimento do enfoque dos conteúdos e da informação, que predominou durante a década de 1990. Nele, a atenção se manteve sobre o indivíduo, estudando seus processos cognitivos concernentes aos conteúdos da socialização e ao papel da busca proativa de informações para minimizar as incertezas dentro da organização (Borges; Albuquerque, 2004). Chao e colaboradores (1994), a partir de pesquisa com 1.038 participantes, agruparam os diversos conteúdos do processo de socialização do ponto de vista dos seus sujeitos em seis fatores: proficiência de desempenho (extensão na qual os indivíduos dominam suas tarefas); domínio da linguagem (termos técnicos, *slogans* e linguagem informal); integração com as pessoas; incorporação dos objetivos e valores da organização; sucesso em ter informações sobre a estrutura de poder da organização; e conhecimento da história da organização (conhecer suas tradições, costumes, mitos e rituais transmitidos pelo "saber cultural").

Paralelamente, Ostroff e Kozlowski (1992) consideraram quatro domínios de conteúdos: tarefas do emprego, papéis de trabalho, processos de grupo e atributos organizacionais. E, partindo de estudo com delineamento longitudinal, encontraram que fontes de informação são de importância diferenciada, tanto para o conhecimento ou domínio quanto para as consequências atitudinais. Mais especificamente, seus resultados indicaram que:

1. iniciantes confiam primeiro na observação de outros, seguida de informações adquiridas de supervisores e companheiros;
2. o foco da aquisição de informação é inicialmente na tarefa e nos aspectos relacionados a papéis;
3. novos membros acreditam, a princípio, conhecer mais sobre seu grupo de trabalho, mas, com o tempo, eles acrescem o conhecimento sobre as tarefas e os papéis;

4. a observação e a experimentação são as fontes mais úteis para obter conhecimentos;
5. supervisores, na qualidade de fontes de informação e de obtenção de conhecimento sobre as tarefas e os domínios de papéis, são mais importantes para consequências positivas de socialização;
6. a aquisição de mais informações dos supervisores ou mais conhecimento de tarefa é relacionada a mudanças positivas nas consequências da socialização, advindas com o tempo.

Várias pesquisas têm tratado das ações dos próprios sujeitos do processo de socialização organizacional (Asford; Black, 1996; Ashforth; Fried, 1988; Chao, 1997; Chao; Waltz; Gardner, 1992; Maier; Brunstein, 2001; Miller; Jablin, 1991; Ostroff; Kozlowski, 1992; Palaci; Osca; Ripoll, 1995; Saks; Ashforth, 1997a, 1997b; Setton; Adkins, 1997) e assumido que as pessoas, ao ingressarem na condição de colaboradores em uma organização, desejam inserir-se bem no novo meio. Motivam-se, assim, para proativamente construírem sua inserção organizacional. Griffin, Colella e Goparaju (2000) revisaram tais pesquisas e listaram as diversas táticas proativas empregadas pelos indivíduos (p. ex., buscar *feedback* e informação, construir relacionamentos, envolver-se em atividades associadas ao trabalho e planejar o desenvolvimento da carreira), segundo os objetivos aos quais se prestam cada uma. Essas contribuições dos autores, entre outras, foram importantes na fundamentação das abordagens integradoras.

O quarto enfoque – tendências integradoras – não será detalhado aqui porque se entende fugir ao escopo deste capítulo, que focaliza apenas a apresentação de um instrumento de mensuração a respeito de como os sujeitos do processo de socialização percebem tal situação e avaliam-se nela. A produção de uma medida válida, no entanto, é prerrequisito para que as tendências integradoras possam ser postas em prática em outras pesquisas. Estudar relações de fenômenos, na maioria das oportunidades, exige a mensuração ou disponibilidade de indicadores adequados.

ADAPTAÇÃO E VALIDAÇÃO DO INVENTÁRIO DE SOCIALIZAÇÃO ORGANIZACIONAL (ISO)[*]

Na literatura especializada, dispõe-se do questionário em inglês da autoria de Chao e colaboradores (1994) sobre socialização organizacional, capaz de me-

---

[*] Borges, L. O. et al., 2010.

dir seis fatores, já citados e definidos anteriormente: proficiência do desempenho; pessoas; políticas; linguagem; objetivos e valores organizacionais; e história. Acerca de tal inventário, foi realizada uma pesquisa anterior no Brasil (Borges; Ros-Garcia; Tamayo, 2001), produzindo uma primeira adaptação e avaliando sua validade. Para tanto, foi feita uma tradução regressiva, adaptados alguns itens e aplicado o inventário em uma amostra composta por operários da construção civil e trabalhadores de redes de supermercados de Brasília. Os resultados consistiram na identificação de três fatores: qualificação/inclusão; competência e objetivos; e tradições organizacionais.

A Figura 20.1 representa a comparação, ou equivalência, entre os fatores do questionário original e os do brasileiro. Ela mostra que a redução do número de fatores significou agrupar, inicialmente, itens referentes a mais de um fator em um único, como é caso do fator designado por objetivos e tradição, que condensou três fatores da versão original, classificados por políticas, objetivos e valores organizacionais e história. Em compensação, na versão brasileira, os itens que na original formavam o fator proficiência do desempenho dividiram-se em dois, um denominado competência, que agrupa os itens que expressam o quanto o indivíduo se percebe competente no exercício de suas atribuições, e o outro designado qualificação/inclusão, que expressa o quanto o sujeito se percebe preparado para o desempenho profissional no emprego e incluído entre os colegas e os hábitos da organização. O último fa-

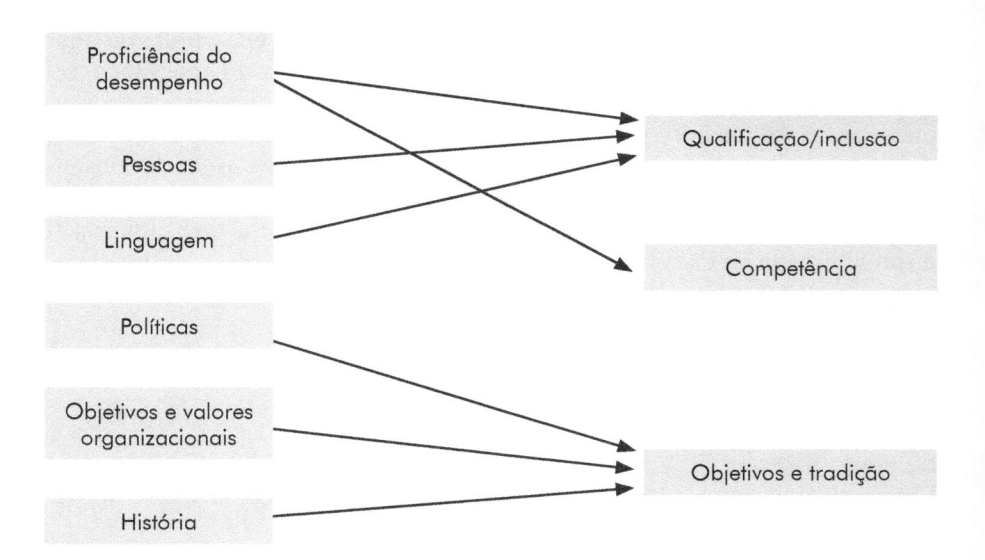

FIGURA 20.1 Correspondência entre os fatores da versão original e da versão brasileira.
Fonte: Borges e colaboradores (2010).

tor, portanto, agrega também itens que na estrutura fatorial original estavam nos fatores pessoas e linguagem.

Para explicar a diferença da estrutura fatorial da versão brasileira em relação à original, norte-americana, recorreu-se a aspectos das condições de trabalho, à diferença da composição da amostra, sobretudo no que diz respeito ao nível de instrução dos participantes, e às diferenças culturais. Na amostra brasileira havia, inclusive, analfabetos e muitos com ensino fundamental incompleto, principalmente no caso dos operários da construção civil.

No entanto, a distinção mais sutil entre competência e qualificação pode ocorrer vinculada às condições de trabalho, pois Borges, Ros-Garcia e Tamayo (2001) compreenderam que, em condições mais desfavoráveis, a diferenciação entre esses dois aspectos pode ficar mais evidenciada, pois, mesmo que as pessoas estejam preparadas para o desempenho, sem as adequadas condições de trabalho, a competência desses indivíduos pode não se concretizar ou ser minimizada.

Apesar de revelar tal distinção, a versão brasileira mostrou-se, no seu conjunto, mais frágil que a original. Além das explicações mencionadas, os autores consideraram que também pode haver problemas na adaptação do inventário, exigindo maior aproximação à linguagem do dia a dia do trabalhador. Além disso, do momento daquela pesquisa aos dias atuais, a literatura especializada em socialização organizacional evoluiu de forma acentuada, focalizando sobretudo a proatividade dos sujeitos do processo de socialização organizacional e demandando, por conseguinte, estender-se o referido questionário a aspectos antes não contemplados. Por tais razões, reconstruiu-se o ISO e desenvolveu-se uma pesquisa explorando suas qualidades psicométricas com docentes e funcionários técnico-administrativos de uma instituição de ensino superior e com servidores de uma empresa pública (Borges et al., 2010).

Assim, o ISO foi reorganizado com o objetivo de contemplar nove aspectos, a saber:

a) **Competência**: o quanto o participante dá conta de suas atribuições, quão bem percebe executar suas atividades ou o quanto se percebe dominando as atividades inerentes ao cargo que ocupa, no sentido de saber fazer o que lhe é atribuído.
b) **Qualificação**: o quanto o indivíduo se percebe contando com a preparação (conhecimentos, informações e experiência) adequada ao exercício do cargo que ocupa e/ou às expectativas da organização.
c) **Domínio da linguagem**: o quanto o indivíduo se percebe compreendendo e sendo capaz de utilizar os termos técnicos da sua profissão e/ou os termos característicos da cultura da organização na qual está inserido.

d) **Integração com as pessoas**: o quanto o indivíduo se percebe integrado em relação às demais pessoas que fazem parte da mesma organização, no sentido de sentir-se incluído nos grupos, ter acesso aos demais, sentir-se aceito e apoiado.
e) **Objetivos e valores da organização**: o quanto o indivíduo conhece a organização na qual está inserido, sabendo identificar seu papel, objetivos, metas e principais valores e prioridades das ações; o quanto incorporou dos valores da organização e o quanto se identifica com ela.
f) **Políticas**: o quanto o indivíduo percebe clareza por parte da organização no estabelecimento das relações de poder, nos meios de disponibilização de informações e nas possibilidades de participar do processo decisório; o quanto conhece da estrutura e do funcionamento da organização.
g) **Condições materiais de trabalho**: o quanto o indivíduo se sente apoiado pela organização por meio da oferta de infraestrutura material.
h) **História da organização**: o quanto o indivíduo percebe a identidade organizacional a partir do conhecimento de sua história, suas tradições e sua cultura.
i) **Proatividade**: o quanto o indivíduo percebe suas próprias ações, suas iniciativas e seus esforços para se integrar à organização.

Esses aspectos foram tomados como fatores hipotéticos. Para redação dos itens, representando-os e refletindo a linguagem cotidiana dos participantes, utilizaram-se falas de servidores de uma instituição de ensino superior em entrevistas concedidas por 12 servidores (Borges et al., 2006). Com a primeira versão da redação dos itens, desenvolveu-se um teste com especialistas (seis participantes), avaliando a adequação dos itens para a mensuração dos fatores hipotéticos (Günther, 1999; Pasquali, 1997, 1999). Por fim, o inventário ficou com 54 itens e aplica a mesma escala que vem sendo utilizada desde a versão norte-americana (Chao et al., 1994): de -2 (discordo muito) a +2 (concordo muito). O ISO foi aplicado a uma amostra de 903 participantes, sendo 623 servidores de uma instituição de ensino superior e 280 de uma empresa pública.

Em referência aos aspectos sociodemográficos, essa amostra foi composta por pessoas que, quanto ao gênero, estão em proporções equilibradas; são predominantemente casadas e com filhos; residem em casa própria, com o cônjuge e filhos; são católicas, mas que tendem a frequentar pouco a igreja; concentram-se mais em faixas de renda que vão até 10 salários mínimos;

apresentam idade média de 42,19 anos (desvio padrão [DP] = 10,78 anos) e tempo médio de trabalho de 22,11 anos (DP = 11,80 anos).

A análise fatorial* aplicada revelou uma estrutura de sete fatores, cujos coeficientes Alfa de Cronbach (indicadores de consistência) variam entre 0,70 e 0,83 (Quadro 20.1). Observa-se que a hipótese de pesquisa foi corro-

QUADRO 20.1
Estrutura dos fatores mensuráveis pelo ISO

Fator	Noções ou ideias reunidas
Acesso a informações (políticas) ($r^2 = 0,24$, $\alpha = 0,78$)	Acessar informações, saber sobre datas importantes, processos organizacionais, critérios e poder (itens com cargas de 0,32 a 0,52).
Competência e proatividade ($r^2 = 0,06$, $\alpha = 0,81$)	Ser apto para criar, ser eficaz, produtivo, e ativo e para buscar informações (itens com cargas de 0,40 a 0,63).
Integração às pessoas ($r^2 = 0,05$, $\alpha = 0,81$)	Sentir-se aceito pelos outros, incluído na equipe, na organização, e participar do processo de tomada de decisão (itens com cargas de 0,36 a 0,83).
Não integração à organização ($r^2 = 0,04$, $\alpha = 0,70$)	Ausência do domínio da linguagem, do emprego, do conhecimento sobre os processos organizacionais e da cultura organizacional (itens com cargas de 0,30 a 0,54).
Qualificação profissional ($r^2 = 0,03$, $\alpha = 0,71$)	Conhecimento e experiência profissional. Domínio da linguagem profissional e de tarefas (itens com cargas de 0,35 a 0,81).
Objetivos e valores organizacionais ($r^2=0,03$, $\alpha=0,81$)	Conhecer e identificar-se com objetivos e prioridades organizacionais. Conhecer a história organizacional. (Itens com cargas de 0,37 a 0,62).
7-Linguagem e tradição ($r^2=0,03$, $\alpha =0,83$)	Dominar a linguagem profissional e organizacional. Conhecer tradições e história dos colegas. Saber identificar as pessoas mais influentes. (Itens com cargas de 0,30 a 0,63).

ISO – Inventário de Socialização Organizacional.
Fonte: Adaptado de Borges e colaboradores (2010).

---

* Aplicou-se análise fatorial (técnica dos eixos principais) com rotação oblíqua. A adequação da amostra para análise aplicada, entre outros indicadores favoráveis, contou com um índice do Teste de Kaiser-Meyer-Olkin [KMO] de 0,918. No Teste de Esfericidade de Bartlett obteve-se Qui-quadrado de 12.903,989 para $p < 0,001$.

borada em parte, pois eram esperados oito fatores. Itens previstos para formar o fator sobre proatividade agruparam-se no mesmo fator dos itens previstos para o hipotético de competência. Por isso, tem-se um fator designado competência e proatividade.

Passou-se a designar o primeiro fator de acesso a informações (políticas), e não simplesmente de políticas, como nos fatores hipotéticos, porque a saturação dos itens tornou essa opção adequada. Nota-se que esse fator explica uma proporção da variância diferenciada dos demais fatores ($r^2 = 0,24$). Tal ênfase na informação é corroborada pela literatura revisada, em especial por Ostroff e Kozlowski (1992) e por Griffin, Colella e Goparaju (2000). Considera-se que, no momento atual, apesar de comparativamente os servidores públicos terem acesso às informações em um volume nunca vivenciado antes, há problemas de selecionar aquelas disponíveis, bem como de identificar e chegar até as fontes mais adequadas. Esse fato pode estar por trás da capacidade explicativa do fator.

O fator qualificação manteve-se, corroborando a interpretação do estudo antecedente (Borges; Ros-Garcia; Tamayo, 2001), o que significa que provavelmente as condições de trabalho e as características culturais brasileiras contribuam para evidenciar a diferenciação entre ser qualificado e ser competente. Linguagem e história não formaram dois fatores em separado, indicando que os participantes percebem o domínio da linguagem profissional e organizacional correlacionado com o domínio da história da organização. Tal fator foi, então, chamado de linguagem e tradição em função dos itens de maiores pesos. Os itens sobre condições materiais não se agruparam em um fator específico e em separado, mas no primeiro fator. Em compensação, surgiu um fator não esperado, chamado de não integração à organização, reunindo itens com direção negativa e que se remetem a aspectos gerais da organização.

Em resumo, o questionário apresenta validade e consistência satisfatória para mensurar os sete fatores especificados no Quadro 20.1. A presente versão do questionário é melhor do que a anterior. Isso significa que provavelmente os itens ganharam adequação cultural à realidade brasileira. Encontraram-se fatores próximos aos hipotéticos e manteve-se a diferenciação entre os referentes à competência e à qualificação. Essa diferenciação, que foi assinalada introdutoriamente, reflete, ao mesmo tempo, as condições de trabalho e as tendências culturais brasileiras.

Aplicação, apuração dos resultados e interpretação do ISO

O ISO é útil para a aplicação em contexto de avaliações de programas de socialização organizacional, diagnóstico de prioridades funcionais e em pesquisas para a exploração da associação da percepção dos sujeitos do processo de socialização a outros fenômenos, facilitando a proposição e o teste empírico de modelos explicativos. Em aplicações com os fins mencionados, orienta-se, ainda, planejar o prazo de início e fim da coleta de dados variando entre 1 e 3 meses, evitando mudanças acentuadas no contexto organizacional.

Em decorrência das características da amostra, seu uso é mais recomendável no setor público, e, pelo conteúdo que focaliza, recomenda-se que se aplique a trabalhadores que tenham a partir de um ano de serviço na organização, possibilitando que respondam com segurança cada questão. Pode ser classificado como um instrumento de autorrelato, portanto, não é aplicável em situações de seleção de pessoal ou em outras em que o fenômeno da desejabilidade social fique enfatizado.

Os procedimentos de aplicação do inventário são simples. Por isso, pode ser ministrado de modo presencial em grupo e/ou individualmente, ou a distância, utilizando-se meios de envio de correspondência habituais na organização em que se está desenvolvendo a aplicação. No entanto, é importante a manutenção do anonimato dos participantes, preservando a autenticidade e espontaneidade das respostas e, ao mesmo tempo, evitando o efeito de respostas afetadas pela desejabilidade social.

Uma vez finalizada a aplicação, inicia-se a apuração, isto é, a fase de recolhimento dos questionários e tratamento dos dados. Sugere-se a formação de um banco de dados, principalmente quando se aplica a um número extenso de pessoas. Para tanto, poder ser utilizado o sistema Statistical Package for Social Sciences (SPSS) e/ou sistema informacional correlato. Para facilitar a posterior análise dos dados, recomenda-se recodificar a pontuação das respostas, de modo que -2 corresponda ao ponto 1 e +2 ao 5, sendo 3 o ponto neutro. Para obter os escores nos fatores, deve-se seguir o Quadro 20.2, estimando-se a média dos pontos atribuídos pelos indivíduos aos itens que compõem cada fator.

A interpretação dos resultados (escores obtidos) deve considerar o significado de cada fator, conforme especificado no Quadro 20.1, a importân-

QUADRO 20.2
Composição fatorial

Fator	Itens do questionário por fator
Acesso a informações (políticas)	41, 42, 44, 47, 48 e 54
Competência e proatividade	11, 19, 21, 26, 35, 44, 45, 50, 51 e 52
Integração às pessoas	4*, 10, 14, 27*, 33, 38, 39 e 49
Não integração à organização	5, 6, 9, 23, 24 e 25
Qualificação profissional	18, 36 e 37
Objetivos e valores organizacionais	12, 15, 16, 20, 28 e 34
Linguagem e tradição	2*, 7, 13, 15, 22, 28, 29, 31 e 32

*Indica aqueles itens de conotação negativa, cujas pontuações devem ser invertidas antes de se estimar os escores nos fatores.

cia do fator na estrutura fatorial encontrada, de acordo com a proporção da variância explicada (r^2), e os níveis da escala de concordância utilizada. Além desses aspectos mais técnicos, a correta interpretação dos resultados exige domínio por parte do profissional e do pesquisador a respeito do contexto sócio-organizacional em que foi aplicado o ISO; e do aporte teórico sobre socialização organizacional. Portanto, as qualidades do questionário não eximem seus usuários de estudar sobre socialização organizacional e de construir seu conhecimento contextual a partir de suas leituras e inserção no setor econômico da organização. Sobre socialização, as referências deste capítulo podem ser um ponto de partida para a busca do aprofundamento necessário.

O ISO pode ser aplicado em contextos de pesquisas e diagnóstico organizacional nos quais se adotam as perspectivas integradoras, já que elas partem do pressuposto de que as mais tradicionais (táticas organizacionais, desenvolvimentista e do conteúdo e informação) são complementares entre si. Esse tipo de aplicação exige, entretanto, do profissional usuário do ISO domínio aprofundado sobre as perspectivas integradoras.

INVENTÁRIO DE SOCIALIZAÇÃO ORGANIZACIONAL – ISO

Instruções: O questionário de socialização organizacional contém 45 afirmativas relacionadas a sua autopercepção sobre sua integração à organização em que trabalha. Sua tarefa consiste em ler cada afirmativa cuidadosamente e concordar em maior ou menor grau sobre o que ocorre no seu ambiente de trabalho atual. Para responder, escolha o ponto da escala abaixo que melhor descreve a situação e escreva o número sobre a linha que aparece à esquerda de cada frase.

-2 Forte discordância	-1 Discordância	0 Neutro	1 Concordância	2 Forte concordância

1. Eu conheço muito pouco sobre a história anterior do meu setor de trabalho.
2. Eu não considero nenhum colega de trabalho meu amigo.
3. Eu ainda não aprendi a essência de meu emprego.
4. Eu não domino as palavras específicas usadas em meu trabalho.
5. Eu sei quem são as pessoas mais influentes nas decisões desta organização.
6. Eu não estou familiarizado com os costumes e hábitos da minha organização.
7. Eu sou usualmente excluído dos grupos sociais do dia a dia da organização pelas outras pessoas.
8. Eu sou competente para fortalecer minha unidade de trabalho.
9. Eu tenho objetivos que coincidem com os objetivos desta organização.
10. Eu já domino as siglas, abreviações e termos utilizados pelos membros da organização para denominar setores, processos ou tecnologias de trabalho.
11. Em meu grupo de trabalho, eu me sinto identificado como um membro da equipe.
12. Eu conheço as tradições enraizadas da organização.
13. Eu acredito que estou sintonizado às prioridades desta organização.
14. Eu compreendo o específico significado das palavras e termos de minha profissão.
15. Eu tenho dominado as tarefas requeridas pelo meu emprego.
16. Eu sei quais são os objetivos desta organização.
17. Eu sou competente para inovar no meu trabalho.
18. Eu sou capaz de contar alguns aspectos da história de vida dos colegas com quem trabalho junto na organização.
19. Eu não tenho um completo desenvolvimento das habilidades necessárias para o bom desempenho no meu emprego.

20. Eu não tenho uma boa compreensão das normas, intenções e formas de procedimento desta organização.
21. Eu não estou preparado para atingir um melhor desempenho no meu emprego.
22. Eu poderia ser um bom exemplo de um empregado que representa o que a organização valoriza.
23. Eu sou frequentemente colocado de fora nos grupos de amizade das pessoas desta organização.
24. Eu sou familiarizado com a história de minha organização.
25. Eu compreendo o significado da maioria das siglas, abreviações e apelidos usados no meu trabalho.
26. Eu sou conhecido por muitas pessoas na organização.
27. Eu sou capaz de identificar as pessoas mais importantes para garantir que o trabalho seja feito nesta organização.
28. Eu sinto confiança na maioria dos colegas de trabalho.
29. Eu apoio os objetivos que são estabelecidos pela organização.
30. Eu tenho me saído bem na execução das tarefas que me são destinadas.
31. Minha experiência anterior me ajudou na adaptação ao meu cargo.
32. Meus conhecimentos profissionais me ajudaram na adaptação ao meu cargo.
33. Eu me sinto aceito e acolhido pelos colegas do meu setor de trabalho.
34. Eu me sinto integrado à organização.
35. Eu sei a quem procurar quando preciso de informações na maioria das situações.
36. Eu sei os critérios que influenciam as decisões tomadas na organização.
37. Eu tenho estabelecido metas, objetivos e prazos para mim mesmo.
38. Eu tenho tomado conhecimento das tarefas por iniciativa própria, observando e fazendo.
39. Eu tenho possibilidade de identificar os trâmites burocráticos necessários ao desempenho das minhas tarefas.
40. Eu tenho acesso às informações sobre todos os serviços oferecidos pela organização.
41. Eu participo das decisões do meu setor de trabalho.
42. Eu sou competente para fazer a unidade de trabalho ser eficaz e produtiva.
43. Eu realizo meu trabalho com a qualidade adequada.
44. Eu me esforço para obter as informações de que preciso.
45. Eu sei as datas que são significativas e comemoradas tradicionalmente por esta organização.

REFERÊNCIAS

ALLEN, N. Organizational socialization tactics: a longitudinal analysis of links to newcomers' commitment and role orientation. *Academy of Management Journal*, v. 33, n. 4, p. 847-858, 1990.

ANDERSON, N. R. Editorial. *International Journal of Selection and Assessment*, v. 5, n. 1, p. 13, 1997.

ASFORD, S. J.; BLACK, J. S. Proactivity during organizational entry: the role of desire for control. *Journal of Applied Psychology*, v. 81, n. 2, p. 199-214, 1996.

ASHFORTH, B. E.; FRIED, Y. The mindlessness of organizational behaviors. *Human Relations*, v. 41, n. 4, p. 305-329, 1988.

BAUER, T. N. et al. Newcomer, adjustment during organizational socialization: a meta-analytic review of antecedents, outcomes, and methods. *Journal of Applied Psychology*, v. 92, n. 3, p. 707-721, 2007.

BERGER, P. L.; BERGER, B. Socialização: como ser um membro da sociedade. In: FORACHI, M.; MARTINS, J. S. (Org.). *Conceitos sociológicos fundamentais*. Rio de Janeiro: LTC, 1977. p. 200-214.

BERGER, P. L.; LUCKMANN, T. *A construção social da realidade*. Petrópolis: Vozes, 1985.

BERGER, P. L.; LUCKMANN, T. *Modernidade, pluralismo e crise de sentido*: a orientação do homem moderno. Petrópolis: Vozes, 2004.

BLAU, G. An investigation of apprenticeship organizational socialization strategy. *Journal of Vocational Behavior*, v. 32, n. 2, p. 176-195, 1988.

BORGES, L. O. et al. *A integração de novos servidores à Universidade Federal do Rio Grande do Norte*. [S.l.: s.n.], 2006. Manuscrito não publicado.

BORGES, L. O. et al. Reconstrução e validação de um inventário de socialização organizacional. *Revista de Administração Mackenzie*, v. 11, n. 4, p. 4-37, 2010.

BORGES, L. O.; ALBUQUERQUE, F. J. B. Socialização organizacional. In: ZANELLI, J. C.; BORGES-ANDRADE, J. E.; BASTOS, A. V. B. (Org.). *Psicologia organizacional e do trabalho no Brasil*. Porto Alegre: Artmed, 2004. p. 331-356.

BORGES, L. O.; ROS-GARCIA, M.; TAMAYO, A. Socialización organizacional: tácticas y autopercepción. *Revista de Psicología del Trabajo y de las Organizaciones*, v. 17, n. 2, p. 173-196, 2001.

CARVALHO, V. D.; BORGES, L. O.; RÊGO, D. P. Interacionismo-simbólico: origens, pressupostos e contribuições aos estudos em Psicologia Social. *Psicologia: Ciência & Profissão*, v. 30, n. 1, p. 146-161, 2010.

CHAO, G. et al. Organizational socialization: its content and consequences. *Journal of Applied Psychology*, v. 79, n. 5, p. 730-743, 1994.

CHAO, G. T. Mentoring phases and outcomes. *Journal of Vocational Behavior*, v. 51, n. 1, p. 15-28, 1997.

CHAO, G. T.; WALZ, P. M.; GARDNER, P. D. Formal and informal mentorships: a comparison on mentoring functions and contrast with nonmentored counterparts. *Personnel Psychology*, v. 45, n. 3, p. 619-636, 1992.

DUBINSKY, A. J. et al. Salesforce socialization. *Journal of Marketing*, v. 50, n. 4, p. 192-207, 1986.

FARR, R. M. *As raízes da psicologia social moderna*. Petrópolis: Vozes, 2008.

FELDMAN, D. C. A contingency theory of socialization. *Administrative Science Quarterly*, v. 21, n. 3, p. 433-450, 1976.

FELDMAN, D. C. A socialization process that helps new recruits succeed. *Personnel*, v. 57, n. 2, p. 11-23, 1980.

FELDMAN, D. C. Can international management advance when exceptions outnumber rules? *International Journal of Selection and Assessment*, v. 5, n. 1, p. 14-15, 1997a.

FELDMAN, D. C. Socialization in an international context. *International Journal of Selection and Assessment*, v. 5, n. 1, p. 1-8, 1997b.

GRIFFIN, A. E. C.; COLELLA, A.; GOPARAJU, S. Newcomer and organizational socialization tactics: An interactionist perspective. *Human Resource Management Review*, v. 10, n. 4, p. 453-474, 2000.

GÜNTHER, H. Como elaborar um questionário. In: PASQUALI, L. (Org.). *Instrumentos psicológicos*: manual prático de elaboração. Brasília: LabPAM/IBAPP, 1999. p. 231-258.

JONES, G. R. Socialization tactics, self-efficacy, and newcomers´ adjustments to organizations. *Academy of Management Journal*, v. 29, n. 2, p. 262-279, 1986.

KIM, T. Y.; CABLE, D. M.; KIM, S. P. Socialization tactics, employee proactivity, and person-organization fit. *Journal of Applied Psychology*, v. 90, n. 2, p. 232-241, 2005.

MAIER, G. W.; BRUNSTEIN, J. The role of personal work goals in newcomers' job satisfaction and organizational commitment: a longitudinal analysis. *Journal of Applied Psychology*, v. 86, n. 5, p. 1034-1042, 2001.

MAJOR, D. A. et al. A longitudinal investigation of newcomers expectations, early socialization outcomes, and the moderating effects of role development factors. *Journal of Applied Psychology*, v. 80, n. 3, p. 418-431, 1995.

MARTIN-BARÓ, I. *Acción e ideología*: psicología social desde Centroamérica. El Salvador: UCA, 1992.

MILLER, V. D.; JABLIN, F. M. Information seeking during organizational entry: Influences, tactics, and a model of the process. *Academy of Management Review*, v. 16, n. 1, p. 92-120, 1991.

NELSON, D. L. Organizational socialization: a stress perspective. *Journal of Occupational Behavior*, v. 8, n. 4, p. 311-324, 1987.

OSTROFF, C.; KOZLOWSKI, S. J. Organizational socialization as a learning process: the role of information acquisition. *Personnel Psychology*, v. 45, n. 4, p. 849-874, 1992.

PALACI, F. J.; OSCA, A.; RIPOLL, P. Tácticas de socialización organizacional y estrés de rol durante la primera experiencia laboral. *Revista de Psicología del Trabajo y de las Organizaciones*, v. 11, n. 30, p. 35-47, 1995.

PASQUALI, L. *Psicometria*: teoria e aplicações. Brasília: UNB, 1997.

PASQUALI, L. Testes referentes a construto: teoria e modelo de construção. In: PASQUALI, L. (Org.). *Instrumentos psicológicos*: manual prático de elaboração. Brasília: LabPAM/IBAPP, 1999. p. 27-36.

SAKS, A. M.; ASHFORTH, B. E. Organizational socialization: Making sense of past and present as a prologue for the future. *Journal of Vocational Behavior*, v. 51, n. 2, p. 234-279, 1997a.

SAKS, A. M.; ASHFORTH, B. E. Socialization tactics and newcomer information acquisition. *International Journal of Selection and Assessment*, v. 5, n. 1, p. 48-61, 1997b.

SCHEIN, E. H. Organizational socialization and professional of management. *Industrial Management*, v. 9, n. 2, p. 1-6, 1968.

SETTON, R. P.; ADKINS, C. L. Newcomer socialization: the role of supervisors, coworkers, friends and family members. *Journal of Business and Psychology*, v. 11, n. 4, p. 112-124, 1997.

TORREGROSA, J. R.; VILLANUEVA, C. F. La interiorización de la estructura social. In: TORREGROSA, J. R.; CRESPO, E. (Org.). *Estudos básicos de psicologia social*. Barcelona: Hora, 1984. p. 421-446.

VAN MAANEN, J.; SCHEIN, E. H. Toward a theory of organization socialization. *Research in Organizational Behavior*, v. 1, n. 1, p. 209-264, 1979.

WEISS. H. M. Learning theory and industrial and organizational psychology. In: DUNNETTE, M. D.; HOUGH, L. M. *Handbook of industrial & organizational psychology*. California: Palo Alto, 1994. v. 1, p. 171-214.

21

Sucesso na carreira

Luciano Venelli Costa

Este capítulo apresenta um instrumento multidimensional para avaliar o sucesso na carreira. Antes de discutir o que é e como se pode avaliá-lo, é preciso delimitar o que se compreende por carreira profissional, sucesso na carreira e possibilidades de avaliação de sucesso na carreira.

Hall (2002) apresenta quatro significados distintos atribuídos pelos indivíduos ao termo "carreira":

1. carreira como mobilidade vertical, independentemente da área, profissão ou organização;
2. carreira como profissão, tais como médico, advogado, professor;
3. carreira como sequência de empregos durante a vida, significado que parte do princípio de que todos os trabalhadores têm carreira, independentemente da direção *up/down*; e
4. carreira como sequência de experiências relacionadas a funções ao longo da vida, não se limitando a funções profissionais.

Enquanto considerar carreira apenas como mobilidade vertical ou profissão é restrito demais, admiti-la como história de vida também é muito amplo.

London e Stumpf (1982) definem carreira como sequência de posições ocupadas e de trabalhos realizados durante a vida de uma pessoa. A carreira envolve uma série de estágios e a ocorrência de transições que refletem necessidades, motivos e aspirações individuais e expectativas e imposições da organização e da sociedade. Tal definição não se limita a profissão ou mobilidade vertical nem é tão ampla a ponto de englobar qualquer atividade ou experiência de vida, além do mundo do trabalho, mas também abrange os trabalhos voluntários e informais.

Segundo Motta (2006), o achatamento hierárquico da empresa moderna descaracteriza a carreira como postos a galgar. O autor acrescenta à definição de carreira a perspectiva de desenvolvimento, quando afirma que, independentemente das organizações, as carreiras se constroem como uma sequência de percepções individuais, atitudes e comportamentos que deixam transparecer um desenvolvimento e um êxito nas experiências de trabalho e de vida de uma pessoa.

Dutra (2004) define desenvolvimento profissional como capacidade para assumir atribuições e responsabilidades em níveis crescentes de complexidade, e Le Boterf (2003) define complexidade como conjunto de características objetivas de uma situação, as quais estão em processo contínuo de transformação.

Hughes (1937) já afirmava que todos têm uma carreira e que, ao desenvolvê-las, damos-lhe forma e, ao longo do tempo, mudamos as instituições pelas quais passamos. Hughes foi um dos primeiros a afirmar o papel transformador do sujeito sobre as instituições ao construir sua carreira.

Enfim, a partir das contribuições desses autores, carreira pode ser definida como sequência de posições ocupadas durante a vida de uma pessoa em função não só dos trabalhos, dos estudos e de outras experiências de vida mas também das suas percepções individuais, atitudes e comportamentos profissionais, que resultam em desenvolvimento de competências para lidar com situações de trabalho de maior complexidade e em constante transformação. Tais posições são influenciadas e negociadas considerando motivos e aspirações individuais, expectativas e imposições da organização e da sociedade.

Uma vez compreendida a abrangência do que pode ser considerado carreira, é importante conceituar o que significa ter sucesso na carreira.

London e Stumpf (1982) consideram que progressão na carreira se refere a mudanças no trabalho relativas a resultados profissionais ou psicologicamente positivos. Além do avanço para maiores níveis salariais e organizacionais, inclui também qualquer mudança no trabalho em um ou mais dos seguintes itens: cargo mais abrangente, maior satisfação com a vida, sentimentos de sucesso psicológico e autovalorização, sentimentos de competência, maestria e realização, alcance de recompensas organizacionais, tais como dinheiro, prestígio, poder e *status*.

Judge e colaboradores (1995) definem sucesso na carreira como acúmulo de resultados positivos psicológicos e profissionais provenientes de experiências de trabalho. Eles consideram que o sucesso é um conceito avaliativo, então julgamentos de sucesso na carreira dependem de quem está julgando. Quando avaliado por outros, o sucesso é determinado com bases relativamente objetivas e critérios visíveis, o que muitos pesquisadores chamam de "sucesso objetivo na carreira", que é mensurado por métricas observáveis, tais como salário e número de promoções. Ele também pode ser julgado pelo próprio indivíduo que o persegue. Essa dimensão é chamada de "sucesso subjetivo na carreira", que é mensurado pelos sentimentos de realização e satisfação com a própria carreira.

Arthur, Khapova e Wilderom (2005) chamam de sucesso na carreira a obtenção de resultados desejáveis relativos ao trabalho em algum ponto ao longo das experiências profissionais da pessoa. Tal definição enfoca o alcance de metas pessoais, promovendo que a avaliação do sucesso na carreira também leve em consideração as expectativas do indivíduo.

Hall (2002) apresenta quatro critérios para avaliar a eficácia da carreira:

1. dinheiro e posição
2. como a carreira é percebida e avaliada pela própria pessoa
3. adaptabilidade
4. identidade

Além dos dois primeiros, já comentados, o autor define a adaptabilidade como uma predisposição para consciente e continuamente perceber os sinais externos e atualizar os comportamentos aos requisitos do ambiente em mudança, esforçar-se a fim de aprofundar o autoconhecimento para modificar ou manter a própria identidade, manter congruência entre a identidade e os comportamentos temporários para responder ao ambiente, ter o desejo de desenvolver competências adaptativas e aplicá-las em determinadas situações. Já a identidade tem dois componentes importantes: a ciência do indivíduo sobre seus valores, interesses, capacidades e planos e o grau de integração entre os conceitos de si mesmo no presente, no passado e no futuro, ou seja, o senso de continuidade.

Segundo Dries, Pepermans e Carlier (2008), o sucesso na carreira é mais um construto social do que uma realidade objetiva, um conceito dinâmico em vez de uma verdade estática, e desenvolvido ao longo de contextos históricos e culturais ao seu redor. Heslin (2003) afirma que as percepções individuais de sucesso também dependem das opiniões de outros em relação a sua vida profissional.

Segundo Dutra (2004), o progresso na carreira deve ser avaliado pela capacidade da pessoa de entregar resultados em níveis maiores de complexidade. Tal definição segue uma linha diferente dos demais autores e considera sucesso na carreira não só a progressão vertical e os aumentos salariais e satisfação subjetiva com a carreira mas a capacidade de atuar em trabalhos com maior complexidade, embora no mesmo cargo. Essa abordagem é importante para este capítulo, pois leva em consideração as mudanças do mundo contemporâneo, como a diminuição dos níveis para ascendência, as crises financeiras que têm congelado os salários e o enriquecimento dos cargos.

Outra questão ligada ao sucesso na carreira é a empregabilidade. Zaccarelli, Domenico e Teixeira (2008) a definem como a capacidade de obter trabalho e renda. Clarke (2009) a enfatiza como um fator importante nas carreiras da nova economia. Para ela, o sucesso na carreira envolve as recompensas da carreira tradicional, como aumento de *status*, responsabilidade e recompensas financeiras; o sucesso psicológico individual, como, por exemplo, realização pessoal e sentimento de orgulho; e também a percepção de empregabilidade futura.

Não é possível isolar o sucesso na carreira das demais esferas da vida. Segundo Sturges (2008), algumas pessoas estão gerenciando a própria carreira com o objetivo de obter melhor controle sobre as fronteiras entre o trabalho e o restante da vida. Em uma pesquisa qualitativa, com 18 entrevistados, a autora constatou que, além de atingir objetivos de carreira, como capital humano, rede de contatos e visibilidade no mercado profissional, os indivíduos que autogerenciavam suas carreiras conseguiam também administrar melhor as fronteiras entre trabalho e vida pessoal, sobretudo em termos de localização, flexibilidade de horários e permeabilidade. A permeabilidade é maior quanto mais a pessoa pode fazer atividades pessoais no trabalho, e vice-versa.

Em outra pesquisa, realizada no Reino Unido com recém-graduados, atingir um estilo de vida equilibrado era muito importante tanto para os graduados que ainda estavam por ingressar no mercado de trabalho quanto para quem já estava trabalhando há quase 10 anos. Acima de 80% dos mais de 1.000 entrevistados declararam que manter um estilo de vida equilibrado era importante ou extremamente importante na carreira (Sturges; Guest, 2004).

As várias definições apresentadas sugerem que o sucesso na carreira tenha várias dimensões, tais como resultados financeiros, promoções, realização de metas, capacidade crescente de se adaptar e atuar em trabalhos de maior nível de complexidade, identidade com o trabalho, visibilidade no mercado de trabalho ou empregabilidade, equilíbrio vida-trabalho, realização pessoal, sentimento de orgulho e reconhecimento de outras pessoas. Partindo do pressuposto de que o sucesso na carreira é multidimensional, sua avaliação pode ser realizada por critérios objetivos, constatados externamente, ou por autoavaliação, com uma escala de autorresposta. Arthur, Khapova e Wilderom (2005) defendem que, para entender as carreiras contemporâneas, é preciso atribuir mais importância à carreira subjetiva, pois na ausência de estabilidade das posições hierárquicas as pessoas tendem a focar a carreira subjetiva como parâmetro para o crescimento profissional, dedicando-se a processos mais do que a resultados, a competências em vez de títulos, a realização no lugar de promoção, e preferindo papéis a posições.

CONSTRUÇÃO E VALIDAÇÃO DA ESCALA DE PERCEPÇÃO DE SUCESSO NA CARREIRA (EPSC)

A seguir, será apresentada a EPSC, construída e validada por Luciano Venelli Costa, em sua tese de doutorado, depositada em 2010 e defendida em 2011, na FEA-USP, sob orientação do professor Dr. Joel de Souza Dutra, estudioso do tema desde os anos de 1990.

O nome da escala foi escolhido em função de a palavra "percepção" ser definida como o processo pelo qual os indivíduos organizam e interpretam suas impressões sensoriais com a finalidade de dar sentido ao seu ambiente. Embora "percepção" tenha uma definição voltada para os órgãos dos sentidos, ou seja, para a interpretação de fatos concretos, a Psicologia considera esse termo para os estudos comportamentais, pois o comportamento dos indivíduos é baseado na interpretação que fazem da realidade, e não na realidade em si (Brandalise, 2005). A percepção de sucesso na carreira é a interpretação da pessoa sobre suas realizações em relação às diversas dimensões da carreira.

A escolha dos itens da escala foi baseada em vários trabalhos (London; Stumpf, 1982; Dyke; Murphy, 2006; Dries; Pepermans; Carlier, 2008) cujos autores enfatizaram dimensões diferentes do sucesso na carreira. Para este, primeiro foi feito um levantamento de todos os possíveis itens utilizados anteriormente, excluindo-se aqueles que se repetiam. O Quadro 21.1 apresenta os itens e os autores que os utilizaram em suas pesquisas.

A seguir, foram realizadas Análises Fatoriais Exploratórias e Confirmatórias, com vários testes de validade de acordo com Hair Jr. e colaboradores (2005):

- **Validade de conteúdo**: foi realizada junto aos especialistas do grupo de gestão de carreiras da FEA-USP e também por comparação em subgrupos da amostra.
- **Validade convergente**: foi avaliada pelos valores da Variância Média Extraída (Average Variance Extracted – AVE) dos fatores iguais ou superiores a 0,5, pelo índice de confiabilidade (Alfa de Cronbach) superior a 0,6 e pelo valor de confiabilidade composta superior a 0,7.
- **Validade discriminante**: consiste no grau em que dois conceitos similares são distintos. Segundo Zwicker, Souza e Bido (2008), há validade discriminante quando o valor da raiz quadrada da AVE de um fator é maior que as correlações entre os fatores.

A primeira validação, em meados de 2010, foi realizada junto a uma amostra de 366 pessoas, incluindo professores, alunos de graduação presen-

QUADRO 21.1
Itens que compõem a EPSC, com seus respectivos autores de referência

Item	Autoria
Sentir-se saudável e feliz, tanto em casa quanto no trabalho.	Dries, Pepermans e Carlier, (2008); Gattiker e Larwood (1986); Nabi (2001); Parker e Chusmir (1991)
Divertir-se no trabalho.	Lee et al., (2006); Sturges (1999)
Fazer trabalho agradável.	Nabi (2001)
Ter felicidade na vida particular.	Dyke e Murphy (2006); Gattiker e Larwood (1986); Lee et al., (2006); Parker e Chusmir (1991)
Receber aumentos de salário.	London e Stumpf (1982); Parker e Chusmir (1991)
Ter compensação justa comparada com os pares.	Gattiker e Larwood (1986); Nabi (2001); Parker e Chusmir (1991)
Ter boas recompensas financeiras.	Dyke e Murphy (2006); Clarke (2009); Hennequin (2007); Judge et al., (1995); London e Stumpf (1982); Parker e Chusmir (1991); Sturges (1999); Hall (2002)
Ter segurança financeira.	Clarke (2009); Parker e Chusmir (1991)
Receber bons benefícios além dos financeiros.	Hennequin (2007); Parker e Chusmir (1991)
Ter uma vida sem restrições financeiras.	Dries, Pepermans e Carlier, (2008); Dyke e Murphy (2006)
Ser criativo, realizar inovação, ter ideias extraordinárias.	Dries, Pepermans e Carlier, (2008); Parker e Chusmir (1991)
Ter um trabalho desafiante.	Dyke e Murphy (2006); Cornelius e Skinner (2008); Lee et al., (2006); Mainiero e Sullivan (2006)
Desempenhar-se bem no trabalho.	Dries, Pepermans e Carlier (2008); Dyke e Murphy (2006); Gattiker e Larwood (1986); Lee et al., (2006); London e Stumpf (1982); Parker e Chusmir (1991); Sturges (1999)

(continua)

QUADRO 21.1
Itens que compõem a EPSC, com seus respectivos autores de referência
(*continuação*)

Item	Autoria
Ser bom e destacar-se no que faz profissionalmente.	Dries, Pepermans e Carlier (2008); London e Stumpf (1982);
Receber bom *feedback*.	Nabi (2001); Sturges (1999)
Fazer a diferença.	Parker e Chusmir (1991)
Contribuir com a comunidade.	Dyke e Murphy (2006)
Causar um impacto; deixar uma marca na sociedade ou na organização.	Dries, Pepermans e Carlier (2008); Lee et al., (2006)
Ajudar os outros.	Parker e Chusmir (1991)
Cooperar com as pessoas no trabalho.	Dries, Pepermans e Carlier (2008)
Dar suporte à gestão.	Gattiker e Larwood (1986); Nabi (2001)
Ter conquistas em equipe.	Dyke e Murphy (2006)
Ter amigos no trabalho.	Hennequin (2007)
Ter oportunidades de desenvolvimento.	Gattiker e Larwood (1986)
Aprender e se desenvolver.	Dries, Pepermans e Carlier (2008); Lee et al., (2006)
Ter visibilidade no mercado profissional.	Sturges (2008)
Ter boa adaptabilidade a novos empregos.	Hall (2002)
Ter estabilidade e segurança no trabalho.	Clarke (2009); Parker e Chusmir (1991)
Ter boa rede de contatos.	Sturges (2008)
Ter um casamento feliz e estável; ser um bom(boa) pai(mãe); ser bem-sucedido na criação dos filhos.	Dyke e Murphy (2006); Parker e Chusmir (1991)
Ter bom controle sobre as fronteiras entre o trabalho e o restante da vida (localização, flexibilidade de horários e permeabilidade).	Sturges (2008)
Equilibrar o trabalho com a vida pessoal.	Cornelius e Skinner (2008); Hennequin (2007); Mainiero e Sullivan (2006); Sturges (1999); Sturges e Guest (2004)

(*continua*)

QUADRO 21.1
Itens que compõem a EPSC, com seus respectivos autores de referência *(continuação)*

Item	Autoria
Desfrutar das atividades fora do trabalho.	Parker e Chusmir (1991)
Ter liberdade e autonomia no trabalho.	Dyke e Murphy (2006)
Ter uma família que apoia sua carreira.	Dries, Pepermans e Carlier (2008)
Ter realizado as conquistas com ética.	Parker e Chusmir (1991)
Ter boa reputação.	Hennequin (2007)
Ter autenticidade (sentimento de que as ações diárias estão de acordo com seus valores e crenças).	Mainiero e Sullivan (2006)
Expressar-se por meio do trabalho e das realizações.	Dries, Pepermans e Carlier (2008)
Ter uma carreira coerente com seus interesses, planos e capacidades.	Hall (2002)
Ter uma carreira com senso de continuidade.	Hall (2002)
Ser útil.	Parker e Chusmir (1991)
Ter cargo abrangente.	London e Stumpf (1982)
Ser importante e valioso onde atua profissionalmente.	Dries, Pepermans e Carlier (2008)
Ter responsabilidade.	Clarke (2009); Nabi (2001); Sturges (1999)
Conquista de metas de conhecimento formal (diplomas e certificados).	Sturges (2008); Cornelius e Skinner (2008)
Conquista de metas profissionais.	Arthur, Kapova e Wilderom, (2005); Gattiker e Larwood (1986)
Ter reconhecimento, respeito e aceitação pelos pares e colegas de trabalho.	Cornelius e Skinner (2008); Dries, Pepermans e Carlier (2008); Dyke e Murphy (2006); Gattiker e Larwood (1986); Lee et al., (2006); Parker e Chusmir (1991); Sturges (1999)
Ter confiança do supervisor.	Gattiker e Larwood (1986); Nabi (2001); Parker e Chusmir (1991)
Ter reconhecimento, respeito e agradecimento pelos clientes.	Dyke e Murphy (2006)

(continua)

QUADRO 21.1
Itens que compõem a EPSC, com seus respectivos autores de referência
(*continuação*)

Item	Autoria
Obter promoções para maiores níveis hierárquicos.	Dries, Pepermans e Carlier (2008); Hennequin (2007); Judge et al., (1995)
Estar em boa posição, em bom nível hierárquico.	Hall (2002); Hennequin (2007); Sturges (1999);
Ter oportunidades de promoção.	Gattiker e Larwood (1986); Lee et al., (2006); Nabi (2001); Sturges (1999)
Estar em posição de prestígio e *status*.	Cornelius e Skinner (2008); Dyke e Murphy (2006); Hennequin (2007); Parker e Chusmir (1991)

EPSC – Escala de Percepção de Sucesso na Carreira.
Fonte: Costa (2010).

cial e a distância, funcionários e alunos de pós-graduação de uma universidade, todos vivendo e trabalhando na Grande São Paulo. Essa amostra tinha relação de 6,9 casos por variável e utilizou uma escala de respostas de 9 pontos. Na primeira validação, a escala já apresentou problemas quando aplicada a indivíduos que trabalhavam há menos de cinco anos.

Entre outubro e novembro de 2011, foi realizada uma nova validação, junto a 837 alunos do curso de graduação em Gestão de Recursos Humanos, na modalidade a distância, vivendo e trabalhando nas cinco regiões do País. Essa revalidação contou somente com pessoas que trabalhavam há mais de cinco anos, portanto, uma relação de 17,4 registros válidos por variável. Nessa ocasião, foi utilizada como resposta uma escala tipo *likert* de 5 pontos.

A escala apresentada neste capítulo, bem como os índices de validação a seguir, referem-se à última validação, com profissionais de várias áreas, de diferentes idades e vivendo em todo o País.

Amostra – com 837 indivíduos, sendo:
- 670 (78,9%) do sexo feminino e 177 (21,1%) do sexo masculino;
- entre 18 e 73 anos, com idade média de 35,7 anos (desvio padrão de 9,4);
- 534 (63,8%) casados, 231 (27,6%) solteiros, 51 (6,1%) separados ou divorciados e 21 (2,5%) viúvos, ou que não responderam;
- faixas de renda: 82,3% inferiores a seis salários-mínimos (SM);

- entre 5 e 56 anos de trabalho, com média de 18 anos de trabalho;
- somente 62 (7,4%) não estavam trabalhando no momento da pesquisa.

Análise Fatorial Exploratória (Statistical Package for Social Sciences [SPSS] 17.0)
- 11 fatores – 62,87% de variância explicada
- Precisão (Alfa de Cronbach) = 0,952

Análise Fatorial Confirmatória (*software* SMART-PLS 3.0)
- Cargas fatoriais entre 0,572 e 0,855
- Precisões (Alfa de Cronbach) superiores a 0,70 (exceto para criatividade, com $\alpha = 0{,}67$, e valores com $\alpha = 0{,}57$)
- Confiabilidade composta entre 0,77 e 0,88
- Comunalidades (AVE) entre 0,50 e 0,63

A EPSC completa, resultante das análises apresentadas, contém 48 itens distribuídos em 11 fatores (Quadro 21.2).

Quando calculados os escores fatoriais de cada um dos 11 fatores da EPSC e submetidos a novas análises fatoriais, revelaram-se agrupamentos em duas grandes dimensões: uma englobando os fatores objetivos (ou em relação a influências externas sobre a pessoa, tais como remuneração e hierarquia) e outra envolvendo os subjetivos (ou em relação à autorrealização da pessoa, tais como competência, identidade, desenvolvimento, cooperação, contribuição, empregabilidade, criatividade e valores). O fator equilíbrio vida-trabalho não apresentou carga fatorial significativa em nenhuma das duas dimensões.

Se o objetivo do pesquisador não for fazer uma análise dos fatores, recomenda-se a utilização da escala reduzida, com apenas 10 itens organizados em duas grandes dimensões (objetiva e subjetiva).

Versão reduzida da EPSC, com 10 itens (EPSCR)

Como na maior parte das vezes a escala é utilizada em conjunto com outros instrumentos, o respondente leva de 15 a 20 minutos para preencher os 48 itens, além do tempo para responder às escalas dos outros construtos. Assim, a versão completa só é recomendada quando se deseja analisar os escores fatoriais de cada um dos 11 fatores da EPSC, ou quando a própria pessoa tem interesse em conhecer sua percepção de sucesso na carreira, para fins de tomada de decisão pessoal.

Se o objetivo é avaliar a percepção de sucesso na carreira como antecedente ou consequente de outras variáveis, recomenda-se o uso da versão reduzida, possibilitando avaliar a relação das demais variáveis com PSC ou com suas duas dimensões (objetiva e subjetiva).

QUADRO 21.2
Fatores, definições, itens e índices de precisão (Alfa de Cronbach) da EPSC em sua forma completa, com 48 itens

Fator	Definição	Itens	Índice de precisão
Identidade	Revela o quanto a carreira faz sentido para a pessoa como expressão do seu ser, trazendo-lhe felicidade e reconhecimento das pessoas próximas.	11, 13, 19, 22 e 30	0,81
Competência	Revela o quanto a pessoa se sente competente no que faz, o quanto se diferencia em termos profissionais.	15, 20, 21, 31, 34 e 35	0,82
Desenvolvimento	Revela o quanto a pessoa percebe que seu trabalho é cada vez mais desafiante, desenvolvendo-se como profissional.	6, 7, 23, 24 e 38	0,78
Contribuição	Revela o quanto a pessoa percebe que sua carreira contribui com a sociedade.	12, 36, 41, 44 e 47	0,83
Cooperação	Revela o quanto a pessoa se considera bem-sucedida no trabalho em equipe.	14, 18, 29, 42 e 46	0,74
Criatividade	Revela o quanto a pessoa se percebe criativa profissionalmente.	1, 3 e 25	0,67
Empregabilidade	Revela o quanto a pessoa se sente segura em relação a ter oportunidades de trabalho.	27, 28 e 45	0,71
Valores	Revela o quanto a pessoa percebe que respeita seus valores enquanto desenvolve sua carreira, trabalhando de forma ética e com orgulho.	8, 10 e 26	0,57
Hierarquia e promoção	Revela o quanto a pessoa está satisfeita com seu sucesso em termos de posição hierárquica e promoções obtidas na carreira.	16, 32, 37, 40 e 43	0,84
Remuneração	Revela o quanto a pessoa se percebe bem-sucedida em termos de recompensas financeiras obtidas na carreira.	2, 4, 17 e 48	0,78
Equilíbrio vida-trabalho	Revela o quanto a pessoa está satisfeita com sua capacidade em lidar com os desafios de desenvolver a carreira e aproveitar a vida pessoal.	5, 9, 33 e 39	0,72
Escala de Percepção de Sucesso na Carreira		48 itens	0,93

EPSC – Escala de Percepção de Sucesso na Carreira.

A EPSCR foi construída a partir da aplicação da escala completa a uma amostra de 942 pessoas de todo o Brasil, todas com mais de cinco anos de trabalho. Após as Análises Fatoriais Exploratórias semelhantes à validação da escala completa, foram selecionados os cinco itens de maior carga fatorial em cada dimensão, e o modelo foi submetido à Análise Fatorial Confirmatória no *software* Analysis of Moment Structures (AMOS), Versão 16.0.

Na Análise Fatorial Exploratória, o modelo de duas dimensões apresentou índice do Teste de Kaiser-Meyer-Olkin (KMO) de 0,86; variância explicada de 57,93%; e precisão (Alfa de Cronbach) igual a 0,83, todos considerados satisfatórios.

Na Análise Fatorial Confirmatória, como recomenda Bentler (1990) para o teste de ajuste do modelo, calcularam-se os seguintes índices: Qui-quadrado (χ^2), Goodness-of-Fit Index (GFI), Comparative Fitex Index (CFI), Normed Fit Index (NFI) e Root Mean Square Error of Approximation (RMSEA), cujos valores esperados (critérios indicativos de ajuste perfeito do modelo) e obtidos pelas análises encontram-se no Quadro 21.3. Os resultados mostraram que o modelo produziu índices de ajustamento muito próximos aos dos valores esperados em quatro índices avaliados, conforme definem Marsh e Hocevar (1985) para χ^2, Jöreskog e Sörbom (1984) para GFI, Bentler (1990) para CFI, Bollen (1989) para NFI e Browne e Cudeck (1993) para RMSEA.

Os itens compõem uma medida com indicadores psicométricos favoráveis ao seu uso no âmbito da pesquisa científica e na prática profissional. Tal afirmação é suportada pelas cargas fatoriais de seus itens, que ficaram todas acima de 0,56 e atingiram o valor máximo de 0,69, revelando sua pureza,

QUADRO 21.3
Cinco índices calculados para teste de ajustamento do modelo para a EPSCR

Índice de ajustamento	Valor indicativo de ajustamento perfeito do modelo	Valor obtido
χ^2 – Qui-quadrado	$2 \leq \chi^2/gl \leq 5$	7,911*
GFI – Goodness-of-Fit Index	> 0,9	0,946
CFI – Comparative Fit Index	> 0,9	0,925
NFI – Normed Fit Index	> 0,9	0,915
RMSEA – Root Mean Square Error of Approximation	≤ 0,08	0,086*

EPSCR – Escala de Percepção de Sucesso na Carreira – Versão reduzida.
* Índices que extrapolam os limites do ajustamento perfeito do modelo.

porque tiveram carga fatorial importante (valor igual ou maior que 0,40). Conforme mostra o Quadro 21.4, os índices de precisão (alfa de Cronbach) das duas dimensões, bem como da medida completa, foram todos satisfatórios (acima de 0,70). Estudos futuros podem comparar os valores dos índices de ajustamento do modelo aqui relatados com dados recolhidos de outras amostras.

O índice de correlação (r de Pearson) entre a versão completa, com 48 itens, e a reduzida, com 10 foi de 0,90 para a EPSCR; 0,85 na dimensão subjetiva e 0,95 na dimensão objetiva, o que pode ser admitido como uma correlação quase perfeita, visto que Pallant (2007) reconhece valores de r entre 0,80 e 1,0 como fortes associações. Portanto, a versão reduzida parece cobrir parte considerável do campo conceitual que sustenta a versão completa, fato que a torna passível de ser usada sem correr riscos de perda na qualidade de se mensurar a percepção de sucesso na carreira, quando o objetivo da pesquisa não necessitar de aprofundamento até o nível dos 11 fatores.

Os 10 itens da versão reduzida estão assinalados com ® no meio dos 48 que compõem a versão completa apresentada na parte final deste capítulo.

QUADRO 21.4
Definições das dimensões e precisão (Alfa de Cronbach) da EPSCR em sua forma reduzida, com 10 itens

Dimensão	Definição	Itens	Índice de precisão
Objetiva	Envolve resultados que os outros conhecem e normalmente usam para avaliar a carreira da pessoa, tais como remuneração e *status* hierárquico.	2, 4, 17, 43 e 48	0,81
Subjetiva	Envolve resultados que têm valor para a própria pessoa, independentemente dos resultados que as outras pessoas conhecem sobre sua carreira, tais como sentir-se competente, gostar e ter orgulho do que faz, estar em constante desenvolvimento, inovar e realizar atividades gratificantes.	10, 23, 24, 25 e 38	0,80
EPSCR	Avalia a percepção de sucesso na carreira de uma pessoa que trabalha há pelo menos cinco anos.	Todos acima	0,83

EPSCR – Escala de Percepção de Sucesso na Carreira – Versão reduzida.

Aplicação, apuração dos resultados e interpretação da EPSC

A EPSC foi criada para ser aplicada a qualquer profissional, não apenas àqueles que trabalham em uma única empresa, em empregos formais, ou em cargos de gerência. A única ressalva é em relação às pessoas que ainda estão no início da vida profissional, que começaram a trabalhar há menos de cinco anos, pois para esse grupo algumas frases não fazem muito sentido para uma avaliação da carreira. As análises apresentaram inconsistências para esse público.

A aplicação da EPSC, em sua versão completa ou reduzida, pode ser feita de forma individual ou coletiva, em formulário impresso ou eletrônico. O formulário eletrônico (via *web*) é vantajoso pela possibilidade de configuração de alerta em caso de o respondente ter deixado questões em branco, além de limitar as possibilidades de resposta dentro da escala (só aceita números de 1 a 5). No entanto, parte-se do princípio de que a pessoa tenha capacidade de uso e compreensão do sistema eletrônico.

A rigor, para apuração, os resultados de uma amostra devem ser calculados por escores fatoriais em algum *software* de Análise Fatorial Confirmatória, como o SmartPLS (gratuito, disponível em www.smartpls.de). Após rodar a análise fatorial, o valor de cada fator para cada caso da amostra é apresentado no SmartPLS Report, na opção Latent Variable Scores (unstandardised).

Outra maneira de calcular o escore fatorial parte do "peso" de cada variável na composição do fator e pelo respectivo cálculo de média ponderada. Esse peso pode ser obtido no "SmartPLS Report", na opção "Measurement Model".

Na falta de um *software* de Análise Fatorial Confirmatória, a margem de erro é aceitável, mesmo que os resultados sejam calculados pela média simples dos itens de cada fator ou dimensão para cada sujeito. O mesmo vale para o cálculo de Percepção de Sucesso na Carreira pela média simples dos seus itens (48 itens, na versão completa, ou 10, na reduzida).

A escala pode ser aplicada para fins diversos. No caso de aplicação individual para tomada de decisões, a média de cada fator é importante para a pessoa prestar mais atenção aos fatores nos quais sua média é inferior às demais, podendo tomar decisões de carreira visando a melhoria desses resultados. Recomenda-se que o indivíduo que esteja utilizando a escala para tal finalidade repita a aplicação a cada ano, fazendo ajustes em sua carreira.

No caso de análises de grupos de mesma categoria, além da comparação de médias (utilizando técnicas estatísticas específicas para esse fim), é possível separar as médias dos fatores ou dimensões em quartis e atribuir categorias qualitativas como baixa, média e alta, isto é, se a média do sujeito estiver abaixo do primeiro quartil (baixa PSC), acima do terceiro (alta PSC) ou entre os dois quartis (média PSC). Essa interpretação é relativa ao grupo avaliado. Em valores absolutos, também pode-se considerar um fator como *baixo*, quando sua média é inferior ou igual a 2,0; *alto*, quando sua média é igual ou superior a 4,0; e *médio*, o quanto sua média está entre 2,1 e 3,9.

Para análises de antecedentes ou consequentes, utiliza-se a média (de preferência ponderada) de cada fator ou dimensão.

ESCALA DE PERCEPÇÃO DE SUCESSO NA CARREIRA – EPSC

Todas as questões a seguir devem ser respondidas levando em consideração a **SUA** interpretação sobre as **SUAS** realizações em relação à carreira, ou seja, à sequência de posições ocupadas e de trabalhos realizados até este momento em sua vida profissional. Portanto, responda levando em consideração:

- Todo o seu progresso profissional e todos os trabalhos que você desenvolveu até hoje;
- Incluindo trabalhos voluntários;
- Sem se prender a um tipo de trabalho específico que você desenvolve hoje;
- Ou a uma organização específica para a qual você trabalha hoje.

A seguir estão listadas várias frases com percepções que você pode ter em relação a sua carreira, seu trabalho e sua vida pessoal ligada ao trabalho. Para cada item, você deve escolher e escrever, entre os parênteses, um grau entre 1 e 5 conforme você discorda totalmente (1) ou concorda totalmente (5).

1 Discordo totalmente	2 Discordo	3 Nem discordo nem concordo	4 Concordo	5 Concordo totalmente

1. ( ) Encontro soluções criativas para os problemas que aparecem em minhas atividades profissionais.
2. ( ) Tenho recebido recompensas justas comparadas com as de outras pessoas que conheço (não só na minha área).®
3. ( ) Apresento ideias fora do comum.
4. ( ) A remuneração que recebo por minhas atividades profissionais é justa, pelo que já investi na carreira.®
5. ( ) Minha carreira me permite desfrutar a vida fora do trabalho.
6. ( ) Os trabalhos que tenho desenvolvido são cada vez mais complexos.
7. ( ) Coopero com a gestão dos negócios em que estou envolvido.
8. ( ) Minha carreira é ética.
9. ( ) Tenho uma vida equilibrada.
10. ( ) Tenho orgulho do que faço profissionalmente.®
11. ( ) Tenho uma clara identidade profissional construída ao longo da minha carreira.
12. ( ) Meu(s) trabalho(s) é(são) importante(s) para a(s) organização(ões) onde atuo.
13. ( ) Minha carreira é reconhecida pelos meus amigos e familiares.

14. ( ) Tenho construído bons relacionamentos durante a carreira.
15. ( ) Tenho atingido as metas de desempenho com competência.
16. ( ) Hoje atuo em níveis hierárquicos coerentes com minha capacidade.
17. ( ) Estou tranquilo sobre meu futuro quanto às minhas necessidades financeiras e materiais.®
18. ( ) Ajudo meus colegas de trabalho.
19. ( ) Sinto-me feliz com minha vida profissional.
20. ( ) Posso ser considerado um profissional de competência diferenciada.
21. ( ) Os desafios que enfrento no trabalho são coerentes com minhas competências.
22. ( ) Tenho estabilidade em minha vida profissional.
23. ( ) Os trabalhos que executo compreendem grande variedade de tarefas.®
24. ( ) Estou constantemente aprendendo e me desenvolvendo em minha carreira.®
25. ( ) Tenho criado inovações importantes durante minha carreira profissional.®
26. ( ) Não tenho violado meus valores enquanto exerço minha carreira.
27. ( ) Estou tranquilo quanto a ter emprego ou trabalho no futuro.
28. ( ) Tenho uma boa rede de contatos profissionais.
29. ( ) Eu e as equipes com quem trabalho temos alcançado resultados de sucesso juntos.
30. ( ) Minha carreira é compatível com minhas vocações.
31. ( ) Tenho sucesso nas avaliações da minha competência.
32. ( ) As oportunidades de promoção que vejo pela frente são coerentes com meus interesses.
33. ( ) Sou feliz com minha vida pessoal/familiar.
34. ( ) Sou competente na realização das minhas atividades profissionais.
35. ( ) Os clientes das minhas atividades profissionais reconhecem meu trabalho.
36. ( ) Meu trabalho gera efeitos positivos na sociedade.
37. ( ) Tenho alcançado minhas metas de nível hierárquico (ou cargos) em minha carreira.
38. ( ) Os trabalhos que desenvolvo atualmente em minha carreira exigem um alto nível de competência.®
39. ( ) Tenho controle sobre as fronteiras entre o meu tempo pessoal, da família e do trabalho.
40. ( ) Sou reconhecido pelos meus superiores.
41. ( ) Minha carreira tem impacto positivo na comunidade.
42. ( ) Sou reconhecido pelos colegas de trabalho.
43. ( ) O prestígio (ou *status*) profissional da minha posição hierárquica está de acordo com meus interesses. ®
44. ( ) Meu(s) trabalho(s) é(são) útil(eis) para a vida das outras pessoas.
45. ( ) Tenho várias oportunidades de trabalho disponíveis.
46. ( ) Meus colegas de trabalho me ajudam.
47. ( ) Sou importante onde atuo.
48. ( ) Minha renda supre as minhas necessidades e as de meus dependentes.®

®: Itens da versão reduzida.

REFERÊNCIAS

ARTHUR, M. B.; KHAPOVA, S. N.; WILDEROM, C. P. M. Career success in a boundaryless career world. *Journal of Organizational Behavior*, v. 26, p. 177-202, 2005.

BENTLER, P. M. Comparative fit indexes in structural models. *Psychological Bulletin*, v. 107, p. 238-246, 1990.

BOLLEN, K.A. A new incremental fit index for general structural equation models. *Sociological Methods and Research*, v. 17, p. 303-316, 1989.

BRANDALISE, L. T. *Modelos de medição de percepção e comportamento*: uma revisão. Florianópolis: [s.n.], 2005. Disponível em: <http://www.lgti.ufsc.br/brandalise.pdf>. Acesso em: 26 fev. 2013.

BROWNE, M. W.; CUDECK, R. Alternative ways of assessing model fit. In: BOLLEN, K. A.; LONG, J. S. (Org.). *Testing structural equation models*. Newbury Park: Sage, 1993. p. 136-162.

CLARKE, M. Plodders, pragmatists, visionaries and opportunists: career patterns and employabiity. *Career Development International*, v. 14, n. 1, p. 8-28, 2009.

CORNELIUS, N.; SKINNER, D. The careers of senior men and women: a capabilities theory perspective. *British Journal of Management*, v. 19, n. S1, p. S141-S149, Mar. 2008.

COSTA, L. V. *A relação entre a percepção de sucesso na carreira e o comprometimento organizacional:* um estudo entre professores de universidades privadas selecionadas da grande São Paulo. 2010. Tese (Doutorado) – Faculdade de Economia, Administração e Contabilidade, Universidade de São Paulo, 2010.

DRIES, N.; PEPERMANS, R.; CARLIER, O. Career success: constructing a multidimensional model. *Journal of Vocational Behavior*, v. 73, n. 2, p. 254-267, 2008.

DUTRA, J. S. *Competências:* conceitos e instrumentos para a gestão de pessoas na empresa moderna. São Paulo: Atlas, 2004.

DYKE, L.; MURPHY, S. How we define success: a qualitative study of what matters most to women and men. *Sex Roles*, v. 55, n. 5, p. 357-371, 2006.

GATTIKER, U. E.; LARWOOD, L. Subjective career success: a study of managers and support personnel. *Journal of Business and Psychology*, v. 1, n. 2, p. 78-94, Winter 1986.

HAIR JR., J. F. et al. *Análise multivariada de dados*. 5. ed. Porto Alegre: Bookman, 2005.

HALL, D. T. *Careers in and out of organizations*. Thousand Oaks: Sage, 2002.

HENNEQUIN, E. What "career success" means to blue-collar workers. *Career Development International*, v. 12, n. 6, p. 565-581, 2007.

HESLIN, P. A. Self- and other-referent criteria of career success. *Journal of Career Assessment*, v. 11, n. 3, p. 262-286, Aug. 2003.

HUGHES, E. C. Institutional office and the person. *The American Journal of Sociology*, v. 43, n. 3, p. 404-413, 1937.

JÖRESKOG, K.G.; SÖRBOM, D. *LISREL-VI*: user's guide. 3rd ed. Mooresville: Scientific Software, 1984.

JUDGE, T. A. et al. An empirical investigation of the predictors of executive career success. *Personnel Psychology*, v. 48, n. 3, p. 485-519, 1995.

LE BOTERF, G. *Desenvolvendo a competência dos profissionais*. 3. ed. Porto Alegre: Bookman, 2003.

LEE, M. D. et al. Exploring career and personal outcomes and the meaning of career success among part-time professionals in organizations. In: BURKE, R. J. (Ed.). *Research companion to working time and work addiction*. Cheltenham: Edward Elgar, 2006.

LONDON, M.; STUMPF, S. A. *Managing careers*. Reading: Addison-Wesley, 1982.

MAINIERO, L. A.; SULLIVAN, S. E. *The opt-out revolt*: why people are leaving companies to create kaleidoscope careers. Mountain View: Davies-Black, 2006.

MARSH, H. W.; HOCEVAR, D. Application of confirmatory factor analysis to the study of self-concept: first-and higher-order factor models and their invariance across groups. *Psychological Bulletin*, v. 97, p. 562-582, 1985.

MOTTA, P. R. Reflexões sobre a customização das carreiras gerenciais: a individualidade e a competitividade contemporâneas. In: BALASSIANO, M.; COSTA, I. D. S. A. D. (Org.). *Gestão de carreiras*: dilemas e perspectivas. São Paulo: Atlas, 2006.

NABI, G. R. The relationship between HRM, social support and subjective career success among men and women. *International Journal of Manpower*, v. 22, n. 5, p. 457-474, 2001.

PALLANT, J. *SPSS Survival manual*: a step by step guide to data analysis using SPSS for windows. 3rd ed. Berkshire: Open University, 2007.

PARKER, B.; CHUSMIR, L. H. Motivation needs and their relationship to life success. *Human Relations*, v. 44, n. 12, p. 1301-1312, Dec. 1991.

STURGES, J. All in a day's work? career self-management and the management of the boundary between work and non-work. *Human Resource Management Journal*, v. 18, n. 2, p. 118-134, 2008.

STURGES, J. What it means to succeed: personal conceptions of career success held by male and female managers at different ages. *British Journal of Management*, v. 10, n. 3, p. 239-252, Sept. 1999.

STURGES, J.; GUEST, D. Working to live or living to work? work/life balance early in the career. *Human Resource Management Journal*, v. 14, n. 4, p. 5-20, 2004.

ZACCARELLI, L. M.; DOMENICO, S. M. R. D.; TEIXEIRA, M. L. M. O outro lado da moeda: desenvolvendo a empregabilidade e a carreira. In: HANASHIRO, D. M. M.; TEIXEIRA, M. L. M.; ZACCARELLI, L. M. (Org.). *Gestão do fator humano*: uma visão baseada em stakeholders. São Paulo: Saraiva, 2008.

ZWICKER, R.; SOUZA, C. A. D.; BIDO, D. D. S. Uma revisão do modelo do grau de informatização de empresas: novas propostas de estimação e modelagem usando PLS (Partial Least Squares). In: ENCONTRO DA ANPAD, 32., 2008, Rio de Janeiro. *Anais*... Rio de Janeiro: ANPAD, 2008.

22

Tomada de decisão organizacional

José de Oliveira Nascimento
Sinésio Gomide Júnior

A história do homem baseia-se na busca de meios para sustentar suas decisões. Desde a criação de histórias fantásticas, como a mitologia, até o emprego do método científico para organizar o conhecimento, o ser humano procura modos para basear suas escolhas (Pereira; Fonseca, 2009). A temática "tomada de decisão" atrai a atenção ainda mais nas organizações, pois, inseridas no século XXI, têm à sua disposição inúmeros meios e modelos dispostos na literatura sobre o que deve ser levado em consideração para a chamada "boa" decisão.

O conceito "tomada de decisão organizacional", cunhado por Chester Barnard, em 1922 no primeiro Congresso de Administração (Barnard, 1938; Witzel; Warner, 2013), identifica o mecanismo de ação contido nos processos decisórios organizacionais e também os modelos elaborados ao longo de sua cronologia.

Ao se analisar as diversas definições disponíveis na literatura, algumas congruências foram identificadas entre os autores. Assim, o processo decisório é uma resposta futura (ação a ser realizada) a determinado problema; processo este selecionado entre alternativas disponíveis. Oih Yu (2011, p. 4) sugere que um ponto comum a todas essas conceituações seja a questão dos recursos. Assim, ele define a tomada de decisão como "[...] alocar irreversivelmente recursos. Irreversível porque, uma vez alocados os recursos, reverter a decisão sempre envolverá perdas. Um caminho de ação se iniciou e o tempo certamente é irreversível."

A importância dessa temática para as organizações, englobadas por uma enorme gama de informações, da necessidade de conhecimentos especializados e da forte concorrência, é vital para a sobrevivência das empresas, pois as decisões constituem o conteúdo do trabalho dos administradores, além de ser, provavelmente, a tarefa mais característica dos dirigentes. Nas palavras de Hoppen (1992, p. 2), "[...] as atividades realizadas nas empresas nos seus diversos níveis hierárquicos são essencialmente atividades de tomada de decisão e resolução de problemas [...]". Simon (1979) aponta a administração como a arte de conseguir realizar ações por meio do processo decisório. Gontijo e Maia (2004, p. 14) destacam a importância da pesquisa nessa área: "[...] sua importância é bastante clara e pode ser percebida empiricamente, ao analisar-se a organização. De fato, é impossível pensar a organização sem considerar a ocorrência constante do processo decisório".

O processo decisório abordado neste capítulo é aquele ocorrido no interior das organizações, seus mecanismos e os modelos criados para se atingir decisões com mais chances de sucesso. Para ser bem-sucedido nesses parâmetros, é função da organização a preparação de um ambiente psicológico favorável às decisões e à busca de seus objetivos por meio do levantamento das informações necessárias para os gestores apontarem as decisões que irão definir seus rumos (Gontijo; Maia, 2004).

As empresas são capazes de angariar grandes quantidades de informações, seja por meio de seus empregados especializados em determinada área do conhecimento, seja pelos vários meios de comunicação disponíveis. Todavia, mesmo ao deter as informações necessárias, ou grande parte delas, ainda não está claro como ocorre o processo decisório. Bazerman (2004) afirma existirem, na literatura, desde modelos prescritivos, que descrevem "o melhor" caminho para a decisão, tal como o de Machline (1977), ao expor como a empresa deve se organizar para ter uma decisão acertada, até modelos descritivos – "o pensar" sobre qual seria o modo como as organizações fazem a tomada de decisão.

O cerne da questão está inserido na palavra "decidir", pois a organização só continua seu desenvolvimento quando decide o que fazer, ou seja, define seu planejamento de ação. Inúmeros teóricos (Choo 2003; Holloway, 1979; Jones, 1973; Lindblom, 1980; Oih Yu, 2011; Simon, 1979) analisaram o processo decisório e manifestaram suas opiniões a respeito de como os indivíduos, dentro da organização, tomam as decisões com o objetivo de resolver os problemas da melhor forma possível. Para a resolução dos contratempos, os pesquisadores explanaram questões desde o conceito da tomada de decisão até a criação de modelos decisórios para alcançar melhores resultados em suas decisões. Muitos são os pontos abordados pelos autores (Choo, 2003; Dubrin, 2003; Fernandes et al., 2007; Holloway, 1979; Jones, 1973; Machline, 1977; Mintzberg; Raisinghanni; Théorêt, 1976; Oliveira, 2004; Shimizu, 2010; Simon, 1979) em suas diferentes visões sobre o processo de tomada de decisão organizacional. No entanto, há uma lacuna nessa área de pesquisa relativa à falta de instrumentos que meçam os parâmetros decisórios propostos por tais autores. Assim, a literatura indica vastas teorizações sobre o assunto, mas não foi encontrada nenhuma escala de medida validada sobre os estilos de tomada de decisão organizacional em nível descritivo (Bazerman, 2004) no âmbito nacional.

Diante do exposto, este capítulo apresenta a Escala de Percepção dos Estilos de Tomada de Decisão Organizacional, medida genuinamente nacional, construída e validada por pesquisadores brasileiros, autores deste capítulo. Inclui em seu modelo, duas dimensões, configurando-se como uma medida multidimensional, conforme detalhes informados na sequência.

CONSTRUÇÃO E VALIDAÇÃO DA ESCALA DE PERCEPÇÃO DOS ESTILOS DE TOMADA DE DECISÃO ORGANIZACIONAL (EPETDO)

Com base na literatura consultada, quatro estilos, ou modelos decisórios, foram estabelecidos para o instrumento, de acordo com a proposta de Choo (2003), ao revisar outros quatro modelos presentes na teoria: o definido por ele de "racional", de Simon (1979) e Cyert e March (1963), o "processual", de Mintzberg, Raisinghani e Théorêt (1976), o "político", de Alisson (1971), e o "anárquico" (nomenclatura dada pelo autor) delineado por Cohen, March e Olsen (1972). Com base nessas abordagens, Choo (2003) discute duas propriedades atribuídas aos modelos para identificar qual método de tomada de decisão é executado pela organização: a estrutura e a clareza dos objetivos organizacionais e a informação a respeito de métodos e processos para o cumprimento das tarefas. As definições constitutivas elaboradas para a construção da EPETDO estão dispostas adiante. As conceituações propostas estão de acordo com as teorizações dos autores citados logo em seguida.

- **Modelo racional** (Cyert e March, 1963; Simon, 1979): é a crença dos empregados de que a tomada de decisão organizacional é orientada em torno dos princípios da evitação da incerteza e da construção e utilização constante de regras simples, a fim de oferecer estabilidade às decisões e orientação a quem toma essas decisões. **Exemplos de itens**: têm regras claras para serem tomadas, utilizam regras para reduzir os riscos da decisão, analisam os problemas em um contexto limitado, buscam identificar os problemas antes de serem tomadas ações para sua resolução e buscam soluções satisfatórias em vez de solução ótima.
- **Modelo processual** (Mintzberg; March; Olsen, 1976): é a crença dos empregados de que existe um processo constituído de inúmeras etapas

para solucionar problemas que apresentam diversos riscos e diferentes alternativas, a fim de se alcançar o objetivo das decisões organizacionais. **Exemplos de itens:** apresentam alto grau de imprevisibilidade, buscam desenvolver várias soluções para o mesmo problema, têm um processo dinâmico para a busca de soluções e apresentam variados estágios a serem cumpridos até suas conclusões.

- **Modelo político** (Allison, 1971; Lindblom, 1980): é a crença dos empregados de que as decisões organizacionais têm inúmeros objetivos a serem alcançados, atribuídos pelos participantes das decisões, os quais promovem conflitos de interesses e exercem suas capacidades de influência. **Exemplos de itens:** são influenciadas pela posição hierárquica dos participantes na empresa, são influenciadas pelo controle de informações pelos participantes, são influenciadas pelo poder atribuído pela empresa aos participantes da decisão e são orientadas pelas competições entre os participantes.
- **Modelo anárquico** (Cohen; March; Olsen, 1972): é a crença dos empregados de que não existe um processo para a solução de problemas na organização, assim como de que os problemas existentes são resolvidos aleatoriamente e de acordo com o interesse dos tomadores de decisão. **Exemplos de itens:** buscam de maneira acidental as soluções para os problemas, são decisões tomadas que ignoram os problemas mais difíceis de resolver, são soluções adotadas por meio do método de tentativa e erro e são opções feitas sem a definição prévia de quais serão os membros participantes da decisão

De acordo com essas definições, foram elaborados 60 itens baseados nas definições das dimensões propostas. Destes, 45 obtiveram índices de concordância acima de 70% dos juízes e foram incluídos no instrumento-piloto, aplicado, posteriormente, aos sujeitos de pesquisa para fins de validação. O instrumento-piloto foi aplicado a 457 sujeitos, sendo, desse total, 53,3% indivíduos do sexo masculino e 45,5% do feminino; 68,7% deles cursam ou concluíram o ensino superior, e 78% trabalham em empresas privadas.

Na aplicação da Análise Fatorial Exploratória, como primeiro passo, o programa foi ajustado para o método de extração de fatores denominado componentes principais (PC), sem nenhuma rotação designada, com o estabelecimento-padrão (*default*) do programa de encontrar autovalores iguais ou superiores a 1 e cargas fatoriais iguais ou superiores a 0,30. Nessa primeira análise, o *scree plot* identificou quatro possíveis fatores com autovalores acima de 1. O Teste de Kaiser-Meyer-Olkin (KMO) para a amostra ficou em 0,889, enquanto o Teste de Esfericidade de Bartlett marcou 7.186,257, com significância menor que 0,001.

Na análise de consistência para os quatro fatores resultantes da Análise Fatorial Exploratória (cargas maiores ou iguais a 0,40; Principal Axis Fatoring

[PAF] rotação *Direct Oblimin*) havia um indicativo para um instrumento que conteria apenas dois fatores com índices de confiabilidade satisfatórios. Para essa nova análise então, foi utilizado, novamente, o método de extração PAF, rotação *Direct Oblimin*, cargas fatoriais maiores ou iguais a 0,40 e escolha forçada de dois fatores. A melhor configuração encontrada para o instrumento validado sobre os estilos de tomada de decisão organizacional encontra-se no Quadro 22.1, que reúne as denominações, as definições, os itens integrantes e os índices de precisão dos fatores da EPETDO.

O instrumento final sobre os estilos de tomada de decisão é constituído por dois fatores. A análise dos itens aponta para um primeiro fator baseado no modelo racional com elementos do modelo processual. O primeiro fator é caracterizado como *estilo sistêmico de tomada de decisão organizacional* – contém 10 itens, 32,14% de variância explicada do construto e 0,87 de consistência interna (Alfa de Cronbach).

O segundo fator, denominado *estilo contingencial de tomada de decisão organizacional*, é composto por oito itens, com 0,88 de consistência interna (Alfa de Cronbach) e 11,71% de variância explicada – é voltado para a questão das "anarquias organizadas", ou do modelo anárquico, com itens pertencentes ao modelo político.

Como recomenda Bentler (1990), para o teste de ajuste do modelo de dois fatores proposto para a EPETDO, recorreu-se à Análise Fatorial Confir-

QUADRO 22.1

Fatores, definições, itens e índices de precisão das duas dimensões da EPETDO

Fator/Nome	Definição	Itens	Índice de precisão
Estilo sistêmico de tomada de decisão organizacional	Crença dos empregados de que a tomada de decisão é elaborada em torno de princípios e processos a fim de oferecer estabilidade e diferentes alternativas de se alcançar os objetivos das decisões organizacionais.	1, 2, 3, 4, 5, 6, 15, 16, 17 e 18	0,87
Estilo contingencial de tomada de decisão organizacional	Crença dos empregados de que não existe um processo para a solução de problemas na organização, sendo as decisões orientadas pelos interesses dos participantes, que promovem conflitos a fim de exercerem suas influências no processo.	7, 8, 9, 10, 11, 12, 13 e 14	0,88

EPETDO – Escala de Percepção dos Estilos de Tomada de Decisão Organizacional.
Fonte: Os autores.

matória (AFC), por meio do pacote estatístico Analysis of Moment Structures (AMOS), Versão 18.0, com os cálculos dos índices: Qui-quadrado (χ^2), Goodness-of-Fit Index (GFI), Comparative Fit Index (CFI), Normed Fit Index (NFI) e Root Mean Square Error of Approximation (RMSEA), cujos valores esperados (critérios indicativos de ajuste perfeito do modelo) e obtidos pelas análises encontram-se no Quadro 22.2. Os resultados mostram que o modelo de dois fatores produziu índices de ajustamento bastante próximos dos valores esperados em cinco índices avaliados, conforme definem Marsh e Hocevar (1985) para o χ^2, Jöreskog e Sörbom (1984) para GFI, Bentler (1990) para CFI, Bollen (1989) para NFI e Browne e Cudeck (1993) para o RMSEA.

Os itens da EPETDO compõem uma medida com indicadores psicométricos favoráveis ao seu uso no âmbito da pesquisa científica e de prática profissional. Tal afirmação é suportada pelas cargas fatoriais de seus itens que ficaram todas acima de 0,40 e atingiram o valor máximo de 0,75. Os índices de precisão dos dois fatores foram todos satisfatórios – acima de 0,70 (Pasquali, 1999). Futuros estudos poderiam comparar os valores dos índices de ajustamento do modelo aqui relatados com dados recolhidos de outras amostras. Um exemplar da EPETDO é apresentado na parte final deste capítulo.

Aplicação, apuração dos resultados e interpretação da EPETDO

A aplicação da EPETDO pode ser realizada de modo individual ou coletivo, podendo ser administrada também por meio de recursos eletrônicos. Reco-

QUADRO 22.2
Cinco índices calculados para teste de ajustamento do modelo de dois fatores da EPETDO

Índice de ajustamento	Valor indicativo de ajustamento perfeito do modelo	Valor obtidos
χ^2 – Qui-quadrado	$2 \leq \chi^2/gl \leq 5$	3,557
GFI – Goodness-of-Fit Index	< 1	0,89
CFI – Comparative Fit Index	<1	0,89
NFI – Normed Fit Index	<1	0,86
RMSEA – Root Mean Square Error of Approximation	≤ 0,08	0,075

EPETDO – Escala de Percepção dos Estilos de Tomada de Decisão Organizacional.
Fonte: Os autores.

menda-se um lugar tranquilo e confortável e que o respondente esteja com tempo livre para completar a medida. Ele não deve se sentir coagido ou ameaçado por responder e não deve ter dúvidas acerca das instruções de como preencher o questionário. O tempo para aplicação é livre.

A apuração dos resultados obtidos por meio da EPETDO deve produzir dois escores médios. Os escores são obtidos somando-se os valores assinalados pelos respondentes em cada um dos itens que integram as duas dimensões; a seguir, divide-se esse valor pelo número de itens de cada dimensão.

A interpretação dos resultados deve considerar que, quanto maior for o valor do escore médio, mais fortalecidas são as crenças do trabalhador no que se refere aos estilos de tomada de decisão descritos nas dimensões da escala. Recomenda-se que, para interpretar os escores médios do ponto de vista conceitual, recorra-se ao conteúdo presente nas frases (itens) de cada dimensão. Tal orientação visa assegurar que a compreensão dos resultados não se desarticule do conteúdo abrigado nos itens sobre o qual o trabalhador efetivamente respondeu. Quanto aos valores numéricos obtidos de escores médios, recomenda-se classificar como alto um escore entre 4 e 5; médio um escore entre 3 e 3,9; e baixo os valores entre 1 e 2,9.

Cabe lembrar que, para garantir um resultado não equivocado ao aplicar a medida, é necessário manter a forma das suas instruções e da sua escala de respostas e o conteúdo de seus itens.

ESCALA DE PERCEPÇÃO DOS ESTILOS DE TOMADA DE DECISÃO ORGANIZACIONAL – EPETDO

A seguir estão frases que podem traduzir o que você pensa sobre a tomada de decisão em seu trabalho e sobre a empresa onde você trabalha. Assinale sua opinião sobre cada uma delas, anotando nos parênteses, conforme os códigos abaixo:

1	2	3	4	5
Discordo totalmente	Discordo	Nem concordo nem discordo	Concordo	Concordo totalmente

Na empresa onde eu trabalho, as decisões...

1. ( ) ...estratégicas são orientadas por meio de processos na busca de soluções.
2. ( ) ...possuem regras claras para serem tomadas.
3. ( ) ...possuem um processo dinâmico para a busca de soluções.
4. ( ) ...são tomadas a partir da avaliação de alternativas para a solução de problemas.
5. ( ) ...são tomadas a partir de informações organizadas.
6. ( ) ...são tomadas a partir de informações que visam a melhor compreensão da decisão.
7. ( ) ...são tomadas sem a definição prévia de quais serão os membros participantes da decisão.

8. ( ) ...são tomadas sem a identificação dos objetivos na busca de soluções para os problemas.
9. ( ) ...são tomadas sem a preocupação de que as soluções encontradas para os problemas tenham consequências positivas.
10. ( ) ...são tomadas sem definições de preferências dos participantes para a solução dos problemas.
11. ( ) ...são tomadas sem informações importantes ligadas aos problemas.
12. ( ) ...são tomadas sem o empenho dos participantes na solução dos problemas.
13. ( ) ...são tomadas sem procedimentos que organizem a busca de soluções para os problemas.
14. ( ) ...são tomadas sem que haja um processo para a tomada de decisão.
15. ( ) ...se utilizam de regras para diminuir a incerteza na tomada de decisão.
16. ( ) ...se utilizam de regras para diminuir os riscos da decisão.
17. ( ) ...têm a negociação de objetivos como a ferramenta para a negociação de conflitos.
18. ( ) ...têm seus processos conhecidos para a solução dos problemas.

REFERÊNCIAS

ALLISON, G. T. *Essence of decision*: explaining the Cuban missile crisis. Boston: Little Brown, 1971.

BARNARD, C. I. *The functions of the executive*. Massachusetts: Harvard University, 1938.

BAZERMAN, M. *Processo decisório*: para cursos de administração e economia. Rio de Janeiro: Elsevier, 2004.

BENTLER, P. M. Comparative fit indexes in structural models. *Psychological Bulletin*, v. 107, n. 2, p. 238-246, Mar. 1990.

BOLLEN, K. A. A new incremental fit index for general structural equation models. *Sociological Methods and Research*, v. 17, p. 303-316, 1989.

BROWNE, M. W.; CUDECK, R. Alternative ways of assessing model fit. In: BOLLEN, K. A.; LONG, J. S. (Ed.). *Testing structural equation models*. Newbury Park: Sage, 1993. p. 136-162.

CHOO, C. W. A. *Organização do conhecimento*. São Paulo: SENAC, 2003.

COHEN, M. D.; MARCH, J. G.; OLSEN, J. P. A garbage can model of organizational choice. *Administrative Science Quarterly*, v. 17, n. 1, p. 1-25, Mar. 1972.

CYERT, R. M.; MARCH, J. G. *A behavioral theory of the firm*. Englewood Cliffs: Prentice Hall, 1963.

DUBRIN, A. J. *Fundamentos do comportamento organizacional*. São Paulo: Pioneira Thomson Learning, 2003.

FERNANDES, F. C. F. et al. Decisões empresariais: paradigmas comportamentais dos indivíduos. In: COSTA NETO, P. L. O. (Coord.). *Qualidade e competência nas decisões*. São Paulo: Blucher, 2007. p. 45-84.

GONTIJO, A. C.; MAIA, C. S. C. Tomada de decisão, do modelo racional ao comportamental: uma síntese teórica. *Caderno de Pesquisas em Administração*, v. 11, n. 4, p. 13-30, out./dez. 2004.

HOLLOWAY, C. A. *Decision making under uncertainty*: models and choices. Englewood Cliffs: Prentice Hall, 1979.

HOPPEN, N. Resolução de problemas, tomada de decisão e sistemas de informações. *Caderno de Administração Geral*, v. 1, n. 1, p. 1-8, set. 1992.

JONES, M. H. *Tomada de decisão pelo executivo*. São Paulo: Atlas, 1973.

JÖRESKOG, K.G.; SÖRBOM, D. *LISREL-VI*: user's guide. 3rd ed. Mooresville: Scientific Software, 1984.

LINDBLOM, C. E. *O processo de decisão política*. Brasília: UNB, 1980.

MACHLINE, C. O processo decisório na gestão de tecnologia. *Revista Administração de empresas*, São Paulo, v. 17, n. 6, p. 141-158, nov./dez. 1977.

MARSH, H.W.; HOCEVAR, D. Application of confirmatory factor analysis to the study of self-concept: first-and higher-order factor models and their invariance across groups. *Psychological Bulletin*, v. 97, p. 562-582, 1985.

MITZBERG, H.; RAISINGHANI, D.; THÉORÊT, A. The structure of unstructured decision process. *Administrative Science Quarterly*, v. 21, p. 246-275, Jun. 1976.

OIH YU, A. S. (Coord.). *Tomada de decisão nas organizações*: uma visão multidisciplinar. São Paulo: Saraiva, 2011.

OLIVEIRA, D. P. R. *Sistemas de informação gerenciais*: estratégias, táticas operacionais. São Paulo: Atlas, 2004.

PASQUALI, L. *Instrumentos psicológicos*: manual prático de elaboração. Brasília: LabPAM/IBAPP, 1999.

PEREIRA, M. J. L. B.; FONSECA, J. G. *Faces da decisão*: abordagem sistêmica do processo decisório. Rio de Janeiro: LTC, 2009.

SHIMIZU, T. *Decisão nas organizações*. 3. ed. São Paulo: Atlas, 2010.

SIMON, H. A. *Comportamento administrativo*: estudo dos processos decisórios nas organizações administrativas. Rio de Janeiro: FGV, 1979.

WITZEL, M.; WARNER, M. (Ed.). *The Oxford handbook of management theorists*. Oxford: Oxford University, 2013.

LEITURAS COMPLEMENTARES

KATZ, D.; KAHN, R. L. *Psicologia social das organizações*. São Paulo: Atlas, 1976.

GOMES, L. F.; GOMES, C. F.; ALMEIDA, A. T. *Tomada de decisão gerencial*: um enfoque multicritério. São Paulo: Atlas, 2006.

HAIR JR., J. F. et al. *Análise multivariada de dados*. Porto Alegre: Bookman, 2005.

Índice

Legenda: q = quadros, t = tabelas, f = figuras, e = escalas completas, i = inventários completos

A

Absenteísmo no trabalho, 15-23
   Escala de Absenteísmo Laboral (EFAL), 18-23
      aplicação, 20
      apuração dos resultados, 20-21, 23
      escala completa com instruções, 22e
      fatores e definições, 21q
      índices de precisão, 21q
      interpretação dos resultados, 23
      itens integrantes, 21q
Ambiente organizacional, conflitos no *ver* Conflitos no ambiente organizacional
Aprendizagem nas organizações, oportunidades de, 230-238
   Escala de Percepção de Oportunidades de Aprendizagem nas Organizações (EPOA), 233-236
      aplicação, 236-237
      apuração dos resultados, 237
      escala completa com instruções, 238e
      interpretação dos resultados, 237-238
Aquisição de conhecimento organizacional, 194
Assédio moral nas organizações, 25-36
   adaptação das escalas, 29-30
   Escala de Impacto afetivo do Assédio Moral no Trabalho (EIA-AMT), 32-34, 36
      aplicação, 34
      apuração dos resultados, 34
      escala completa com instruções, 36e
      interpretação dos resultados, 34
   Escala de Percepção de Assédio Moral no Trabalho (EP-AMT), 30-32
      aplicação, 32
      apuração dos resultados, 32
      escala completa com instruções, 35-36e
      fatores e definições, 31q
      índices de precisão, 31q
      interpretação dos resultados, 32
      itens integrantes, 31q
Atribuição de sentido ao conhecimento organizacional, 194
Autoeficácia, 66-67

B

Bases de poder, 108
Bem-estar no trabalho, 39-49
   Inventário de Bem-estar no Trabalho (IBET-13), 43-48
      aplicação, 48
      apuração dos resultados, 48
      dimensões e definições, 46q
      escalas que serviram de fonte para sua elaboração, 45q
      índices de precisão, 46q
      interpretação dos resultados, 48
      itens integrantes, 46q
      teste de ajustamento, 47q
      inventário completo com instruções, 49e
      modelo teórico-constitutivo, 40f
Busca por concordância na tomada de decisões, 52-62
   Escala de Busca por Concordância (EBC), 57-62
      adaptação e validação, 58-59
      aplicação, 59-60
      apuração dos resultados, 60-62
      escala completa com instruções, 62e
      interpretação dos resultados, 60-62

C

Capital psicológico no trabalho, 65-76
   autoeficácia, 66-67
   capacidades psicológicas positivas, 67q
   esperança, 68
   Inventário de Capital Psicológico no Trabalho (ICPT-25), 69-73
      aplicação, 74
      apuração dos resultados, 74
      dimensões do ICPT versão-piloto, 70q
      dimensões e definições, 71q
      índices de precisão, 71q
      interpretação dos resultados, 74-75
      inventário completo com instruções, 75-76i
      itens integrantes, 71q
      teste de ajustamento, 72q

308 ÍNDICE

versão reduzida (ICPT-12), 73-75
otimismo, 67-68
resiliência, 68
Carreira, sucesso na ver Sucesso na carreira
Cidadania organizacional, 79-100
    Escala de Comportamentos de Cidadania
        Organizacional (ECCO), 88-93, 100
        aplicação, 92
        apuração dos resultados, 92-93
        dimensões e definições, 91q
        dimensões na nova versão-piloto da ECCO, 89q
        escala completa com instruções, 100
        índices de precisão, 91q
        interpretação dos resultados, 93
        itens integrantes, 91q
        teste de ajustamento, 92q
    Escala de Intenções Comportamentais de
        Cidadania Organizacional (EICCOrg), 84-88, 93-100
        aplicação, 87
        apuração dos resultados, 87-88
        escala completa com instruções, 93-100e
        interpretação dos resultados, 88
Coalizões, 106-107
Comprometimento organizacional afetivo, 42
Configuração do poder organizacional ver Poder organizacional
Conflito trabalho-família, 123-130
    baseado na tensão, 125
    baseado no comportamento, 125
    baseado no tempo, 124-125
    Escala de Conflito Trabalho-Família (ECTF), 126-130
        aplicação, 128
        apuração dos resultados, 128-129
        dimensões e definições, 129q
        escala completa com instruções, 130e
        índices de precisão, 129q
        interpretação dos resultados, 129-130
        itens integrantes, 129q
Conflitos no ambiente organizacional, 132-143
    Escala de Conflitos entre Supervisor
        e Subordinado (ECSS), 139-142, 143
        aplicação, 141
        apuração dos resultados, 141
        denominações e definições, 141q
        escala completa com instruções, 143e
        índices de precisão, 141q
        interpretação dos resultados, 141-142
        itens integrantes, 141q
    Escala de Conflitos Intergrupais (ECI), 137-139, 142
        aplicação, 138-139
        apuração dos resultados, 139
        denominações e definições, 138q
        escala completa com instruções, 142e
        índices de precisão, 138q
        interpretação dos resultados, 139
        itens integrantes, 138q
Conhecimento organizacional ver Gestão do conhecimento
Criação de conhecimento organizacional, 194

D

Decisão organizacional ver Tomada de decisão organizacional
Difusão de conhecimento organizacional, 194

E

Engajamento no trabalho, 147-154
    Escala de Engajamento no Trabalho (EEGT), 150-154
        aplicação, 153
        apuração dos resultados, 154
        dimensões e definições, 152q
        dimensões na versão-piloto, 151q
        escala completa com instruções, 154e
        índices de precisão, 152q
        interpretação dos resultados, 154
        número de itens, 152q
        teste de ajustamento, 153q
Envolvimento com o trabalho, 41-42
Equipes de trabalho, potência de, 256-262
    Escala de Potência de Equipes de Trabalho (EPET), 260-261
        aplicação, 261
        apuração dos resultados, 261
        escala completa com instruções, 262e
        interpretação dos resultados, 261
Escala de Absenteísmo Laboral (EFAL), 18-23
    aplicação, 20
    apuração dos resultados, 20-21, 23
    construção e validação da, 18-23
    definições, 21q
    denominações, 21q
    escala completa com instruções, 22e
    índices de precisão, 21q
    interpretação dos resultados, 23
    itens integrantes, 21q
Escala de Avaliação do Estilo Gerencial (EAEG), 224-226
    aplicação, 225-226
    apuração dos resultados, 226
    escala completa com instruções, 227-228e
    interpretação dos resultados, 226
Escala de Busca por Concordância (EBC), 57-62
    adaptação e validação da, 58-59
    aplicação, 59-60
    apuração dos resultados, 60-62
    escala completa com instruções, 62e
    interpretação dos resultados, 60-62
Escala de Comportamentos de Cidadania Organizacional (ECCO), 88-93, 100
    aplicação, 92

ÍNDICE **309**

apuração dos resultados, 92-93
dimensões e definições, 91q
dimensões na nova versão-piloto da ECCO, 89q
escala completa com instruções, 100
índices de precisão, 91q
interpretação dos resultados, 93
itens integrantes, 91q
teste de ajustamento, 92q
Escala de Configuração do Poder Organizacional (ECPO), 110-118
aplicação, 116-117
apuração dos resultados, 117-118
dimensões na versão-piloto, 112q
escala completa com instruções, 118-121e
fatores, 113q, 115q, 116q
índices de precisão, 113q, 115q, 116q
interpretação dos resultados, 117-118
itens integrantes, 113q, 115q, 116q
validação cruzada da estrutura fatorial, 113-116
análise fatorial confirmatória, 115-116
Escala de Conflito Trabalho-Família (ECTF), 126-130
aplicação, 128
apuração dos resultados, 128-129
dimensões e definições, 129q
escala completa com instruções, 130e
índices de precisão, 129q
interpretação dos resultados, 129-130
itens integrantes, 129q
Escala de Conflitos entre Supervisor e Subordinado (ECSS), 139-142, 143
aplicação, 141
apuração dos resultados, 141
denominações e definições, 141q
escala completa com instruções, 143e
índices de precisão, 141q
interpretação dos resultados, 141-142
itens integrantes, 141q
Escala de Conflitos Intergrupais (ECI), 137-139, 142
aplicação, 138-139
apuração dos resultados, 139
denominações e definições, 138q
escala completa com instruções, 142e
índices de precisão, 138q
interpretação dos resultados, 139
itens integrantes, 138q
Escala de Florescimento no Trabalho (EFLOT), 174-175
aplicação, 175
apuração dos resultados, 175
escala completa com instruções, 176e
interpretação dos resultados, 175
Escala de Gestão do Conhecimento (EGC), 196-199
aplicação, 204
apuração dos resultados, 205
escala completa com instruções, 206-207e
interpretação dos resultados, 205
medidas de ajustamento local, 203q
versão reduzida – 22 itens, 199-204

Escala de Impacto afetivo do Assédio Moral no Trabalho (EIA-AMT), 32-34, 36
aplicação, 34
apuração dos resultados, 34
escala completa com instruções, 36e
interpretação dos resultados, 34
Escala de Intenção de Rotatividade (EIR), 212-213
aplicação, 213
apuração dos resultados, 213
escala completa com instruções, 214e
interpretação dos resultados, 213-214
Escala de Intenções Comportamentais de Cidadania Organizacional (EICCOrg), 84-88, 93-100
aplicação, 87
apuração dos resultados, 87-88
escala completa com instruções, 93-100e
interpretação dos resultados, 88
Escala de Percepção de Assédio Moral no Trabalho (EP-AMT), 30-32
aplicação, 32
apuração dos resultados, 32
escala completa com instruções, 35-36e
fatores e definições, 31q
índices de precisão, 31q
interpretação dos resultados, 32
itens integrantes, 31q
Escala de Percepção de Oportunidades de Aprendizagem nas Organizações (EPOA), 233-236
aplicação, 236-237
apuração dos resultados, 237
escala completa com instruções, 238e
interpretação dos resultados, 237-238
Escala de Percepção de Sucesso na Carreira (EPSC), 284-295
aplicação, 293
apuração dos resultados, 293-294
dimensões e precisão (forma reduzida), 292q
escala completa com instruções, 294-295e
fatores e definições (forma completa), 290q
índices de precisão (forma completa), 290q
interpretação dos resultados, 293-294
itens componentes, 285-288q, 290q
teste de ajustamento, 291q
versão reduzida, com 10 itens (EPSCR), 289, 291-292
Escala de Percepção dos Estilos de Tomada de Decisão Organizacional (EPETDO), 300-305
aplicação, 303-304
apuração dos resultados, 304
escala completa com instruções, 304-305e
fatores e definições, 302q
índices de precisão, 302q
interpretação dos resultados, 304
itens integrantes, 302q
teste de ajustamento, 303q

Escala de Políticas e Práticas de Recursos Humanos (EPPRH), 244-248
  análise fatorial confirmatória, 246
  análise fatorial exploratória, 245-246
  aplicação, 248-249
  apuração dos resultados, 249
  denominações e definições, 247-248q
  escala completa com instruções, 251-253e
  índices de precisão, 247-248q
  interpretação dos resultados, 249
  itens integrantes, 247-248q
  versão reduzida, 249-250
Esperança, 68
Espiritualidade no trabalho, 157-170
  dimensões de plenitude de vida, 162q
  indicadores de desenvolvimento espiritual, 162q
  Inventário de Espiritualidade no Trabalho (IET), 165-169
    aplicação, 167-168
    apuração dos resultados, 168
    dimensões e definições, 167q
    índices de precisão, 167q
    interpretação dos resultados, 168-169
    inventário completo com instruções, 169-170i
    itens integrantes, 167q
    versão reduzida, 166-167
  medidas de espiritualidade, 161-164

F

Família e trabalho, conflitos entre *ver* Conflito trabalho-família
Florescimento no trabalho, 172-176
  Escala de Florescimento no Trabalho (EFLOT), 174-175
    aplicação, 175
    apuração dos resultados, 175
    escala completa com instruções, 176e
    interpretação dos resultados, 175

G

Gerenciamento de impressões nas organizações, 178-189
  Inventário de Gerenciamento de Impressões nas Organizações (IGIO-5), 183-187
    aplicação, 187
    apuração dos resultados, 187
    denominações e definições, 186q
    estratégias de GI, imagens e emoções despertadas, 184q
    índices de ajustamento do modelo, 187q
    índices de precisão, 186q
    interpretação dos resultados, 187
    inventário completo com instruções, 188-189i
    itens integrantes, 186q
Gestão de pessoas *ver* Políticas e práticas de recursos humanos

Gestão do conhecimento, 193-207
  atribuição de sentido, 194
  criação e aquisição, 194
  Escala de Gestão do Conhecimento (EGC), 196-199
    aplicação, 204
    apuração dos resultados, 205
    escala completa com instruções, 206-207e
    interpretação dos resultados, 205
    medidas de ajustamento local, 203q
    versão reduzida – 22 itens, 199-204
  medição, 195
  memória organizacional, 195
  partilha e difusão, 194
  recuperação, 195

I

Impressões, gerenciamento de *ver* Gerenciamento de impressões nas organizações
Intenção de rotatividade, 209-214
  Escala de Intenção de Rotatividade (EIR), 212-213
    aplicação, 213
    apuração dos resultados, 213
    escala completa com instruções, 214e
    interpretação dos resultados, 213-214
Inventário de Bem-Estar no Trabalho (IBET-13), 43-48
  aplicação, 48
  apuração dos resultados, 48
  dimensões e definições, 46q
  escalas que serviram de fonte para sua elaboração, 45q
  índices de precisão, 46q
  interpretação dos resultados, 48
  itens integrantes, 46q
  teste de ajustamento, 47q
Inventário de Capital Psicológico no Trabalho (ICPT-25), 69-73
  aplicação, 74
  apuração dos resultados, 74
  dimensões do ICPT versão-piloto, 70q
  dimensões e definições, 71q
  índices de precisão, 71q
  interpretação dos resultados, 74-75
  inventário completo com instruções, 75-76i
  itens integrantes, 71q
  teste de ajustamento, 72q
  versão reduzida (ICPT-12), 73-75
Inventário de Espiritualidade no Trabalho (IET), 165-169
  aplicação, 167-168
  apuração dos resultados, 168
  dimensões e definições, 167q
  índices de precisão, 167q
  interpretação dos resultados, 168-169
  inventário completo com instruções, 169-170i
  itens integrantes, 167q
  versão reduzida, 166-167

ÍNDICE   311

Inventário de Gerenciamento de Impressões nas Organizações (IGIO-5), 183-187
  aplicação, 187
  apuração dos resultados, 187
  denominações e definições, 186q
  estratégias de GI, imagens e emoções despertadas, 184q
  índices de ajustamento do modelo, 187q
  índices de precisão, 186q
  interpretação dos resultados, 187
  inventário completo com instruções, 188-189i
  itens integrantes, 186q
Inventário de Socialização Organizacional (ISO), 267-276
  aplicação, 273
  apuração dos resultados, 273
  composição fatorial, 274q
  estrutura dos fatores mensuráveis pela, 271q
  fatores da versão original x fatores da versão brasileira, 268f
  interpretação dos resultados, 273-274
  inventário completo com instruções, 275-276i

J

Jogos políticos ou de poder, 109-110

L

Liderança gerencial, 217-228
  definição, 218-219
  Escala de Avaliação do Estilo Gerencial (EAEG), 224-226
  aplicação, 225-226
  apuração dos resultados, 226
  escala completa com instruções, 227-228e
  interpretação dos resultados, 226
  evolução do estudo, 219-224
  modelos contingenciais de liderança, 221-222q

M

Medição do conhecimento organizacional, 195
Medidas de espiritualidade no trabalho, 161-164
Memória organizacional, 195
Metas, sistema de, 107-108
Modelo teórico-constitutivo de bem-estar no trabalho (BET), 40f
Modelos contingenciais de liderança, 221-222q

O

Otimismo, 67-68

P

Partilha de conhecimento organizacional, 194
Poder organizacional, 104-120
  Escala de Configuração do Poder Organizacional (ECPO), 110-118
  aplicação, 116-117
  apuração dos resultados, 117-118

  dimensões na versão-piloto, 112q
  escala completa com instruções, 118-121e
  fatores, 113q, 115q, 116q
  índices de precisão, 113q, 115q, 116q
  interpretação dos resultados, 117-118
  itens integrantes, 113q, 115q, 116q
  validação cruzada da estrutura fatorial, 113-116
  síntese da teoria, 105-110
Políticas e práticas de recursos humanos, 240-253
  Escala de Políticas e Práticas de Recursos Humanos (EPPRH), 244-248
  análise fatorial confirmatória, 246
  análise fatorial exploratória, 245-246
  aplicação, 248-249
  apuração dos resultados, 249
  denominações e definições, 247-248q
  escala completa com instruções, 251-253e
  índices de precisão, 247-248q
  interpretação dos resultados, 249
  itens integrantes, 247-248q
  versão reduzida, 249-250
  política de avaliação de desempenho e competências, 244q
  política de condições de trabalho, 243q
  política de envolvimento, 242q
  política de recrutamento e seleção, 242q
  política de remuneração e recompensas, 244q
  política de treinamento, desenvolvimento e educação, 243q

R

Recuperação do conhecimento organizacional, 195
Recursos humanos *ver* Políticas e práticas de recursos humanos
Resiliência, 68
Rotatividade de pessoal *ver* Intenção de rotatividade

S

Satisfação no trabalho, 41
Sistema(s), 105-108
  de influência, 105-106
  de metas, 107-108
Socialização organizacional, 264-276
  Inventário de Socialização Organizacional (ISO), 267-276
  aplicação, 273
  apuração dos resultados, 273
  composição fatorial, 274q
  estrutura dos fatores mensuráveis pela, 271q
  fatores da versão original x fatores da versão brasileira, 268f
  interpretação dos resultados, 273-274
  inventário completo com instruções, 275-276i
Sucesso na carreira, 280-295
  Escala de Percepção de Sucesso na Carreira (EPSC), 284-295
  aplicação, 293

apuração dos resultados, 293-294
dimensões e precisão (forma reduzida), 292q
escala completa com instruções, 294-295e
fatores e definições (forma completa), 290q
índices de precisão (forma completa), 290q
interpretação dos resultados, 293-294
itens componentes, 285-288q, 290q
teste de ajustamento, 291q
versão reduzida, com 10 itens (EPSCR), 289, 291-292

T

Teoria do poder organizacional, síntese da, 105-110
  bases de poder, 108
  coalizões, 106-107
  configurações do poder organizacional, 108-109
  jogos políticos ou de poder, 109-110
  sistema de metas, 107-108
  sistemas de influência, 105-106
Tomada de decisão organizacional, 298-305
  Escala de Percepção dos Estilos de Tomada de Decisão Organizacional (EPETDO), 300-305
    aplicação, 303-304
    apuração dos resultados, 304
    escala completa com instruções, 304-305e
    fatores e definições, 302q
    índices de precisão, 302q
    interpretação dos resultados, 304
    itens integrantes, 302q
    teste de ajustamento, 303q
Turnover ver Intenção de rotatividade